中国コンテンツ産業
対外貿易の研究

中国新聞出版研究院
劉 建華 著
Liu Jianhua

日中翻訳学院
大島 義和 訳

日本僑報社

まえがき

　中国の対外文化交流の歴史は遥かな昔から、連綿と続いている。中国と西域、西ア
ジアさらにヨーロッパにつながる陸のシルクロードは物と文化が行きかう街道であっ
た。そして東アジア、南アジアさらにアフリカにつながる海のシルクロードでもまた
物と文化の交流が展開された。"西天取経伝説"は中国とインドの文化交流、特に仏
教が中国に伝来した道のりを芸術性豊かに写し、中国の対外文化交流の素晴らしい物
語となり、中国四大文学の一つ"西遊記"として結実した。

　文化交流がコンテンツ貿易を伴うことは必然である。しかし、古代の文字資料には
コンテンツ貿易の記述が欠如している。コンテンツ貿易の隆盛は、近代における版権
保護の確立を待たなければならなかった。現在、コンテンツ貿易なかんずく知的財産
権にまつわる貿易は、実物貿易、サービス貿易と共に国際貿易における三大基軸のひ
とつになっている。

　近代以降、欧米の経済学は弛むことなく貿易理論の研究を続け、多くの経済学者が
国際貿易理論の分野ですばらしい貢献をしてきた。そこで生み出された理論は例えば、
比較優位理論（絶対優位と相対優位）、国際分業化理論、HO理論、規模の経済など
の学説である。これらの学説・理論は異なる視点から国際貿易を論理的に解き明かし、
一定の説得力を持っている。

　これらの理論は、実物貿易やサービス貿易の説明とその説得力に比較的みるべきも
のがあるけれど、知的財産権をも含んだコンテンツ貿易をこれらの理論で説明しよう
とすると、やはり牽強付会の嫌いがある。多元的な文化が存在する世界にあって、あ
る文化が"比較優位"にあるとは必ずしも言えず、たとえその文化が"比較優位"に
あったとしても、それを以ってコンテンツ貿易を説明するよりどころにはできない。
というのもコンテンツ貿易は、国家・民族の価値観、主要な意識形態、文化主権と密
接につながっており、コンテンツ貿易の要素は複雑極まりないからである。コンテン
ツ貿易に対して系統的に論理的な基礎付けをしようとしている理論界の現状はきわめ
て薄弱であり、今まさに勢いよく発展しているコンテンツ貿易の現実にそぐわない。

　21世紀、中国経済は飛躍的な発展を遂げ、経済規模が世界第二位に躍進し、中国
のハードパワーは世界の注目する所となった。しかしこのことと明確に対比されるこ
とは、5000年の文明の歴史を有し、絢爛たる文化を有する中国であるが、世界の文
化の舞台にあってその影響力は明らかに不足し、我が国のソフトパワーと国際的な地

4

位との乖離が大きいことである。この状況を速やかに改変し、中国文化の実力を強め、世界における中国文明の影響力を拡大するためにはどのようにすべきなのか、それが中国政府、企業、文化業界の有識者にとって共通の関心事となっている。近年、中国政府と企業が手掛けている文化の"海外進出"戦略はまさにこの局面を努めて改めようとする重要な措置である。おかげで目に見える効果がすでにあがっている。コンテンツ貿易の総量が迅速に拡大し、コンテンツ貿易の赤字は縮小を続け、中国のコンテンツ産品の国際的な競争力と影響力はたえず強さを増している。

　ひるがえって、すさまじい勢いで発展するコンテンツ貿易の実情にかんがみると、コンテンツ貿易に関する研究はいちじるしく立ち遅れている。従前の研究成果の多くは、コンテンツ貿易の実務紹介の域を越えず、"術"のレベルにとどまっている。コンテンツ貿易の背後に横たわる理論的基礎に関する研究は乏しく、コンテンツ貿易理論を"道"のレベルにまで引き上げることはなかった。したがって、わが国のコンテンツ貿易の理論と実践のさらなる発展が制約されていた。複数の国が相互に結びつきを強め、影響しあう"国際化"という状況下にあって、現代のコンテンツ貿易に内在するメカニズム、モチベーション、本質的な特徴、実践法則等を巨視的に探究することは、国際貿易理論界およびコンテンツ産業研究界の差し迫った任務である。

　劉建華博士の著作、『対外文化貿易研究（コンテンツ産業対外貿易の研究)』『伝媒国際貿易与文化差異規避（メディア貿易と文化的差異の回避)』は国際コンテンツ貿易理論の研究を深層レベルで追求した力作である。両著作はコンテンツ製品の国際貿易を研究対象にしており、前者はマクロ的および中間的な視点からの研究に重きを置き、後者はミクロ的および中間的な視点による研究に重きを置いている。独創的かつ新鮮な視点をそなえたこの二冊の著作は、研究者の参考になり、得るものが多い。たとえば、『対外文化貿易研究（コンテンツ産業対外貿易の研究)』において作者は、国際コンテンツ貿易の産業分化学説の詳細な検討を経て、一般的な物質製品とコンテンツ製品の本質的な特徴を明確に区別し、物質製品とは異なるコンテンツ製品の精神的属性と民族の凝集された価値を指し示している。そのことから、コンテンツ産業の国際貿易の根本的なモチベーションは産業分化に由来するのではなく、民族国家の文化価値観とその相互理解がモチベーションの根源であることを発見している。この基礎に立って、博士はコンテンツ産業の輸出と輸入の双方を分析し、文化的差異と文化の止揚という二つの意義を際立たせている。このようにして博士は、国際貿易理論に関する学説を豊かにならしめ、コンテンツ産業貿易理論の確立と発展の学術的基礎を確固たらしめたのである。もう一つの著書『伝媒国際貿易与文化差異規避（メディア貿易と文化的差異の回避)』で彼は、マルクスの再生産過程に関する理論をメディア製品の対外交換と文化的差異の研究に応用し、消費、分配、流通、生産の各段階を見渡し、文化的差異が大きいメディア製品の交換がどのように進んでいくのか分析してい

る。これらの研究は、コンテンツ産業貿易理論を深化させ、わが国のコンテンツ産業貿易の実践現場にとって意義深く、大いに参考になっている。『伝媒国際貿易与文化差異規避（メディア貿易と文化的差異の回避）』は劉建華君の博士論文である。論文審査及び試問で審査に当たった専門家と試問委員から一致した高評価を受けている。

　建華君は、私のもとで学んだ博士課程研究生である。博士課程に籍を置く以前、彼はすでにメディア学研究、なかでも辺境少数民族文化メディア学研究の分野で幾つかの成果を挙げていた。いくつかの研究論文はすでに発表され、いくつかの研究課題に取り組み、二冊の学問的な著作を上梓していた。しかし彼は、すでに到達したそのレベルに満足することはなかった。一度は手に入れた成果を捨て去り、中国人民大学博士課程の門をたたいたのである。ここでも彼は、想像しがたい困難を乗り越え、大学で学ぶという好条件に支えられながら多くの研究プロジェクトに参加し、そのうえ国家社会科学基金のプロジェクトなど重要な研究課題に独自に取り組んだ。彼は意志を強く持ち、労苦を厭わず研鑽し、広く文献を渉猟し、研究の水準を大いに高めた。端正な研究態度と着実かつ謹厳な学風によって、学術的価値ある研究成果を物したのである。本書すなわち『対外文化貿易研究（コンテンツ産業対外貿易の研究）』と『伝媒国際貿易与文化差異規避（メディア貿易と文化的差異の回避）』そして『民族文化伝媒化（民族文化のメディア化）』、この三冊は彼の博士課程における著作であり、私をこよなく喜ばせ満足させてくれた。

　この両著作の出版が決まると、建華君から序文の依頼を受けた。彼は私の教え子であるし、俗に"青は藍より出でて藍より青し"と言うではないか、彼は私の誇りである。もとより断る謂れはない。今後も建華君には、努力を続け、さらに多くのすばらしい論文を書き、社会に貢献してほしいと切に願っている。

2018年春
中国人民大学メディア経済研究所所長・教授
周蔚華

目　次

序　章 ……………………………………………………………………………………… 9

第一章　コンテンツ産業貿易の歴史 ……………………… 13
その三つの諸相──実態、必然、当然

第一節　コンテンツ貿易の実態　13
一　商工貿易からコンテンツ貿易へ　13
二　文化交流からコンテンツ貿易へ　22
三　単一貿易から多元貿易へ　27

第二節　コンテンツ貿易の必然　36
一　コンテンツ貿易と経済発展の必然　36
二　コンテンツ貿易とグローバル化の必然　45
三　コンテンツ貿易と技術革新の必然　49
四　コンテンツ貿易と国家の文化ソフトパワーの必然　51

第三節　コンテンツ貿易の当然　54
一　モチベーションのメカニズム　55
二　制約のメカニズム　57
三　生産のメカニズム　59
四　流通と消費のメカニズム　62

第二章　コンテンツ貿易のモチベーション ……………… 75
──価値の共感と非分業化

第一節　産業分業貿易理論の限界　76
一　貿易分業理論の概略　76
二　コンテンツ貿易の参考としての産業分業理論　81
三　コンテンツ貿易における産業分業理論の限界　84

第二節 国際コンテンツ製品の弾力性需要 88

　　一　弾力性需要と非弾力性需要 88

　　二　コンテンツ製品の価値と作用 92

　　三　国産コンテンツ製品の弾力性需要 96

第三節 価値の共感とコンテンツ貿易のモチベーション 97

　　一　多元文化と民族国家存立の前提 97

　　二　価値の認可と対外伝播の目的 102

　　三　快適な消費と対外伝播の効果 110

　　四　コンテンツ貿易における快適な消費の実現 111

第三章　コンテンツ貿易における 123
市場的制約と非市場的制約

第一節 コンテンツ製品の特徴 123

　　一　コンテンツ製品の二重属性 124

　　二　コンテンツリソースの稀少性 126

　　三　コンテンツ製品の消費者需要 130

　　四　著作権制度と価値実現 132

　　五　製品生産市場の組織とその調整 138

　　六　産業チェーンとその相関性 143

第二節 コンテンツ貿易の市場的制約 145

　　一　価格メカニズム 146

　　二　需給メカニズム 150

　　三　競争メカニズム 153

　　四　文化的差異 157

第三節 コンテンツ貿易の非市場的制約 161

　　一　関税による制約 162

　　二　金額割り当てによる制約 167

　　三　輸出補助金 169

　　四　WTO規約 172

第四章　産品輸出における文化的差異の回避 ……… 180

第一節　文化的差異の次元　180
一　言語　183
二　歴史と習慣　185
三　思考方式　186
四　価値観　189

第二節　文化的差異の減少と生産モデル　192
一　"ABC"モデル　192
二　"ミックス&マッチ"モデル　194
三　"純粋適用文化"モデル　201

第三節　文化的価値の認可とコンテンツ消費　204
一　文化間性　205
二　文化における意味の共通空間　209
三　精神的効用の補償　213

第五章　文化の止揚と製品輸入 ……… 226

第一節　時空観と文化の止揚　226
一　時間構成　229
二　空間構成　232
三　時空コンテンツ製品の止揚　235

第二節　民族観と文化の止揚　236
一　民族の精粋と糟粕　237
二　民族コンテンツ製品の止揚　239

第三節　形質観と文化の止揚　243
一　製品類型　244
二　製品の資質　249
三　形質と文化の止揚　251

参考文献 ……… 260

あとがき ……… 263

序　章

　本書の目的は、コンテンツ産業の対外貿易の歴史、モチベーション、制約、輸出と輸入の本質、法則とメカニズムの研究を行うことによって、中国のコンテンツ産業対外貿易に指導的な理論と実践の参考を提供することにあり、中国共産党第17期中央委員会第6回全体会議で提起された社会主義文化強国建設の実現に貢献することにある。

　本書の論理は、上記の目的に根ざしている。最初に、内外のコンテンツ貿易全体の歴史、その発生と発展の法則と特徴について整理する。ついで、文化は民族国家の正当な存立の前提であることを論の立脚点とすることで、国際的なコンテンツ貿易の推進力の検証をおこない、産業分業化理論の限界を明らかにする。同時に、民族文化の価値観を認めることがコンテンツ貿易の主要なモチベーションであることを明示する。他方、コンテンツ産業対外貿易の現場で生じている制約を明らかにしている。それは市場性要因と非市場性要因という二つの異なる次元を含んでいる。これらの論証を基礎として、状況は絶えず変化するという視点から、中国のコンテンツ産業対外貿易の実態を研究していくと、輸出と輸入―この双方向のプロセスが重要性において同等であると確認できる。十全に、かつシステマチックに構成されたコンテンツ貿易の遂行は、各国の文化的価値観の相互理解に役立ち、中国文化のソフトパワーと国際的影響力の強化に効果的である。本書は、ある領域において多元文化主義に対する理論と実践が呼応している。

　本書の第一章では、実態、必然、当然という三つの観点から、内外のコンテンツ貿易の発展過程の研究をおこなっている。コンテンツ貿易の実態は、商工業貿易からコンテンツ貿易に、文化交流からコンテンツ貿易にそして単一貿易から多元貿易に至るなかに体現されている。コンテンツ貿易は経済発展の必然、グローバリゼーションの必然、技術革新の必然、国家のソフトパワーの必然であることが示されている。本章の最後に、モチベーションのメカニズム、制約のメカニズム、生産のメカニズム、流

通と消費のメカニズムという四つの切り口から、コンテンツ貿易の当然の姿を描きだしている。

　第二章では、国際コンテンツ貿易のモチベーションの問題を解決することに主眼を置いている。それは詰まるところ、何がコンテンツ貿易を促進させうるのか、という問題である。商工業製品の貿易は産業の分業化に由来していることは広く知られている。社会の分業化のもとで、人々は競争力の中核を担う製品の生産に専従し、自身が必要とする製品を手に入れるためには市場の貿易と交換の機能に頼っている（注意してほしいのだが、これらの交換に供せられる製品は日常生活に欠かせないもので、いわば非弾力的需要に類する）。知的活動による製品、つまりコンテンツ産業の製品について言うなら、その特殊性のゆえに、なかでも国際コンテンツ貿易は、国際的なコンテンツ産業の分業化が引き出した結果ではなく、各国がその独自の文化的価値観を伝播させようとする要求の結果なのだ。つまり、ある国がほかの国の文化的価値観を認め、受容していくことがコンテンツ貿易の推進力すなわちモチベーションとなるのだ。本章の最初に、検討・整理された貿易分業化理論に基づいて分業化理論を研究し、コンテンツ貿易に対する手掛かりと分業化理論の限界を提示している。つづいて、製品の非弾力的需要と弾力的需要、コンテンツ製品の価値とその働きを研究・分析することによって、国際的なコンテンツ製品は弾力的需要に分類できるとの結論を得ている。最後に、文化的価値の理解と認識がコンテンツ貿易のモチベーションになっていることを重点的に分析している。民族国家の存立の前提は多様な文化である。それゆえ、多様な文化を他国に伝え広めようとする目的は、当然のことだが、価値を認識し理解してもらうことであり、それが"快適な消費"にとって効果を持つのである。快適な消費の実現は、主体的で自由なコンテンツ貿易にあずかっている。

　第三章の主な研究対象は、コンテンツ産業対外貿易の制約要因である。知的活動による製品の二重属性の故に、コンテンツ産業対外貿易は市場的要因による制約と非市場的要因による制約とをあわせて被っている。本章では、内外のコンテンツ貿易の成功例や失敗例を参考にしながら、異なる制約要因の特徴、その作用メカニズム、そしてそれを回避する方策を分析している。まず始めに、分析している対象は、コンテンツ製品市場の特徴であって、それらを次のように区分けしている。コンテンツ製品の二重属性、リソースの稀少性、消費者のニーズ、著作権制度と価値実現、製品生産市場の組織と組織間の調整、産業チェーンとその相関性などである。次に、コンテンツ貿易市場の制約要因を、価格メカニズム、需給メカニズム、競争メカニズム、文化的差異など、いくつかに分けて分析している。最後になされた分析は、コンテンツ貿易の非市場的制約要因である。それらは、関税、金額割り当て、輸出補助金そしてWTO規約などである。

　第四章の研究では、文化的差異を乗り越えて、如何にしてコンテンツ製品輸出の最

大化を成し遂げるかについて注力している。中国のコンテンツ製品について言うなら
ば、国際市場において消費者の受容は二つの段階に分けられる。第一段階は、社会的
客体としてのコンテンツ製品の受容であり、第二段階は、精神的客体としての受容で
ある。二つの客体としての国際消費者によるコンテンツ製品の受容は、共に経済的要
因と非経済的要因の影響を受けている。要因の主なものは、経済、政治、人口統計に
表れる特徴、心理、文化的差異などが含まれる。なかでも、コンテンツ製品を受容す
る精神的客体にとって、文化的差異が重要な鍵となっている。精神的客体としてコン
テンツ製品を受容する消費者に、文化的差異の度合いが影響し、受け入れ国の消費者
によるコンテンツ製品の次の購入を左右するからである。この章では、中国のコンテ
ンツ製品輸出の際に、なるべく文化的差異による影響を受けない方策の研究に力を注
いでいる。私は思うのだが、文化的差異による影響を軽減するには、生産サイドと営
業・消費サイドの重要な要の部分、つまりコンテンツ製品のつくり手と買い手の要に
注力すべきである。生産サイドの要とは、科学的に有効な生産モデルを遵守すること
で製品の文化的差異を軽減するよう努力することである。消費サイドの要とは、文化
的価値の理解を促し、世界の文化の多様性を損なわないように努力することである。
コンテンツ産業の輸出の最大化を実現するには、受け入れ国の消費者が中国文化の価
値観を理解してくれることが前提となる。

　より良い形でコンテンツ製品を国外から導入するためには、どうすべきか。これが、
第五章の研究対象である。主に、その戦略と方策を詳しく検討している。コンテンツ
製品の国外からの導入には、"連結"と"止揚"という戦略的な思考が必要である。
連結とは、自国と他国とのインタラクティブに重きを置くことである。状況の変化に
あわせて外国製品の分析をおこない、外国の生産者と協力し、コンテンツ製品のロー
カライズ化を押し進め、本国の消費ニーズに適合させ、人々の精神生活を豊かにしな
ければならない。止揚とは、国内に導入されたコンテンツ製品の価値の取捨選択に重
点を置くことである。人類文明の精華をさらに発揚し、文化の糟粕はきっぱりと捨て
去らなければならない。このために、本章では、時空観、民族観、形質観という三つ
の観点から研究に着手している。時空、民族、形質の異なる特徴を持つコンテンツ製
品の研究分析を重点的に行ない、コンテンツ製品の輸入にたずさわる我が国の業者に、
構造に関するマクロ理論と実務上のミクロな方法論を提供している。

　本書の学術上重要な貢献は、コンテンツ産業貿易に関する産業分業化学説の主張に
検討と反駁を加えていることにある。つまり、商工業製品とコンテンツ製品の本質的
な特徴パターンを区別し、一般的な商工業製品とは異なるコンテンツ製品の精神的属
性と民族の凝集された価値を提示することで、国際的なコンテンツ貿易の根本的な推
進力は産業の分業化に由来するのではなく、民族国家の文化価値観の相互認識と相互
理解に由来していることを明確にしていることにある。これに基づいて、コンテンツ

貿易の輸出入に関する研究と分析を進め、文化的差異と文化の止揚の二つの意義を際立たせている。前者においては、その主旨は文化的差異の軽減にある。後者においては、その主旨は文化の止揚を推進することにある。このことによって、国際貿易理論に関する学説が豊かになり、コンテンツ産業貿易理論の確立と発展の学術的基礎が固まったのである。

　本書の応用価値は、マクロ面では、民族国家を主体とするコンテンツ産業の対外貿易に戦略的な方向性を研究の成果として示したことにある。これによって、コンテンツ貿易と一般的な商工業製品の貿易は同一ではないという本質的な認識で各国が一致し、コンテンツ自由貿易主義とコンテンツ例外論との多年にわたる論争から抜け出し、民族国家各々が同じプラットフォーム―環境のなかで科学的に有効なやり方でコンテンツ貿易を進めることができる。また、人類文明の成果を最大限に分かち合うことができ、最終的には、各民族文化の“心地よい共存”の枠組みを実現できる。ミクロ面では、政府の政策決定者と市場参加者に適切で実行可能な行動ガイドラインを研究の成果として提示したことにある。この研究成果は、政策、市場、製品、消費、輸出入等の多様な切り口から、コンテンツ貿易の具体的な要点を詳しく解き明かし、中国のコンテンツ産業の発展と海外進出、中国の文化強国実現に向けて、巨大な推進力と応用価値を備えている。

　本書の特徴的な新機軸は、一つには、従来の羅列式の単純な研究態度から脱却し、内外のコンテンツ貿易の成り立ち、モチベーション、制約、輸出入といった構造的特徴を深く掘り下げて研究したことにある。従来は、コンテンツ製品の貿易を類型的に羅列して述べるだけであったが、この研究が目指したのは、方向性と戦略性の研究に重きを置き、コンテンツ貿易の本質、法則、特長に対する政府および市場参加者の認識を高め、何処でどのように為すのかを知ることである。二つ目は、文化価値の相互理解を論の立脚点とすることで、コンテンツ貿易を紋切り型の産業分業化学説から脱却させたことにある。コンテンツ自由貿易主義とコンテンツ例外論者との甲論乙駁、際限のない無意味な論争から決別し、統一された認識と共同の努力によって人類文明の成果を共に享受し共に前進させるのである。三つ目は、コンテンツ製品の輸出と輸入のどちらにも等しく重きを置いて研究したことである。このような研究のやり方は、かつてなかったことである。コンテンツ貿易は、輸出の最大化だけを考慮するのではなく、輸入の最適化をも重視すべきだと、本論は指摘している。本論は、文化的差異を論理の起点としている。国際コンテンツ貿易における文化的差異への体系的な視点を構築することで、生産サイドと消費サイドにおいて文化相違を乗り越える方策を分析し、コンテンツ製品輸出の最大化を努めて図るものである。輸入に関して、文化の止揚を論理の起点としている。時空観、民族観、形質観と文化の止揚の関係を研究分析し、コンテンツ製品輸入の最適化を極力実現するものである。

第一章
コンテンツ産業貿易の歴史
その三つの諸相——実態、必然、当然

　貿易とは、自由意思にもとづく商品およびサービスの交換である。国内貿易もあれば国際貿易もある。国家間でおこなわれる商品と役務の交換それは、貿易の当事国にとって対外貿易である。世界貿易は、各国の対外貿易の総和から構成されている。対外貿易（Foreign Trade）とは、国際貿易活動において、ある国・地域と他の国・地域との間でおこなわれる商品、役務、技術の交換を特に指していう。一つの国あるいは一つの地域の立場からいえば、他の国・地域との商品貿易活動、時にそれは国外貿易（External Trade）と称される。本書の研究対象とその出発点は、対外貿易にある。中国に軸足を置き、中国と諸外国とのコンテンツ産業およびサービス貿易について、輸出入を含めて考察をおこなう。

　本章では、コンテンツ産業貿易の移り変わりを重点的に考察する。政治、経済、技術、社会の発展の賜物としてのコンテンツ産業貿易には、歴史的軌跡、運行システム、発展法則がある。コンテンツ貿易の歴史的な実態のアウトラインを示し、コンテンツ貿易の変化発展の本質と法則の必然性を明確にし、コンテンツ貿易のあるべき姿を挟り出し、もって当面のコンテンツ貿易の戦略策定および実践の指針の提示に資するものである。

第一節　コンテンツ貿易の実態

一、商工貿易からコンテンツ貿易へ

　古代中国の対外貿易の歴史は、実質上、シルクロードの歴史である。シルクロードには陸上ルートと海上ルートがある。

はじめに、陸のシルクロードを眺めてみる。陸のシルクロードは、専門化された生産と生産物が相互に補完し合うことで出現したのでは決してない。それは政治と戦争によってうまれた。秦王朝以来、辺境の騒乱と争いは絶えることがなかった。漢王朝が長安を都に定めた後、劉邦は西域平定の戦争をすすめたが、思うような成果が上がらず和親政策に切り替えた。次々とやって来る西域諸国の来朝に対して、下賜する絹製品は皇帝の恩恵を施す手段であった。その後、"施恩"の負担は日ごとに増え続け天子はその煩雑を厭うようになった。漢武帝の時、西域諸国に対する態度は硬化し、武力を前面に押し出した。張騫を西域に派遣した意図は、大月氏と同盟を結び、共同して匈奴を打ち、匈奴を孤立させることにあった。しかし匈奴の虜となった張騫は、十年間拘留されたあとようやく脱出できたが、大月氏との同盟締結の機会を失ってしまった。政治・軍事の目的は失敗したが、経済・文化面では収穫があった。張騫はシルクロード沿いの国々の風土人情産物の情報を、漢朝に持ち帰った。

紀元前119年、漢武帝は再び張騫を西域に派遣した。張騫は烏孫到着後ただちに、副使を大宛、康居、大月氏、大夏などの国々に派遣した。西域の各国はひとしく漢王朝に友好的であり、それぞれが漢の宮廷に使節を派遣した。これ以後、中国と西方の国々との陸路を使った貿易は順調に進んだ。後漢になると名将班超が30年余り西域の経営に当たり、東西を貫く陸上貿易の交通の維持に努めた。西暦97年、班超によって大秦（ローマ帝国）に遣わされた甘英は、はるかペルシャ湾まで至った。陸のシルクロードは、首都長安を出てその途中、錦、刺繍、綾衣、帛など全国区各地の絹製品を集め、アジア大陸を横断して西の果て地中海東岸まで通じていた。全長は7000キロ余りである。当時の貿易は物々交換であり、漢は絹などの農産品と手工芸品を輸出し、馬などの畜産品や宝飾品などの天然の物品を輸入していた。

海のシルクロードは、陸のシルクロードよりも早くに成立していた。歴史的には主に絹製品の交易や技術交流のルートであって、重大な社会・政治的要因で形成されたのではなかった。海のシルクロードには、東シナ海を起点とする航路と南シナ海を起点とする航路とがあった。東シナ海航路は、周武王が商王朝を倒した頃に始まった。後に、鎬京（現在の陝西省西安灃河以東）に周王朝を建てた時（前1112年）、周武王が箕子を朝鮮に封じ、箕子が中国の養蚕と絹の生産技術を朝鮮に伝えた。また、秦始皇帝が不老不死の術を得るために徐福を日本へ派遣した。童男童女と"百工（手工業などの技術者集団）"を率いて日本に渡った徐福は、日本に養蚕を伝え、日本の民間では"蚕神"として祀られている。徐福は東方の海のシルクロードの開拓者である。南シナ海航路は漢武帝（前140～87）の頃に始まる。雷州半島を出帆した船は大量の絹製品を携え、都元国（マレー半島）、邑蘆没国（ミャンマー沿海）、諶離国（ミャンマー沿海）、夫甘都蘆国（ミャンマー・バガン）、黄支国（インド）を経て、スリランカに至る。主に絹貿易をおこなった。1405年から1433年、明代の航海家・鄭和は

船団を率いて七回航海をしている。その船団の規模の大きさ、航路の遠さ、期間の長さは、中国ないしは世界でも空前絶後と言ってもよく、海のシルクロードの最盛期を画している。[2]

漢以降、唐、宋、元を経て明朝前期まで中国の対外貿易は一貫して栄えてきたが、その後は衰退していく。漢の王朝は、陸路のシルクロードを主要なルートとして、貿易を発展させてきた。中国の絹と絹製品がシルクロードを経由して中央アジアに運ばれ、さらに西アジア、欧州まで運ばれた。唐代の貿易は、陸路、海路ともに発展した。唐朝とアジア各国は直接貿易をおこない、朝鮮、日本、インドとの海上貿易も頻繁におこなわれた。中国とヨーロッパの貿易も引き続き発展し、中国産の絹、磁器、紙などが遠く中央アジア、アフリカ、欧州の国々まで売られた。宋・元時代は、泉州、広州、明州を主要な港として海上貿易が栄えた。明朝の中・後期は倭寇の侵略のために排他的な政策がとられ、対外経済文化交流が阻害された。

清末アヘン戦争後、中国は対外貿易の自主権を喪失した。《南京条約》などの不平等条約の締結により、中国は、関税自主権、税関行政管理権、関税保管支配権を失った。中国の税関は、外国侵略者が中国の対外貿易を支配する主要拠点になり、中国民族の商工業は致命的な打撃と損害をこうむった。外国製品と外国資本の中国侵略が始まり、中国市場は外国に支配され、中国は世界の資本主義市場の渦のなかに巻き込まれた。対外貿易の自主権を中国が喪失すると、外国商社の中国貿易に対する支配が迅速におこなわれた。それと同時に、資本主義国家は中国への政治経済侵略を達成するために、彼らの仲介を担う買弁を直接雇用した。中国に買弁資本と買弁ブルジョアジーが誕生した。外国による対華投資増大の勢いは凄まじく、またその範囲も拡大していった。投資範囲は、中国経済と中国人民の生活に直結する鉱工業、エネルギー産業、鉄道海運など重要産業部門に及んだ。外国列強の支配は、商品生産分野から中国市場支配へとその領域を広げ、中国経済の命脈を完全にコントロールする一歩を踏み出した。外国独占資本は、中国経済を内部から支配する独占的地位を獲得し、中国の貿易と商業は厳しい半植民地化の状況に置かれた。[3]

民国以後、中国の民族資本主義経済が発展した。第一次世界大戦の間に、個人資本工業が発展の歩みを進め、それと連係する商業は発展のピークをむかえ、1913年から1927年にかけて国内商業が発展し続けた。商品の種類は増え、商業経営の対象も広がり、商品流通量も増加し、上海をはじめ、その他の大都市・中都市が中継地点の要となり、沿海都市から内地の農村にまで及ぶ商業ネットワークが形成された。1927年以後、中国国内市場は、世界経済恐慌と国内政局の変動など大きく流動していく情勢の中で、紆余曲折を経ながら発展した。抗日戦争と人民解放戦争の期間は、国民党政府が商業貿易を独占したため、個人資本商業貿易の発展が阻害された。

近代中国の輸出入商品の構成は、総じていえば、輸入品は消費財的な工業製品が主

であり、輸出品は農産物、副業性産物、鉱業産品などの第一次産品が主であった。具体的な構成内容を以下に記述する。

　主な輸入商品については、アヘン戦争後、アヘン以外に以下のものがある。綿織物、綿花、毛織物、さらに食品、石炭、薬品、煙草、鉄板、鉄筋、鉛のインゴット、ガラス器、石鹸など。甲午戦争（日清戦争）後から1911年まで、上海と天津の両港に入って来た外国製品は全部で800種類以上にのぼった。主に、綿織物、アヘン、綿糸、米、煙草の葉、灯油、金属類などである。北洋軍閥政府時期の主な輸入品は、紡績品、燃料、穀物、紙、マッチ、石鹸などである。国民党政府時期の主な輸入品は、綿布、砂糖、煙草、灯油、紙、穀物などである。アヘン戦争から民国政府までの間に生産手段の輸入割合が徐々に増え、1920年には28.5％に達している。輸入製品の総構成品目では、消費財が90％以上を占め、生産手段は貿易総額の10％に届いていない。[4]

　輸出品に関しては、1894年、中国の輸出品は200種類以上にのぼっているが、伝統的な大口輸出品である絹と茶は下降傾向にあり、雑貨の輸出が増加している。主に、砂糖、煙草、牛皮、ラクダの毛、豆類、麻、羊毛、植物油等農産品とその副産品である。はっきりしていることは、国際貿易における中国の地位の下落が始まったことである。[5]甲午戦争後の時期になると、絹と絹製品、茶葉、豆類、雑貨（革製品、綿花、羊毛、卵等）が主な輸出品となる。北洋軍閥政府時期の主なものは、絹、茶、豆類、皮、鳥禽類の毛、卵、鉱産品、石炭などである。国民党政府時期の輸出品の構成に根本的な変化はなく、農産品、鉱産品、手工製品など素材加工性が強い一次産品が主なものである。

　新中国成立から改革開放時期までの28年間で対外貿易は13倍増加した。1978年の中国共産党第11期中央委員会第三回全体会議から23年後の2001年までに、年平均22.1％の割合で増加し、対外貿易は25倍近く増えた。WTO加盟後、経済のグローバル化の流れに積極的に乗じて、国際的産業の転機を逃さず、対外貿易は最速最良の発展の時機を勝ち取った。2004年初めて輸出入総額が1兆米ドルの大台を突破し、2007年にはさらに2兆米ドルの大台を超えた。2002年から2008年の間、輸出入総額は年平均25.9％の割合で増加し5倍以上に増えた。この7年間の輸出入総額は、中国の過去60年間の輸出入総額の70％以上に相当する。60年の間に、中国の貿易総額の世界貿易における比重は一貫して増え続けた。2007年―2008年、貿易総額は世界第二位にのぼり、すでに中国は世界でも重要な経済ブロックになった。[6]2010年、全国の輸出入総額は2兆9727億6000万米ドル、対前年比34.7％増加、そのうち輸出額は1兆5779億3000万米ドル、31.3％増加、輸入額は1兆3948億3000万米ドル、38.7％増加、貿易黒字は1831億米ドルである。[7]

　新中国成立初期、労働集約型一次産品が輸出の80％以上を占め、反対に機械設備等の資本と技術を集約した産品を輸入していた。改革開放以後、輸出入製品構成に戦

略的な改変がなされ、1980年には工業製品の輸出が輸出総額の半分近くになり、1989年には全体の71.3％まで上昇した。90年代に入ると、機械電気製品が輸出の主力となり、1998年輸出総額に占める割合が36.2％に達し、中国の輸出の上位に分類される商品になった。2001年中国がWTOに加盟して以降、輸出入産品の構成に更なる変化が生まれた。2002年から2008年の七年間におけるハイテク産品の輸出と輸入の増加割合を平均すると、輸出は38.8％、輸入は27％となり、ハイテク産品輸出が中国の輸出総額に占める割合が2002年20.8％から2008年29.1％まで増え、同じく輸入の割合が28.1％から30.2％まで増えている。

　新中国成立以後、対外貿易額の赤字が黒字に転換していく。まず、1995年に貿易黒字が100億米ドルの大台を突破した。2005年には一挙に1000億米ドル、2007年に2000億米ドルを突破し、2008年3000億米ドルに近づいた。貿易相手も多様化している。建国初期、中国の対外貿易の主要な市場は旧ソ連と東欧の旧社会主義国家であり、中国対外貿易総額の70％以上を占めていた。そのうち対旧ソ連の貿易額が約半分であった。現在、中国の貿易相手はすでに世界220の国と地域に広がっている。2008年現在、中国の貿易相手のトップテンは、順を追うとEU、米国、日本、アセアン諸国、香港、韓国、台湾、ドイツ、オーストラリア、そしてロシアとなる。

　ここまでの考察を整頓してみると、改革開放前の中国の対外貿易の商品構成において、コンテンツ産業製品の痕跡をみることはほとんどできず、シルクロードと茶葉という二つのキーワードによってコンテンツ産品貿易不在の原因を説明できる。

　社会経済発展の観点からみると、中国は長期にわたって農業経済と手工業経済の社会であった。上位を占めた産業製品は、農産品とその副産品、そして手工業製品であった。ただ明代中期に商品経済の萌芽がみられたが、倭寇や以後の王朝交代の混乱のせいで中断した。中華民国時代に民族資本主義がかなりな発展を遂げたが、抗日戦争とその後の社会主義国家への転換によって、中国における商品経済発展の道は閉ざされることになった。したがって、建国以前の中国経済はまともに発展する機会がなく、物資も資金も極めて欠乏し、そのうえ日常化した戦争と社会不安のために人民の生活水準は極端に低く、生活に必要な基本的物資を求めようにも何らの保障もなかった。コンテンツ産業の製品の受容を云々することもできなかった。

　テクノロジーの進展からみると、人類の情報伝達手段の変遷は、口頭による伝達、文字と印刷による伝達そして電子媒介による伝達を経て、現在はデジタルとインターネットによる伝達の時代に進んでいる。新しい伝達媒介技術が大衆の文化に及ぼす影響は重要である。文化の表現と伝達には必ずある一定の道具と手段が欠かせない。技術の進歩が、文化およびその観念的内容を伝達するための手段と方式をより多彩にし、人類の文化伝達が技術進歩に依存する度合いは、さらに大きくなる。なかんずく中国について言うなら、口頭伝達の段階が長期間あったわけで、たとえ宋・元代に彫版印

刷が発明されたと言っても、生産量に限りがあり広範囲の伝達を請け負うには不足していた。世界全体についてみれば、15世紀に印刷技術が広まってから、伝達媒体の最初の変化が始まり、16世紀なると徐々に、印刷技術の改良が進み大規模な出版工業が形成された。印刷出版産業の出現は宗教と特権階級の知識の独占を打破し、人々の知的欲求を大いに刺激した。文字を機械的に何度も複製する印刷術は、大規模かつ遠距離の伝達を現実のものにした。19世紀の20年代から30年代にかけて、異なる発明家が異なる地で、期せずして電報装置を発明した。電報技術はその優位性によって着実に発展し、当時の社会に広範かつ深い影響を与えた。新しい社会の需要がコンピューターネットワークや衛星通信技術など今までにない伝達技術の登場をもたらした。[8]

　供給と需要の関係からみると、第一に、コンテンツ文化に対する需要がなかったことがあげられる。これには二つの原因が考えられる。一つは、コンテンツ文化の人々の受容力と理解力に限界があったことである。大部分の人達が文盲であったため、コンテンツ文化への道が閉ざされていたからである。二つ目は、物質的生活水準が非常に低く、コンテンツ文化の需要を育む土壌そのものがなく、コンテンツ文化を消費する能力がなかったことがあげられる。わずかに限られた文化作品は少数のエリートのみが享受でき、大多数の貧しい人々は享受するための経済的裏付けがなかった。そこに王朝政治の思想的な原因を加えることができる。「民可使由之，不可使知之（民はこれに由らしむべし。これを知らしむべからず）」。孔子のこの言葉が表しているように、労働階層の人民が文化的知識に触れることを統治階層は意識的に阻害していたのである。最後に、地球規模の交流と貿易の観点から以下のように言える。最初期の貿易は、絹製品、茶葉と宝石というように物々交換であった。機械製品などの商工業製品まで拡大していくのは後のことであって、サービス貿易の発展が本格化するのでさえ20世紀半ば以降のことである。精神活動としてのコンテンツ産業製品は、世界貿易の視野にも入っていなかった。早くに、宣教師などがもたらした外国の出版物、あるいは彼らが中国で創刊した出版物は、伝教や政治宣伝の目的のためであって、コンテンツ産業貿易の要素は微塵もなかった。

　確実に言えることは、中国の対外コンテンツ産業貿易の始まりは民国初期であり、映画と演劇が主なコンテンツ産品であった。これは世界のコンテンツ文化の発展という新しい現象と関係している。19世紀末から20世紀初頭、電子複製技術の進歩にともなって、映画と音楽がいちじるしく普及、拡散した。フランクフルト学派によるコンテンツ産業批判の矛先は、映画と音楽に代表される大衆文化に向けられた。この学派は、政治と商業活動が共謀することでコンテンツ文化の商品を工業製品と同様に規格生産化し、文化の個性、創造性を否定し、同質のコンテンツ製品によって大衆の需要を均一化することを考えていた。それは精神的活動の成果であるコンテンツ製品の批判性を削り取り、大衆を“烏合の衆”にすることであった。

第一章　コンテンツ産業貿易の歴史　　19

　まさにフランクフルト学派の貢献のおかげと言っても良いだろう。大衆文化は、後に続いた英国文化学派—カルチュラル・スタディーズによる新たな解釈と是正を経て、しだいに今日の文化産業理論にたどり着いた。文化産業—コンテンツ産業という言葉に誹謗の意味合いはもはやない。それは、各国が文化主権を擁護し、文化のソフトパワーを強めていく理論的支柱になっている。この文化理論の導きに従い、この20年来、世界の文化貿易—コンテンツ産業貿易はその広がりと深さにおいて天地が入れ替わるほどの変化が起きている。

　1886年、米国でエジソンが発明した映写機—バイタスコープ（vitascope）によって映画が始めて上映された。1903年米国で制作公開されたエドウィン・S・ポーター監督の《大列車強盗（The Great Train Robbery）》は8分間の映画で、完結したストーリー性を持っていた。1920年代中期、映画文化はかなりな成熟を遂げ、当時、米国に限っても2万以上の映画館が存在した。1925年、映画の観客数は週平均、延4600万人にのぼり、さらに1927年トーキー映画の出現が映画文化の飛躍的な発展を促した。[9]

　1895年12月28日リュミエール兄弟がパリのグラン・カフェで短編記録映画を公開してから一年も経たないうちに、すなわち1896年8月11日娯楽の中心である上海徐園で、映画という発明が寄席演芸の出し物として中国の観衆に紹介された。中国へ映画を真っ先に持ち込んだのはアメリカ人ではなくヨーロッパ人であった。ヨーロッパ人は中国の映画市場の支配的地位を第一次世界大戦勃発まで一貫して維持した。1899年、スペイン人ガレン・ボッカ（Galen Bocca）が上海の茶館、レストラン、遊戯場で映画を上映した。後に、彼はこの上映設備を友人であるアントニオ・ラモス（Antonio Ramos）に譲った。ラモスは映画の放映事業をほかの娯楽から切り離し、1908年250人収容できる虹口大劇院を建てた。これは中国で最初の映画専門館であった。アメリカの駐汕頭領事C・L・ウィリアムス（C. L. Williams）の1911年の報告書によれば、中国のほとんどの港湾都市は映画館が存在できるほどに栄えており、映画館が5、6館ある港湾都市もあった。だがしかし、これらの映画館はすべてヨーロッパ人の管理下にあった。[10]

　ヨーロッパ大陸で第一次世界大戦が始まると、アメリカ映画が中国市場に全面的に進出してきた。遅れてきた米国が先を行くヨーロッパを追い越し、中国全土の年間放映量の80％以上を占めるに至った。この時期、米国から中国へ輸出されたフィルムの総額が1913年には2100万米ドルであったが、1926年には劇的に増え9400万米ドルに達した。そしてそれに比例して、1913年から1925年の間に米国から中国に輸出された映画の総額は5倍になった。[11]

　1926年、中国で放映された外国映画は450本あり、そのうちの90％が米国で制作された。米国から中国向けに輸出された映画の本数は、400本ほどになる。1930年にな

ると、中国で公開されたアメリカ映画は540本を下らない。南京国民政府の映画検査委員会の統計によると、1934年412本の外国映画が中国で上映された。うち364本が米国からもたらされ、輸入映画の88％を占めていた。中国で上映されたアメリカ映画は、1946年881本、1947年393本、1949年142本である。40年代、中国で公開されたアメリカ映画の数量は米国本土で制作された数量をはるかに上回っていた。20世紀上半期、米国は中国で年平均350本以上の映画を公開したことになる。[12]

　当時の国民党政府中央映画検査委員会の主任、羅剛氏の推計によれば、ハリウッドが中国で手にした利潤は毎年1000万米ドルに上るはずだとしている。また、当時の中国税関は、米国が1本ごとの上映で獲得した純利益が1200～30000米ドルだろうと見積もっている。すなわち平均すると一本あたり15000米ドルである。これはハリウッド映画制作会社駐華代表部が示した数字の2倍である。もし中米双方の数字を単純平均してみると、ハリウッドが中国であげた利潤はおそらく毎年600万米ドルほどになる。劣勢ながら中国の映画館も版権や上映権を買い取っているが、ハリウッド以外の映画製作者から買い取るのが一般的であった。たとえば、中国の映画館の社長、何挺然が25000米ドルを費やして、チャップリンの《モダン・タイムス》の放映権を買い取っている。[13]

　1909年、中国にやって来たアメリカ人ベンジャミン・ブロードスキー（Benjamin Brodsky）が映画製作会社—アジア電影公司（China Motion Picture Company）を立ち上げ、中国本土の人材を雇用して中国の民間説話を題材にした映画の製作公開を計画した。彼は、10万米ドルの資金を投下して撮影セット、撮影スタジオを建設し、香港で《偸焼鴨》と《庄子試妻》を撮影した。彼はかつて、中国人カメラマンLum Chungと共同で制作した映画を、何本かアメリカで公開したことがあった。中国人がアジア電影公司に先駆けて映画の撮影制作を手がけていた。1905年、任慶泰が北京の写真館で京劇の名優・譚鑫培主演の京劇《定軍山》をフィルム撮影している。1918年、商務印書館が"活動影劇部"（一年後、"影片部"と改名）を正式に設立し、大々的に映画撮影を開始した。これは、中国人独自の資本で経営をはじめた最初の大規模な映画企業であり、中国民族による映画事業開始のメルクマールとなった。当時撮影された映画の内容は、風景、時事、教育、新劇、古典劇の五種類に分けられる。1920年、梅蘭芳主演・監督による京劇の短編《春香鬧学》《天女散花》が商務印書館影片部で撮影制作された。これが、梅蘭芳が映画の世界に足を踏み入れた最初である。[14]

　アメリカ映画が中国映画にもたらした影響は、先進的な技術・器材のみならずハリウッド映画文化が中国映画界のあらゆる方面に浸透した。1922年、張石川らによって設立された明星影片公司の第一作は、短編映画《滑稽大王游沪記（滑稽大王上海漫遊記）》で、これはチャップリンの影響を受けている。中国映画界では"仿好莱坞（ハリウッドに倣え）"という言葉が流行った。韓蘭根と殷秀岑のデブと痩せのコンビ

は《漁光曲》に出演して一躍名を成し、"東方のローレル＆ハーディ（Laurel and Hardy）"と呼ばれた。子役スター陳娟娟主演の《中国白雪公主》は、米国の子役スター、シャーリー・テンプル（Shirley Temple）の小公主の中国版と目された。[15]

このような状況ではあったが、中国映画の海外進出はやはり難しく、その市場シェアに言及する必要もないほどであった。旧中国において、諸外国との映画の交流はまったくつり合いが取れていなかった。とりわけアメリカ映画が中国で大量に上映されていた反面、米国で上映された中国映画の記録はわずかである。鄭君里はかつて次のように述べている。「商務印書館の作品《蓮花落（1923）》は、華僑が米国での版権を購入したが、アメリカ映画連合会から輸入を反対される憂き目にあった。何度か交渉を繰り返し、スエズ河畔の教会で二日間だけ上映が許された。当日は雨ふりであったが6000元余りの収入があった。後に、華僑によってホノルル、カナダなど各地に持ち込まれ、外国による中国映画輸入の最初となった」[16]

映画に比べて、例えば梅蘭芳の海外巡演のような戯曲に代表される演芸の輸出については触れる価値がある。梅蘭芳の芸術生命は57年の長きにわたり、彼が生涯で演じた美女は100以上になる。彼は京劇のわき役であった女形を主役までに高めた。代表作は《貴妃酔酒》《覇王別姫》《洛神》《遊園驚夢》であるが、彼の演じた京劇の演目は世界三大上演の一つに称揚されている。梅蘭芳は1919年、1924年に二度日本公演をおこなっている。日本人は中国人の名前を日本語の音で平素から読んでいる。李鴻章を読むときでさえ例外ではない。しかし、梅蘭芳だけは中国語の発音通りに呼び、梅蘭芳に敬意を示している。米国は、駐華大使ジョン・レイトン・ステュアート（John Leighton Stuart）を介して梅蘭芳を米国公演に招待した。1930年2月16日、ニューヨークブロードウェイ49番街の劇場で中国京劇の初演が行われた。当時米国は大恐慌の最中であったため、ニューヨーク公演は多くても三回、チケットも半分売れたら御の字と思われていた。しかし、予想に反して、二週間分のチケットはすべて売り切れた。当時の米国大統領が梅蘭芳に書信を送り、彼の公演の成功を祝し、同時に大統領自身は公務のため首都を不在にするから梅蘭芳のすばらしい演技を観ることができず、非常に残念だ。梅先生にはぜひワシントンで再公演をしてほしいと伝えた。梅蘭芳の米国公演は半年に及んだ。彼は、普段は公演を週に3度だけする。だが、アメリカでは週に8度の公演をおこなった。中国京劇は、シアトル、ニューヨーク、ワシントン、サンフランシスコ、ロサンゼルスなどの大都市のあちこちで大いに話題になった。当時の米国のエリートたちのほとんどが観に行った。梅蘭芳の声望に鑑み、南カリフォルニア大学とポモナ・カレッジが彼に文学博士号を特別に授与した。梅蘭芳は中国京劇を世界に紹介した最初の人であり、欧米人の中国京劇を観ようとしない、理解しようとしない慣習を打破した人である。[17]

二、文化交流からコンテンツ貿易へ

人類の生存という大きなカテゴリーからみると、中国の対外文化交流には悠久の歴史がある。つとに先秦時代、対外文化交流がなされていた。中国と朝鮮、日本、そして東南アジアとの間に文化の交流があり、アレキサンダー大王の大規模な東征が東西文化の最初期の交流を引き起こした。

中国歴代王朝の変遷をたどると、次のような段階にわけられる。

第一段階は、秦漢時代の対外交流である。主要なものを列挙すれば、遊牧文化と農耕文化の対立と交流、匈奴興隆以前のユーラシア大陸の草原で交わされた文化交流、服飾文化の交流、月氏西遷とクシャーナ文化、張騫の西域開拓、後漢の西域経営、匈奴の西遷と民族大移動、シルクロードを舞台とする華麗にして多彩な西域文明、仏教の中国伝来、南海航路の最初期の開拓などがある。

第二段階としては、魏晋南北朝時期の対外文化交流である。中国と西洋を陸路で結んだ交流、シルクロードで運ばれた東ローマ帝国の文物、シルクロード南ルート青海道の開拓と交流、南北朝中国とササン朝ペルシャの交流、仏教文化の対外からの流入、中央アジアのソグド人商人の中国来訪、ゾロアスター教の伝来などが主要な事象である。

第三段階は隋唐五代時期の対外文化交流である。隋唐時期の中国に居留した多数の外国人、中国人の渡航の増加、唐末五代期の西北民族の移動、三大外来宗教（祆教・景教・マニ教）とその隆盛、外国の科学技術の伝来、外来芸術の流行、唐代文化の西遷、紙製造技術の西遷などがあげられる。

第四段階、宋元時期の対外文化交流は主として、海上シルクロードの開発と展開、対外貿易で栄える港湾都市、辺境地域に延びる水路、中国人による海外旅行、蒙古の西征と大規模な移民、辺境居留民と唐人、中国におけるユダヤ人とユダヤ教、宋元時代の外来科学技術、外来工芸技術、中国磁器と絹の輸出、三大発明（印刷・紙・火薬）の西伝、中国書籍の東アジアへの伝播、程・朱の宋理学の東アジアへの伝播などがある。

第五段階、明清時期の対外文化交流の主なものは、朝貢貿易と鄭和の南・西海洋航海、中国人による南洋・西方海洋貿易の勢力拡大、清代の西洋使節団の来訪、宣教師の来華とその活動、西洋の天文・暦法に始まる西洋学問（数学、物理、機械工学、地理学、生物学、医薬学、建築、絵画、音楽など）の伝来、漢籍の欧州伝播、明清時期の中国典籍の東伝、絹、磁器、茶葉等の欧米への輸出などである。

国家としての空間的な広がりからみるなら、中国の対外文化交流に登場する国家を以下のようにあげることができる。

第一に、シルクロードが作り出した中国とアジア・ヨーロッパ・アフリカとの文化

交流がある。両漢時代、シルクロードが目指していたのは天山南路の各国、そして中央アジアのいくつかの国であった。隋唐になってその範囲は広がった。隋朝の裴矩の《西域図記》によれば、西域北道は東ローマ帝国および西アジア地中海沿岸、中道はペルシャ、南道はインドまで通じていた。これはほとんどアジア全域につながっていたことになる。元、明になると、西域—この地理概念は欧州とアフリカの一部を含んでいたから、範囲はもっと大きいことになる。シルクロードには三つのルートがある。一つは、ユーラシア大陸北方の草原地帯を横断するルートで、草原ロードと呼ばれている。二つ目は、中央アジア砂漠地帯のオアシスをつないでいくルートで、オアシスロードとよばれている。これはもっとも日常的に利用されていたルートで、狭義のシルクロードである。三つ目は、中国華南を出発して東南アジア、スリランカ、インドを経てペルシャ湾、紅海に至る海上商業ルートである。これは海上シルクロードと呼ばれている。我々がシルクロードと言う時、一般的にはオアシスロードを指す。アジア・欧州・アフリカをつなぐ文化交流において、比較的有名なのはマルコ・ポーロの中国旅行である。1271年11月、17歳の時、彼は故郷ヴェネツィアを出発した。3年後にようやく北京に到着し、1295年、25年の長きにわたって離れていた故郷に戻った。その後、獄中で口述筆記させた《東方見聞録》が完成した。《東方見聞録》は世界の奇書である。四巻に分かれ、第一巻はマルコ・ポーロ一行が東へ旅を続け元の大都・北京に到着するまでの途次、見聞したことがらを書いてある。第二巻は蒙古フビライハーンの業績、元の都と宮殿の繁栄、そして作者が中国各地で見聞したことを記述している。第三巻は、中国と隣接している日本、ベトナム、インド、インド洋沿岸と島々について記述してある。第四巻は、蒙古帝国の各ハーン同士の争いやアジア北部の状況を書いている。全巻に記述された国や都市は100余りにのぼる。マルコ・ポーロはこの見聞録によって、初めて中国を系統的にヨーロッパに紹介した。彼は、中国の広大さ、物産が豊富なこと、文教が大いに栄えていることを情熱的に称揚している。中世の神権統治のもとで束縛され、見聞と学識が閉ざされていた欧州人にとって、まちがいなく新天地を開闢する出来事であった。

　第二に、中国とインドの文化交流である。交流の中心は仏教である。魏晋南北朝時期、中国全土に仏教が伝播し発展した。著名な人物に、鳩摩羅什（くまらじゅう）と法顕（ほっけん）がいる。鳩摩羅什は漢語、梵語に精通し、経典の訳出を主導した。優雅で流暢な文で梵語の原文の意味を正確に訳出した。十数年間の努力のおかげで、鳩摩羅什が逝去する時に経典は300巻以上になった。これはわが国初の大規模な仏典翻訳事業であって、彼による仏教伝播が中国の対外文化交流の新たな礎を築いた。AC.405、法顕と道整の二人が人々であふれかえる繁華な摩竭提（マガタイ）国の首都パータリプトラ（現インドのパトナ）を訪れた。ここはインド仏教の中心であった。法顕はここに三年間住み、高僧たちと昼間は布教、夜は梵語の学習と仏教戒律の書写

にいそしみ、さらにたくさんの仏教経典の蒐集と記録をおこなった。AC.412年、法顕は帰国後仏法を発揚し、7、8年間努力を重ね、持ち帰った経典六部、六十三巻、計百余万字を翻訳し終えた。彼はわが国の古代史における偉大な旅行家であるだけでなく、偉大な翻訳家でもある。彼は中国の対外文化交流に偉大な貢献を果たした。唐朝期、AC.630年、玄奘がインドへ取経のために赴いた。645年帰国、後《大唐西域記》を著し、さらに19年の歳月を費やし経典75部、331巻を共訳した。訳出した経典の数量においても、その質の面においても空前の成果であった。玄奘は中国古代における偉大な翻訳家の栄誉に浴している。

　第三に、中国と日本の文化交流。秦始皇帝の時、徐福が五穀の種と農具を持ち、童男童女500人を引き連れ、海を渡り日本の熊野浦に上陸、荒れ地を開墾し農業生産を始めたと言い伝えられている。《宋書》およびその他の史書によれば、AC.413年から502年までの間に、日本は相前後すること13回、東晋、宋、梁等に朝貢の使者を派遣したとある。本宮泰彦著、胡錫年翻訳《日中文化交流史》によれば、AC.630年（日本舒明天皇2年、唐貞観4年）に開始された遣唐使派遣は、AC.894年の廃止まで264年間、19回に及んでいる。このように中日両国は遣唐使を主とした、人類史上まれにみる、嘗てない規模の文化交流を展開した。中日文化交流のなかでもっとも注目される出来事は鑑真和上の日本渡航である。鑑真は渡航に5度失敗したが、753年65歳の時、6度目で渡航に成功し、日本で仏教を広く伝えた。その時彼は、唐朝から持ってきた珍しい宝物を日本の宮廷に献上している。それらの中には、如来の肉舎利、西方渡来のガラス瓶、王羲之と王献之の真跡、多くの書籍が含まれていた。

　第四に、中国と東南アジアとの文化交流である。交流相手として、ベトナム、ミャンマー、カンボジア、タイ、インドネシアなどがあげられる。これらの国々との交流は秦朝に始まり、唐代中国封建社会最盛期に東南アジア地区との対外交流がかつてないほどの成功をおさめた。唐貞観5年、婆利、林邑（現ベトナム広南省）、羅利の三カ国の使者が連合して中国を訪れ、貢納をおこなった。これは、唐と東南アジアとの交流が盛んであったことを示す出来事である。使者たちが長安を訪れた時、宮廷画家の閻立本が彼等を描いている。これらの絵は、現在も台湾台北市の博物館に保存されており、中国対外交流の貴重な資料である。ベトナムは、一貫して中国の政治、経済、文化の精華の吸収に意を注いできた。常に中国に人を派遣して書籍を購入してきた。宋朝期、禁書以外の書籍を自由に選び、購入した。ベトナムは仏教信仰の国であったから、仏典を絶えず中国に求めた。ベトナムの科学文化が、中国人にとって非常に役に立ち助けになった。宋、真宗年間、江蘇省、浙江省が大干ばつに襲われた。それがきっかけとなり、粒がふっくら、味もよくまた栽培も容易なベトナムの占城稲（チャンパ米）が導入された。以後、中国南方の農作物の主要な品種になった。明朝期のいわゆる"鄭和下西洋"と称される壮挙は、中国対外交流史において特筆に値する事件

第一章　コンテンツ産業貿易の歴史　25

である。30年ほどの間に、東南海、インド洋、アラビア海などの西方の海を航海する
ること7度、30以上の国と地域を訪れ、航程は7万海里に及んだ。主として東南アジ
アが活動範囲で、チャンパ（ベトナム中部沿海）を7度、ジャワ、マレーシアのムラ
カ、スマトラ島を6度、マルセイユの旧港を4度、シャム（タイ）を3度おとずれて
いる。これらの国には、いまだに当時の遺跡がたくさん残っている。当時、これらの
国々の大多数は奴隷制もしくは原始的部落制の状態であった。封建大国からやって来
た航海者が精緻な中国の産品を運び込み、先進的な中国文化を伝え、同時に海外の独
特な物産を中国に持ち帰った。鄭和の船団が中国の対外文化交流を促進し、海を越え
る橋になった。

　広義の文化交流について言えば、人から人への伝播が文化交流の主な手段であった。
そうしたやり方の文化交流は、物質文化が主であり、ついで宗教文化、そして文字文
化も当然ふくまれる。狭義の意味で現代のコンテンツ文化により近い精神文化の交流
は、明朝時期の書画芸術の対外伝播である。中国古代の精神文化の対外交流は図書の
やり取りが主で、大部分が公的なルートでなされた贈り物であった。たとえば、1698
年康熙帝がルイ14世フランス皇帝へ贈ったなかに49冊300余巻の書籍があり、《広輿
記》《資治通鑑綱目》《書経》《春秋》などが含まれていた。フランスの宣教師・傳聖
譯（Jean Francoise Foucquet ジーン・フランソワ・フォーキット）が1722年中国か
ら帰国する際、77箱4000冊の漢籍を購入し、フランス王立図書館に寄贈している。[19]

　本当の意味でのコンテンツ産業貿易は20世紀はじめの映画貿易に始まる。米国ハ
リウッドの圧倒的な独占的地位と、対照的に中国映画の海外進出の少なさが目立って
おり、この時期のコンテンツ貿易はきわめて不均衡な輸入超過であった。ハリウッド
映画は、中国の対外コンテンツ貿易において非常に重要な地位を占めていた。第一次
世界大戦終了後、ハリウッドは世界の映画界における覇権的地位を固め、代理販売と
いうやり方で中国の外国映画市場のシェアを占領した。1932年以降、マルクス主義
意識形態理論とレーニンによる映画の政治効用論が広がり、"九・一八""一・二八"
事変が、中国映画界に実際の行動をともなった激烈な反帝国主義闘争の実践を促した。
この間、ハリウッド映画は輸入外国映画のおよそ80％以上を占めていたが、中国人の
眼には、ハリウッド映画はもはや華やかで夢のような天国ではなくなった。現実の暗
黒を暴きだし人民大衆を教育するソ連映画とは明らかに別物にうつった。ハリウッド
映画は現実から人々の目をそらし、日々を無為に過ごさせる"眠り薬"か"毒餌"で
あった。根拠地延安で主に鑑賞された人民の映画はソ連社会主義のリアリズム映画で
あり、ハリウッド映画の居場所はなかった。ハリウッド映画は、1937年から1941年
の上海の"孤島"もしくは香港租界区で、昔日の繁栄した姿を保持するだけであった。

　1945から1949年の間、意識形態の領域はかつてないほど複雑な局面を呈した。こ
れを絶好の機会ととらえたハリウッド八大映画会社は、戦時中に制作した古い映画を

中国でダンピング販売した。同時に、意図的に民衆の趣味に迎合した映画をつくり、あまつさえ中国語の解説をつけて広範な観衆を引きつけ、中国映画市場を強引に占拠した。だが、この時期の《一江春水向東流》《万家灯火》《小城之春》といった優秀な中国映画は、チケットの売り上げ、芸術レベルにおいても、ハリウッドの"大作""傑作"にひけを取らなかった。

　1949年9月から1950年8月までの間、ソ連映画と国営映画の上海での公開本数とその割合は、ソ連映画8本、3.6%、国営映画4本、1.8%からそれぞれ、ソ連映画40本、22.8%、国営映画7本、4.1%に上昇している。相呼応するようにハリウッド映画を主とする西洋映画のシェアは、142本、64.6%から63本、36%まで下落している。1950年11月、朝鮮戦争勃発にともない、ハリウッド映画は中国大陸からまったく姿を消した。30年近く経て、1970年代末期にようやくハリウッド映画排斥が終わった。[20] 思想解放の潮流が押し寄せる新時代に入ると、中国とアメリカの映画文化交流の歩みが再び始まった。中国の観衆と映画製作者はハリウッド映画の優位性をはっきりの認識し、それに学ぶことから始めた。1995年に始まった"十本の大作"は大変なブームとなったが、中国の民族映画はハリウッド映画の興行成績の影に隠れてそのわずかな間隙を見いだすのがせいぜいだった。1998年公開の映画《タイタニック》のチケット売り上げは3億6000万人民元に達し、それは中国国産映画100本ほどに相当した。

　統計によれば、1905年から2005年までの100年間で、わが国で制作された劇映画は7200本以上になる。1947年に撮影された《假鳳虚凰》は、黄佐臨監督みずから英語の吹き替え版を手がけ、欧米に輸出し、上映された最初の中国映画である。1995年から2001年の7年間、わが国が輸入したアメリカ映画は全部で134本、そのうち双方が利益を分けあった映画は61本である。だがこの間、アメリカは中国映画をほとんど輸入せず、主要な配給ルートにのせて上映することもなく、ビジネスも進まなかった。[21] 中国映画の対外輸出市場で意義ある突破口が、張藝謀によってなしとげられた。2002年、張藝謀監督《英雄》の北米、ラテンアメリカ、英国、イタリア、オーストラリアにおける放映権を、アメリカのミラマックス（Miramax Films）が2100万米ドルで買い取った。2031か所の銀幕で上映され、二週連続でチケット売り上げトップとなり、チケット総売り上げが3525万米ドルに達した。米国のメディアも"最も成功した中国のコンテンツ輸出"と評価した。フランスでも広く人気を博し、375本の上映プリントがつくられ新記録となった。[22]

　国家外貨管理局の統計データによると、2000年から2004年まで、中国が輸入した映画は4332本、輸出した映画は指折り数える程度しかない。2005年、全国のテレビ番組輸出入総額は4億6700万人民元、そのうち輸入総額は4億人民元、だが輸出総額は6700万人民元にすぎない。諸外国と比べても、我が国の映画貿易の規模は、下記のデータを見て分かる通り、知れたものである。2000年末、米国の映像コンテンツ

産業の直接輸出額は180億米ドルである。ＥＵのオーディオ・ヴィジュアル分野（テレビ番組、映画、音楽）の対米赤字は50億米ドルになっている。2002年英国コンテンツ産業輸出額は175億米ドルに達し、2003年には金融産業に次いで英国の二大産業になっている。日本のコンテンツ産業輸出額は、2003年1兆57779億円（約134億米ドル）に達し、コンテンツ産業は自動車産業に次いでいる。韓国の映画輸出額は、2003年、3098万米ドルを上まわっている。2002年、韓国のコンテンツ輸出額は2881万米ドル、輸入額は2511万米ドル、貿易黒字が370万米ドルであった。以上のデータからみえてくることは、中国の映像コンテンツ貿易額が世界のコンテンツ貿易のなかで占める割合はとても小さく、世界に冠たるアメリカの映画・テレビ産業と一律に語ることができないどころか、韓国に比してもその差は非常に大きい[23]。

　2006年、中国の映画とオーディオ・ヴィジュアル輸出額は1億3700万米ドル、2005年比で2.2％の増加、輸入は1億2100万米ドル、貿易黒字額は1600万米ドルである。2000年から2006年の間、中国の映画、オーディオ・ヴィジュアルのサービス貿易は年平均21.7％増えている。コンテンツサービスの重要な構成部門である映画とオーディオ・ヴィジュアルのサービス貿易は2006年はじめて黒字を実現し、2007年には黒字額が1億6200万米ドルに達している[24]。

　2016年、我が国の対外コンテンツ産業の貿易と投資の成長は目覚ましく、一年を通したコンテンツ産品の輸出入総額が885億2000万米ドル、そのうち輸出額が786億6000万米ドル、貿易黒字が688億米ドルである。文化・教養・娯楽と広告サービスの輸出額は54億3000万米ドル、前年同期比で31.8％の増加している。文化・教養・体育と娯楽産業の対外直接投資は39億2000万米ドル、前年同期比188.3％の増加を達成した[25]。

三、単一貿易から多元貿易へ

　民国時期は無論のこと、さらに建国後も、中国の対外コンテンツ貿易産品と相手国は比較的単一であった。映画が主であり、民国時期では米国のハリウッド映画が主役であり、建国後の長期間、中国の計画経済制度および外交上の"一辺倒"政策のため、外来コンテンツ産品の主なものが旧ソ連製の映画であった。改革開放後、マスメディア業界で湧き起こった市場改革によって、その他のコンテンツ産業の発展も促進された。1980年代、広東で市場経営のミュージックホール、ダンスホールが出現し、90年代初頭"都市報""市場報"が発行され、1996年中国で最初のマスメディアグループ企業（広州日報報業集団）が設立された。21世紀に入ってから国内資本や外来資本がメディア事業にちらほら参入しはじめたが、2001年ＷＴＯに中国が加盟した後、コンテンツ企業の上場、融資が日を追って盛んになり、対外コンテンツ貿易が全面的に発

28

展する段階に突入した。1990年代から現在までのわずか20年間で、中国の対外コンテンツ貿易は、その担い手である主体として、産業として、さらに製品、ルート、投資の各分野で単一から多元化へのプロセスを経てきた。

１．単一的な貿易主体から多元的な貿易主体へ

　マクロの視点から貿易主体を考察する。映画が、民国時期に中国におけるコンテンツ貿易の舞台に登場してからの貿易相手国はまずフランスに代表される欧州勢であった。ほどなく米国が欧州にとって代わり、中国にとってほとんど唯一の相手国は米国となった。建国後は、旧ソ連が主要なコンテンツ貿易相手国であった。改革開放後、中国の貿易相手国の増加と中国の経済力の増強にあわせるように、中国と貿易をおこなう国は中国文化をさらに理解する必要が生じ、このことによって中国のコンテンツ貿易相手国増加のスピードが速まった。2003年を例に、中国の主要なコンテンツ産品貿易相手国を表1に示す。

　版権貿易を例とすると、2003年、我が国が受け入れた版権数量が多い国と地域は米国、英国、台湾地域、日本、ドイツ、フランス、ロシア、シンガポールなどで、版権の主な輸出先は台湾地域、香港地域、日本、韓国、シンガポール、マレーシア、英国、米国、ドイツ、フランス、ロシアなどである。[26]

表1　2003年中国の主要なコンテンツ貿易相手国　　単位：百万米ドル

輸出			輸入		
	2003年実績	シェア（％）		2003年実績	シェア（％）
世界全体	5821.3		世界全体	1285.8	
米国	2019.9	34.7	米国	285.5	22.2
香港	1040.5	17.9	ドイツ	189.2	14.7
オランダ	843.3	14.5	香港	160.5	12.5
日本	385.9	6.6	シンガポール	131.4	10.2
英国	376.9	6.5	フィンランド	91.2	7.1
カナダ	137.1	2.4	日本	82.5	6.4
ドイツ	135.2	2.3	その他アジア	73.5	5.7
オーストラリア	118.4	2.0	アイルランド	60.8	4.7
イタリア	69.5	1.2	免税区	40.7	3.2
その他アジア諸国	62.2	1.1	英国	33.0	2.6
スペイン	55.1	0.9	韓国	25.0	1.9
フランス	47.1	0.8	オーストラリア	24.0	1.9
ＵＡＥ	38.8	0.7	デンマーク	15.7	1.2
韓国	36.5	0.6	フランス	13.3	1.0
ベルギー	36.0	0.6	ロシア	12.1	0.9
その他	418.8	7.2	その他	47.4	3.7

注：商務部データ　2011-4-7.　http://tradeinservices.mofcom.gov.cn/e/2007-11-23/11728.shtml

マクロとミクロの中間に視座をおいてコンテンツ貿易の主体をみると、経済のグローバル化が深まっていくにしたがい、国家が一個の主体として、国際貿易の主役を演じることがもはやなくなり、舞台後方で管理とバックアップの役目と機能を発揮するようになった。代わって、企業が貿易主体として舞台の前面に登場した。"規模の経済"によって企業買収が絶えず発生し、そのため大規模企業とりわけ多国籍企業がすでに国際貿易の主役になっている。コンテンツ貿易もまた国家の計画貿易から、大規模企業が直面している対外市場の変化なかに置かれることになった。ニューズ・コーポレーション、ディズニー、バイアコム、ランダムハウスなどのコンテンツ商品が直接中国市場に参入し、双方の国の政府が折衝協議する必要などないのである。同様に、中国の出版企業もまたブックフェア開催などの方式（例えば、フランクフルト・ブックフェア）を使い、国外市場に直接参入している。グローバル化の吹き荒れる嵐のなかでは、大規模企業とくに多国籍企業が対外コンテンツ貿易の直接主体として登場することは、疑いようのないことである。

最後に、ミクロの視点から貿易主体を考えてみると、対外コンテンツ貿易にも個人が交易者として関わっている。明確に言えば、演芸に従事する芸術家個人である。彼等は例えばコンサートを開いたり、演出を手がけたりしてコンテンツ貿易をやっている。世界の三大テノール歌手の一人、ルチアーノ・パヴァロッティが2001年北京でコンサートを開いたが、入場料は2000米ドルから60米ドルまで11段階に分かれ、主催者側は7000万人民元にのぼる収入を計上した。《三联生活周刊》が公表した数字によれば、コンサート公演者側は380万米ドルの出演料を手にし、これは1994年アトランタ劇場の時よりきっかり80万米ドル高いということである。[27]手工芸品やその生産者は、ようやくコンテンツ貿易のミクロな主体になってきた。主に、コンテンツ文化旅行の場で外国人旅行者と生産者が対面しながら取引をおこなうのである。たとえば、雲南省大理新華村の銀器、周城の絞り染め、チベットの装飾布絵巻（唐卡）などがあるが、これらは対面方式でコンテンツ貿易を実現している。

２．単一的な貿易産業から多元的な貿易産業へ

中国の対外コンテンツ貿易を産業種別にみてみると、最初は映画産業に始まり、図書・新聞・雑誌出版業、演芸、テレビコンテンツ、ヴィジュアル芸術、アニメとゲーム、版権、コンテンツ文化旅行まで、多彩な分野が発展してきた。以下、中心となるコンテンツ産業種別に貿易実態を簡単に紹介する。

映画産業…2016年、中国全国映画チケット総売上高は457億1万2000元、対前年比3.73％の増加。観客延べ人数は13億7200万人、対前年比8.89％の増加。チケット総売上高における国産映画のチケット売り上げは58.33％、[28]外国映画のチケット売り上げは依然として42％近くを占めていて、しかも中国映画の国外における成果は大きく

ない。たしかに"2015年には、候孝賢の《刺客聶隠娘（黒衣の刺客）》と賈樟柯の《山河故人（山河ノスタルジア）》"などの中国映画が国際的な芸術映画の分野で高く評価されたが、2016年の国産芸術映画の海外成績は、爆発的に評価された前年度に比べると下がっている。これは、国産映画市場の一致した見方である。これより前の2008年、"海外進出"を果たした中国映画の成果に人々は喜んでいた。それは、その年制作された406本の中国映画のうち45本が海外に配給されたが、海外チケットの売り上げが25億2800万米ドルにもなり、国内のチケット総売り上げの40％前後を占めたからだ。しかし、このチケット売り上げの成果は、同じ年にアメリカ映画が海外で売り上げた額の3％にも届いていなかった[30]。

　演芸産業…演芸産業の対外貿易は比較的早くて、梅蘭芳の海外公演がその最初である。建国後、演劇の主要な任務は文化宣伝と交流促進であった。改革開放後の海外公演では、特に民族歌舞と雑技が徐々に盛んになった。2006年に、公演された演目を種類別にみると、海外輸出に向けられた主な演目は雑技と武術の類であった。海外でおこなわれた公演の70％を雑技と武術類が占め、残りの約30％をその他の歌舞、器楽演奏、劇などが占めていた。現在、我が国の演芸公演とサービス輸出の相手国は、米国、日本、ロシア、韓国、カナダ、欧州、東南アジア、いくつかの南米の国、そして香港・マカオ・台湾地区である。そのうち米国、日本、欧州が主要な市場である。中華人民共和国文化部外聯局美大処の統計によれば、この5、6年、文化部の審査を通過した米国公演プロジェクトは毎年約50件あり、その大部分は有料公演もしくは商業公演である[31]。古典的な例として《云南映象（Dynamic Yunnan）》はかつて《寻找香格里拉》というタイトルで国際コンテンツ市場に進出し、米国など十数か国で160回以上公演された。2005年には、楊麗萍の原初形態を維持した大型歌舞劇《云南映象》が米国シンシナティ Aronoff Center で16回の商業公演にかけられ、チケット総売り上げが200万米ドルを超えた。中国にとって、米国で成功した商業公演の最初である[32]。2008年、日本でも11回公演され、チケットの売り上げが2000万元近くになった[33]。2004年から2010年の間に、中国の対外コンテンツ企業グループがおこなった海外公演だけでも3万3000回を数え、直接貿易額は5億5000万元に到達している[34]。

　図書、新聞、定期刊行物…2015年、全国の図書、新聞、定期刊行物の発行部数は1552万6300部、金額にして5726万7400米ドル、輸入されたものは、部数2881万7500部、金額3億557万5300米ドルである。図書の輸出は5221万670米ドル、輸入は1億4499万2500米ドル、定期刊行物の輸出が461万6400米ドル、輸入が1億4323万1000米ドル、新聞の輸出が43万4300米ドル、輸入が1735万1800米ドルとなっている[35]。

　オーディオ・ヴィジュアル、電子出版物…2015年、オーディオ・ヴィジュアル、電子出版物の輸出数量は9409万部、金額136万7600米ドル。輸入数量は、11億6213万部、2億4201万6700米ドル。そのうちオーディオ・ヴィジュアルの輸出額9万8900

米ドル、輸入額108万7300米ドル、電子出版物の輸出額が14万7700米ドルである。[36]

書画芸術…ヴィジュアル芸術で、絵画、彫刻、印刷物、塑像、その他装飾品が含まれる。この分野における中国の優位は比較的はっきりしている。2002年、中国のヴィジュアル芸術産業の輸出額は約23億米ドル、世界の実力国の第2位にランク付けされている。[37]シンセン大芬油彩画村を例にとると、毎年、生産販売される油彩画は100万枚余り、輸出額は400万米ドルを超える。2013年以降、書画芸術品は全般的に退潮傾向にあって、2016年芸術市場は伸び悩み、対外貿易も幾らかの影響を受けている。

版権貿易…理論上、全てのコンテンツ産業はその種類に関わらず、版権貿易であるといえる。事実、世界の版権貿易には映画、テレビ番組、ソフト、アニメ・ゲーム、出版図書などが含まれている。2015年、版権輸出総数は1万471項目、そのうち図書が7988、録音製品が217、電子出版物が650、ソフトが2、テレビ番組が1511、その他が93項目である。比較的、数が多い版権の輸出先をみると、米国（1185項目）、英国（708）、ドイツ（467）、フランス（199）、ロシア（135）となっている。同じ年、版権輸入総数は1万6467項目、うち図書1万5458、録音製品133、録画製品90、電子出版物292、ソフト34、映画324、テレビ番組133。版権の輸入元の国は、米国（5251）、英国（2802）、ドイツ（815）、フランス（199）、ロシア（87）である。[38]

オンラインゲーム…国家新聞出版広電総局と中国音数協遊戯工作委員会が公布した《2016年中国遊戯産業報告》によると、2016年中国ゲーム市場売上額は1655億元、うち個人ユーザーが開発したオンラインゲームの海外の実質売上収入は72億3000万米ドル、中国ゲーム市場における実質収入の31.4％、前年同期比36.2％増加している。[39]

３．単一的な貿易産品から多元的な貿易産品へ

ある産品の生産が一定の規模に到達し、そこに成熟した市場主体と福利・サービスの提供が存在するようになると、それがひとつの産業に発展する。コンテンツ産業の形成にもまた同じ法則があてはまる。精神活動の結果としてのコンテンツ作品が形成する産業は、細かくより具体的な分類ができる。たとえば、映画・テレビ産業、出版産業、演芸産業、イベント産業、手工芸品産業、書画芸術産業、コンテンツ旅行産業等々。産品生産が産業形成につながるなら、逆に産業の形成がその産品のさらなる発展と革新を促し、さらに豊かで多品種の産品をつくりだしていく。

例を映画に取るなら、先に中国に入って来たものはサイレント映画であるし、トーキー映画はそのあとである。サイレントは《定军山》《难夫难妻》《俄国皇帝游历法京巴里府》《罗衣弗拉地方长蛇跳舞》《马铎尼铎（马德里）名都街市》《西班牙跳舞》《和兰大女子笑柄》などの短編がある。トーキーは《一江春水向东流（春の河、東へ流る）》《银锁》《芳华虚度》などの長編がある。先に西洋を題材にした映画があり、後に中国要素または中国そのものに題材を求めたものがある。例えば《东方即西方》

《上海快车》などがある。生活をえがいたものから始まり、そして後に抗日戦争を題材にした映画が続く。中国映画の輸出の先駆けはアクション映画で、たとえばブルース・リーの《龙争虎斗（燃えよドラゴン）》《唐山大兄（ドラゴン危機一発）》などがあり、後に記録映画、芸術映画、民族文化をえがいた映画が加わった。たとえば、《五朵金花（Five Golden Flowers）》《阿诗玛》《玉观音（デスパレート　愛されてた記憶）》などである。この20年近くの間に輸入されたアメリカ映画は、《乱世佳人（風と共に去りぬ）》《泰坦尼克号（タイタニック）》《人鬼情未了（ゴースト／ニューヨークの幻）》などの愛情・恋愛映画、《石破天惊（ザ・ロック）》《第一滴血（ランボー）》《谍影重重（ボーン・アイデンティティー）》などのアクション映画、《教父（ゴッド・ファーザー）》《与狼共舞（ダンス・ウィズ・ウルブズ）》などのドラマ、《致使ID》《沉默的羔羊（羊たちの沈黙）》などのサスペンス映画、《世界大战（宇宙戦争）》《魔戒（ロード・オブ・ザ・リング）》《哈利波特（ハリー・ポッター）》《阿凡达（アバター）》などのSF映画がある。

　映画・テレビの作品には、さらにアニメ、記録映画、トーク番組、バラエティ、リアリティ番組等々があり、コンテンツ貿易の範疇が広がり、豊かになった。演劇産業としては、歌舞、曲芸、雑技などここにも様々な分野がある。近年、京劇、黄梅劇、漫才、コント、雑技、マジックなどの海外公演がおこなわれ、好評で利益も上がっている。

　図書・出版物の貿易状況についてみると、その産品はさらに多元化に向かっている。2009年の輸出図書の年間延べ種類数を順次あげていくと、哲学・社会科学類は延べ19万6721種類、文化教育類は延べ16万7418種類、文学・芸術類は延べ19万2528種類、自然科学技術類延べ8万4125種類、児童読物延べ2万9216種類、総合類延べ18万5926種類。輸入図書分類ごとの年間延べ種類数は、それぞれ延べ19万3885種類、延べ9万9250種類、延べ9万5886種類、延べ24万6689種類、延べ4万1617種類、延べ7万8531種類である[40]。

　2013年、中国のコンテンツ産品の輸出が2兆1210億米ドル、輸入が6740億7700万米ドルである。我が国のコンテンツ貿易黒字化の趨勢は明らかである[41]。ユネスコの最新の報告によれば、中国の2013年コンテンツ産品輸出総額は601億米ドルにのぼり、第二位米国の279億米ドルを二倍強上回っている。中国は世界最大のコンテンツ産品輸出国となった[42]。

４．単一的な貿易ルートから多元的な貿易ルートへ

　貿易ルートは、マーケティングルートまたは販売・流通ルートとも称される。これは、生産された産品またはサービスのスムーズな使用・消費を促す、相互に依存しあう一連の組織である。フィリップ・コトラー氏（Philip Kotler）は次のように考えて

いる。「販売流通ルートとは、商品あるいは役務が生産者から消費者へ移動するとき
に、それらの所有権を獲得する全ての企業・個人、あるいはそれらの所有権の移転を
補助する全ての企業・個人を指している。つまり、販売流通ルートの主たるものは、
所有権を獲得した商人・仲買人と所有権の移転を補助する代理商人・代理仲買人であ
る。同時に、販売流通ルートの起点つまり生産者、終点つまり消費者も含む。ただし、
付随的な業務（例えばサプライヤー、アウトソーシング）は含まない」。

　貿易ルートには、直接ルートあるいは間接ルート、長いルートまたは短いルート、
広いルートか狭いルート、単一販売ルートあるいは多元的販売ルート、伝統的な販売
ルートかネット販売ルートなど、方式・戦略に違いがある。ルートは、大まかに直接
販売と代理販売と二つに大別できる。そのうち直接販売ルートは何種類かに細分でき
る。たとえば、メーカーが直接設立した大口顧客や大口業者向けの販売部門、あるい
はメーカーが直接設立した販売会社およびその支店網などである。このほか、通信販
売、電話販売、オンライン販売なども含まれる。代理販売はさらに細分して、代理と
取次の二つに分けられる。それらには、集約型、オプション、独占型などの方式があ
る。

　対外コンテンツ貿易について言うなら、その販売ルートは単一と多元化の変遷を経
てきている。精神活動としてのコンテンツ産品の特性を考慮すると、その貿易ルート
は現物あるいはサービス、そして版権という二つの側面から分析できる。

　現物・サービスの側面から言えば、コンテンツ貿易と商品貿易のルートは基本的に
同じである。ルートを長短の尺度からとらえると、ダイレクトルートと非ダイレクト
ルートの二種類に分かれる。即時に消費される演劇産業の貿易の類は、基本的にダイ
レクトルートである。表現者が生産すると同時に、作りだされた表現産品を消費者が
消費してしまう。梅蘭芳の諸外国公演がすなわちこの貿易ルートである。非ダイレク
トルートは一級、二級、三級などに類別できる。中間業者が一つだけであれば、それ
が一級ルートであって、その他は順を追ってあてはまる。民国時期の映画貿易は基本
的に一級以上の段階を経て消費者のもとに届けられたので交易のコストが比較的高か
った。このほかに生産・加工貿易ルートがあり二種類に分けられる。一つは、外国商
人などの外国資本が販売先の消費国に企業を設立するやり方である。民国時期、米国
資本が中国で直接アジア映画製作工場を開設したのが、一例である。二つ目は加工貿
易ルートである。これは、外国の半完成品を基にして、新しいスタイルを付け加える
などの加工を施し貿易ルートに乗せるやり方である。たとえば、中国側が国外の映像
の版権を買い取り、再加工したオーディオ・ヴィジュアル製品を再び国外に販売する
のである。21世紀に入り、コンテンツ貿易ルートが日毎に扁平化され、歌舞演芸な
どのダイレクトルートの貿易を除けば、映画館配給系列制の改革、豊かで多様さを増
したコンテンツ貿易ルート、そして統一された配給会社による配給、映画貿易の中間

段階の縮小、それらが映画の迅速な流通と交易コストの大幅な減少に有利に働いている。

　版権貿易の断面から言えば、コンテンツ貿易ルートには商工業貿易と異なる特性を持っている。この種の貿易は現物の流通を必要としていない。それゆえ、交易コストは比較的安くすむ。一般に以下のような方式で版権貿易がなされる。ひとつは、各国大使など国の人員による推薦紹介を通して版権貿易が実現するやり方、ひとつは、企業の配給機関が海外の関係組織や企業と商談協議を直接進め、版権貿易が実現するやり方、もうひとつは、各種の図書展（たとえばフランフルト図書博）などのイベントに関連して、版権貿易が実現するやり方などである。

　デジタル技術とインターネット技術の登場によって、経済と文化のグローバル化の進展と加速が同時に起こり、それによってコンテンツ貿易においても広大なルート選択が可能となった。現物／サービス貿易を問わず、また版権貿易であっても、インターネット経由で取引が実現する。オンライン上の展示、決済、配送の機能さえあれば、コンテンツの現物／サービス貿易と版権貿易を極限まで押し進めることができる。

　新しい時代が到来した。コンテンツ貿易のルートで多元化と一体化が同時進行しながら、リアルとバーチャルが共振するという稀にみる現象が生まれている。リアル体験的あるいは非リアル体験的なコンテンツ商品が共に繁栄する市場の枠組みによって、現実の貿易とバーチャルな貿易の共存が必然となり、貿易ルートが更に多元化していく。同時に、デジタル技術と文字、映像、音声の整合により、あらゆるコンテンツ文化がネットワーク上に出現可能となる。このため、ネット上のオンラインバーチャル貿易ルートがコンテンツ貿易の主たる構成要素になり、その一体化を促進し、生産者と消費者を整合していく。代理販売ルートの役目は日を追うごとに衰退していくのである。

5．単一的な貿易投資から多元的な貿易投資へ

　ここで言う“貿易投資”は定義づけされた専門用語ではない。コンテンツ貿易を背景に、流動する資本が直接投資へと変化していくことを指し、中国資本の対外投資、外国資本の中国への進出、とりわけ外国資本の中国コンテンツ産業分野への直接投資を包含するものである。

　事実、民国早期、中国に直接進出した米国資本が中国で工場をつくり、映画を撮影し、かなりな発展を遂げている。ただ建国後、改革開放までの相当長い期間は、政治的な理由で中国は外国資本と無縁であった。多くは社会主義陣営の兄弟国式の援助があるだけだった。マスメディアの事業活動（たとえば、広告掲載等）に始まり、マスメディアに企業化経営政策を適用することによって、広州日報集団の発展、四川博瑞伝媒の裏口上場など、ようやく民間資本のコンテンツ産業参入が続いた。さらに、新

浪、捜狐などの新しい媒体がナスダックに上場し、コンテンツ産業にもようやく外資受け入れのチャンスが巡って来た。この後、出版グループとコンテンツ旅行企業の上場があり、株式市場を通じて外資の中国流入が実現した。そのような企業の数には限りがあったが、しかし非常に重大な意義を持っている。

　もちろん、コンテンツ産業の他の分野にも外資直接投資の例がある。1995年中国に進出したドイツ資本ベルテルスマン（Bertelsmann AG）が、中国への直接投資によってつくりあげた出版発行システムは、好成績をあげたことがある。

　現在、外資の単独投資事例が多くはないが、共同出資という形態の中国参入がコンテンツ貿易分野で非常に拡大している。たとえば、2004年バイアコム（Viacom）が上海文広集団と合弁制作し、ローカライズ化した児童番組——ニック子供チャンネル（Nickelodeon）が、国家広電総局の批准をすでに取り付け、上海文広集団との合弁会社設立につながっている。これが中国政府の批准を取得し設立された海外メディア初の合弁会社であって、この会社はニックチャンネルのブランド効果を利用し中国語の子供番組を制作している。中国電影集団公司とタイムワーナー（Time Warner Inc.）そして横店集団とが設立した中影華納横店影視有限公司は、正真正銘、初の中外合資映画製作配給会社である。華龍電視デジタル制作有限公司とソニー・ピクチャーズ（Sony Pictures Entertainment Inc.）が設立した華索数字制作有限公司は、ハイビジョンテレビとデジタル映画製作を主たる業務とし、成熟した状況にある配給分野で関わりを強めようとしている。

　2013年、習近平総書記がカザフスタンとインドネシアで、シルクロード経済ベルトと21世紀海上シルクロードを共に創ろうと提案した。すなわち“一帯一路”の提唱である。それから4年を経過して大きく発展している。世界の百を超える国と国際組織が“一帯一路”建設を積極的に支持し参加を表明し、国連総会、国連安保理等の重要決議にも“一帯一路”建設の内容が盛り込まれている。2017年5月14日、“一帯一路”国際協力サミットフォーラムが北京で開催され、中国と“一帯一路”沿線の各国との文化交流及び貿易が強力に推進された。2014年から2016年の間、中国と“一帯一路”沿線国家との貿易総額が3兆米ドルを越え、また中国から“一帯一路”沿線国家に対する投資累計が500億米ドルを超えている。中国企業はすでに20以上の国で経済協力区を建設している。中国は40余りの国と国際組織との間で協力合意書の署名をすませ、30余りの国と生産能力機械化協力を展開している。フォーラム開催期間中、中国はさらに一連の対外協力合意書と行動計画書に署名し、60以上の国と国際組織と共に“一帯一路”貿易が滞りなく発展することを呼び掛けている。[43]“一帯一路”が中国のコンテンツ貿易に、より多元的な主体、産業、産品、チャンネルと資本を提供するであろうと確信している。

　以上を要するに、対外コンテンツ貿易における貿易主体、多元的な産業と産品、豊

富な交易ルートおよび外資参入という多種多様な形式が相俟って、中国のコンテンツ産業の発展を加速させ、我が国の文化の実力を強めそして人類の精神世界を豊かにするのである。同時に、一個の民族国家について言うならば、その文化的主権とソフトパワーが厳しい挑戦を受けているのである。中国のコンテンツ産業がその豊富な文化資源を根拠に、人材、資本、技術を駆使し、迅速に成長し、コンテンツ貿易の重要な製品提供者になると確信している。

第二節　コンテンツ貿易の必然

一、コンテンツ貿易と経済発展の必然

　農業経済、工業経済、知識経済は、人類社会発展の異なる経済段階である。知識経済の段階では、情報と文化が社会発展の革新的要素となり、消費社会の到来によって、人々は日を追うごとに、商品における記号的価値と精神的享受を重視するようになる。物質的満足の極大化は精神文化消費需要の胎動を促し、コンテンツ産業が必然として生まれ活動する。精神の限りない文化的需要と全人類文化に通底するコンセンサスによって、コンテンツ貿易が必然となる。

1．工業経済と知識経済

　人類社会の発展過程とは、資源の開発と利用を中心に据え、それによってより大きな福利を生み出す過程である。時代を異にし、時々の技術的制約を受けつつ、人類が重点を置いた資源は時代ごとに違っている。ゆっくりと長い時間を歩む農業社会では、相対的に天然資源は不足しておらず、逼迫していたのは労働力である。労働力の占有と配置が農業経済の特徴である。産業革命後は、十分な機械技術を駆使して天然資源を開発した。天然資源の占有と支配が工業経済の特徴である。情報技術の革命的な進展によって、資源としての情報と知識が、経済の発展にとって不足する資源となり、現代の経済競争のもとでは、最も早く情報を把握し優れた創意を手にしたものが、市場競争を勝ち抜き頭角を現すのである。情報・知識経済社会は、大魚が小魚を食らう時代ではなく、素早い魚が鈍い魚を食らう時代である。デジタル技術とインターネット技術が、市場参加者のより速く、かつより広い情報の獲得を可能にし、競争の情勢判断の正確性を増し、一方で競争の激しさをさらに増した。情報、知識、イノベーションが紛れもなく、現代の競争社会における大事な突破口である。

　工業経済の生産要素は土地、労働力、資本である。そのうち資本が最も重要で第一義的である。資本の具体的な姿は、機械設備、エネルギー、原材料等である。科学技

術の飛躍的な発展のおかげで、地下深く埋蔵されている資源査の能力を人類は手にすることができた。工業経済は三つの段階を経て発展してきた。第一段階は、規模の経済である。規模によって効果と利益を追求し、問題の軽減と解決を図る経済である。第二段階は、品質の経済である。品質による利益追求と問題解決を図る経済である。第三段階は、速度の経済である。1960年代コンピューターと情報テクノロジーの登場によって、増大する経済は、もはや伝統的な規模の経済や品質の経済だけに依存できなくなった。今、世界経済には、速度による効果と利益の追求、そしてより早い問題解決に対する多大な需要が存在している。これが速度の経済である。工業経済が速度の経済段階に進み、情報経済と知識経済の基礎的条件が十分備わった。

　アーヴィン・ラズロ氏は著書《あなたは世界を変えられる》で、「20世紀末から21世紀初頭にかけて、世界の権力と富をめぐるゲームのルールがすでに改変され、権力がどこかのオフィスとか、ある組織の権威に類する伝統的な基準を基盤にすることはもはやなくなった。富・財産の概念が黄金、貨幣、土地といった有形の物から離れ、黄金、貨幣、土地よりはるかに柔軟性にすぐれた無形の富と権力のもとに形成されてきている」と述べている。この新しい基盤とは、思想、技術、通信が優位性のスケールポイントになることであり、ひと言で要すれば、情報が標識になるということである。これこそが知識経済のコンセンサスである。知識経済が経済、社会、人に及ぼす影響とは事実上、現代科学技術がもたらす情報の革新的な効果と属性が経済、社会、人に及ぼす影響のことである。米国の経済学者トーマス・フリードマン氏が《フラット化する世界》で、「一個の国家が富を蓄積するための重要な要点が領土の占領と開拓にあるという観念から、国家と企業が富を蓄積するための重要な要点が知識の収集、共有、補足する能力に転換している」と述べている。

　知識経済は単純で且つ広範に受容された定義ではなく、ふたつの視点が併存するのである。主導的な視点からとらえると、知識経済は経済の一部であって、技術と知識の中から発生し、知識、技術と創意において前衛的な行為をしているのである。実際、知識経済はハイテク産業としてとらえられている。二つ目の視点はもっと寛容で且つ欠点の解決に意を注いでいる。知識は、経済において主導的作用を発揮している要素であるととらえられている。

　知識経済は、厳格な経済学の概念ではない。その言葉の由来は、おそらく新経済成長理論に関係している。世界経済の成長が知識の生産、拡散、応用に依存していることを背景に、米国の経済学者ポール・ローマー氏（Paul Michael Romer）とロバート・ルーカス氏（Robert Emerson "Bob" Lucas, Jr.）がこの理論を提唱した。ローマー氏は、知識の蓄積が経済成長に内生する独立した要素であって、知識が投資効率を高めることを可能にし、知識の蓄積が現代経済の成長の源泉であると考えた。ルーカス氏の新経済成長理論は、技術進歩と蓄積された知識を重点的に人的資本に投入する

ことを提唱している。知識経済は、知識を基盤とする経済であって、農業経済、工業経済と対応する概念である。現代の発展には、工業化、情報化、知識化の三つの段階がある。イノベーションは知識経済発展の推進力であり、教育、文化、研究開発は知識経済を先導する産業である。教育と研究開発は知識経済時代のもっとも主要な分野であり、知識と高い素養をそなえた人的資源は最も重要な資源である。現行の工業経済と農業経済について言えば、それらは知識を全く必要としないわけではないが、総じてその経済の成長を決定するのはエネルギー、原材料と労働力であってすなわち物質を基盤としている。[47]

　知識経済は、現代のOECD圏経済が発展するなかで知識と技術の地位を新たに認識することで提起された。OECDは《知識集約型経済》において、知識経済とは知識と情報の生産、分配、使用の上に成り立つ経済であると指摘している。米国の経済学者ピーター・ドラッガー氏の考えによれば、現代経済において知識はすでに真の資本、最も重要な富である。[48]1980年代、中国に音楽喫茶とカラオケが登場して以降、情報・知識経済の潮流にのってコンテンツ産業が急速に発展し、産業経済の支柱となった。コンテンツ産業は、経済形態が初歩的な段階から成熟した段階に進化した後に出現した新型産業経済の類型で、農業経済、工業経済から知識経済へと変化する過程であらわれた重要な産物である。一種特殊な産業類型として、コンテンツ産業はすでに国際文化戦略において一層重要な構成要素となっている。欧米先進国では、コンテンツ産業は全産業の序列のなかで主導的な産業のひとつとなっており、高い利潤を生みだし国家の経済発展を直接支えている。コンテンツ産業のグローバル化によって、コンテンツ産業が国際的な地勢・政治戦略の重要な手段にもなっている。[49]中国共産党第16回全国代表大会において、コンテンツ産業の合法的地位が特に重要視され、2009年コンテンツ産業振興計画の実施につながっている。これらの事柄は、コンテンツ産業の発展そのものがすでに国家発展戦略の総体とますます緊密に結びついていることの証である。

　成思危氏の指摘によれば、知識経済は以下のような特徴を持っている。1.知識集約型産業は産業構成の主要な地位を占めている。2.知識は経済成長にとって主導的な役割になっている。3.知識は生産力の構成にとって重要な影響を及ぼしている。4.知識と結びついたプロジェクトでコストに占める知識の比重があきらかに増している。[50]そして経済原理から考察すると、第一に、工業経済は物質を基盤とし、知識経済は知識を基盤としている。第二に、工業経済は"収益逓減"の原理に従い、知識経済の表現—生み出されたもの（アイディアなど）は"収益逓増"である。第三に、工業経済時代の基本的特徴は"周期性"であり、知識経済時代のそれは"持続性"である。ついで生産過程の側面から考えると、第一に、人的資本は知識経済の第一義的な資源である。第二に、電子技術と情報革命が知識経済の推進力となっている。第三に、知識産

業が経済、社会の主要な産業になっている。第四に、知識生産効率が労働生産効率にとって替わり、生産性を測る新基準になっている。第五に、非標準的な"フレキシブル生産システム"が、標準化された"インフレキシブル生産システム"にとって替わっている。第六に、生産の分散化が生産の集中に替わっている。第七に、管理の重点対象が知識管理とイノベーション管理へと変化していき、研究開発、人的資本の育成が管理の重点内容となっている。第八に、労働構成上、知識労働者が生産の主軸になる。最後に、生産過程以外の観点からみると、第一に、科学と技術の高度な融合が経済発展の持続を可能にする、第二に、資産投入が無形化し、ベンチャー投資が知識生産の触媒となる。第三に、経済のグローバル化。第四に、経済戦略決定の専門化。以上のように、知識経済の様々な特徴があげられる。[51]

　知識経済は情報化の経済である。今日の情報化の形式には電子化、デジタル化、インターネット、人工知能など様々だが、情報化によって、経済システムの様々な概念——生産品、サービス、効率、企業イメージ、生産、流通、交易等——およびそれらの運用など、すべてが深刻な変化に向き合っている。知識経済が伝統的な経済の特性を変えようとしている。知識には、より大きな共有性と外部性が備わっている。知識経済は、イノベーションのスピードと方向性が勝ち負けを決定する経済である。知識経済時代の支柱となる産業は、伝統的産業から情報、新素材、バイオテクノロジー、新エネルギー、航空と宇宙、環境保護、コンテンツ、情報サービス業にすでに移っている。知識経済は、情報社会とグローバル経済時代の到来にともなって、競争と合併・買収のグローバル化という特徴を必然的に持つことになる。知識経済時代は工業化社会の継承と止揚を目指す。人々は、生産方式、分配方式、生活方式そして発展モデルの持続可能性を追求し、人と自然の協調を追求し、主体的に自身の生長と消費をコントロールし、地球の生態系と環境を保護する。知識経済時代において、すなわち知識が経済と社会の発展のもっとも重要な資源であり、競争と協力の決定を左右する要素である。知識経済時代の社会労働構成もまた発展段階にあり、伝統的工業経済とは異なる明確な特徴をそなえている。知識時代における国家と地方の新しい体系は、知識の革新、知識の伝達、技術の刷新と知識の応用体系を包含し、すでに国家と地方の経済・社会発展のための重要な基盤となり、競争力の基礎となっている。知識経済時代の消費は一歩進んで、多様化、個性化、芸術化の特徴を呈している。[52]

　知識経済の特徴に関するこれまでの整理から、次のように概括できる。すなわち、情報、知識、科学技術、イノベーション、生態、人材などの用語は知識経済の本質を体現している。知識経済のこの概念に焦点が集中されているが、けっして農業経済と工業経済に知識的要素がないと言っているのではない。この農業経済と工業経済に比して、知識経済は、資源を配備する際、"知能資源を第一の要素"、"人的資源を第一の資源"ととらえている。知識経済は、経済成長の主要なチャンネルを知識集約型製

品においている。⁵³工業時代の経済は社会と生態環境との協調を軽視した、その結果、資源の枯渇と気候の悪化を招き、人類の生存にとって重大な脅威となっている。2009年の国連気候変動コペンハーゲン会議（COP15・COP／MOP5）では、各国の思惑に隔たりがあり、会議は長時間にわたった。この会議はかつてなかったほど人々の関心を呼んだが、達成された合意はきわめて不満足な内容であった。各国の利益に由来する経済発展と環境保全の矛盾が先鋭化したためである。これと対照的に、知識経済は人類生存に影響する環境問題に新しい展望を開くことができる。知識、情報、創意と科学技術の力を結集すれば、経済の文化化と文化の経済化とがあたかも臨月を迎えた胎児のように、必然的に産まれてくるだろう。

2．経済の文化化と文化の経済化

　知識経済を背景とすれば、経済の文化化と文化の経済化は必然である。知識経済の顕在化の最たるものは文化と知識の力量である。企業の管理、生産、流通そしてアフターサービス、どれをとっても文化の匂いがしないものはない。企業文化の醸成は、人心の集中、求心力の増強、チームワークの実現に役に立つ。製品の文化的要素はヒューマナイズ性と付加価値を増し、経済的収益を拡大する。営業販売とアフターサービスにおける文化戦略は、企業の良好なイメージを引き上げる。製造産業が日ごとに文化的な深みを増してゆけば、文化は一種の商品として流通領域に入り込み、交換を促し、経済的効果を生み出す。コンテンツ産業が必然的に世界各国の選択肢となり、経済発展を主導するであろう。

　これまで文化と経済の結びつきは、現在ほど親和的でなかった。だが、知識経済時代では、特に人々の生活上の要求の多くが、物質生活の範囲外で、心を惹きつける何かに向けられる。求められるのは、生活全体の美感、質感のレベルアップである。いつの時代であっても人々が望むことは、自分の生活の内実の豊かさの実感であり、生活の優雅な質を味わうことである。それゆえ、文化は姿かたちを変えて、経済活動のあらゆる領域——生産、流通、消費、サービスに浸透していき、社会経済生活の関心がクオリティ、趣味、ECO、個性、体験などの方向に向いていく。この志向性が経済の文化化である。⁵⁴

　経済と文化の符合は必然である。個人の経済行為との符合に、文化は必然的に影響を与える。文化が、集団内の個人の思想や行為に影響を与えると同時に、集団全体の行為にも重要な影響を及ぼす。このプロセスにおいて、経済が文化の色合いをまとうのは避けられず、これを経済の文化化という。文化の経済に対する影響は三つの形であらわれる。第一に、文化は経済効率に影響を与える。たとえば、ある文化価値の存在が、人々に行為の選択、革新、調整をより効率的に為すようにしむける。次いで、文化は公平性に影響する。文化が人々の共通の道徳原則に寄り添い、道徳に向けられ

た関心が、文化が表現でき得る社会制度・メカニズムの構築を後押しすること、その
ことを通じて文化が公平性に影響を与え得る。第三に、文化は往々にして、集団が追
求する経済・社会の発展目標に影響を与えさえする。通常であれば、文化価値は物質
的進歩との完全な一致を目指し、物質の進歩の成功の可否を測る。中国の多くの伝統
文化遺産は重要な文化資源として、中国の経済と社会の発展に重大な作用を及ぼして
いる。

　多くの学者が、文化が内包する経済価値のリアルな一面から文化の経済化現象を説
明する。このような視点から説明する文化は、狭義の文化を指している。それは、経
済的効果をおびた文化が文化商品に変化することを言っている。現代における文化の
経済化はもっと高度に発展した次元に達している。すなわち文化の産業化という次元
である。いわゆる文化の産業化とは、文化の効果の特徴を保持することを前提に、
人々の精神的要求に方向性を合わせ、資産との紐帯を持ちながら、人類の知識、知力、
精神、芸術、情報にかかわる活動およびその成果をある物質に仮託・加工し、人々の
精神的満足に供する文化製品を生み出すことである。くわえてその文化製品（文化的
労務の成果）を交換、消費、サービスの領域に落とし込み、市場で交換される商品と
することを指している。文化産業——コンテンツ産業の発展過程はダイナミックその
ものである。完全なコンテンツ産業システムを常に構築し、文化資源の最適な配置と
生産要素の最良の組み合わせを常に形成する。それによって、コンテンツ商品価値の
最大化を実現し、その結果コンテンツ産業の生産力を最大限に高めてきた発展過程な
のである。文化の経済的（産業的）価値は、文化価値の二重性に由来する。文化価値
の二重性とは、すなわち文化の使用価値と交換価値である。文化の内なる価値は、常
に符号化され系統化され、そして外部の感知にさらされる[55]。

　文化経済は二つの次元を含む。一つ目は経済の文化化、ふたつ目は文化の経済化で
ある。我々がここで強調している文化経済は主に二つ目の次元である。すなわち、文
化の経済化を促進し、コンテンツ製品を利用することで、コンテンツ文化産業および
その他の関連する産業の発展を先導し、最終目的は全社会の経済発展を促すことであ
る。文化の経済化が進む過程には、多くの推進力が存在する。すなわち、前提となる
文化資源のパワー、基礎となるマンパワー、資本力は必要な条件であり、科学技術力
がサポートし、保証をになう法律制度が力を発揮する。文化の経済化の歴史的発展過
程において、コンテンツ製品と歴史文化資源の経済的効果の実現は、社会分業化の具
現、科学技術の発展、市場経済の成長、文化交流の強化等の外部の推進要素の作用に
与っている。それらの決定的なパワーは、文化の発展と文化の経済的効果の実現のた
めに力強い支柱となっている[56]。

　要するに、文化の経済化はコンテンツ製品の市場化、産業化ということである。コ
ンテンツ製品の生産は大規模な社会生産と言えるし、コンテンツ文化は一種の産業と

して、その経済的意義および社会生産の発展を促す推進作用が、ますます顕在化し重要になってきている。現在、多くの欧米国家のコンテンツ製品が国民経済全体に占める比率が増しており、米国のコンテンツ産業の輸出は航空業を抑えて第一位になっている。コンテンツ産業は国民経済発展の原動力であり、世界各国がそれを選択するのは必然である。中国は20世紀末、その強大な文化資源の優位性を根拠に、コンテンツ産業をすでに国家戦略上の発展産業に組み入れた。21世紀には国内総生産（GDP）におけるコンテンツ産業の相対的な重みが日ごとに増し、2009年の文化産業振興計画の実施とともに、コンテンツ産業はおそからず国家発展を支える産業の支柱になるに違いない。

3．物質消費と文化消費

　文化の経済化は必然的にコンテンツ産業の発展と拡大につながる。しかし、コンテンツ産業はなお大事な基盤と前提条件を必要としている。それは、コンテンツ商品の力強い消費需要である。コンテンツ消費需要はいかにして実現できるのか。コンテンツ産業が現代の経済社会の発展に及ぼす作用、そして中国の力強く発展するコンテンツ産業の重要な意義について、我々はすでに詳しく検討してきた。

　はじめに、コンテンツ産業は現代経済社会発展の重要な原動力である。現代の商品においてコンテンツ商品の数量の増加、その付加価値は日毎に高まり、文化、科学技術、精神、道徳が見えざる手として直接、経済社会発展の原動力となっている。その次に、コンテンツ産業が文化に対する需要を喚起し、国民経済を迅速に成長させている。最後に、コンテンツ産業が大衆の需要を常に満たす重要なチャンネルになっている。我が国について言えば、コンテンツ産業の力強い発展が、経済成長のやり方を変え、経済の迅速な発展を突き動かすのに役立ち、コンテンツ産業の生産力を解き放ち向上させ、国家の文化の安全を維持し、国家の総合的な競争力の増強に役立ち、人民大衆の日に日に増大していく精神文化の需要を満たし、国民の素養を豊かにすることに役立ち、就業機会が増え、調和のとれた社会の発展の促進に役立つのである。

　コンテンツ産業が社会に及ぼす作用はかくも重大であるのに、前社会でコンテンツ産業が、なぜ発展しなかったのか。コンテンツ産業は歴史的産物であり、その誕生と発展には一定の歴史条件があるからである。物質商品がきわめて豊富であることがその条件であり、欠乏経済から消費経済へ移行し、物質的需要が十分に満たされたあとに人々の精神文化需要が急激に増加する。その結果コンテンツ産業の発展につながるのである。

　現代の経済学研究者の意見では、一人当たりGDPが1500米ドル以上の高い収入を得る段階になれば、人々は精神生活の質と生活環境に対して高い要求を持ち、そして流行と個性を追い求める段階に入っていく。これによって、多品種生産方式とそれと

の順応性が必要とされ、コンテンツ産業は人々の精神文化需要を満足させることを目標に据え、発展していく[57]。世界の経験をみてみると、一人当たり GDP が3000米ドル近辺になると、物質消費と文化消費が同じように重要視される時期に突入する。5000米ドルを超えると、人々の消費構造が文化消費主体に変っていく時期になる。国家統計局公布のデータをみると、2010年我が国の一人当たり GDP が2万9748元（約4375米ドル相当）に到達している。これは、中国の文化消費が新しい発展段階に入ろうとしていることを示している[58]。

　マルクスは、その著書《〈経済学批判〉序説》で生産と消費の関係について透徹した論述をおこなっており、以下のように記している。「消費と生産は同一性を具有している。生産が存在しなければ消費は存在しない。消費が存在しなければ生産は存在しない。消費は生産の目的であるからである。同時に、生産は一種の消費である。たとえば生産性消費であるというように、そして消費もまた一種の生産である。たとえば労働力性生産であるというように」。マルクスは一歩進めて次のようにも指摘する。「生産は直接にまた消費でもあり。主体的かつ客体的な二重の消費である」[59]。マルクスは、資本主義社会の歪んだ社会生産関係に着目して、“商品の物神性（物質崇拝）”という概念を提出した。これはマルクスの《資本論》のなかで最初に言及されている。マルクスの指摘によれば、生産物に凝集された人々の勤勉な労働は商品という形態をとるが、それら異なる商品間の関係がすなわち異なる労働行為間の関係として立ち現われてくる。したがって、表面的には社会関係とは思えない異なる商品の交換価値が当然のように物と物（商品、貨幣、資本）の社会関係をあらわす（つまり、生産物を介して関連していた人と人の社会的関係が、物と物との交換価値を介した社会関係としてあらわれ、物が一人歩きを始める[60]）。マルクスは、このような現象を“商品の物神性（物質崇拝）”と呼んだ。まさにそれゆえ、商品が、その具有する幻想的かつ超人的な力とその溢れんばかりの神秘性によって人々に崇拝され、商品崇拝が人々の“物質主義”に直結していく。人々は、金銭の奴隷となってしまう。“商品の物神性（物質崇拝）”の実質は“疎外”という別の形で体現され、それは人がつくり出した価値の当然の体現にすぎない。ジャン・ボードリヤール氏（ean Baudrillard）は次のように考えている。現代の資本主義消費社会にあって物質崇拝は、ある特権的な商品への投射と投資だけではなく、社会的声望などの全体系をそれは内部に取り込んでいる。したがって、物質崇拝は社会的な差異をめぐるシステムのなかに渦巻いている。消費社会において、“物質崇拝”が表現する消費文化は消費者のアイデンティティの発露、アイデンティティ評価能力萎縮の位置づけを示している。

　消費は生産消費と生活消費とに分けられ、さらに個人消費と公共消費とに分けられる。ボードリヤール氏によれば、我々の生活上の購買、所有、享楽そして消耗、これらだけを我々は決して消費しているのではない。我々の消費とは、物質的な産品でも

なく、物品でもなく、富の多寡でもなく需要を満たすことでもない。それらは、消費を定義する概念としては十分ではない。それらは事前の必要条件でしかなく、消費の定義は物質的な実践でもなく豊穣の現象学でもない。消費とは、トータルな意味の象徴体系であり、一種の意味の確立されたモデルを言う。それはバーチャルな全体であり、そこにあるすべての物品とその情報である。この時、消費行動は符号の体系に操られる。

　消費が経済活動領域ばかりでなく、すでに社会のあらゆる領域に行き渡っている。コンテンツ産品は商品となり、人々の基本的な生存スタイルとなっている。消費社会の到来が経済社会の形態を変えるだけでなく、文化を全体的に転換する。消費社会においては、人々の消費目的が消費対象物の使用価値の追求であることを超越して、消費対象物のめくるめく付加価値が消費行動の主要目的となる。ソースティン・ヴェブレン氏（Thorstein Bunde Veblen）が1899年に出版した《有閑階級の理論（Thorstein Bunde Veblen）》において、"誇示的消費（Conspicuous Consumption）"と名付けられた有閑階級のぜいたく品の消費すなわち"見せびらかす"消費行動は、名声と羨望を獲得する手段とされている。

　1920年代、第三次科学技術革命と新三大発明の影響を受け、社会の富が急激に増大し社会の物質的財産がかつてないほどに豊かになった。新しい経済環境のもと、フォーディズム（Fordism）が普及していった。大規模化、標準化された新生産方式によって、大量生産システムへ迅速に移行していった。この生産システムは労働者の賃金の増加と労働条件の改善を促進し、社会全般の消費の潜在力を極大化した。資本主義的大規模生産を育むだけでなく、給与所得者階層の消費スタイルも新たにつくり出した。今で言う、大衆消費の出現である。標準化と大規模化された大量生産方式によって、労働者の住宅、車の購入が可能になり、かつては高根の花とされた品々が給与所得者層に拡散し、一般人には無縁だった品物が次々に必需品に昇格していった。

　消費社会における豊かな物質産品の仮象、符号崇拝の疎外を分析すると、一方で、資本主義生産方式の欺瞞性を我々に深く考えさせ、一方で、消費社会の真の姿を我々に開示してくれる。物があふれかえる豊かな時代では、すでにぜいたく品が大衆消費の品物に変化し、消費者の購買は使用価値の享受を目的とするのではもはやなく、商品の符合とそれが意味するものの享受を追求することを目的とする。精神文化消費需要が時代と共に台頭し、広大な市場空間が生まれる。アブラハム・ハロルド・マズロー氏（Abraham Harold Maslow）の人間の欲求の階層の原理いわゆる"マズローの欲求のピラミッド"によれば、大衆は低次の欲求が満たされれば、より高次の欲求を満たそうとする。物質的な需要が低次なものとしてそれが満たされれば、精神文化の需要は理論上、有り得る。同時に科学技術の発展が大いに労働生産性を高め、人々が余暇に当てる時間がさらに増え、よって精神文化需要に時間を振り向けることが可能

になる。先進国であろうと発展途上国であろうと、経済発展が途切れることはない。経済の急速な発展はどこでも可能であり、一人当たりGDPは絶えず増え続けている。2010年中国の一人当たりGDPが4375米ドルに達し、可処分所得は増え、教育支出にも余裕ができ、精神文化需要に対応する経済的な可能性が生まれてきている。

　物質的需要は有限だが、精神的需要は無限である。コンテンツ消費の需要は精神的なものである。つまり、コンテンツ消費に対する需要は尽きることがない。必然的にコンテンツ産業の大発展を促し、生み出される商品が文化需要を満たすだろう。国内外のコンテンツ貿易も必然である。コンテンツ商品の国内外の流通を通して、人類共通の価値をそなえたコンテンツ商品が消費者の手元に配送される。これが、対外コンテンツ貿易の使命である。

二、コンテンツ貿易とグローバル化の必然

　グローバル化は人類史におけるひとつ変遷過程である。その基本的な特徴は、世界の経済一体化を基礎とする相互関係のことである。その相互関係は、世界の産業に内在し、不可分であり、日増しに強さを増している。グローバル化とは"欧米化"でもなく、まして"米国化"、"資本主義化"ではない。それは、世界史の客観的なプロセスである。[61]グローバル化の定義はたくさんある。通常の意味でグローバル化とは、世界の相互関係が絶えず強固になり、人類の生活が世界規模で発展し、グローバル意識が勃興することである。そして国と国が、政治、経済、貿易面で相互に依存しあうことである。グローバル化とはまた次のように解釈できる——世界が圧縮され、全地球が一個の総体になることである。グローバル化は、産業製品の増加、資本の流通、交流往来の緊密化、拡大する貧富の格差、多彩で多元的な文化の減少、文明とその価値をめぐる激突など、様々な影響をもたらす。

　国境と地域境界線、民族主義と保護貿易主義、本土主義と人種の違い、このようなことが急激なグローバル化時代に限定的な作用を与え、グローバル化の解体もしくは死を宣告している。グローバル化は一種の社会現象もしくは存在論が依拠するグローバリズムの意識形態とイディオムであって、民族主義、人種の違い、宗教原理主義そして地縁政治の復活などに直面して急速に衰退していく可能性がある。グローバル化衰亡論の論調は、ジョセフ・ユージン・スティグリッツ氏（Joseph Eugene Stiglitz）の名言、「グローバル化のバーゲンセール」に端的にあらわされている。[62]

　ともあれ、次のように考えることができる。ある意味では、グローバル化は、現在の人類の状況を論ずる上で依然として中心テーマであることは間違いなく、構築され規範化された社会政治の変化を経るなら、一種の観念ないしイディオムとして社会的意義がある。"埋め込まれたグローバリズム"という言い方があるが、グローバル化が

ある地域にはめ込まれると、我々は往々にして地域と民族国家が同一であると誤認してしまう。現代のグローバル化を支えている本質とその歩みは、"深層の見えざる駆動力"であって、予見しうる将来において効果的に運行されるだろう。駆動力とは、情報技術革命に続く地球規模の通信設備の変化であり、世界的に広がり伝達される情報と関係するグローバルな商品・サービス市場の発展、多くの国で推進される地球規模の分業、冷戦終結と世界各地区へと伝播する民主と消費の観念であり、経済的需要モデル、人口動態と環境悪化に関係する移民と人類移動の増大のことである。[63]

グローバル化の前提は技術の進歩である。交通と通信技術が世界各地域の距離を縮め、国際的な交流を可能なものにした。この基盤があってこそ、経済、言語、文化、生活、環境問題のグローバル化なのである。コンテンツ産業貿易に関して言えば、グローバル化が必然である理由は、主にグローバル化された二つの分野によって決定づけられ、その他の形式的なグローバル化の問題はすべてそこに帰結する。ふたつとは、経済とメディア文化のグローバル化である。経済のグローバル化がコンテンツ産業貿易を可能にし、メディア文化のグローバル化がコンテンツ産業貿易の成功を現実のものにする。

1. 経済のグローバル化とコンテンツ貿易の可能性

経済のグローバル化が1980年代中期に姿を現し、90年代にこの言葉は認知を得たが、しかし現在も統一された概念はない。国際通貨基金（IMF）が1997年5月に発表した報告書で次のように記している。「経済のグローバル化とは、国をまたぐ商品貿易及びサービス貿易と資本移動の規模と形式の増強、および技術の広範かつ迅速な伝播によって各国経済の相互依存性が高まることを指す」。さらに経済協力開発機構（OECD）の見解は次のようである。「経済のグローバル化は一種のプロセスと見做すことができる。このプロセスにおいて、経済、市場、技術そして通信のグローバルな特徴がますます強まり、民族性と地域性が減少していく」。

生産力の動向と発展に視点をおいた分析によれば、経済のグローバル化は一つの歴史過程である。世界全体で見れば、各国・各地域の経済が、相互に入り交じり、相互に影響しあい、融合して統一された全体——すなわち"グローバルな統一市場"を形成するプロセスであり、別な見方をすれば、経済行為の規範となるルールを世界的に打ち立て、これを基礎に経済活動のグローバルなシステムを建設するプロセスである。このようなプロセスのなかで市場経済の統一がなされ、生産要素が適正な配置を目指して地球規模で自由に流動する。したがって経済のグローバル化とは、生産要素が国境を越え、地球規模で自由に流動し、各国・各地域が相互に融合し全体を形成する歴史過程を指す。あるいはまた、生産関係から分析すれば、"経済のグローバル化"は実際のところ、米国を代表とする先進国と多国籍企業が科学技術の進歩を利用して、

第一章　コンテンツ産業貿易の歴史　　47

自由の名のもとに世界経済の果実を支配し、先進国がますます富み栄え、発展途上国がますます貧窮していく歴史プロセスである。つまり、経済のグローバル化はもろ刃の剣である。それは、世界の生産力の大いなる発展を突き動かし、世界経済の成長を加速する。そして少数の発展途上国にとって、先進国に追いつくための得難い歴史的チャンスが提供される。同時に、それは国際競争の激化、国際的な投機の増加を招き、くわえて国家主権と発展途上国の民族工業勃興に深刻な打撃を与える。現在、グローバル経済が強大な生命力を明確に誇示している。それは、世界各国の経済、政治、軍事、社会、文化、あらゆる分野に、はては思考方式に至るまで巨大な衝撃を与えている。深刻な革命であり、いかなる国家といえども回避することができない。唯一の方策は、経済グローバル化に積極的に関わり、如何にして適応するのか、歴史の大きな流れのなかで試してみることである。

　交通と通信の技術について言えば、グローバル化が必要とするのは言語のグローバル化である。これさえかなえば、情報の疎通が実現でき、分業協力と生産と貿易を進展でき、各国文化理解の需要がうまれていくのである。経済のグローバル化の四つの面——生産、貿易、市場のグローバル化と多国籍企業——から、コンテンツ貿易が如何にして可能となるのか、以下に論述する。

　生産のグローバル化とはすなわち世界分業を基礎として生産活動を進めることである。比較的有力な理論として、各国の先天的な生産要素が異なっているため、各国が比較優位にある産業を選択し生産活動を行うことで、世界的な分業が形成される、というものである。分業のおかげで、規模の経済が成り立ちうる。だが、各々の国家と地域は自身が必要とする製品の全てを生産することは不可能である。したがって、他国との交換によって自分たちが求める製品を手にするのである。自身にとって最も優位な資源を確定し産業を選択するためには、必然的にその他の国の産業構造を理解しなければならない。そうやって初めて、経済のグローバル化の潮流のなかで確かな足場をものにできる。他国の産業構造と自国の産業選択に対する理解からスタートし、必然として他国の文化を知ろうとする。これでこそまさに、文化交流とコンテンツ貿易が可能になる。

　貿易のグローバル化とは、科学技術の発展と各国による対外開放気運の高まりにともなって、流通分野において国際的な交換範囲、規模、度合が拡大増強することを指している。貿易のグローバル化の前提は技術のグローバルな拡散である。国際分業の発展が基礎となり、多国籍企業が成熟した技術とそれと関連性を持つ技術を世界各地に拡散し、各国間の経済的繋がりを強める。それによって世界に広がる産業構造のバランスをとり、産業が段階を追って各国に移転していくのである。先進資本主義国家間で交わされる多国籍企業の投資、企業買収などを通じて、より大きな経済規模を見据えて資源を配置し、市場を開拓し、技術を更新し、それによって産業構造の優位性

とレベルアップを実現する。それと並行して、技術面で比較的古くかつ科学技術面で実用性に劣る産業を発展途上国に移転する。そのようにして、各国間で交換される製品と生産要素の必要性が大いに増していく。地域グループに加入する国が増加し、世界貿易の範囲・規模が日ごとに拡大し、かつまたより簡便で融通性のある新しい貿易方法が出現するにしたがい、国と国との貿易上の繋がりがさらに深くなり、各国の貿易輸出の依存度が途切れなく高まっている。

　貿易過程で、輸入製品のタイプ、風格、価格に対する輸出先の消費者のメンタルな好みを理解する必要があり、また消費習慣についても知る必要がある。これ以外にも理解しなければならないことは、その国の伝統文化、宗教、教育、社会組織、物質文化、制度、精神文化、生活文化など様々である。こうしてこそ、文化交流とコンテンツ貿易の可能性が引き出される。

　市場のグローバル化とは、製品とサービスの取引および資源配置の全地球規模の市場化である。そこには、主体市場と要素市場が含まれる。前者は商品市場と消費者市場を指し、後者は資本市場、技術市場、労働力市場、情報市場等を指している。世界的分業を基盤とするグローバルな生産のおかげで、商品、消費者および各種生産要素はすべて世界性を帯び、それらの要素ごとに独立したグローバルな需給市場を形成している。より良い資源を獲得するため、適性をよりそなえた商品を生産するため、最も高い利幅をあげうる生産要素を引き寄せるために、より多くの商品を売るために世界各国の文化を理解する必要があり、それがコンテンツ貿易の可能性を加速する。このほか、多国籍企業はホスト国と直接交渉する実体としてグローバル化とローカライズ化の完全な結合を実現する必要がある。こうすることでより大きな経済効果を生み出し、利潤を手にすることができる。それは、コンテンツ貿易にとって計り知れない推進作用がある。

2．メディア文化のグローバル化とコンテンツ貿易実現性

　「歴史上の様々な社会には独自の大衆文化が存在し、現代、ほとんどの大衆文化は大量生産され大衆メディアを通して世の中に広まっている」[64]。大衆文化が大衆メディアの発生と発展を促し、大衆文化の繁栄と大衆メディアの関係では、大衆メディアによる加工、制作、伝播によって大衆文化が真に大衆化し、コンテンツ商品に成長する[65]。メディア文化がコンテンツ商品あるいはそれに準じる商品となった時、ビジネスの論理によってその非商業的要素が厳格に濾過し去られ、消費性、大衆化、娯楽化、商業化といった大衆文化の特徴が急速に、はっきりと浮かびあがってくる。そして、それらは大衆文化のもっとも重要な部分になる[66]。

　英国カルチュラル・スタディーズがメディア文化の重要性に気付き、そしてメディア文化が如何にして錯綜する支配と排斥のプロセスを経てきたかを我々に気付かせて

くれた。そのことにその研究所の価値を見いだせたとしても、米国の学者ダグラス・ケルナー氏（Douglas Kellner）は、述語の使用上の争いがあったにすぎないと考えている。ウィリアム氏等は大衆文化という言葉を排除しようと努めたが、彼らによればこの言葉にはエリート臭さがあるのだ。フィスカ等は流行文化という言い方の採用を望んだ。ダグラス氏はこの二つの呼称を拒絶する態度をとった。ダグラス氏は、流行文化というイディオムが瓦解させたものは、民衆が創造した文化とそして"人口多数階級が創造した文化"と明らかに異なる大量生産されたメディア文化との差異であって、流行文化というイディオムには、メディアと消費文化を無批判に日常的に賛美する"文化流行主義"のなかの陶酔がつきまとっている、と考えた[67]。

　ダグラス・ケルナー氏のメディア文化に対する概念は、以上の考え方が基になっている。その概念が意味しているのはコンテンツ商品が持っている性質と形式（すなわち文化）であり、コンテンツ商品の制作・発行モデルを表している。その概念は、大衆文化や流行文化のような観念的な述語を避け、同時にメディア文化が生産—発行—受容という循環システムを生み出し、流布し、消費しうることに人々の関心を向けさせている。メディア文化という概念の長所は、我々の文化がある種のメディア文化であることを言いあらわしており、メディアがすでに文化の拓殖をしていることを言いあらわしていることである。そしてまたその概念は、メディアとは文化を発信し拡散する基本的な媒体であることを明確にし、大衆伝達の媒体がたとえば書籍、口承といった古い文化スタイルを排除し去ったことを示し、我々の生活がメディアに支配された文化的余暇の世界とともにあると証明している。それゆえ、メディア文化が現代社会文化の主導的な形式であり、場であるのだ[68]。

　経済のグローバル化がメディア文化のグローバル化をもたらした。それはまた大衆文化のグローバル化とも言える。文化の生産、コピー、表現技術の革新によって、文化商品の大規模かつ標準化された生産が可能となり、コストの大幅な削減ができるようになった。大衆消費が現実のものとなった。商品的、通俗的、流行的、類型的、娯楽的、日常的など、大衆文化が持つそうした特性が、人類の基本的文化生活心理に符合するのだから、多国籍にまたがるコンテンツ貿易の成立もまた何ら不思議ではないのだ。

三、コンテンツ貿易と技術革新の必然

　技術は、人類が環境に適応するための方法であり手段である。どのような文化を語るにせよ、技術という言葉は同工異曲の語彙である。つまり、それが物質——機械やハードウェア、器具のことだと言えるし、もっと広い意味で構造——システム、組織的な方法やテクニックなどまで含むこともある。それは知識進化の主体であって、社

会によって形成され、あるいはまた社会を形成する。技術は、人類の生産力発展の水準の標識となる事象を包含し、生存と生産工具、設備、装備、言語、デジタルデータ、情報の記録などの総和である。人類学の観点に立てば、自然は人類にとって生存条件であり、文化は人類の生存方式である。文化の本質は反自然性であり、文化の反自然性は必然的に人類に累を及ぼす。自然と文化の狭間でもがいている人類は、自然と文化のどちらにも従順であることができず、ただ自然と文化の関係を協調させようと絶えず知恵を働かすことができるだけである。文化の系統には、異なる功能を持つ三つの系統がある。技術が追求する効率性、制度が求める公正性、観念が追求するイノベーションの三つである。文化の系統の変転は、技術主導と制度主導の二つの歴史段階を経てきており、今まさに観念主導の新しい時期に向かっている[69]。

　技術と環境適応とは密接に関係している。人類が環境に適応しようとした活動において、技術が発揮した作用と功能は何であるのか。進化と進化の逸脱という二つの考え方がある。前者は、人類の福祉と社会の進歩を技術の功能が促進させることである。産業革命後に、日増しに物質的富が豊かになり、生活水準が上がり、寿命が延びたことなど、これらはひとしく技術を運用した結果である。これが技術の進化の根拠である。すなわち、「改革された技術は進歩を意味する」。ところが、1960年代初頭、人類は、自分たちが多くの苦境に直面していると気がついた。たとえば、生態環境悪化、不公平な分配、人類の生存を脅かす核兵器、これらは技術と密接に関係している。技術の運用が"非人間性"を惹起し、技術の功能が誤った道に導こうとしている。これが技術的功能の"進化の逸脱"説である[70]。ある学者は、「人類の技術活動の結果は、常にあらかじめ定めた目的から乖離する傾向がある。この種の傾向を"疎外"という言葉で概括しても良いだろう」と考えている。マルクスは、技術と労働の疎外関係について分析している。「科学、驚異的な自然力、社会集団としての労働、それらは機械システムと結合し、機械システムと共に主人としての権力を構成する」、そして労働者は技術に屈服せられ、労働手段の画一性のもとに置かれる。「労働手段が労働者を撲殺する[71]」。ヘルベルト・マルクーゼ氏（Herbert Marcuse）は、現代資本主義の条件のもとでは、物質生活が完全にその目的を変更し、疎外された主体は自身を疎外した物質生活に呑み込まれる、と考えた。技術の理性的な確立と先進技術の広範な応用が、資本主義制度の人を支配する能力を強化していく。

　現代の社会において、デジタル技術とインターネット技術によって、物質的な媒体に対する従属性から、人はほとんど解放されたかのように見えるが、しかし実質は、人に対する支配が一層強まり、その範囲の広さと程度の深さにおいて今までの如何なる技術とも比肩しえないほど凄まじいものがある。周囲を見れば、インターネットに近寄らないと公言できる人はいない。インターネットが引き起こす情報社会の滔滔たる勢いは、何人も逃れることができない。マルクスやマルクーゼ等が、科学技術の疎

外に対して厳しい批判を展開したにもかかわらず、今日に至るも、観念上は無論のこと、あるいは実践においても技術に対する抑制と批判はいまだに完全ではない。反対に、生産力が科学技術の至上となり、人々は技術に対してあたかもその足元にひれ伏すかのように高い評価を下している。

我々がどのような視点で技術について扱おうと、メディア技術の進歩、コンテンツ商品の大規模生産と伝播の可能性はまぎれもない事である。印刷技術が図書の大規模生産とそのコピーと貿易を可能にし、電子技術が映画・テレビコンテンツやオーディオビジュアルコンテンツの大規模生産とそのコピーそして貿易を可能にし、デジタル技術とインターネット技術の革新が、あらゆる型のコンテンツ商品の伝達と貿易をデジタル技術の領域で可能にした。要するに、現場体験型のコンテンツ商品——歌舞、書画芸術等は言うまでも無く、非現場体験型の商品——映画、テレビ、図書などはすべて交通・伝達技術の進歩がもたらした結果であり、またデジタル技術によってあらゆるコンテンツ消費のインターネット上の交易が実現した。この意味からすれば、コンテンツ貿易は技術革新がもたらした必然である。

四、コンテンツ貿易と国家の文化ソフトパワーの必然

主権の性格について、アダム・スミスは、軍事力とナイト精神があってこそ主権とその安全とが連結すると言っている。世界秩序が日増しに安定し、戦争が徐々に減っていくにつれ、グローバル化と国際貿易の勃興によって経済の安全が、各国の注目が集まる位置に上がってきた。ある学者は以下のように考えている。国家経済の安全という概念は、国家経済の発展や国家経済の安定ということとは違っており、また各産業と地域経済の安全の単純な積み重ねでもない。国家経済の安全という概念は、国家の経済主権が重大な損害に曝されることなく、経済危機のリスクをマネージメントできる状態に導くことであると指摘している。さらに、国家経済の安全に三つの特性があって、性質決定に際して特殊性が共通性よりも優位にあり、構成要素としては戦略性が非戦略性よりも重要であり、開放された条件下では内在する脅威より外在する脅威の方が多いと指摘している。[72]

欧米の学者による文化の安全の研究は、文化伝播の社会的危害性および戦略文化の安全性に偏り、文化主権分野の研究が少ない。ジャン・ハーランド・マットラリー氏（Janne Haaland Matlary）は、EUが戦略文化を発展させ得るかという問題を提出し、人類の安全が新しい文化の基礎となると考えている。政府は安全と防衛分野の主権を二重のゲーム論理に集中しがちで、EUは現在、政治・軍事能力を発展させているが、強圧的な外交と武力行使のために発展した戦略文化は実際のところ進歩では決してない。人類の安全に基づいた国家の戦略文化思想のベースが、EUに一つの道として提

供されてしかるべきだと考えている。デニス・ルソー氏（Denise M. Rousseau）の考えはこうである。信頼性の高い組織文化についての研究が、アメリカ合衆国の空軍、海軍の規範性ある文化は十分に衝突を抑制でき、これらの組織は共通の規範を遵守することで目の前にある危機を解決できることを明らかにした。

　経済のグローバル化がメディアのグローバル化と文化のグローバル化をもたらした。中国の知識人は欧米のコンテンツ商品が深刻な脅威になっていると以前より強く感じている。中国政府がコンテンツ産業に合法的地位を付与し、かつ自国のコンテンツ産業の強大化を図るなら、コンテンツ貿易そして文化の衝突においても、自身の民族文化の伝統が保持され、国家の文化ソフトパワーも増強され、かつ主流となる文化の安全保障も確保されると、中国の知識人は考えるようになった。文化の安全保障と文化の主権の研究は、あきらかに差し迫った課題なのだ。

　根本的なことを言うなら、文化主権と文化の安全保障の問題で実際に考慮されるべきは、国家の文化ソフトパワーの問題である。中国人民大学新聞学院教授の喩国明氏が次のように指摘している。「国家には二つの力が存在している。一つは、ハードパワーであり、もう一つはソフトパワーである。ハードパワーとは通常、国家のGDPとハードウェア——生産設備や資材等を指し、文化、制度、メディア等がソフトパワーと称される」。1990年代初め、ハーバード大学教授ジョセフ・サミュエル・ナイ・ジュニア氏（Joseph Samuel Nye, Jr.）が"ソフトパワー"という概念を始めて提唱し、これより後"ソフトパワー"の研究と応用の流れが始まった。彼の見方では、ソフトパワーはある種の能力であって、威嚇と利益誘導を織り交ぜ、求心力を駆使して目的到達ができる能力である。それは、伝統的な、軍事力と経済力に基づくハードパワー以外の国の総合力における別の要素である。こうした概念が示されたことにより、ソフトパワーの重要な価値があきらかになり、伝統的な"ハードパワー"と同等ないしはそれよりも重要な位置にソフトパワーを押し上げた。まさにジョセフ・ナイ氏が言うとおり、「ハードパワーとソフトパワーは同様に重要である。しかし、情報時代にあってはソフトパワーの重要さが以前よりももっと際立っていく」。ソフトパワーをめぐる一連の研究が、人々に全面的でバランスが取れた新しい発展の道筋を明確に示し、人々に新しい考え方を手に入れさせ、各階層の主体的な総合力を高めるように啓発している。

　中国共産党第十七次全国代表大会で胡錦濤総書記が明確に示している。「現在、文化は民族の結束力と創造力のますます重要な源になり、総合的な国力の強化にとってますます重要な要素となっている」「社会主義先進文化の進むべき道を堅持し、社会主義文化建設の新しい高まりをまき起こし、全ての民族文化の創造的活力をかき立て、国家の文化ソフトパワーを強めなければならない」。文化ソフトパワーを強めることは、すでに国家発展の高次な戦略になっている。中華民族の偉大な復興を実現するた

めに、ハードパワーを持続的に発展させると同時に、文化ソフトパワーを不断に増強しなければならず、これは科学的発展の重要な根本的本質である。[75] 改革開放後30年余りがたち、中国の経済的実力がきわめて強くなり、国家のハードパワーが日ごとに壮大さを増している。しかし、中国の文化ソフトパワーはいまだに薄弱であり、コンテンツ貿易分野における中国のコンテンツ製品の海外進出はたやすいことではない。そして欧米国家のコンテンツ製品——特に米国のハリウッド映画、ディズニー、テレビ、報道出版などが、中国の文化主権と文化の安全保障にとって深刻な脅威となっており、それゆえ中国の文化ソフトパワーの確立、中華民族の偉大な全面的復興の実現が急がれる。

　中国文化の台頭は、まず文化主権の問題に触れなければならない。近代民族国家の出現にともない、主権が領土、公民、政府とともに民族国家の基本的な四条件を構成している。ある学者は、コンテンツ製品の貿易を手掛かりに、文化主権と国家の文化的安全保障の関係を捉えている。斉勇峰氏によれば、文化主権はコンテンツ産業開放政策の最低ラインであり、この開放における最低ラインとは国家の文化主権と情報の安全保障に影響を与えないことが最低限要求されていることである。主権の観点から国家と民族の文化問題を捉えるなら、文化主権が強調しているのはその国家と民族の政治意識の表れである。つまるところ、文化主権は国家と民族の文化的自覚、すなわち主権を前面において考察するなら、それは民族国家の文化的自覚意識をつくりあげているものである。

　2001年、国連教育科学文化機関（UNESCO）の《文化の多様性に関する世界宣言》で、「文化の多様性は発展の源の一つである。その人類にとっての重要性は、生物の多様性の大自然にとっての重要性と同様である」と重ねて言明されている。この観点から言えば、文化主権の正統性は文化の多様性に由来しているのであって、国家に由来するのではない。したがって、我々が提出する"文化主権"のグローバル化の時代における任務は、中国文化の改造、すなわち豊富な伝統ある中国文化資源を改造することによって平和裏に国家のソフトパワーを掘り起し、構築されつつあるグローバルな政治文化の新秩序における中国の競争力と指導力を、いかにして主権という側面から高めるのかにある。[76]

　社会主義中国の発展のためには、中国の特色ある社会主義文化と民族の伝統文化を結合しなければならないし、社会主義中国の民族意識と思想を共に構築しなければならない。民族文化という形をもって自身の執政理念と政治意識形態を伝え、積極的にコンテンツ製品を輸出することで世界各国の人民から我々の価値観に賛同してもらわなければならない。そのようにして我が国のコンテンツ製品を受けいれてもらい、それによって世界的影響力を高め、壮大な国家ソフトパワーをもって我が国の文化主権と文化の安全保障を維持しなければならない。この意義において、世界のコンテンツ

貿易に参加しなければ自国の文化的影響力の拡大は見込めないし、文化のソフトパワーおよび文化主権を語ることもできない。5000年の豊富な文化資源を擁する中国が、日に日に経済力を強大化すると同時に、対外コンテンツ貿易を積極的に展開することは、歴史の必然的な選択である。

第三節　コンテンツ貿易の当然

　"実態"は、物事の具体的な姿・状況を示し、"必然"は、物事の発展過程が人の主観的意思に拠らずに転移するその客観的法則を指し、そして"当然"は、客観的事象を前にして如何にすべきかを指す。本質的にそれは主体的概念である。主体の視点から客体の現状を否定し、主体が要求する視点から客体のあり方を評価し、主体の需要に合致しない事物を除去または改変することで主体の価値との合理性を客体に獲得せしめることである。しかし、"当然"は純粋な主観的概念ではない。それは主観と客観であり、主体と客体が認識と実践の二重の意義において具体的な統一に至ることである。客観的事実の前で"如何にすべきか"と空疎な観念の中を右往左往するような論調を排除し、主体的概念としての"当然"を理解し客体の法則と主体の需要の弁証法的統一を為すことである。客体の法則とは、我々が確定している"当に然るべき（当然の）"客観的前提である。主体の需要とは、我々が確定している"当に然るべき（当然の）"主体の拠り所である。需要にはリアルティがある。一つは、需要と客体の法則が提供する可能性との連繋。二つ目は、需要と主体の実際の能力との適合。三つ目は、需要が主体そのものの意識が到達した需要であること。主客の間に在る仲介システムは我々が確定している"当に然るべき（当然の）"重要条件である。仲介システムには、ツール（手段）、言語記号、社会関係の三つのシステムがある。そのうち、ツールのシステムに決定的意義がある。それは主体の実践と認識能力を規定する。したがって、それはまた客観法則が人の活動領域に入り込む方式と程度、つまり人が客観法則を認識し利用する水準を規定している。

　コンテンツ貿易に引き寄せて語るなら、主体とは主に貿易関係にある国家であり、客体とはコンテンツ貿易の一過程である。コンテンツ貿易の歴史過程の実態と必然の法則の理解に基づけば、主体的国家はみなコンテンツ貿易に対する需要かつ積極的な要求を持っているのだ。そして、政治、経済、文化を異にする異なる国家の、コンテンツ貿易の諸要素——モチベーション、制約、製品、流通そして消費メカニズムに対する認識にも差異が生じる。差異どころか甚だしい径庭が存在することもある。たとえば、コンテンツ商品に対する認識では、それを商工業製品と同じ括りで扱い国際的な文化自由貿易を主張する国があり、あるいはコンテンツ製品の特殊性を認識し、民

族価値観の伝承と国家のアイデンティティの役割を起点に、国際貿易の舞台で文化の例外性あるいは文化多元主義を主張する国がある。

それゆえ何らかの合流点を見いだし、その合流点をすべての国家のコンテンツ貿易というリアルな需要に見合うプラットフォームとしなければならない。そうすることで、国家主体とコンテンツ貿易の客体が共に到達する統一基盤の上で、コンテンツ製品を最適に生産し、流通に乗せ、分配し消費でき、最多数の国家主体の共通するリアルな需要を最大限に満足させることができ、貿易紛争や文明の衝突の減少も可能となり、調和のとれた"美美与共（それぞれの長所を伸ばし、共存と発展を実現する）"世界の構築も可能である。ここで本文は、中国の実態に脚をおろし、世界各国の主体的、現実的な需要を結合し、コンテンツ貿易の客観的法則に則り、リアルな、具体性を持つコンテンツ貿易の当然の姿を試みる。

一、モチベーションのメカニズム

モチベーションのメカニズムは、企業のインセンティブシステムに見て取れる。それは、企業経営メカニズムのなかでも比較的複雑でキーとなる大事な派生メカニズムであり、モチベーションの源泉ともいえる行動を促すメカニズムである。一般的には、企業の動因は利潤の追求である。企業は営利追求のための動機づけのメカニズムを必ず持たなければならず、かつ獲得した利益を合理的に運用して企業そのものを改造、発展させる権利を当然持っている。このような動機があるからこそ、企業メカニズムの各要素に相互に作用し、連携する必要性をもたせ、強い経済的動機をつくることができる。一方、企業の主体は従業員であるから、人員配置を合理的に行ない、人事管理機能もきちんとやり、より良いリーダー機能を実現しなければならない。したがって企業はまた、インセンティブシステムを含めて、包括的な人事制度、労務制度、給料制度、奨励制度、教育制度、人材登用制度、民主管理制度、政治思想制度などの機能要素を確立するべきである。人に対する動機付けに関して、多くの理論的分析と解釈が加えられている。たとえば内発型動機づけ理論であるが、この理論は動機づけの原因と動機を引き起こす作用について具体的な研究を進めている。その中で最も有名なのは、アブラハム・ハロルド・マズロー（Abraham Harold Maslow）の欲求五段階理論である。あるいは、行動改良型動機づけ理論もある。この理論は、動機づけの目的が行動の改良・修正にあると考えている。たとえば、フリッツ・ハイダー（Fritz Heider）の帰属理論と挫折論がそれにあたる。そのほか、プロセス型動機づけ理論がある。この理論は動機の形成と行動の目標設定に重きをおいて研究している。たとえばビクター・H・ブルーム（V. H. Vroom）の期待理論がそれである。

早くから、人々は専業化のメリットに気がついていた。現代の経済は、個人、企業、

民族等のあいだでおこなわれている専門的な分業に、あきらかに依存している。かなり前に、比較優位の原理を詳しく解き明かし証明したデヴィッド・リカード（David Ricardo）は、《経済学および課税の原理》のなかで分業が対外貿易の基礎でありモチベーションであると言っている。「比較優位を決定する要素に関して、デヴィッド・リカード本人が労働生産効率の差の重要性を強調し、各国の労働生産効率水準の不一致さえあれば、貿易の動機が存在する」と唱えている。[78]

これを基礎に、貿易理論に貢献をした学者が多くあらわれた。スウェーデンの経済学者エリ・フィリップ・ヘクシャー（Eli Filip Heckscher）とベルティル・ゴットハード・オリーン（Bertil Gotthard Ohlin）がそれぞれの著述のなかで、各国の賦与された資源要素の構成と貿易パターンの関係について論述していて、生産要素賦与の差異が国際分業と交換を決定づける重要な因子であると考えた。1970年代末から80年代初めにかけて、米国の経済学者ポール・クルーグマン（Paul Robin Krugman）に代表される経済学者が提唱した"新貿易理論"では、資源の差違以外に規模の経済もまた国際貿易の起因であり、かつ貿易利益をもたらす別の独立した因子だと捉えている。その後、製品ライフサイクル理論、貿易需給決定理論、マイケル・ポーター（Michael Eugene Porter）の競争優位論と後発国の競争戦略理論、ニュー・クラシカル経済学の国際貿易理論等があるが、それらはみな国際貿易の基礎、発生と動機に関して我々を納得させる分析をおこなっている。

本質なことを言えば、これらの国際貿易理論の論理的起点はみな労働の分業と専業経済にあり、労働の分業と専業化経済の目的はより多くの利潤の追求にある。企業発展の動機がすなわち利益追求にあることに合致しているのだ。国際貿易の動機はより多くの利益追求であり、その動機の拠っている原点は産業と労働の分業である。

商工業製品の国際貿易理論の影響を受けて、一部の国と研究者は、対外的に優位にある貿易の基礎と動機が産業の分業化にあるとも考えている。この認識とコンテンツ製品の精神特性において重大な衝突が起きている。フランスに代表される一部の国が、コンテンツ製品の輸出と同時に、それに付随した価値観や意識形態をも伝え、消費させ得ると考えている。これが一国の民族アイデンティティにとって大きな負の影響をもたらしている。このため、これらの国々はコンテンツ分野において自由貿易を行なうべきではなく、"コンテンツ例外"が当然であると考え、コンテンツ貿易に対して制限と保護が必要と考えている。自国のコンテンツ製品の一定割合のシェアを保障し、価値観の統一と民族国家としてのアイデンティティを確保しなければならないと考えている。

我々の認識では、商工業製品に異なる国ごとに異なる優位性があるので、産業分業化に基づいて貿易を推進するべきであり、その目的は関係者すべての福利を増大することにある。そうすることで自由貿易が労働分業化と専業化された生産の必然の結果

となり、市場メカニズムのもと資源と製品のより良い配置がなされ、全ての人の福利が好転するのである。たとえば、自国で生産する場合、ある製品の獲得に100単位の貨幣を必要とし、一方で貿易をすることによって同等の製品をわずか50単位の貨幣で獲得できるなら、我々は当然産業の分業化による自由貿易を支持する。

　しかし、コンテンツ貿易は異なっている。それは産業の分業化の結果によるのではない。利潤の獲得は当然コンテンツ貿易のモチベーションの一部であるが、そのモチベーションの核心は、一つの民族国家の文化価値、観念と思想を伝えることにある。そして自身の文化を世界中に広め、自身の価値観をその他の国の人達に理解してもらうことにある。これは、単に利潤のためでもなく、まして文化的覇権を獲得するためでもない。多元的文化主義はコンテンツ貿易の基礎であり、あたかも公園に無数の花が色とりどりに咲き乱れているかのように、当然、世界の文化公園でもまた多様な文化が百花斉放、自由奔放に発展している。人類にとって必要不可欠と思われる生産手段、生活消費財が、もし一国だけで調達できないなら、必ず貿易によって手に入れなければならない。しかし、コンテンツ製品は人類にとってなくてはならないものではない。それは、きわめて豊富な物質的富の実現の後に来る精神的欲求であって、ある国の文化と別の国の消費者の関係において、必要欠くべからずといったものでは決してない。たとえばハリウッド映画のようなものは、中国の数億の農民にとって観ようが観まいが、日常生活に少しも影響せず、政治、経済、文化生活にも影響がない。我々はコンテンツ貿易を必要とし、外国のコンテンツ製品を必要としている。そのことの重要性は世界の多様な文化を理解することであり、最も根本的なことは各々が双方の文化を認め理解することである。こうであってこそ、誤解と衝突を避けることができ、調和のとれた平和な世界の到来を促進できる。

二、制約のメカニズム

　政治に絶対的民主一般が存在しないと同様、経済領域にも絶対的自由は存在しない。いわゆる自由貿易とは制約がないというのではなく、市場経済のルールに任せることである。政府、個人の意思など外的制約を受ける必要はなく、自由主義のもとでの貿易は実質上、市場メカニズムの制約をそのまま受けなければならない。経済社会では、大は地域的な組織、国家から、小は地区、企業、個人に至るまで、みな各種の制約メカニズムの規定や制限を受けており、これはその社会で利害関係にあるものにとって必然のことである。いわゆる制約メカニズムとは、組織の成員の行動を規範にあうようにしむける事を指す。すなわち、組織の秩序だった運営のために、その作用を充分に発揮するよう法に裏付けられた手順を経て、規範的な要求、標準的な規則の執行を制定し公布する制度と手段の総称である。制約に含まれるものは、国家の法律、法規、

業界標準、組織の内規、および種々の形式の監督等である。ある人は、制約を市場の制約、政府の制約、自主的な制約の三種類に分類する。制約が形成されるメカニズムに照らしてみれば、制約メカニズムは外発的と内発的と二種類に分けられる。外発的制約メカニズムは経済、金融の活動の外部で形成され、"人間の意志"として体現される。内発的制約メカニズムは、経済、金融活動過程で自然に形成され、"市場の論理"として体現される。我々は、おおまかに外発的制約を非市場的制約、内発的制約を市場的制約とみなすことにする。

　市場的制約は主に市場メカニズムを通して実現せられる。いわゆる市場メカニズムとは、市場競争による資源配置の方式である。すなわち資源が市場の自由競争と自由交換によってその配置が実現されるメカニズムであり、価値規範の実現形式でもある。それは各要素間の相互連携・作用メカニズムとして体現される。市場メカニズムは、現実の経済活動の現場において価格メカニズム、需給メカニズム、競争メカニズム、賃金メカニズム、利潤メカニズム、リスクメカニズム等として具体的に立ち現われてくる。市場メカニズムが内包するものは、市場活動プロセスを経る経済活動に対する、これらの具体的なメカニズムの要素の制約機能あるいは調節作用を指している。これらの具体的メカニズムに内在する法則は、価値、需給、競争、貨幣などの法則が作用するプロセスである。これらの法則が作用する過程において価格変動メカニズム、需給バランスメカニズム、競争メカニズム、利益分配メカニズム等の具体的なメカニズムが有機的に結合し市場のメカニズムを構成している[79]。以上、あらゆる組織が市場メカニズムから受ける制約について広く一般的に論じたわけで、会社・企業に添って具体的に言えば、より多くの利潤を獲得するために、会社は自身の市場競争制約メカニズムをそなえている。主に、エージェント市場の制約、資本市場の制約、製品市場の制約がそれにあたる。

　コンテンツ貿易に則して言えば、主に国際貿易においてコンテンツ貿易が被っている市場的制約と非市場的制約を巨視的に研究する。コンテンツ製品の特性ゆえに、価値法則、需給法則、競争法則、貨幣法則等市場経済に内在する規範にコンテンツ貿易は、依然として従わざるを得ない。一般的には、国際市場の複雑かつ多変性のために、コンテンツ貿易のリスクは商工業製品に比して高く、もし消費者の嗜好に合致する製品を作ることができなければ、投下したコストを回収することができなくなる。映画産業——これはリスク資本に偏っている産業だが——のように、ややもすれば数千万ないし数億の資本を投下したにもかかわらず、外国の観客の好みに合わないとなると、貿易を遂行するには巨大なリスクがともなう。

　要するに、コンテンツ貿易とは、価格、需給、競争、利率、リスク等の各メカニズムの制約のもとで実行されることが必然であって、これは貿易リスクを避けるために必要なメカニズムである。

市場メカニズムの制約は、コンテンツ貿易の具体的な空間とプラットフォームを縁取り、この空間とプラットフォームは市場参加者すべての共有であり、能力さえあれば誰でもそこで生き生きとした場面をつくりだせるのである。当然のことだが、このプラットフォームは快適で滞りが無いわけではない。そこには山もあれば谷もあり、市場参加者に対して障害や制約を課すかもしれない。これらの山や谷が、すなわち非市場的制約である。

　国際貿易において、もっとも主要な非市場的制約は関税と非関税であり、当然、各国の法律や国際法の制約もある。関税には、輸入税、輸入付加税、製品税、越境税等がある。非関税制約には、割当額、輸出補助金、ダンピングと反ダンピング、自主輸出規制、公機関の排他的購入、対外貿易における国家的独占、技術基準、検疫基準等が含まれる。これ以外にも、世界にはほぼ1000種類以上の非関税障壁が存在する。

　コンテンツ貿易の場合、非市場的制約は各国の法律と国際法を除けば、最大の制約は関税、割当額、輸出補助金等である。こうした制約を課している国はおしなべて、文化が一国の民族アイデンティティと結束力に関わる問題だと認識している。自国のコンテンツ産業がいまだ未熟な段階にあるため、必然的にこれらの制約によって自国のコンテンツ産業を保護し、国外からのコンテンツ製品流入拡大を制限している。このため現在の世界では、米国をはじめとするコンテンツ自由貿易主義者が様々な協議をしたり、割当額や補助金などの非市場的制約をなくすように圧力を加えたり、いろいろと知恵を尽くしている。しかしフランス、カナダに代表される文化多元主義者は非市場的制約を強化しているということができる。またこの両者のせめぎ合いは、長く続くと予想される。コンテンツ貿易の基盤とモチベーションは価値の理解と非産業的分業にあることが全地球のコンセンサスになりさえすれば、これらの制約はおそらく自然と無くなるかもしれない。そうすれば生産に由来しないコスト（たとえば制度コスト）が大幅に減少し、グローバルなコンテンツ産業の繁栄を促進でき得るだろう。

三、生産のメカニズム

　コンテンツ・知財製品の生産は、オリジナル生産とコピー生産の二種類に分けられる。前者はコンテンツ・知財製品の最初もしくは第一次のオリジナル生産を指し、後者は事業として、すでに生産されたコンテンツ・知財製品のコピー、複製プリントをつくりだす活動を指し、それによってコンテンツ・知財製品生産の規模とシェアの経済を発揚するのである。それは実物製品の再生産に類似している。オリジナル生産は前後二つの段階に分かれる。不可視で潜在的な知識による創造と不可視で潜在的な知識による頭脳外物化としての表現、それらはその活動過程にある精神が物質に変化し、そして物質から精神に回帰する適宜な循環往復と相互運動のメカニズムである。知財

製品のオリジナル生産を繰り返すことは、不経済であるし無意味である。コンテンツ・知財製品のコピー生産によって規模とシェアの経済をむしろ実現できる。

コンテンツ・知財製品の生産と一般の実物製品の生産は、共に各種の生産要素の投入を必要とする点で同じである。コンテンツ・知財製品の主要な生産要素は、人的資源、知識製品、実験設備、補助的な機器、資金などである。知識製品生産の特殊な運営システムが、コンテンツ・知財製品の生産主体——斬新な人材こそが最も重要な生産要素であることを決定づけている。知識製品生産はある種、不確実な新機軸を繰り出すプロセスであって、その高いリスク、時間の浪費性、不確実性かつ複雑性のゆえに資金力のサポートを必要としている。

コンテンツ・知財製品の生産の限界コストは逓減の法則がある。コンテンツ・知財製品の巨大な収益は一般的に、製品の大規模なコピーとその販売によって実現される。コンテンツ・知財製品のオリジナル生産のコストは巨大であるが、コピー生産のコストは低廉である。コンテンツ・知財製品の価格が一定である条件のもとその販売量が拡大すれば、オリジナル品の平均コストが低下し、したがって利潤も増加する。コンテンツ・知財製品の価値を実現する価格低下メカニズムは、そのコピー作成コスト節約の法則とともに基礎的条件であり、その相互作用によって市場メカニズムが形成される。

コンテンツ・知財製品の限界収益逓増のメカニズムについてだが、とりあえず伝統的生産要素一般はみな限界収益逓減の法則に従う。すなわち技術が変化しない状況のもとでは、生産要素が単純に増加すれば限界産出量も増加するだろうが、一定限度に達した後、産出量増加速度が低下していき、限界収益もしだいに逓減する。しかし、コンテンツ・知財製品はそれと相反する法則を呈する。第一に、コンテンツ・知財製品生産の限界コストの低減性のために、コンテンツ・知財製品のコピー生産は限界収益逓増性を当然獲得するはずである。次に、ある種の特殊な生産要素が生産プロセスに投入されたとすると、限界生産力は逓増する。コンテンツ・知財製品は、その特性として、完全なる非競争性、特殊な排他性と非排他性、そして強いプラスの外的効果そなえており、その内部に備蓄される知識量やその他の函数要素を投入した消費品生産として収益逓増性を持つ。[80]

コンテンツ産業対外貿易において、コンテンツ製品は、二つの大きな特性——公共製品と文化のディスカウント——を有しているので、貿易を担う主体ごとにその見返りに巨大な差が生じる。たとえば米国の場合、この二つの特性を熟知しており、コンテンツ製品の大量のコピーのせいでコスト増に至らず、比較的低価格でコンテンツ製品を売り出すことができている。そして、米国のコンテンツ製品——たとえば映画は文化的差異の影響を減らすことに長けているので、文化のディスカウントをほとんどしなくても規模の経済を実現している。そしてほかのある国は、製品のオリジナリテ

ィとコピー技術が劣っており、また製品の文化的差異が比較的大きいので文化のディスカウントの割合も高い。したがって、貿易現場で劣勢に立たされている。

　一般的に、コンテンツ製品は二重の属性があるゆえに、経済効果と社会的効果の二つを実現しなければならない。具体的に対外コンテンツ貿易に則してみれば、輸入国の消費者の好みに適う製品をつくり、文化的差異の減少と文化ディスカウント縮小をはかれば、比較的高価格で販売でき、経済効果が実現できる。同時に求められることは、先進的なコピー技術、特にデジタル技術である。それは、デジタル信号の品質を維持したコピー製品の大量生産を可能にし、限界コストの削減と限界収益の増大を可能にし、利益獲得が実現可能となる。社会的効果の実現には二つの立場がある。輸出国の立場からみれば、コンテンツ製品販売の最大化を目指すことで、自国の伝統文化と人類全体に親和的な価値、思想、観念を伝えることである。輸入国の立場に立てば、コンテンツ製品が娯楽等精神的需要を満足させることが基本であり、輸入製品にはプラスの積極的作用が要求される。良質の価値観と思想を伝えること、人々の情操を薫陶すること、世界が共鳴する真・善・美を育むことが求められ、エゴ、低俗、流血、暴力そして動乱を伝えるものであってはならない。

　中国に則して言うと、コンテンツ貿易において、良質な製品の輸出と輸入の両者の関係を把握しなければならない。両者とは相互促進と動的平衡である。文化多元主義者そして"小異を残して大同につく"調和のとれた世界の建設を主張し推進するものとして、我々は大量のコンテンツ輸出によって他の国の文化を埋没させる意図もなければ、自国の優れた伝統文化と本流である政治文化の生存空間の消滅を望むものでもない。中華の大地は、ハリウッド文化やディズニー文化の海洋では当然ないし、韓国文化あるいはフランス文化の天下でももちろんない。中華の優秀な伝統文化と本流である政治文化の主導を前提として、世界各国人民の優れた文化精神をくみ取るのであり、神州すなわち中国の大地は多元文化を受けいれ、包含する幸福の地である。

　これゆえ、我々の文化スタイルに応じた有形、無形の種々の輸出形態の工夫が求められている。無形のコンテンツ製品とは主に版権貿易を指す。書籍の版権貿易を始め、映画・テレビ、手工芸品、演芸、ソフトウェア等の分野のコンテンツ版権貿易を拡大しなければならない。有形のコンテンツ製品／サービスは主に、映画・テレビなどの映像製品、現物の書籍、書画芸術、演劇歌舞、文化コンテンツ旅行等の分野であるが、さまざまな戦略戦術を使い、創意を尽くして文化的差異が比較的少ない製品を作るために国外の生産状況や消費市場の特徴を良く調べる必要がある。そうすることで、輸出量の大幅な増加と中華文化の影響力拡大の促進が可能であり、かつ国家の文化ソフトパワーを増強し、文化主権と文化の安全保障を維持できる。

　コンテンツ製品輸出拡大と並んで重要なことは、コンテンツ製品輸入に際して選別を必要とすることである。世界中の優秀な文化の中国流入促進を大いに図り、中国民

衆に優良な文化的滋養を享受させ、世界各国の人民に対する理解と共感を醸成し、文化的一体感を形成することが必要とされる。それが、文明の衝突を回避させ、暴力の発生を未然に防ぐことに繋がっていく。そうであるから、コンテンツ製品導入には"連結の戦略""止揚の戦略"の考え方を当然持つべきである。"連結"で強調されるべきは、他国との相互作用である。外国製品の分析と国外の製作者との協力を大胆に行ない、コンテンツ製品のローカライズ化を再三再四試みる必要がある。それによって、導入されたコンテンツ製品が中国本土の消費需要に真に適合し、人々の精神文化生活を利することになる。"止揚"で強調されるべきは、導入された製品の価値の選別・淘汰である。全人類の優れた文明の成果はさらに発揚する必要があり、文化の滓はきっぱりと廃棄し、輸入を厳禁しなければならない。

四、流通と消費のメカニズム

知識経済は、情報と知識の重要性を明らかにした。情報は再生産性があり、消費によって消耗されることもなく、多くのエネルギーや物質のような汚染性もない。よって、生産及び社会生活における情報活動はますます人々から注目され、意識的に情報の生産、加工、伝達、利用にたずさわる活動が、経済・社会活動の中心になってきた。情報の主な活動は、情報と知識の生産、加工、交換そしてその利用である。情報が人類に提供するものは知識と知恵である。すでに情報は、社会生産と生活の重要な資源になっており、情報を消費することの重要性は、社会の持続的な発展と循環的な経済発展を可能にし、それを保障することにある。

情報社会では、消費の焦点が住宅、旅行、自動車などから、情報消費に新しく移っていくであろう。人々の所得水準が上がるにつれ、社会の情報意識が強まり、人々の消費構造が情報消費の高い次元に向かって変化していく。そして市場の豊富な情報商品の物質的な基盤の形成・提供によってホットな情報消費がさらにつくりだされる。知識と情報消費の社会的意義は、戦略・戦術決定リスクを低減、情報格差の縮小、貧富格差の縮小、経済成長の牽引、資源の置換、社会への利益提供などにある。York Autermanの《情報技術の世界政治への影響》のなかで、次のように述べている。情報はもはや政府の独占物でない。情報の消費を動かしているものは、需要サイドであって供給サイドではない。情報のグローバル化と情報消費市場のグローバル化が社会全体のグローバル化を導き出している。

経済における知識と情報の重要性は、コンテンツ産業の生産、流通と消費の特徴と情報の生産、流通と消費のそれとが一致している点にある。コンテンツ製品はその情報性的特徴のゆえに、その運搬には商工業製品と比べてわずかな空間さえあればよく、重量も軽く、紙、フィルム、ＣＤがあればよい。そしてデジタル技術とインターネッ

ト技術のおかげで地球上の消費者がネットにつながったコンピューターを一台持つだけで、コンテンツ製品の流通と消費が実現する。したがって、国内貿易であろうと国外貿易であろうと、コンテンツ製品の流通コストが日を追って減少し、果てはコスト零ということもある。交易コストの減少が生産者と消費者の直結を促し、仲介業の役割が日に日に衰えていく。コンテンツ貿易の主体となるそれぞれの国は、コンテンツ製品流通のルールに適切に対処する必要があり、順応性を調え、スピード感あるコンテンツ貿易を促成する必要がある。

　コンテンツ貿易は複雑多岐にわたる国外の消費者を相手にするので、市場の棲み分けと目指す市場の位置づけが必要である。目指す市場が定まったなら、消費心理を分析し、人口の統計的特徴、所得、消費習慣、文化的差異を理解するために、国際市場調査を展開し、系統的な営業計画を策定し、消費者の輸出国ブランドへの信頼をつくりあげなければならない。そのようにすれば、輸出国のコンテンツ製品が持続的需要に応えることができ、そして優れた民族文化を伝えることによって輸出国の文化価値、観念、思想に共感してもらえる。

　本質的なことを言えば、コンテンツ貿易は流通と消費の一種のプロセスであるから、流通と消費のメカニズムは対外コンテンツ貿易研究の様々な領域で、実質上は"内化"されている。モチベーションメカニズム、制約メカニズム、生産メカニズムの研究のなかに流通と消費の影が溢れている。生産された製品が流通と消費のプロセスに載ることがなければ、それは廃棄されるだけで、優秀な文化の伝播と価値の共感を論じる以前の話になる。もちろん産業の分業であれ、価値への共感であれ、それらを誘発したものがコンテンツ貿易であるから、その前提は流通と消費である。消費がなければ流通も存在せず、いわゆる生産と貿易のモチベーションも有りえない。これが正に流通と消費の存在する理由である。流通と消費の正常な循環を保障するために、制約メカニズム——市場性と非市場性の制約メカニズムは必然的である。

【参考】中国の娯楽、文化、体育分野の
サービス貿易の発展概況（2006）

一、娯楽、文化、スポーツ業界におけるサービス貿易発展概況

　興行・展覧イベント、ジャーナリズムおよびスポーツの分野におけるサービス貿易の状況を概括する。

（一）興行・展覧会サービス貿易の発展状況

1．中国の興行・展覧会イベントサービス貿易の分類

興行の輸出製品を分類別にみると、雑技、武術類の項目が主である。雑技、武術類の興行が中国の輸出興行の約70％を占め、その他の歌舞、器楽演奏、戯曲などの類が残りの30％ほどになる。省級以上の各雑技団は一定の海外商業興行をすることになっている。

文化芸術の展覧会において、歴史的な文化財の展覧会以外は、国際市場で商業的な開催に堪える文化的製品はやはり多くない。

2．中国の興行・展覧会サービス貿易の主要相手国と地域

我が国の興行などのサービス輸出相手国と地域を分類すると、米国、日本、ロシア、韓国、カナダ、欧州、東南アジア、南米の少数国および香港、マカオ、台湾などがあり、そのうち主要な市場はやはり米国、日本、西欧などである。中国文化部外聯局アメリカ大陸処の統計によれば、この5、6年、文化部の審査・批准を経た米国興行プロジェクトは50前後あり、そのうちの大部分は有償興行または商業興行である。

展覧会の分野では、欧米の主要な文化市場に与える中国の芸術展の影響力が依然として充分ではないため、欧米の大規模な芸術展の中国開催招聘が主流となっている。文化市場での宣伝効果が初期の影響力を一応そなえてはいるが、商業的効果は十分ではない。

3．中国の興行・展覧会サービス貿易のスタイル

興行・展覧イベントサービス貿易のスタイルでは、その主要なものは自然人の移動（movement of natural persons）と消費・業務上の海外拠点（commercial presence）の二種類である。

1）自然人の移動（movement of natural persons）

自然人の移動（movement of natural persons）の形式から、我が国の興行・展覧イベント業界のサービス貿易における輸出には以下の三種類がある。

対外合作方式。この方式は、主に外国人投資家の出資による。外国人投資家が一切の費用を負担し、中国側は文化的労務を輸出し、労務サービス費を得る。我が国の興行サービスの輸出ではこの方式が比較的多く採用されている。中国側のリスクは比較的少ないが、収益も少なく、だいたい70％前後の利益を外国側に取られている。

対外合資方式。中国側が少量の資金の提供にとどまり、主に興行のコンテンツの提供を担う。外国側は資金の大部分を提供し、営業を担う。たとえば、女子十二楽坊と日本のレコード会社の合作のように、中国側が演奏者とわずかな資金を提供し、日本側の出資者が営業の責任を持つ。

独立運営方式。中国側の興行団体が製品開発と海外運営を独立して進める。たとえば上海演芸総公司が180万オーストラリアドル（800万元余）を出資し、オーストラ

第一章　コンテンツ産業貿易の歴史　　65

リアでオリジナル舞踊劇《野斑馬》発表した。興行の総費用（往復航空運賃、劇場借入費用、広告宣伝費用等も含む）は、上海演劇総公司が負担した。この公演の収入は高くはなかったが、中国文化企業の国際興行市場での自主独立興行サービスプロジェクトの先鞭をつけた。

2）業務上の海外拠点（commercial presence）

　業務上の海外拠点（commercial presence）の形式から、我が国の興行業界は輸出に際して、主に領域外投資スタイルを採る。すなわち、中国の興行団体が海外直接投資をおこない、法人を登記・設立し興行プロジェクトを運営する。たとえば、上海魔術団が1998年から米国に赴き興行をしているが、有料興行、劇場の自主借り上げ、そして最後に法人の登記・設立の三段階を経て、2002年8月米国で正式に"恒創"という会社を設立した。

（二）ジャーナリズム貿易

　中国はWTOに加盟して以降、ジャーナリズム等の分野で国際協力強化を一貫して行ってきたので、市場と文化資源を比較的優位に開拓でき、人類の文明に貢献してきた。我が国のジャーナリズム業界が国際サービス貿易に関わってきたスタイルを分類すると主に次のようになる。一つは、版権貿易。すなわち、輸出側と招聘・導入側の双方がテーマの選定に関心を向ける。二つ目は、出版プロジェクト。中国内外の図書の編集出版の共同企画である。中国出版社聯合が参画している中国図書の対外普及計画のなかで中国政府の資金援助受けるものも含まれる。三つ目は、人員交流。すなわち、領域外のジャーナリズム関係団体やその支部に人を派遣する。

表1　2006年全国版権貿易状況

	合計	図書	定期刊行物	録音製品	録画製品	デジタル出版物	ソフトウェア	映画	テレビ番組	その他
輸入合計	12386	10950	540	150	108	174	434	29	1	0
輸出合計	2057	2050	2	0	0	5	0	0	0	0

資料来源：中華人民共和国新聞出版署《2006年全国新聞出版業基本情況》

（三）スポーツ関連サービス貿易

　《サービスの貿易に関する一般協定（General Agreement on Trade in Services、通称GATS）》に体育を含むサービス貿易全般の明確な定義が載っている。その一、越境取引（Cross-border Supply）に関して、すなわちいずれかの加盟国のサービス提供者がその領域内から、他の加盟国の領域内のサービス消費者に対してサービスを提

供することにより、報酬を得る。たとえば米国のESPN（Entertainment and Sports Programming Network）は、中国のテレビメディアを介して国外のスポーツテレビ番組を提供している。その二、海外消費（Consumption Abroad）、すなわちいずれかの加盟国のサービス提供者がその領域内において、他の加盟国のサービス消費者にサービスを提供し、報酬を得る。たとえば、外国スポーツチームが中国を訪れ、中国で練習や試合をするなどである。その三、業務上の海外拠点（commercial presence）、すなわちいずれかの加盟国の実体をそなえた商業団体が他の加盟国の領域内における業務上の拠点を通してサービスを提供する。その海外拠点の形式は現地独立法人、海外支店あるいは駐在事務所等がある。たとえば、世界的にスポーツイベントを運営するインターナショナル・マネジメント・グループ（International Management Group、略称IMG）が北京に事務所を構えていることなどである。その四、自然人の移動（movement of natural persons）、すなわちいずれかの加盟国の自然人が、他の加盟国の領域内でサービスを提供する。たとえば、ある国のコーチが別の加盟国に赴き指導したり、ある国のスポーツ選手が別の加盟国のチームの一員になったりすることである。

スポーツサービス貿易の発展の基礎は、健康スポーツ・娯楽スポーツとスポーツイベント業界などのスポーツ産業の十分な発展にある。健康スポーツ・娯楽スポーツが高度に発展している米国を例にとると、健康・娯楽スポーツ産業の市場規模が大きく、経営水準も高く、スポーツマン、スポーツクラブそしてスポーツ連盟が率先してプロスポーツ産業をつくりあげている。米国の五大フィットネスクラブといえば、美国倶楽部系統公司、中央体育股份有限公司、高徳体育公司、比利健康和網球公司であるが、そのうち美国倶楽部系統公司と中央体育股份有限公司がスポーツフィットネスクラブ市場のシェアの大部分を占めている。経営面からみると、米国の数十種目のスポーツが、プロスポーツ化、商業化の道をすすんでいる。ベースボール、バスケットボール、アメリカンフットボール、アイスホッケー、サッカーだけでも千近いプロチームがある。いわゆる海外消費の方式で、世界中から米国へプロスポーツ観戦に訪れる観衆は延べ一千万人を数える。さらに近代スポーツのプロ化が進んでいるフランスの例をみると、ツール・ド・フランスとテニス四大大会のひとつ全仏オープンなどが世界的に有名であり、フランスのスポーツサービス貿易に莫大な利益をもたらしている。

我が国の状況といえば、フィットネスクラブ市場やスポーツイベント業界は発達がいくぶん遅れている。それは、外国資本の活用が不足していることにも関係がある。1997年に公布された《商業イベント管理条例（営業性演出管理条例）》では、ただイベント会場の海外資金を利用した改修、新築だけが許可されており、領域外の出資者が経営と管理に参与することは許されていない。2005年この条例が改訂され、上述の制限が取り払われたが、中国国内のイベントプロジェクトに対する外国資本の投資

は提起されていない。2008年初め、国家発展改革委員会、文化部等の九部門聯合が公布した《イベント市場の適正な供給体制構築とイベント市場の繁栄発展に関する若干の意見》は、我が国のイベント市場の対外開放の範囲——イベント会場と経営管理からイベント内容に至るまで、制作内容とイベント運営に関して包括的に提示している。この新しい政策は域外資本に有利であり、まさに発展の勢いが増している国内のイベント市場に新しい資金が参入するルートを開いた。

　全体的には、我が国のスポーツサービス貿易の越境取引、海外消費、海外拠点および自然人の移動等の分野はまだ初期段階にある。我が国のスポーツ事業の改革が不断に進められ、スポーツ市場が不断に発展改善されていくにしたがい、各種スポーツ試合やオリンピックのような大規模なイベント等の推進も加わり、我が国のスポーツサービス貿易発展の潜在力は強まっていくであろう。

表2　中国の海外派遣スポーツ団体の状況

	1990年	1995年	2000年	2005年	2006年
延べ回数	607	2787	3880	3028	3669
延べ人数	5227	18033	22789	18759	22835

2006年中国統計年鑑

二、業界別最新輸出促進政策

(一) 興行サービス貿易輸出促進政策

　わが国のコンテンツ貿易の重要な構成分野であるコンテンツ製品の商業的興行・展覧イベントは、いままさに国際市場に、徐々にではあるが参入を始めている。国内の興行イベント団体のさらなる"海外進出"を奨励するため、文化部が《コンテンツ製品の商業興行および展覧イベントの海外輸出促進に関する通知（关于促进商业演出展览文化产品出口的通知）》を公布した。

　この通知の主な内容は以下の通りである。コンテンツ製品の商業的興行・展覧イベントの海外進出を対外文化工作の重要項目として押し進めるため、政策と資金面からその輸出を強力に支援する。また、コンテンツ製品の商業的興行・展覧イベントの海外進出と政府による対外文化工作を緊密に連携させ、当局が域外においてもそれらの活動を支援奨励する。文化部が、コンテンツ製品の商業的興行・展覧イベントの国際的なデータベースをつくり、我が国の文化関連企業および事業団体に向けてコンテンツ製品市場に関するタイムリーな情報を発信し、興行イベント関連の経営管理機構や有名な文化関連企業の紹介をし、我が国の商業的興行・展覧イベントの国際市場参入

のために役立てようとしている。条件付きながら文化関連企業および事業団体に、領域外に支店・駐在事務所の設立を奨励している。文化関連企業および事業団体が領域外の市場を開拓するために、商業的興行・展覧イベント輸出の戦略的連盟を構築するように横のつながりを強めることを奨励している。地域文化協力、多国間文化会議や協議の場を借りて、我が国の商業的興行・展覧イベント関連の製品を推奨する。非コンテンツ関連企業や社会資本が商業的興行・展覧イベント輸出事業に参画するように奨励している。

　商業的興行・展覧イベント関連の製品輸出を推奨支援するため、文化部の《コンテンツ製品の商業興行および展覧イベントの海外輸出促進に関する通知（关于促进商业演出展览文化产品出口的通知）》の精神を着実に実行する。そのために文化部はさらに、《コンテンツ製品の商業興行および展覧イベントの海外輸出指導目録（国家商业演出展览文化产品出口指导目录）》制定している。

(二) ジャーナリズムサービス貿易における輸出促進政策

　中国出版業の"海外進出"を支援するため、関連部門が大量の輸出促進政策を制定した。

1. "中国図書の対外普及計画"に組み入れられ、あるいは"海外進出"戦略を実施する出版プロジェクトで、必要な書籍コード取得に十分な補償を付与する。
2. 中国図書の"海外進出"にさらに多くのルートを提供するため、重点出版企業の輸出権申請を支援する。
3. 出版団体・出版部門の輸出志向型の定期刊行物の創刊を支援する。
4. 《コンテンツ製品とサービス輸出の奨励支援に関する若干の政策》とその付随文書を制定する。
5. 国内金融機関による輸出志向型の出版企業および進行中のプロジェクト向けの貸付資金援助を調整する。
6. "中国図書の対外普及計画"に対する資金支援を継続する。
7. "海外進出"に功績を示した出版グループと出版社に対し、適時、表彰奨励する。

(三) スポーツサービス貿易における輸出促進政策

　現在の世界では、スポーツ産業は最も活力があり、潜在的な発展性を最もそなえた業界の一つである。スポーツ産業は世界でも高い成長速度を維持し、その発展のスピードは経済成長のスピードを上まっている。"第十一次五カ年計画"の期間は我が国の社会、経済発展にとって重要な歴史的段階であり、我が国スポーツ産業が発展するための重要な戦略的なチャンスでもある。関連部門が我が国の特徴を踏まえ、一連の輸出促進政策を科学的に制定し、我が国の国際的なスポーツサービス貿易の発展を力

強く押し進めている。

　1995年に公布された《中華人民共和国体育法》は我が国のスポーツ事業を指導する総合的な法律である。国内のスポーツ事業と産業をさらに一歩発展させるために、2003年中共中央国務院が《新時代の体育工作のさらなる強化と改革に関する意見》を公布した。この《意見》は新時代の体育事業の発展を指導する思想、活動方針、一般的要求事項および実施要点を提示し、我が国のスポーツ産業とスポーツサービス業の近年の発展を指導する総合的な指導文書である。

　我が国の体育《第十一次五カ年計画（中華人民共和国国民経済和社会発展第十一个五年規画綱要)》が以下のように指示している。国際的に名の通ったスポーツ試合を積極的に招聘する。プロスポーツ発展の道を真剣に研究する。プロスポーツに関係している主体の法的地位と相互関係を明確にする。各種のプロスポーツクラブの設立を規格化する。法人管理機構を完全なものにする。プロスポーツクラブの発展を押し進める。プロスポーツのリーグ戦制度を整える。プロスポーツのリーグ戦市場を活発にする。同時に、スポーツ産業と緊密に関係する政策・法律、たとえば《体育クラブ発展の加速と体育クラブの管理強化に関する意見》、《体育試合審判員管理規則》、《公共文化体育施設条例》を相次いで発布する。これら多くの政策と法律の発布が国内スポーツ発展の環境を向上させ、スポーツ産業発展を大いに促し、我が国のスポーツサービス貿易輸出の確固とした基礎を築くのである。

　同時に、我が国の国際体育組織職員養成を強化するため、2002年国家体育総局が《国際体育組織人材養成プログラムに関する意見（关于加强国际体育组织人才培养工作的意见)》を公布した。この意見書を着実に実行することにより、外国語能力に長けた対外経験豊富な人員を養成し、スポーツサービス貿易の輸出を大幅に促進するであろう。

三、中国政府協議中の娯楽、文化、スポーツ業界のサービス貿易に関係する規定

（一）国際協定

　2001年12月、中国が正式にWTO加盟国になり、5年後の2006年12月11日には、中国はWTO加入の全てのコミットメントを基本的に履行している。その中で、協議中である分野横断的コミットメント（Horizontal commitments）はある部分で、娯楽、文化、スポーツ業界に内容が及んでいる。すなわち、消費国における海外拠点の市場参入制限に関して協議をしている。中華人民共和国の土地は国家の所有に帰している。企業と個人が使用する土地は、スポーツと娯楽目的の場合、50年と定められている。

70

（二）地域協定

《中国・東南アジア諸国連合経済全面協力枠組み合意とサービス貿易協定》において、中国側のコミットメントは娯楽、文化、スポーツのサービス貿易の内容に及んでいる。

1. 分野（セクター）横断的コミットメント

消費国における海外拠点の市場参入制限——すなわち、中華人民共和国の土地は国家の所有に帰している。企業と個人が使用する土地は、スポーツと娯楽目的の場合、50年と定められている——に関して協議するべきである。

2. 分野（セクター）別コミットメント（Sector-specific commitments）

娯楽、文化およびスポーツのサービス貿易に関するコミットメントリストのなかで、スポーツとその他娯楽サービスだけに限った分野別コミットメント（CPC96411、96412、96413だけに限り、ゴルフに関するサービス除く）を、我が国は持つだけである。すなわち、

（1）越境支払…市場参入はいかなる約束もせず、内国民待遇はいかなる約束もしない。

（2）領域外消費…市場参入はいかなる約束もせず、内国民待遇はいかなる約束もしない

（3）海外拠点…市場参入は100％外資公司の設立を許可し、経済的需給に照らしてテストする必要があり、内国民待遇はいかなる約束もしない。

（4）自然人の移動…市場参入と内国民待遇はすべて、分野横断コミットメントを除いて、いかなる約束もしない。

（三）多国間協定

娯楽、文化およびスポーツサービスに関するその他の協定は当面存在しない。

（四）二国間協定

現在、中国とパキスタンおよびチリとの二国間自由貿易圏協定は娯楽、文化およびスポーツのサービス分野に言及していない。

中国内地と香港との間で調印した《中国内地の香港向けサービス貿易開放に関する具体的約束（内地向香港開放服務貿易的具体承諾）》において娯楽、文化およびスポーツのサービス貿易に関連する約束に言及していない。

四、市場開放に関するコミットメント

まず映画市場についてだが、WTOに中国が加盟した後、2002年2月1日に改定の

手が加えられた《映画管理条例》が公布実施された。新しいこの条例で、国際映画芸術交流の拡大、中国と外国との合作映画の数量の増大、外国の優秀な映画の導入、外資の中国進出許可、中国映画の海外進出など、多方面にわたる比較的大きな改訂がなされた。そして、《外国投資企業の映画館に関する暫定規定（外商投資电影院暂行规定）》《映画企業経営資格および参入に関する暫定規定（电影企业经营资格准入暂行规定）》などの法規が相前後して公布され、外国投資企業による中国国内の映画館経営参入条件が適切に緩和され、香港・マカオ地区のサービス業者による本土での上映業務を奨励する政策調整がなされた。

ラジオ・テレビなの放送市場について、いくつかの法令——《ラジオ・テレビ広告の支払いに関する暫定規定（广播电视广告拨付管理暂行规定）》《海外とのテレビドラマ合作管理の暫定規定（中外合作制作电视剧管理规定）》《海外との合資、合作ラジオ・テレビ番組制作経営管理に関する暫定規定（中外合资、合作广播电视节目制作经营企业管理暂行规定）》《域外テレビ番組の導入・放送管理暫定規定（境外电视节目的引进、播出管理规定）》——が公布制定され、これは我が国の放送業界でも対外開放が進んでいることの表れである。

オーディオビジュアル製品の代理販売に関して、我が国はオーディオビジュアル製品の代理販売に従事する中国と外国との合資企業を許可している。

興行イベント市場に関して、我が国は外国投資主体が興行イベント経営機関と興行イベント開催スペース経営部門に参入することを許可している。外国投資主体と中国投資主体とが、法に依拠した形で、中国と外国との合資経営および合作経営の興行イベント経営機関と興行イベント開催スペース経営部門を設立することを許可している。中国と外国の合資経営・合作経営・外国資本経営の文芸興行団体を設立してはならない。また外資経営の興行イベント経営機関および興行イベント開催スペース経営部門を設立してはならない。同時に法制面で、投資比率および経営主導権等の問題を規定している。その他、香港・マカオ投資主体の興行イベント市場参入に関して、適切な規定を作っている。

注: 資料来源于商务部http://tradeinservices.mofcom.gov.cn/e/2008-03-11/26381.shtml, 2011-4-10.

1　李琴生「関于‘絲綢之路’形成的歴史考察（シルクロード形成に関する歴史的考察）」、『絲綢』1999年第三期掲載、44頁。

2　李琴生「関于‘絲綢之路’形成的歴史考察（シルクロード形成に関する歴史的考察）」、『絲綢』1999年第三期掲載、44頁。

3　姚錦祥「我国商業貿易的歴史発展特点（中国商業貿易の歴史と発展の特徴）」、『歴史学習』2002年第四期掲載、25頁。

4 孫玉琴『中国対外貿易史』、北京、精華大学出版社、2009年、206-212頁。

5 孫玉琴『中国対外貿易史』、北京、精華大学出版社、2009年、216頁。

6 戦勇「60年対外貿易的歴史回顧及発展対策（60年対外貿易の歴史的回顧及び発展対策）」『学術問題（総合版）』2009年第二期掲載、86-87頁。

7 中華人民共和国商務部ホームページ　http://zhs.mofcom.gov.cn/aarticle/Nocategory/201101/20110107363340.html、2011-4-5.

8 肖艶「試論技術進歩対文化伝播的影響（文化伝播に対する技術進歩の影響試論）」、『社科縦横』2010年第九期掲載、202頁。

9 劉建華『節点与変局：文化伝播視角雲南』、昆明、科技出版社、2008年、149頁。

10 劉建華『節点与変局：文化伝播視角雲南』、昆明、科技出版社、2008年、149頁。

11 蕭知緯、尹鴻「好莱塢在中国：1897-1950（中国におけるハリウッド：1897-1950)」『当代電影』2005年第六期掲載、67頁。

12 蕭知緯、尹鴻「好莱塢在中国：1897-1950（中国におけるハリウッド：1897-1950)」『当代電影』2005年第六期掲載、69頁。

13 蕭知緯、尹鴻「好莱塢在中国：1897-1950（中国におけるハリウッド：1897-1950)」『当代電影』2005年第六期掲載、71頁。

14 国家広電総局ホームページ　http://www.dmcc.gov.cn/publish/main/304/2010/20100317180354246957524/20100317180354246957524_.html、2011-4-6.

15 鄭穎「民国年間中美文化交流探討（民国年間中米文化交流考察）」『電影評価』2008年第五期掲載、20頁。

16 李亦中「中美電影跨世紀交往格局（世紀をまたぐ中米映画の交流構造）」　http://www.ccava.cn/news/1_7.html、2011-4-6.

17 中国戯曲サイト　http://www.chinaopera.net/html/2006-11/936.html、2011-4-6.

18 黄利平『足跡従絲路延伸：中国古代対外文化交流』、北京、人民日報出版社、1995年、10頁。

19 陳日濃『中国対外伝播史略』、北京、外文出版社、2010年、16頁。

20 李道新「好莱塢電影在中国的独特処境及歴史命運（中国におけるハリウッド映画の特徴ある状況とその歴史)」、『当代電影』2001年第六期掲載、85-87頁。

21 李亦中「内外映画滄桑録」、『当代電影』2008年第四期、52頁。

22 李亦中「内外映画滄桑録」、『当代電影』2008年第四期、52頁。

23 出所：http://www.gwyoo.com/lunwen/dianshilunwen/dshdxbylw/201011/405385.html、2011-4-7.

24 楊宇婷「中美文化貿易発展的比較分析（中米コンテンツ貿易発展の比較分析）」、『黒龍江対外経貿』2010年第二期掲載、63頁。

25 中国調研報告サイト　www.BaogaoBaogao.com、2017年3月11日。

26 張養志ほか『首都文化創意産業中的版権貿易研究』、上海、華東師範大学出版社、2009年、173頁。

27 出所：http://www.china.com.cn/chinese/CU-c/40695.htm、2011-4-7.

28 出所：『人民日報海外版』　http://money.163.com/17/0101/02/C9LLJP1F002580S6.html、2017-6-11.

29 出所：http://www.cfa.org.cn/tabid/532/InfoID/6072/frtid/593/Default.aspx、2017-6-11.

30 出所：人民日報サイト　http://media.people.com.cn/GB/10286503.html、2011-4-8.

31 出所：中国商務部　http://tradeinservices.mofcom.gov.cn/e/2008-03-14/26645.shtml、2011-4-7.

32 孫晨「雲南映像成海外商演様板（雲南映像——海外商業公演モデルとして）」、『中国経営報』　http://finance.sina.com.cn、2005年11月27日。

33 出所：http://news.qq.com/a/20080325/000856.htm、2011-4-8.

34 張宇「中国演芸産業 '走出去' 将呈現四大趨勢（中国エンターテイメント産業海外進出における四大傾向)」http://wenku.baidu.com/view/f20c211fff00bed5b9f31dd9.html、2012-3-5.

35 データ出所：『2016中国新聞出版統計資料滙編』、北京、中国書籍出版社、2016年、243頁。

36 データ出所：『2016中国新聞出版統計資料滙編』、北京、中国書籍出版社、2016年、243頁。

37 超有広「中国文化産品対外貿易結構分析（中国コンテンツ産品対外貿易の構造分析）」、『国際貿易』2007年第九期掲載、40頁。

38 データ出所：『2016中国新聞出版統計資料滙編』、北京、中国書籍出版社、2016年、249頁。

第一章　コンテンツ産業貿易の歴史　　73

39　データ出所：http://www.gamersky.com/zl/industrial/201612/849432_2.shtml, 2017-3-16.

40　出所：『中国出版統計年鑑』2010年。

41　データ出所：http://wenku.baidu.com/link?url=sHJqwulm3Uc6kIO6e0KIpAX6p_NyedmIe4khwGgAWXsBO FPpOH64th0vpYZvyLjQ4NYj_9JEkCnS2x4pQ7U2yEM7BoC-oqG1HfFeq-F7fPy, 2017-3-16.

42　データ出所：http://news.163.com/16/0311/03/BHRL7IG800014AED.html, 2017-3-16.

43　「習近平主席による"一帯一路"国際協力サミットフォーラム基調演説」要約、新華網。

44　慕小軍「回顧農業経済和工業経済 展望知識経済（農業経済と工業経済の検証そして知識経済の展望）」、『甘粛理論学刊』1999年第三期掲載、29頁。

45　葉険明『"知識経済"批判（知識経済批判）』、北京、人民出版社、2007年、2-3頁。

46　Willem van Winden, Leo van den Berg and Peter Pol,《European Cities in the Knowledge Economy: Towards a Typology》, Urban Stud 2007; 44; 527.

47　『知識経済』、http://baike.baidu.com/view/487.htm, 2010年3月31日。

48　葉険明『"知識経済"批判（知識経済批判）』、北京、人民出版社、2007年、1頁。

49　陳子根『文化産業的戦略価値（コンテンツ産業の戦略的価値）』、金華新聞網 http://www.jhnews.com.cn/jhrb/2010-03/22/content_959549.htm、2010年3月29日。

50　成思危「知識経済的特徴（知識経済の特徴）」、『党建研究』2002年第七期掲載、54頁。

51　申明龍「知識経済特徴分析（知識経済の特徴分析）」、『創新科技』2003年第四期掲載、33頁。

52　那瑞琴「浅談知識経済的主要特徴（知識経済の主要特徴早わかり）」、『中国包装工業』2000年第二期掲載、7頁。

53　張希光「論知識経済的基本特徴及其発展趨勢（知識経済の基本的特徴とその発展方向）」、『科学社会主義』2000年第一期、28頁。

54　汪暁鴛「試論知識経済時代経済的文化化（知識経済時代における経済の文化化・試論）」、『江西社会科学』2003年第十二期掲載、164頁。

55　蘭蓓「経済的文化化与文化的経済化（経済の文化化と文化の経済化）」、『社科縦横』2006年第一期掲載、46-47頁。

56　鄭俊義「文化経済化演進過程中的相関因素分析（文化の経済化進展課程における相関要素の分析）」、『蘭州商学院学報』2002年第四期掲載、98頁。

57　張彩鳳ほか『全球化与当代中国文化産業発展（グローバル化と現代中国コンテンツ産業の発展）』、済南、山東大学出版社、2009年、28頁。

58　梁敏「尋抜消費新支点 三行業可挑大梁（消費の新しい中心を求めて——三業種はその担い手たりうるか）」、出所：中国証券網・上海証券報、2011年4月8日。

59　岩波文庫《マルクス経済学批判》武田隆夫、遠藤湘吉、大内力、加藤俊彦訳。

60　訳者付記。

61　［英］David Heldほか主編、王生才訳『全球化理論：研究路径与理論論争（グローバル化理論——研究方法と理論論争）』、北京、社会科学文献出版社、2009年、1頁。

62　［英］David Heldほか主編、王生才訳『全球化理論：研究路径与理論論争（グローバル化理論——研究方法と理論論争）』、北京、社会科学文献出版社、2009年、3頁。

63　［英］David Heldほか主編、王生才訳『全球化理論：研究路径与理論論争（グローバル化理論——研究方法と理論論争）』、北京、社会科学文献出版社、2009年、3頁。

64　Stan Le Roy Wilson. Mass Media / Mass culture, AnIntroduction, McGraw-Hill, Inc. 1995.

65　于徳山『当代媒介文化（現代メディア文化）』、北京、新華出版社、2005年、10頁。

66　于徳山『当代媒介文化（現代メディア文化）』、北京、新華出版社、2005年、50-51頁。

67　［米］ダグラス・ケルナー、丁寧訳『媒体文化（メディア文化）』、北京、商務印書館、2004年、58頁。

68　［米］ダグラス・ケルナー、丁寧訳『媒体文化（メディア文化）』、北京、商務印書館、2004年、60-61頁。

69　王佩瓊『技術異化研究（技術疎外研究）』、武漢、湖北教育出版社、2007年、1頁。

70　王佩瓊『技術異化研究（技術疎外研究）』、武漢、湖北教育出版社、2007年、15頁。

71　カール・マルクス『資本論』（第一巻）、北京、人民出版社、1953年、525頁。

72　葉衛平「国家経済安全的三個重要特性及其対我国的啓示」、『マルクス主義研究』2008年第十一期掲載、35頁。

73　Janne Haaland Matlary. "Soft Power Turns Hard: Is an EU Strategic Culture Possible", Security Dialogue, 2006(37), 105.

74 『軟実力（ソフトパワー）』 http://baike.baidu.com/view/42133.htm?fr=ala0_1_1、2010年3月27日。

75 「提高国家文化軟実力、実現中華民族偉大復興」、『光明日報』 http://www.chinanews.com.cn/cul/news/2009
/11-27/1986934.shtml、2010年3月27日。

76 藝衡『文化主権与国家文化軟実力（文化主権と国家文化ソフトパワー）』、北京、社会科学文献出版社、2009
年、4頁。

77 李坤望『国際経済学』、北京、高等教育出版社、2009年、3頁。

78 李坤望『国際経済学』、北京、高等教育出版社、2009年、3頁。

79 王冰「論市場機制的涵義及其特徴（市場メカニズムの含義及びその特徴)」、『中国農業銀行武漢管理幹部学院
学報』2000年第三期掲載、6頁。

80 温芽清「知識産品生産機制探析（知識製品生産メカニズム分析)」、『河北経貿大学学報』2007年第二期掲載、
18頁。

第二章

コンテンツ貿易のモチベーション
——価値の共感と非分業化

　貿易のモチベーションは産業の分業化に由来する。産業の分業化に関する主要な解釈はいくつかある。比較優位、アダム・スミス（Adam Smith）の絶対優位論、デヴィッド・リカード（David Ricardo）比較生産費理論、マイケル・ポーター（Michael Eugene Porter）の競争優位理論、このほか技術、需給等の分野の理論もある。それぞれが優れた理論であり、さながら夜空に煌めくオールスターである。しかしそれぞれが説くところにそれぞれ違いがあるとはいえ、それらが指し示しているのは産業の分業化である。現実に、産業の分業化が貿易を推進している。そしてこれがゆえに、交易が双方に福利をもたらす。

　では、コンテンツ産業ではどうか。はてして、貿易によって商工業製品と同様の福利が引き出せるのだろうか。消費者個人の視点からみれば、購入価格の下落はその対象品の物質的福利効果を増し、一方、コンテンツ製品の消費もまたその精神的福利を増す。民族国家の立場からいえば、物質的福利は増加したかのようであるが、しかし貿易不均衡などが引き起こす巨大な逆ザヤによって、一国のコンテンツ市場が他国の製品で覆い尽くされる事態になる。これは、民族の価値のアイデンティティと団結力に影響する問題である。この一点だけで、民族国家の精神的福利が減退するばかりか、多大な圧迫を受ける。ひいては精神的福利にマイナスとなる。

　このことを鑑みれば、本論文は伝統的な産業分化理論をもってコンテンツ貿易を説明できないと考える。コンテンツ貿易は、国際的コンテンツ産業の分業化がもたらした結果ではなく、それぞれの国家がその独自の文化的価値を伝播しようとする要求によって実現する。そのことによって、他国が他国の文化的価値を理解し共感する。それがコンテンツ貿易のモチベーションである。本章では、貿易論の基礎に簡単に触れ、その理論のコンテンツ貿易に参考になる部分と限界を指摘する。国際的なコンテンツ製品は、一種の非弾力的需給製品であり、ある国のコンテンツ製品は他国にとって必

要不可欠というわけではない。文化はその国の民族的価値のアイデンティティに関わるのだから、民族と国家の存在の前提である。グローバル化の趨勢にあって、いかなる国も世界から孤立することはできず、自文化を他国の人々から理解してもらう必要があり、この要求が文化の対外伝播を進展させる。対外伝播の効果は、"心地よい消費"であるか否かに与っている。すなわち、物事のアプローチは快適にあり、楽しみが相互理解につながる。これらのことは、つまるところ自由で主体的な貿易によって実現される。

第一節　産業分業貿易理論の限界

一、貿易分業理論の概略

　アダム・スミスに、「我の欲するものを我に与えよ、さすれば同時に汝もまた汝の欲するものを手に入れることができる」という名言がある。これは、分業の精髄を言い得ている。ある人が所有できないものを別の人が所有しているから、分業がうまれ、貿易がうまれる。分業化の良いところは、産業の専業化を形成し、生産効率を高め、同じコストでありながら、さらに良い製品を生産できることにある。

　プラトンが《国家》のなかで分業の誕生とその影響について論じている。人の様々な需要が分業化を生み出す根源である。需要は多方面に渡っているが個人の能力には限界があり、自給自足ですべての需要を実現できない。ただ交換を通してのみその需要を満たすことができ、その交換の前提がつまり分業である。分業が一旦始まれば、仕事は容易になり、ゆたかになり、さらに良くなる。一つは、人々の天賦が異なること、ふたつは、それゆえ生産を専業化できる。

　アダム・スミスが《国富論》で考察している。分業の起因は能力の交換にある。人には三種類の天賦の特性があって、すなわち、有無相通じる能力、相互依頼心と利己心である。まさにこのことによって、人類が交換する能力を獲得し、異なる天与の才を互いに利用し、社会の分業が形成される。スミスによれば、分業にはレベル差があり、その大小によって交換能力が制限される。すなわち市場の大小による制限である。そして、市場の大小はまた、人口数と人口密度、天然資源、資本の獲得量、輸送の難易度などで制限される。貿易の拡大と市場の安定性が分業拡大を助長する。また同時にスミスは、労働生産効率の向上と富の増大に分業が及ぼす影響を系統的に論じている。あらゆる要素が、分業に影響を与えており、経済成長に影響を与えている。それゆえ、"分業が経済成長の源泉である"と結論付けている。[1]

　マルクスによれば、分業には企業内分業と社会的分業の二種類ある。アダム・スミ

スの分業理論は本質的に専業化理論である。これと対照的に、マルクスが強調しているのは協業である。すなわち、「分業とは、ある意味特殊で、専業の区分けがなされた、一歩発展した協業の形式である」[2]。個人労働では根本的に達成不可能な仕事量であるなら、長時間労働によって達成するかあるいは非常に小さな成果しか達成できないことにおいて、分業の効果があるのだ。「同数量を生産する個人の作業時間の総和と比較してみると、各人の作業時間を結集する協業の方がより多くの使用価値を生産しうる。したがって、一定の価値を生産するために必要な労働時間を減少できる」[3]。これこそが協同分業の魅力である。かつまた社会的形式としての分業は生産力発展の一定の歴史的水準によって決定づけられる。

　分業に関するアダム・スミスの専業化理論とマルクスの協業理論は衝突しているかのように見えるが、実際は互いに補完し、統一されるものである。「あらゆる専業化生産は必然的に協業作業を必要とし、それによって完成する。そしてあらゆる協業作業過程に必然的に専業化の烙印が押されている」[4]。ヤングの歴史的使命はこの両者を統一することであった。彼の考えによれば、労働の分業は職業の分離・分立を志向するだけでなく、専業化による技能の発展を志向し、それはまた、迂回生産方式（すなわち協業による生産。筆者注）の形成を内包している。まさに両者の力が相俟って、分業の進展に有利に働く。分業化の程度が増せば、人的資源の効果的な配置がなされ、人的資本と生産経験の蓄積が加速される。そして経済実体間の相互依頼による協業効果が形成され、労働生産力を引き上げる。一定の社会経済条件のもとでは、労働生産力の向上はまた市場のキャパシティを拡大し、分業の深化、連環、細分化を刺激する。一人当たり平均収入、生産量そして品数を増加させ、経済の持続的成長を実現する。[5]

　このことから我々が知ることは、人々が貿易によって持たざる物を獲得し、各人の福利を増大できることである。そして、貿易によってそれを実現できるわけは、貿易そのものが産業の分業化に由来しているからで、分業が専業化と協業を押し進め、生産量と品種の増加、一人当たり平均収入の増加、社会経済全体の成長を押し進めていることにある。

　貿易の分業化を理解するために多くの理論が詳しい解釈をほどこしているが、つまるところ何が貿易の分業化を促進しているのだろうか。

　貿易分業理論が、国際貿易発生の原因、貿易が生み出す利益、貿易構造の変動、そうした理論を詳しく研究している。その発展過程は、技術と先天的な資源が比較優位にあるおかげで規模の経済がもたらす報酬が不変であるとした古典的または新古典的な貿易分業理論、そして規模による報酬の逓増性を根拠とする新しい貿易分業と専業化の内生を打ち出した新興古典経済学の貿易分業四段階理論を経て、国際貿易発展の異なる特徴を反映してきた。全生産過程が、国内またはある経済実体内部で作られた最終製品の貿易現象であることを巧みに説明している。経済のグローバル化と科学技

術の革命的発展にともない、加工貿易額が持続的に増加し、ある製品の生産過程がいくつかの国と地域に分散され、そしていくつかの生産工程と連環的な分業体系が形成される。それは、中間に投入される物が明確になる——すなわち中間生産物が存在する新しい貿易分業現象すなわち製品内貿易分業を生み出す。[6]

　貿易分業理論の数百年に及ぶ歴史の中から、先人の功績を我々は学んで行こう。

　重商主義と重農主義の貿易に対する考え方。16世紀初めは、まさにヨーロッパの国家資本が初めてそのピークを迎えていた時期である。貨幣が国家の富をはかる尺度とみなされ、大量の輸出によって貨幣を獲得し、輸入を制限することで貿易の逆ザヤを実現することが重商主義者の主張であった。重農主義者は、人間の意志に拠らない客観法則が経済社会に働いており、"自然の秩序"に照らして事を進めなければならないと考えた。その思想が提唱しているのは自由経済と自由貿易であった。

　絶対優位理論。これはアダム・スミスの絶対生産費理論でもあって、彼の分業と国際分業学説を基盤として成立している。スミスは、分業理論を国際貿易分業の領域にまで押し広げ、絶対生産費説をつくりだした。一国がある生産を専門におこなうそのコストが他国の製品コストよりも低ければ、他国の製品よりもコスト的に絶対優位にある。絶対優位の製品を交換に当てるなら、各国の資源を効率よく利用でき、生産量も増加し消費水準も上がり労働時間も節約できる。これは、人を納得させる論証である。スミスは、各国の商品間に存在する絶対コストの差が、国際貿易分業の基盤であることを論証しただけではなく、一歩進めて、絶対コストの差が生じる原因を示した。ある国には特定の製品を生産するに適した絶対的に有利な条件があり、したがってこの製品の生産コストが他国よりも絶対的に低くなると、彼は考えた。一般的に、絶対コストの優位性は二つある。先天的優位と後天的優位である。ある国がそのうちの一つでも優位にあるなら、この国のその商品の労働生産効率が他国よりすぐれ、生産コストが他国より絶対的に低くなる。[7]

　比較優位貿易理論。デヴィッド・リカードのこの理論は、ある国で二種類の製品の労働生産効率が他より低い場合、分業と貿易をどうするべきかという問題を、主に解決しようとしている。比較優位は相対的労働生産効率に——またはそれを機会費用ともいう——に注目する。機会費用の違いの存在が、国際分業と貿易を形成する。例えば中国と米国は、ともにコメと小麦を生産している。絶対優位の観点からみるなら、二種類の穀物の中国の労働生産効率は米国より低いが、比較優位の観点からみると、「コメの相対的労働生産効率は、中国が2、米国が1.5であるから、コメの相対的な労働生産効率は中国の方が米国より高い。小麦の労働生産効率は中国が0.5、米国が0.67であるから、小麦に関しては相対的労働生産効率が高いのが米国の方である。相対的労働生産効率を尺度にすれば、コメの生産では中国が優位にあり、米国は小麦の生産で優位に立っている」[8]。機会費用理論に照らしてみると、米国が小麦生産に投下する

機会費用は小さく、中国がコメ生産に投下する機会費用が小さい。そこで両国がそれ
ぞれ機会費用の小さい製品生産に重きをおけば、産業の分業が形成され、米国は小麦
生産に特化し、中国はコメ生産に特化する国になる。

　比較優位理論と絶対優位理論は一様に、国と国の間では、労働の分業化と専業化に
よって生産効率を高め、社会の富を拡大し、人々の福利を増進させることに注目して
いる。そして、これらのことは全て自由貿易政策推進と貿易障壁撤廃いかんにかかっ
ている。

　生産要素賦与理論。これは、新古典国際貿易理論のメルクマールとなった主張であ
る。新古典経済学の生産要素の適正配置に関する理論を基に、ヘクシャー＝オリー
ン・モデル（HOモデル）は、国際貿易に参与する国が賦与された生産要素の密度に
応じて、自国の生産要素の比較優位を最大限に発揮し、最も価格競争力を持つ製品を
生産し国際貿易に参入すると考えた。すなわち、資本集約型の国と労働集約型の国は、
それぞれ自国の長所を認識し、それに基づいて産業発展の正確な選択をすると述べて
いる。だがこの理論は、戦後日本の鉄鋼産業発展にみる成功例によって覆される。

　規模の経済理論。不完全な競争と価格差別という現象――これは、現代の国際貿易
において決して珍しくない――を背景に登場した貿易分業理論である。古典経済学と
新古典経済学の貿易理論では、規模による報酬が不変であることが前提であるが、規
模の経済がこれを転覆することになる。規模の経済は内部経済と外部経済に分けられ
る。前者は、企業そのものの規模の拡大であり、後者は業界に所属する企業数の増加
がもたらす業界全体の規模の拡大である。ケンプのモデルによると、生産規模の拡大
が両国それぞれの製品コストを低下させ、それぞれ規模の経済を形成する。そして貿
易によって、両国の消費者はさらに多くのより良い製品を手にすることができ、福利
は高まる。しかし新古典経済学では、外部規模経済の概念は実質上意味がなく、両国
が労働分業と経済の専業化を推進することで生産コストを低下させ、それは規模の経
済ではない、と考える。

　ポール・クルーグマン（Paul Robin Krugman）の内部規模経済の貿易理論が主に
注目していることは、独占ないし寡頭競争にある企業である。この理論が立脚するの
は企業主体の貿易であって、もしある国が他国に対して開放されるなら、製品の消費
市場が拡張され、企業の生産規模もこれにつれて拡大する。そして、製品のコストと
価格が下落し、消費者にとって好都合であるだけでなく、参入企業も多くなる。結果
的に消費者は多様化の長所を享受する。この背景のもとで、各国の企業は製品差別化
等の方策をとることによって競争的優位を獲得できる。すなわち、経済の発展水準と
賦与された生産要素が似かよった国であっても、規模の経済による貿易が発生し得る。

　プロダクトライフサイクル理論と需給決定貿易理論。米国の経済学者レイモンド・
バーノン（Raymond Vernon）は、製品のライフサイクルを新製品の市場導入期、成

長・成熟期、標準化期の三段階に分け、それぞれの段階で必要な生産要素が異なっており、それゆえ貿易の枠組みにダイナミックな影響を及ぼす、と考えている。需給理論は、需給を決定づける要素には、実際の需給、嗜好と収入水準があり、それらが貿易を引き起こすと考えている。たとえば嗜好であるが、異なる国家がコメと小麦に対して異なる嗜好を持っており、必然的にそれぞれの国内でコメと小麦の需給バランスが崩れる。したがって、コメと小麦の相対価格に差が生じ、両国の貿易が発生する。収入水準が上がれば工業製品の需要が高まり、生産拡大が促され、そして供給過多に至ると収入水準が同じ先進国向けに貿易が発生するが、先進国と発展途上国の間では起こらないと考えられている。

競争優位理論。マイケル・ポーター（Michael Eugene Porter）の競争優位戦略理論によれば、ある国の産業が国際的に優位な位置を占めることができるかどうかは、その国の賦与された生産要素の状況に左右される。そればかりではなく、重要なことはその国の産業競争力いかんに与っていることである。[9]この競争力に、四つの基本要素と二つの補助的要素がある。前者に含まれる要素は、生産要素状況（生産要素は、基本要素である"賦与の生産要素"と推進要素である"創造要素"に分けられる）、国内需給状況、支援産業と関連産業、企業戦略メカニズムと競争相手の四つである。後者に含まれる要素は、チャンスと政府の活動である。競争優位理論が主に提唱することは、比較優位にある要素に働きかけ、コスト低減による優位性を獲得することである。競争優位理論は比較優位理論を拡大展開したものであり、その代わりをするものではない。

製品内分業貿易理論。新しい貿易理論出現が意味することは、伝統的な比較優位理論にとって替わることではなく、ただその働きが違うということである。理論の対象としては、先進国家間で発生する産業内貿易と、先進国家と発展途上国の間の産業間貿易とがあり、理論の基礎からみると、規模の経済と不完全な競争を前提にするものと、規模の収益不変と完全競争を前提とするものがある。[10]しかし、加工貿易が発展するにしたがい、中間生産物の投入がはっきりしている新しい貿易分業現象——製品内分業貿易が形成される。それは、産業間分業や産業内分業の解釈では説明がつかない現象である。対外直接投資と国際貿易が融合し、多国籍企業が国際分業の主導的役割を担うようになった。同時に電子商取引が盛んになるに伴い、通信と情報処理技術が急速に発展してきた。そのため全国の資源コストの低下と時空に制限されない交易と経営が可能になり、生産要素の流通障壁が低減し、製品の迂回生産が国際的におこなわれるレベルに成長した。[11]

製品内分業とは、実質上製品を取り巻く生産価値の連鎖である。異なる環のつなぎ目、つまり異なる国家あるいは多国籍企業の様々な支社によって生産がおこなわれ、中間材を投入する貿易が発生する。これは、グローバルな生産と多国籍企業が主導し

た結果である。最終製品の生産過程の多層レベルで中間材の投入があり、生産が専業化されている。たとえば、部品の専業化、加工工程の専業化、職能専業化などがあり、それらの中間材投入が貿易の対象となっている。それは、グローバルな価値連鎖における分業の垂直的専業化を通じて実現される。それは、企業と企業間の垂直的に専業化された貿易分業と企業内で垂直的に専業化された貿易分業として立ち現われてくる。企業間の垂直的専業化の貿易分業は、いくつかの国家におけるいくつかの独立企業によって共同で作られた、産業の上流から下流までつながる生産の鎖であり、最終製品を生産するために企業間の分業と合作によって投入された中間材を相互に輸出入することで、製品生産の異なる連環と工程をトータルに完結するものである。企業内の垂直的専業化の貿易分業とは、多国籍企業によって国と国を貫通するものであり、グローバルな戦略に基づく国際直接投資の配分であり、異なる国々における製品生産の鎖の連環である。多国籍企業の管理本部の集中的な決裁のもと、各国に置かれた子会社が別々に製品生産工程の特定された段階を完遂するのである。

　戦略性貿易理論。これは1980年代初頭に提出されたもので、その基本的な結論は、政府がある一定の政策関与を通じ、本国のメーカーと外国メーカーの取引関係を調整することによって、本国のメーカーに有利な結果をもたらし国民の福利を高めることである。産業の競争優位と国家の競争優位を有利に進展させることである。これは政府による貿易関与に新しい理論的基礎を与えた。

二、コンテンツ貿易の参考としての産業分業理論

　貿易分業理論は、豊富な含蓄と確固たる説得力をもつがゆえに、各国の政策決定者と業界の経営陣に遵守すべき法則として迎えられている。中国経済の発展と貿易にとって、これらの理論は一定の啓示となり、参考に値する。

　比較優位というのは、実質上、静的な競争力であって、国の絶対競争力の基礎となる。しかし注意すべきは、比較優位にあることが現実的な競争力を持っているわけではないことだ。現実的な競争力を有してこそ競争優位にあると言える。第一次生産要素に関して中国は明らかに優位にある。また労働集約型製造業に関して、中国の労働力は最大の比較優位を保持している。現在、我が国の一次労働力コストは依然として、世界でも比較的優位にあるが、その優位性が徐々に縮小している。労働集約型産業に人的資本投入と技術投入が必要とされているが、その技術集約度を高めることが求められており、それによって単純な労働集約型から知識集約型に転換し、比較優位から競争優位への転換を実現しなければならない。長期的観点からも、資本と知識を集約した製品の生産と輸出の発展に努めなければならない。

　プロダクトライフサイクル理論によって産業の高度化と貿易構造の最適化を為さな

ければならない。一つは、製品の差別化を拡大し、規模の経済がもたらす利益によっ
てコストを低減し、自己の競争優位を形成しなければならない。二つ目は、イノベー
ションによる加工貿易の高度化の実現である。三つ目は、海外進出とプロダクトサイ
クルの長期化である。産業内貿易理論は、我が国の対外貿易発展にとって二つの啓示
を示してくれた。一つは、ハイテク産業を大いに発展させ、この分野の製品輸出の競
争優位を形成し、産業内貿易指数を引き上げねばならない。二つ目は、高い次元の産
業内貿易を発展させ、対外貿易競争力を引き上げねばならない。産業内貿易の水準を
高めることは、対外貿易競争力を強める重要な手段である。現在、我が国の貿易構造
は基本的に、比較優位収益を基礎に成り立っている産業間貿易であり、産業内貿易は
それほど発達していない。こうした構造が、我が国の貿易構造の高度化を阻害し、貿
易競争力に影響が及んでいる。

　国家競争優位論が我が国の対外貿易発展に対して二つの啓示を示してくれた。一つ
は、政府による、企業、産業発展に有利となる競争環境の創出である。二つ目は、国
際競争優位理論に依拠して、"品質で勝利を勝ち取る"姿勢を堅持し、輸出商品とサー
ビスの競争力を高め、市場多様化戦略の実行と新興市場の開拓をおこない、輸出拡
大の努力をする必要性である。

　戦略性貿易理論に基づいて、政府がハイテク産業に対して関税その他の保護・支援
を与えるなら、外国製品輸入の強大な圧力に有利に対抗でき、産業構造の最適化に有
利であり、産業の競争優位と国家の競争優位の育成に有利となる。国による戦略的貿
易政策は、企業の規模の経済実現を促し、コストを下げ、競争力を高め、外部経済の
利益をもたらす。そして日本、インドの経験に学びつつ、我が国の戦略性産業の牽引
力を積極的に強化できる[12]。

　馮子標氏等は、分業化がコンテンツ産業の誕生を促すと考えている。欧米の先進国
は国際分業体制における主導的地位の有利性のもと、自国の比較優位とそれによって
獲得した競争優位をよりどころに、かつ強力な産業政策と相俟って、自国のコンテン
ツ産業の発展を力強く推進し、特色あるコンテンツ産業発展スタイルを形成している。
分業化の進展によって経済と文化の境界を打ち破り、経済の文化化と文化の経済化を
実現する。その産物こそがコンテンツ産業である。我が国の現実は、工業化の中期段
階に差し掛かったばかりであるが、国際分業がもたらす情報化とグローバル化の挑戦
に直面している。この情勢が、我が国のコンテンツ産業が発展するために、別の道を
進むことを決定づけている。比較優位が我が国のコンテンツ産業の基礎である。我が
国のコンテンツ産業の現実的な比較優位は主に文化資源の優位性にあり、潜在的な比
較優位はコンテンツ需要と資本供給の優位性にある。明らかな比較劣位はコンテンツ
産業の技術とマンパワーである[13]。この点を考慮すると、貿易分業理論が参考として
我々に提示してくれることは、資源を拠り所にした需給誘導型のコンテンツ産業発展

スタイルである。その特徴と内容は、1.文化資源の活用、2.需給動向に適応、3.技術導入戦略、4.人材育成戦略、5.資本供給戦略、6.市場主体の養成、7.コンテンツ産業支援体制である。

李懐亮氏らがコンテンツ貿易おける国際貿易理論の適用性を分析している[14]。

古典、新古典貿易理論の適用性。アダム・スミスは、分業と専業化の経済は生産効率を高めると考え、そして国際コンテンツ貿易は専業化経済の特徴を強く帯びている。コンテンツ産業は、知識とアイディアの集約性という特徴があり、現代のコンテンツアイディア産業——たとえば、映画、グラフィックデザイン、絵画、アニメなどはすべて高度な専業性が必要である。従業員は長期間にわたる専門の訓練を受けてから、ようやくそれぞれが競争優位を発揮できる。このため、古典的な国際貿易理論に一定の参考となる意義がある。

不完全競争理論と規模の経済理論の適用性。国際コンテンツ貿易の商品は、一般的に差別化商品であり、不完全競争市場に置かれている。したがって、不完全競争市場の理論によって貿易を分析、論じることができる。それは、国際コンテンツ貿易が産業内貿易の特徴を強く帯びることを決定づけている。かつまた、コンテンツ企業は価格の差別化とそれに基づく価格決定の原則と製品の差別化による競争戦略を広範に採用している。このことによって、生産要素賦与の経済が同じか相似の国との貿易——すなわち産業内貿易が可能となる。コンテンツアイディア製品は、規模収益逓増の特徴を持っていると考えられるから、外部規模経済と内部規模経済はすべて国際コンテンツ貿易に適用される。米国の映画、図書出版、テレビ、MTV（ミュージックテレビジョン）、流行音楽等のコンテンツ産業の最大の優位性こそが規模の経済である。

プロダクトライフサイクル理論と需給決定理論の適用性。各国の産業構造はまさにポスト工業の産業構造へと変化しつつある。コンテンツ産業は非生活必需の高級消費品産業に属しているから、工業化とポスト工業化の段階に比較的早く到達すると思われ、我が国の経済先進地区でも、コンテンツアイディア産業が比較的早く発展すると思われる。一般的に、コンテンツ製品は需給の所得弾力性が高い高級消費品であるから、所得の上昇が続く国ではコンテンツ製品に対する需要が継続的に上昇する。したがって、国際コンテンツ貿易は主に、高所得国間で進行する。中国では多額の貿易逆ザヤが生じているが、これはコンテンツ産業が人々の需要のはるか後方に居るからである。

競争優位の適用性。競争優位理論が着目するものは、人的資本、企業の構造と組織、チャンス、産業構成、政府の政策とその作用であり、これらはコンテンツ産業の発展に適用するものである。というのも、コンテンツ産業は知識、知能集約型の業種であって、人的資本はその核心だからである。コンテンツ産業はイノベーションを大事にする業種であり、同時に組織性とその規模によって勝ち組となる業種である。コンテ

ンツ産業の発展には、さらにまた政府の政策による支持が必要である。

　新古典経済学の適用性。この理論は、専業化経済の概念を用いて、収益逓増とコスト低減が引き出せると考えている。専業化経済は分業の一種のネットワークであるから、分業水準が高度になればなるほど、経済組織構造が発達し、経済のパレート状況に代表される福利レベルが高くなり、交易コストは下降する。コンテンツ貿易に当てはめるなら、インターネットの登場によるオンライン取引が、交易コストを大幅に減らし、交易効率を高めている。こうした社会分業構造の変化が国際コンテンツ貿易の発展を大いに推進するであろう。

三、コンテンツ貿易における産業分業理論の限界

1．分業理論とコンテンツ貿易の逆ザヤ

　分業理論によると、交易が発生する理由は人に賦与されているものが違っており、それぞれの賦与を交換することにある。それはつまり、所有者と非所有者の存在によって、交易が始まるということだ。この理屈は、国家間の産品貿易に当てはまる。ある国の優位が米であり（言うまでも無く、絶対優位あるいは比較優位のどちらでも良い）、別の国の優位が小麦だとする。それぞれの国は、自国が優位にある製品を生産し、最後にコメを必要とする国と小麦を必要とする国に分かれ、貿易をすることになる。規模の経済、プロダクトライフサイクル、競争優位などの理論からみても、ほとんどの国が優位にある産品を有している。したがって国と国のあいだに貿易が存在することは、至極、理に適ったことである

　しかし国際コンテンツ貿易の現状を考察してみれば、我々はすぐに気がつく。国と国の双方が互いにコンテンツ貿易を行なっているが、片方の国に巨大な逆ザヤが生じ、あまつさえ国中が他国のコンテンツ製品に埋め尽くされてしまうことがある。たとえば、全世界で上映される映画の約85％が米国ハリウッドで制作されている。1993年現在、世界の映画制作会社の所在地は、36％が米国、同じく36％がEU、26％が日本にある。1997年には、50％超の映画会社が米国に集中している。EUの映画貿易赤字は、1993年35億米ドルから、1998年60億米ドルまでに膨らんでいる。そして、コンテンツ貿易における発展途上国のシェアはさらに縮小している。アフリカ大陸では年平均42本の映画を自主制作しているが、市場の95％が輸入映画で占められている。[15]中国映画の海外進出の2008年の成績は喜ばしいものであった。その年、制作された406本の映画のうち海外市場で公開された45本の興行成績は、25億2800万米ドルであった。それは中国国内の興行成績の40％前後に当たる。しかし、この興行成績は米国映画の海外興行成果の3％に満たない。[16]

　発展途上国——とりわけアフリカ諸国のように、国内のほとんどがハリウッド映画

に占領されるなら、これが貿易といえるであろうか。"賦与の違いを、互いに補う"という原理に完全に反している。一方通行の需要を一方の賦与が応えるだけであり、双方向ではない。この状況は貿易の分業理論で解釈できない。

２．分業理論とコンテンツ貿易の割当額

貿易分業理論に照らせば、各国はそれぞれ比較優位を持っており、自己の得意とする分業が形成され、そして貿易が発生し、各自求める産品を手に入れる。しかしコンテンツ貿易の実情は自由貿易ではなく、割当制度が一般的である。海外コンテンツ製品の輸入数量を制限し、国内製品の市場シェアを規定している。「存在すなわち合理である」という考え方が、割当制度は誰かがあるいはどこかの国が突然に思いついたものでもなく、恣意的にできたものではなく、まちがいなく深い理由と根拠がある、と我々に伝えている。

テレビに例をとると、カナダは30年間有効な規定を設けた。それは、カナダの作品の放送時間が年間放送総時間数の60％を下まわらないという内容である。さらに、この規定に基づくもう一つの制限がある。それは、毎日午後6時から深夜0時まで、放送時間の60％をカナダ関連の作品に当てることになっている。[17]"欧州影像計画""梅廸亜計画""電視無国界"等の活動の展開は、割当制度を基礎にして始まっている。"電視無国界"の起草者は、目標達成のために、少なくとも当初の一時期、カナダとフランスのやり方を採用して輸入を制限するべきだと考えている。各国は中継の割り当てを設定するべきであり……各国政府監督者はラジオ放送局とテレビ局が放送時間を主に欧州の作品に振り向けるべきと望んでいる。[18]《多国間投資協定》において、OECDの六か国（ベルギー、カナダ、スペイン、フランス、ギリシャ、イタリア）が、映画とオーディオ・ヴィジュアル製品はこの協定に該当しないことを要求している。無条件自由貿易主義者の支持者たちは、この二つの条項を除くことをやむなく受け入れた。アジアの国々も割当制度を実施している。韓国は1965年から映画の割り当てを始めた。韓国の映画法第16条に、外国映画の輸入数量が国産映画の1／3を越えてはならず、また外国映画上映館は国産映画を毎年90日間上映することと定めている。1985年この法律が改訂され、上映館は上映日数の33％を韓国映画の上映に振り向けることになり、さらに1995年にはこの比率が40％に引き上げられ、かつ映画館は国産映画を146日間上映することが義務付けられた。1996年7月になって、新しい法律によって、国産映画の製作本数が変動する状況を考慮して、国産映画の上映日数が最高20日間までに減らすように緩和された。[19]

このようなコンテンツ貿易の現実を、分業理論によって理解し、解釈しようとするなら、無駄骨に終わり、曖昧模糊として実態を見失うだけである。文化は民族国家の価値のアイデンティティと団結力を呼び起こすものであるから、どの国家も自己の精

神の砦を手を拱いて明け渡すことはできない。よしんば政治制度が近しく、経済が同じように発達したカナダ、フランス等の国家であっても、米国の文化的圧力を向かい合うなら、割当制度の懐に飛び込まざるを得ない。これは、分業理論自由貿易では解き得ない実情である。

3．分業理論とボーダレスな無形文化

分業理論における要素賦与の論理は、もし集約性のある生産要素――たとえば資本、労働力を有するなら、比較優位を形成でき、資本集約型もしくは労働集約型の産業が発展すると考えている。労働集約型の産業が拡大していき、技術、資源を集約した優位を獲得できれば、このスタイルに見合った関連産業が発展し得る。コンテンツ産業について言うなら、文化には優劣の区別はないけれど、しかしまちがいなく文化資源には、多寡の区別、歴史の厚み、長さ、広がりに違いがあり、それぞれの国家の文化資源の保有量の違いとなって現れる。はたして、文化資源が豊富な国家が必ずコンテンツ産業の先頭を行き、コンテンツ貿易で黒字を果たせるであろうか。我々の現実は違っている。中国、インド、エジプトのように文化の遥かな源流を持つ国であっても、コンテンツ産業はかなり薄弱であり、そして建国の歴史が300年に満たない米国のコンテンツ産業はきわめて強大である。

その根源をたどれば、実はとても単純である。コンテンツ資源は一回限りの消費品ではない。それは公共資源であり、全世界の所有だとも言え、一度使って消耗するものでもなく、逆にその内実が広がるものである。したがって、ある国の文化資源が他国のために存在し、本国同様に全方位的な接触、保有、開発、転用が可能である。殊にデジタル技術とインターネット技術の登場により、どんな文化資源であってもデジタル化できるようになった。古文書は言うに及ばす、非物質的文化遺産（たとえば手工芸の手順）と建築の類の文化遺産（たとえば仏像、石碑）などすべてデジタル技術によって記録、保存、伝播が可能になり、かつまた現在のようなインターネット時代であるから時と場所を選ばず人々が利用できる。文化資源は、無形化かつボーダレスの時代に突入した。たとえば米国撮影の映画《ムーラン（花木蘭）》、アニメ《カンフー・パンダ（功夫熊猫）》などは中国の文化資源の利用である。米国のコンテンツ産業が強大である理由は、自己の生産スタイルと叙事スタイルに仮借して他国の文化資源を吸収し、利用し、最後には、米国のステッカーを貼ったコンテンツ製品として輸出する。

この意味からして、豊富な文化資源が必ずしも比較優位とはならず、分業が専業化生産を必ずしも形成するわけではない。このことは、要素賦与理論では解釈できない。文化の精神的属性と無形の特質からその解答を得ることができる。

第二章　コンテンツ貿易のモチベーション　　87

4．分業理論とコンテンツグローバル企業

　経済は日々発展している。人類は農業経済に始まり、工業経済に向かって邁進して
きた。現在すでにポスト工業経済——情報・知識経済の時代に突入している。貿易分
業理論もまた日々発展している。古典派・新古典派経済学の比較優位論に基づく産業
間貿易から、新貿易理論である規模の経済理論に基づく産業内貿易に至り、さらに現
代の加工業の隆盛が引き起こしたサービス業時代における製品内貿易に至っている。
これらの理論を相互に代替えすることは言えないが、少なくとも商工業製品の発展と
国際貿易のルールを表明し、経済発展の明晰な軌跡が存在することをあきらかにした。
　しかし、グローバル化の進展と主役として登場した多国籍企業によって、製品内貿
易があたりまえの現象となった現代では、グローバル企業の製品内貿易がむしろ鮮明
になった。これは、大規模な多国籍コンテンツグループ企業が出現したことで、中間
生産物の貿易を介さずに最終製品の生産が実現することを意味している。コンテンツ
製品は依然として、根拠とする国または所在地を異にする会社が独立で生産している。
会社には自己のアイディア集団があり、これが錘ともいえる競争力の核心である。ディ
ズニーやバイアコムなどのグローバルコンテンツ企業がアイディア創出の要の分野
を他国に譲与するかどうか、考えてみるといい。多くの中間生産物の投入を必要とす
る一般商工業製品と違い、コンテンツ製品はアイディア創出とコピーが要である。コ
ピーは完成品の大量生産であり、要となるアイディア創出に錘の重心がある。この要
とは、たくさんの部品を順繰りに投入する商工業製品と異なり、創造と熱情の瞬間的
なほとばしりである。したがって、中間の投入と中断が許される訳もなく、瞬時の生
産がその本質である。
　それゆえ、コンテンツ製品がより大きな多国籍企業グループを出現せしめる。コン
テンツ製品は、商工業製品一般のように、製品を関節ごとにバラバラにし、それぞれ
を異なる支社・支部で生産し、最後につなぎ合わして完成というわけにいかない。コ
ンテンツ製品は、分解できる化学式の原子のような存在ではなく、精神的ともいえる
渾然一体なものである。このことは、製品内分業貿易の理論を以ってしても解釈し難
い。

5．分業理論とコンテンツ製品が持つ団結力

　文化は国家の核心である。国同士の経済依存関係が日ごとにその緊密さを増すにつ
れ、国家は民族文化の力強い表現方法によって自国の主権と特性を保持しなければな
らない……書籍、雑誌、音楽、映画、新しいメディア、放送等が外部にむけて自己の
イメージを発信する。[20]元フランス大統領フランソワ・ミッテランが、1951年、欧州
議会の席上、声高く呼びかけている。文化とは、特に精神の作品であり普通の作品で
はない。それは、各民族の文化的特性と各民族の文化の発揚権に関わっていると固く

信じており、多様化と自由を保護しなければならない。このために、代行手段を別の国に譲ることはせず、自国の存在手段を認識する必要がある。根本的なことを言えば、文化は民族国家のアイデンティティに関わり、国家の団結力に関わっている。これは、民族国家が存在する前提であり、この意義において、コンテンツ産業は団結力の経済である。

団結力経済として、コンテンツ産業の核心となる資源は団結力の需要を満たすものである。多様な民族国家の併存は調和のとれた世界存立の前提であり、多様な文化もまた多様な民族国家存立の前提である。ある国と別の国とを峻別するものは、独立した総体として、その独特の文化を作りだす団結力である。それだから、各民族の団結力の需要は巨大かつきわめて重要である。そして自身の優秀な民族文化こそが、団結力の需要を満たすコンテンツ製品の源である。たとえ他国の文化が良質かつ廉価であったとしても、ただ言えることは、自身が選び取ったその価値を認めるのかどうか、または共感もせず受け入れもしないのか、さらに自国の団結力の需要を満足させるのかどうかに係っている。つまるところ、自国の団結力の需要を他国のコンテンツ製品が満足させることができるのか、かつその要求に資するのかである。

各々の主体に賦与されたものには違いがあり、貿易によって一方が他方の物質を獲得し需要が満たされる、そのように産業分業理論は考えている。問題は、文化に二重の属性があり、重要なのは精神的属性である。精神的属性には二つの側面がある。一つは個人の精神的娯楽の需要であり、いま一つは国家の団結力の需要である。個人の精神的需要はなお分業理論とリンクが可能であるが、しかし民族国家の団結力の需要は各々一律ではなく、ただ自国のコンテンツ製品だけがその需要に応えることができる。他国のコンテンツ製品はこの需要を満たすことができないばかりか、逆に破壊する。結果は、文化侵略と文化覇権を許し、最後には民族国家存立手段を喪失する。

第二節 　国際コンテンツ製品の弾力性需要

一、弾力性需要と非弾力性需要

経済学では、需要とはある製品を購入する意思と能力のことを言う。需要は個人需要と市場需要とに分けられる。個人需要とは、ある商品に対する消費者単独の需要である。市場需要とは、ある商品に対するトータルな消費者の需要の総和である。需要はある価格水準における購買量であるから、商品価格が変化しない条件のもとでは、非価格要素の変動（たとえば所得の変動）が購買量の変動を引き起こす。これを需要の変動と言い、需要曲線のグラフで表される。ある物品の需要量は、購入の意志と能

力がある購入者が購入した物品量である。[21]需要量は、ある期間内、ある価格水準で消費者が購入した商品の数量であり、商品の価格が変動すれば購入量も変動する。これを需要量の変動と呼んでいる。曲線グラフ上の点の移動で示され、単一の消費者が購入しようとする商品の数量と商品価格とが連係している曲線を個別需要曲線という。ある市場において、すべての消費者が購入する商品数量と購入対象となる商品の価格とが連係している曲線を市場需要曲線と呼んでいる。[22]

　商品需要量に影響を与える価格以外の要素が不変である条件のもとで、商品需要量は、価格が上昇すれば減少し、商品価格が下落すれば増加する。これが、常に言われる需要の法則である。需要量に影響する要素は以下の通りである。1.商品価格。一般的に言われていることだが、商品価格と需要量は反対方向に変動する。すなわち価格が高くなれば需要が減り、その逆の動きもある。2.代替え商品の価格。代替え商品関係にある一方の商品の価格が上昇すると、消費者の需要は代わりとなる他方の商品に向けられ、代わりの商品の需要が増加し、値上げされた商品の需要が減少する。逆の現象も起こる。3.補完商品の価格。補完関係にある一方の商品価格が上昇すると、その商品の需要量が下がり、さらに補完する他の商品の需要もこれにつれて減少する。4.消費者の所得水準。消費者の所得があがれば、商品の需給量が増加し、その逆もある。ただし劣等財はこの限りでない。5.消費者の嗜好。ある商品に対する消費者の嗜好度合いが強まると、その商品の需要量が増加し、反対に嗜好度合いが弱まると需給量が減少する。6.消費者の期待（将来の商品価格と将来の自己の所得に対する期待）。価格と所得に対する期待が高まれば、需要量が増加し、その逆もある。7.消費者の規模。消費者数が増えれば、需要は増加し、逆であれば需要は減少する。[23]

　物品価格、代替え品価格、所得等の要素が変化する時、需要量の変動が起こる。消費者の需要を調節するこれらの変量要素の変動の程度を、経済学者は弾性の概念として使っている。いわゆる弾性とは、需要量または供給量がこれらの決定要素に反応する変化率の尺度である。[24]需要の価格弾力性は、需要量がその価格の変動に対する反応の程度をはかる。もし、ある物品の需要量が価格の変動に大きく反応するなら、この物品の需要は弾性に富んでいるといえる。もし反応が小さければ、この物品の需要は弾性に欠けている。[25]

　需要の価格弾力性は、物品価格が上昇する時、消費者がこの物品の購入を放棄する度合いを測る尺度になる。弾性は、消費者の嗜好を形成する経済、社会、心理要素を反映している。いくつかの消費財は、我々の経験に基づいた一般的な法則が当てはまる。たとえば、近しい代替え品があれば、しばしば需要弾力性に富み、また必需品は奢侈品より弾力性を欠く傾向があり、小規模市場の需要弾力性は大規模市場より大きくなる（食物市場は大きく、代替え品がほとんどないから、弾力性を欠いている）。「たとえば、ある商品については、長期需要が短期需要に比してはるかに価格弾力性

に富む（コーヒーの価格が高騰してもその価格下降速度は緩やかである）。ある商品については、短期需要の弾力性は長期需要の弾力性より大きい（耐久財である自動車の価格が上昇すると、人々は購入を急がず、需要量は急激に減少する。そして消費者の保有総数の下降幅は小さい）」[26]

　市場対策の利便性のために、需要の価格弾力性は三つの数値でその範囲が分けられている。価格弾力性の絶対値を|eP|を用いて表示すると、それらの範囲は以下のようになる。1. |eP|＞1を"弾力性需要"と定義する、2. |eP|＝1を"単位弾力性需要"と定義する、3. |eP|＜1を"非弾力性需要"と定義する。弾力性需要は、需要量の相対的変化が価格の相対的変化より大きいことを意味している。価格が所与の百分比率上昇すると、需要量がそれに見合った百分比率分だけ減少する。結果として総収入が下落する。これと反対に、価格が下がると総収入が増加する。非弾力性需要とは、価格または収入の変動百分率が、価格の変動によって引き起こされた商品・労務需要の変動百分率より大きい場合を指す。一般的に、生活するうえで欠くことできず、欲求の強い対象でありながら獲得後は容易に満足できる物品、たとえばコメ、野菜、食塩等の生活必需品は、その消費量あるいは需要量が通常比較的安定している。非弾力性需要の物品の弾力性係数は1より小さい。それが0である場合、これは弾力性需要の極端な状況である。非弾力性需要を、剛性需要とも言う。

　非弾力性需要の製品は必需品であるから、非弾力性需要製品の弾力性を発揮する消費者の購入時期が何時なのか、それを確実に把握すれば、生産者は市場の動向を気にすることなく、枕を高くして寝ることができると考える人もいる。時には、購入時期の把握が非弾力性商品の売り上げ大幅増に貢献する。たとえば個人住宅市場では、多くの人が住居を必要としているから、開発業者はふつう住宅が非弾力性商品だと考えている。2008年、住居を新しくしようとする人たちの購入ペースが一様に落ち、正月のあいだ大部分の分譲マンションが優待価格で売り出されたにもかかわらず、多くの消費者が様子見の態度をとった。そのような状況のため、不動産投資家は手を引いた。上げ時に買い、下げ時に買い控えるという心理状態のため、いわゆる非弾力性需要の実現が先延ばしされた。住宅購入は衣食とは違って、適当な住居がないとなると賃貸住居が代わりとなる。このため、非弾力性需要はしばしば弾力化のチャンスを失ってしまう。住宅購入が弾力性を持つ期間、資金回収を急ぐ開発業者にとって非弾力的な障害になる。このほか、非弾力性需要は非弾力的な支払い能力によっても消失する。もし1㎡あたり給料の5、6か月必要な住宅なら、人々はやはり様子見を決め込むだろう。

　不動産に影響を与える要素について、ある人がマクロとミクロの両面から整理している。

　マクロの側面はこうである。1.国の住宅保証制度が不完全であるため、中低所得層

が家賃の安い家を借りることも、低価格分譲住宅を購入することも困難になっている。しかし老後の住宅保証が乏しいため、消費者は住宅購入を無理せざるを得ない。2.たかまる都市化の速度。3.都市と農村で二元管理される不合理な住民登録制度。そのため都市と農村の格差がはっきりしており、都市と農村という二元性が形成されている。4.確実に進展する外国資本の中国市場参入が、旺盛な需要喚起に間接的に与える影響。5.市場参加者間の情報のアンバランス。

　ミクロの側面はこうである。1.経済成長の促進を目指して、政府が投資に依存する伝統的な方式をとっている。そのため経済構造に内在する動意の調整力が地方政府に不足している。したがって、GDP成長数値と財政増収の目的達成のために、住宅価格と土地価格つり上げ疑惑が客観的に存在する。2.住宅購入の信念を助長する中国人の伝統的な考え方。3.我が国の狭隘な投資ルート。4.購入願望を刺激する不動産企業の営業方法。5.高い開発コストによる利幅の圧縮が物件価格の高騰を引き起こし、それから醸成される高価格物件購入者の"富裕幻想"。[27]

　以上の影響要素からみると、ある製品が非弾力性需要商品であるわけは、それが生活必需品であるという理由だけではなく、各種の要素の総合的な影響のもとにそうした性質の商品に転化することがわかり、一方である種の非弾力性需要商品は虚偽のベールをかぶっていることが我々に明確になった。同時に、我々に示された啓示は、もしコンテンツ製品を非弾力性商品ならしめるつもりなら、我々はコンテンツ製品が必需品なのかどうかそれほど悩む必要はなく、新しい道を歩むことができるということだ。つまり、マクロとミクロの政策指導と経営方策によって、民族のコンテンツ製品を国民大衆の非弾力性商品へと変化させることができる。これは、民族国家のアイデンティティの確立、民族団結力の増強、文化主権の保持にとって、きわめて大きな意義がある。

　民族のコンテンツ製品について言うなら、それがいったん国民にとって非弾力性需要となってしまえば、それを有効需要に転化していく必要がある。つまり、"絶対的な非弾力性需要は存在せず、価格弾力性の大小に対応する需要が存在するにすぎない。それゆえ、需要の最終実現は支払い能力の有無に帰結する。すなわちそれが有効需要である"[28]。有効需要に影響を与えているものに、主として3つの心理要素と貨幣供給があげられる。1.消費傾向、すなわち消費支出の所得に対する比率。2.資本資産が将来生み出す収益に対する期待、それは資本の限界効率を決定する（1単位の投資によって得られる利潤率が増加すれば、資本の限界効率は低減する）。3.流動性選好、すなわち人は貨幣という形式によって自己の収入と富への願望を保持している。実際は、人の需要は無限に成長するものであり、融通性のない制限で需要は抑制される必要があり、それこそが非弾力性需要の価格である。しかし、もしこの価格が非弾力性需要の受容限度を超えた場合、すなわちそれは弾力性需要に転化する。これと相対するよ

うに、低価格かつ良質な国際コンテンツ製品がこの間隙に乗じて、民族コンテンツ製品の国内市場に侵入するのである。

二、コンテンツ製品の価値と作用

工業経済以前、文化は未だ商品化されず、産業化もされていなかった。その価値と作用は社会的効果——個人的な娯楽と美的趣味、国家的アイデンティティおよび統治秩序維持に限られていた。産業構造が変化していく過程で、サービス経済が日ごとに顕著になり、コンテンツ産業の社会経済における地位が日を追って際立ってきた。経済的価値と社会的価値が共に重みを加え、その効能と作用が政治、経済、社会の各領域に浸透していき、抜きがたい意義を有するようになった。

王国賓氏によれば、コンテンツ産業は現代経済の支柱であり、経済の新しい成長基盤である。コンテンツ産業が経済に良好な効果をあげてきたばかりでなく、時間の推移と実践の深化にともない総合的な優位性を日増しに露わにしてきた。その優位性は、一つは、少ない投下資本でありながら高いリターン性を有し、物質・エネルギー消耗は少なく、得られる効果が大きい。二つは、人民大衆の就業に広範な効果がある。三つは、コンテンツ産業の多くが思想教育と審美的効果を持っている。娯楽と学びを同時に享受でき、人々の情操と性情を陶冶する。同時に、相互交流の場を人々に提供し、社会の安寧を保つ効果を積極的に発揮する。[29]

趙力平氏によれば、コンテンツ産業の特殊性とは、その表現の根本が"オリジナル"な精神活動であり、コンテンツ製品の生産、経営販売、サービス提供をともなう社会的業態であることだ。コンテンツ製品の特長は、オリジナル性、広汎性、持久性、思想性にあり、コンテンツサービスの特徴は、ブランド性、不確定性、個性化にある。コンテンツ産業の機能とは、コンテンツ産業が人々の社会実践の只中にあって、社会と個人の多種多様な需要に適合し、多種多様な需要を満たすという重要な作用を指している。コンテンツ産業の機能は、文化が文化自身の属性により社会環境に及ぼすポテンシャルであり、それは文化が社会に及ぼす作用の基礎であり前提でもある。要するに、コンテンツ産業は経済的効果、政治的効果そして社会的効果をそなえている。[30]

コンテンツ文化の価値は、コンテンツ需要を満たす客観的事物の特殊な性質を指し、一種の関係を指している。二つの規定性がある。ある種のコンテンツ需要の主体が存在する一方で、コンテンツ需要を満たし得る客体が存在する。ある特定の主体が自己のコンテンツ需要を満たす対象を発見し、ある方法によってその対象を占有した時、そのコンテンツ価値の関係が出現する。社会意識としてのコンテンツ文化は、大多数の人々の増大する精神面の需要を満たすことができ、そうなればコンテンツ文化が社会政治経済を発展させる知的な支柱となる。また一方で、コンテンツ文化は人々に必

要とする知識を得させることができ、人々の文化的品位を最大限に高めることができる。コンテンツ産業の文化効果は、コンテンツ産業資本が伝播を担うことによって実現される。中国のコンテンツ産業は歴史の伝達者であると同時に、世界の先進的文化の滋養を吸い取っている。このようなコンテンツ産業の生産と経営は、国内市場で文化の先進的な方向性を堅持するだけでなく、内外の市場でも豊かな先進性をはらんだコンテンツ商品を提供できる。コンテンツ産業の経済効果は以下の道筋を通って実現される。コンテンツ商品そのものが有する経済価値。すなわち、コンテンツ技術を駆使したオリジナルコンテンツ商品のコピー、加工および刷新によってコンテンツ資本が経済資本へ転化するその過程で放たれる、コンテンツ商品が元来内包している経済価値である。コンテンツ産業の政治的効果は、実質上観念的価値の宣揚であって、上部構造としての意識形態を形成する効果である。ほかの産業と比べると、コンテンツ産業は直接あるいは間接に、時には明確さを欠いたまま、価値のある傾向性と政治的意義をまとっている。それゆえ、コンテンツ産業はその発展過程で一定の政治的効果を担っている。人々が意識的に政治に介入しようがしまいが、コンテンツ産業の政治的効果は、人の意志によっては変わらない客観的存在である。[31]

　コンテンツ産業の経営の核心はコンテンツ資本である。コンテンツ産業が生産した製品・サービスはコンテンツ資本を付加したものであり、コンテンツ産業をつなぐ鎖の連環部はすべて核となるコンテンツ資本から展開されている。コンテンツ資本を形成する初期投資に始まり、コンテンツ資本をふんだんに取り込む商品生産の中間を経て、最後に消費者に売り渡される。コンテンツ産業の著しい経済効果は、経済能力の向上と経済理論のイノベーションである。[32]コンテンツ産業は先進的文化の物理的基盤と重要なチャンネルをつくるだけでなく、国民経済にとって重要な産業部門である。生産について見ると、コンテンツ産業は国民経済の支柱的産業になる。技術面から考えてみると、コンテンツ産業は最先端を行くハイテク産業である。投資面については、コンテンツ産業は投資リターンに優れた業種の一つである。消費からとらえると、コンテンツ産業は日毎に増殖する消費のホットスポットである。コンテンツ産業は資本、労働、分配などの経済の理論的問題を刷新でき得る。[33]

　中国共産党第16回全国代表大会で次のように示された。コンテンツ産業が発展するには社会効果を最優先にしなければならない。二つの社会的効果に関する課題に対して理論的向上と実際の検証をしなければならない。コンテンツ製品とコンテンツサービスの二重の属性が二つの効果の関係性を決定する。経済効果は、あるコンテンツ企業がコンテンツ製品の組織的な生産、販売あるいはコンテンツサービスを提供することにより一定の利益リターンを獲得することを指し、経済指標と統計の数字に具体的に反映される。社会効果は、コンテンツ製品とコンテンツサービスが社会に与える効果・影響を指し、民衆の反応と社会的評価として主に示される。社会的効果が最優

94

先に位置づけられる訳は、他の商品は人々の物資レベルの需要を満たすが、コンテンツ製品とコンテンツサービスは、それが本来的に有している商品的属性、経済的属性以外に精神的属性、意識形態に関わる属性をも有しているがゆえに、人々の文化、精神、心理上の需要を満たすものであり、人々の思想、意識、観念、心理、行動に影響を与えることが避けえないからである。[34]

コンテンツ市場で流通し販売される一切のコンテンツ製品は、一般的な意味の商品価値と特殊な文化的価値を有している。コンテンツ製品は、物理的な形式をとって文化的媒体や文化的サービスとして姿をあらわす。そしてコンテンツ製品の制作過程で、肉体労働と頭脳労働を消耗する。肉体労働が一般的な意味の価値を形成し、頭脳労働が特殊な価値を形成する。コンテンツ製品は物理的な外殻をまとって姿をあらわすために、物理的な制作過程で人は具体的な労働を消耗する。このような労働が生み出す価値は視覚的に、具体的に人が容易に感じることができ、顕在価値と言える。文化的価値は、思想価値、芸術価値、技能価値、享楽価値、審美価値、それらはすなわち製品の付加価値である。文化的価値は客観的に存在するが、しかし定量化できず、往々にして消費主体の主観的判断、文化レベル、芸術鑑賞能力と審美能力にゆだねられる。これらの価値は、軽視されがちであり、人々に見出されにくく、潜在性を持つ。それゆえ、潜在価値と言える。[35]

物資的製品としての商品は一般的に言われる通り経済価値を有する。すなわち商品は使用価値と価値との統一である。使用価値は商品の物質的有用性を指し、人間の具体的な労働によって決定されるから、それは価値の物質的担い手である。価値とは、人類の抽象的、一般的な労働すなわち頭脳労働と肉体労働が凝集したものである。したがって、精神文化の製品としての商品は、経済的価値ばかりでなく精神的価値も有している。それゆえ、精神文化の製品は、商品として価値の二元性を具現しており、この二元的価値において精神的価値が主導的あるいは決定的な地位にある。精神的価値に内包されるものは、経済、政治、道徳、芸術、宗教、科学文化ないし日常生活の各々の領域における所作の得失、善悪、美醜、真贋、利害に対する人々の認識と比較判断を指す。またその表現形式は、上述の基本価値の内容に対して人々が下す判断を、信仰、理念、理想、情趣によって表現し、伝え、構成するという目的の体系である。その社会的効果は、観念的形態であるこの体系を評価基準に社会の種々の事物・事象を認識・評価し、それによって自己および社会の行為に影響を与え、規範を与え、指導することにある。市場経済という条件下では、物質商品と同様に精神的コンテンツ製品は、市場による取捨選択の決定、価値の大小の判断がなされるが、これは精神的文化価値の基準に符合しない。したがって、我々は精神的コンテンツ製品を完全に商品化することができない。[36]

社会がコンテンツ製品の使用価値を設定する。かつ、コンテンツ産業による生産・

運営という具体的な形式を経由することで、コンテンツ製品の交換価値または市場価値を社会の特定の仕組みのなかで生み出している。これは、コンテンツ製品が商品、社会、文化の三つの制約を受けていることであり、コンテンツ製品は、その存在のあり方・性質をこれらの構造的属性から獲得する。コンテンツ製品は、そのオリジナリティを基に社会、芸術、娯楽等の重複する使用価値を獲得し、これらの複合的な価値に依拠することで市場における交換価値に転化される秘めた力を獲得する。それでは、コンテンツ産業がこれらの具体的な生産行為と連係し、生産組織媒体あるいはそれらとの紐帯を獲得するとして、その肝要な核心は、商業化を展開することでコンテンツ製品の価値転換を実現することである。一切のコンテンツ製品は、書籍出版、油彩画と彫刻、演劇などのパフォーマンス、映画、テレビとメディア商品を問わず、文化価値、芸術価値あるいは単純な娯楽価値を複合的に有している。そしてこの複合する価値の中から、特定の市場交換価値が派生し増殖する。まさにこの価値の複合する多様性のゆえに、コンテンツ製品をオリジナル生産と称する人がいる[37]。

　メディア・コングロマリットを率いるキース・ルパート・マードック（Keith Rupert Murdoch）が中国で最初におこなった講演のなかで次のように語っている。「メディア産業の本当の意義は、私がいま言及したこれらの効果に比べて、はるかに本質的で、はるかに広範かつ重要なものである。メディアのもっとも重要な価値は、国家または民族の人的資本を向上させ、公衆と社会のおおもとの実力を持続的に強めることができることにある。国家と企業に対するメディアの働きは、金銭的な利潤をあげることだけではない。所属する社会に対する持続的な推進作用を持ち得ることである。十分に発展したメディア産業は三つの重要な分野で際立った成果を創出すると、私は考える。すなわちメディアは、公衆の教育を押し進め、民族の団結を増強し、そして国家と民族の世界における地位を高める。この三つの方面で、国家におけるメディア産業はニュース、娯楽よりもはるかに価値あるものを提供できる。それは、人々により良い生活をもたらす[38]」

　以上を総合すると、コンテンツ製品の価値と作用について、おおむね次のように考えることができる。第一に、コンテンツ製品は具体的な経済効果を持っており、その産業化の進展にともない国の経済の支柱産業となり、GDPに大きな貢献を為し得る。第二に、コンテンツ製品の文化的要素は実体産業のなかで付加されるが、その付加価値が高まれば、コンテンツ産業の競争力を向上させ、さらに大きな価値を生み出せる。第三に、コンテンツ製品は人々の審美能力を向上させ、きわめて強い社会教化の働きを持っている。第四に、コンテンツ製品が内包する精神性は、民族国家の価値のアイデンティティを強化し、国家の団結力を増強し、計り知れない政治的作用を持っている。

三、国産コンテンツ製品の弾力性需要

はじめに、国際コンテンツ製品に対して定義づけをする。国際コンテンツ製品は、自国以外の他国のコンテンツ製品を指す。ある人によれば、コンテンツ製品とは奢侈品であって必需品ではない。だが、民族国家に引き寄せて言えば、自国のコンテンツ製品は必需品であって奢侈品ではなく、一種の非弾力性需要である。また他の人によれば、国際コンテンツ製品は、あっても無くても良い一種の奢侈品であり、その需給は弾力性に富み、非弾力性需要ではない。したがって、国際コンテンツ製品は、ある国の大衆にとってコンテンツ消費における代替え品である。国際コンテンツ製品と民族国家の関係について見れば、国際コンテンツ製品は必需品ではなく、自国のコンテンツ製品の存在こそが必需品なのである。コンテンツ製品は団結力経済であり、その効能と作用は、自国の文化そのものに根ざした民族的価値のアイデンティティと団結力の形成を促すことである。ひとことで言えば、民族国家においては自国のコンテンツ製品は非弾力性需要であり、国際コンテンツ製品は弾力性需要である。

個人需要と市場需要の観点からみると、消費者個人のコンテンツ文化に対する需要は個人需要であるから、その代替え品は多い。国内外にいろいろなコンテンツ製品があり、それは国が違えばコンテンツ製品も異なることを指し、それゆえ国内のコンテンツ製品は民衆にとって必要不可欠なものではなく、代替えが可能ということである。民族国家総体のコンテンツ製品に対する需要は、一種特異な市場需要であって、必需品であるが奢侈品ではなく、価格弾力性がない一種の非弾力性需要である。

市場の大小の観点からみると、一国のコンテンツ製品は民族国家の団結力の需要を満たすものである。たとえば、食べ物を求める時、より良い食物で代替えすることと同じように、市場範囲は大きい。しかし、民族のコンテンツ製品はそれと違っている。それは、自国民の民族の団結力の需要に応えるものであり、国際的なコンテンツ製品によってその需要を満たすことはできない。それゆえ、自国のコンテンツ製品は非弾力性需要であり、国際コンテンツ製品は弾力性需要の製品である。個人の立場に降りて見るなら、その精神的需要を満足させるコンテンツ製品の種類は多い。映画、歌舞、演芸、文化旅行、新聞出版等があり、どれもが代替え品となり得る。そこに種々の国際コンテンツ製品が加われば、代替え品はさらに多くなり、個人の選択肢は多い。個人が求める精神的需要を満たす意味から言えば、国内外のコンテンツ製品は全て自国の民衆の必需品ではない。

このことから、我々は国際コンテンツ貿易のモチベーションの理解を深めることができる。個人レベルの観点では、貿易が発生する所以は、コンテンツ製品の精神性の故に全世界の人民の精神的文化的需要を満たし得ることにある。国際コンテンツ製品がその賦与された要素と創意を異にすることで一定の比較優位性を持ち、さまざまな

国の人々の精神的な需要を満たすことができる。国家レベルの観点では、その団結需要は国際コンテンツ製品によって満足でき得るものではない。ではなぜコンテンツ製品の貿易が可能なのか。一つには、自国民の精神的需要がもたらすのであるが、さらに重要な側面は自民族のコンテンツ製品の価値を、貿易を通じて、他の国の民衆の理解に供することである。他国の民衆が他国の文化を理解しさえすれば、それこそが民族国家存立の前提であり、そうなってこそ多様な文化が共存する調和のとれた世界の確立が可能である。

　要するに、それぞれの国の団結力に関わる需要は、自国のコンテンツ製品によってのみ可能であり、国際コンテンツ製品が民族国家の市場需要において代替え品と成ることはない。もしこの要点を認識しなければ、ひたすら文化自由貿易を言いつのり、民族国家の福利を増大できないだけでなく、むしろ外国コンテンツ製品を輸入するその国の団結力が破壊され、全体からみれば精神的福利にとってマイナスとなる。たとえば米国映画だが、それは本質的に米国の精神を宣揚するものであり、主に米国の国家の団結力需要を満たすものである。もし各国がすべてこの種のコンテンツ製品で覆われたなら、自前の団結力需要は満足を得られず、反対に米国の団結力需要に類するものが蔓延し、輸入側は民族国家としての存立前提を失ってしまう。同様に、中国の優秀な伝統文化と現代政治の主流文化が満足させるものは中国の団結力需要である。もし他国が中国のコンテンツで覆われたなら、その国の団結力需要にとって脅威となるだろう。この意義からして、国際コンテンツ製品は民族国家の弾力性需要である。この一点を認識してこそ、コンテンツ貿易のモチベーションの源を十分理解できる。文化価値の理解から始めるべきで、産業分業化理論を機械的に順守してはならない。このようにして、コンテンツ貿易と国際交流は整然と秩序を保ち、権益争いと文明の衝突を減らすことができる。

第三節　価値の共感とコンテンツ貿易のモチベーション

一、多元文化と民族国家存立の前提

　“多元文化”とは、社会、国家あるいは民族に内在する多種多様な文化の総称を指す。この述語は、すでに1920年代のヨーロッパで言われ始め、50年代をはさんで理論が現代化されるにつれ、“多元文化”は二つの文化現象を指すようになった。一つは、植民地およびポスト植民地社会の文化であり、二つ目は、民族ごとの文化である。60、70年代以後、ポストモダン理論の進展する状況下で多元文化の意義は拡大していった。植民地国家には、統治文化と非統治文化が存在するだけでなく、世界の他の

国と相違する文化が存在する。ほとんどの国家に多元文化が存在するとも言える。かつまた、価値体系、思想観念上の相違は民族間に存在するだけではなく、社会階層、地域、年齢、性別、集団、宗教が違えばそこにも同様に存在する。"多元文化"が内包する意義は、マクロな側面——種族、民族の違いに注力することから、しだいにミクロな側面——価値規範等の違いを包括するまでに広がり、"文化"という言葉が含む意義がますます多様化するにつれ、それに呼応することを始めた。つまり、多元文化が指すものは、人類の集団間に存在する価値規範、思想観念ないし行動方式の相違である、とも言うようになった。多元文化国家には通常いくつかの共通点がある。まず、各民族の集団は価値観の統一を欠き、その文化の有様は雑多であり、各々が一定の独立性を持っている。社会の融合は、主に集団同士の経済的な依存関係によって実現している。各民族集団間の関係は功利的であり、非感情的、補助的である。そして集団の構成員間の関係は第一義的、情感的、非功利的である。その最終的な理想は、各民族集団が自身の文化的アイデンティティと地位を保持すると同時に、集団内では十分に平等を享受すべきであり、平等と正義の理念を追求することである。

　"文化多元主義"は米国のユダヤ系哲学者ホレイス・マイアー・カレン（Horace Meyer Kallen）が1924年、最初に提唱し用いた用語である。彼が米国に言及した言葉から、文化多元主義の内容を見て取れる。第一に、民族の多様性が米国社会を構成している事実、つまり米国は"多民族国家"すなわちこの大陸の民族集団（その種族、宗教、階級、職業の如何の区別を問わない）に全て属する。第二に、文化の多様性は米国の民主思想に符合している。民族集団は各々自己の生活方式を選択する権利を持つ。第三に、文化の多様性は社会競争に有益であり、個性の違いと民主の発揚に有益であり、創造性を高めること、豊富な文化にとって有益である。第四に、異なる民族同士お互いに認め、尊重し合い、互いに平等な地位にあって積極的に協力し合い、国家の生活上の義務と責任を共に履行する。"多元主義文化"は、多民族、多文化がひとつの国家で共存するために誕生した国民統合のやり方である。米国の学者ドナルドによれば、"多元文化主義"には少なくとも三つのテーマがある。第一に、人種差別と男性至上主義制度の終息と女性と少数民族への公民権賦与（選挙権、参政権）。第二に、新しい全面的な多元文化。それは、いまに至るも社会の末端に置かれている種族の文化の形成を含む。第三に、異なる文化を比較し区別するという世界観そして異なる文化同士の相互理解。もう一人の米国の学者C・W・ワトソンが多元文化主義を分類考察している。彼によれば、多元文化主義は第一に文化観であり、次に歴史観であり、教育理念であり、最後に多元文化主義は一種の公共政策である。多元文化主義とは、多民族多文化国家の内部で長期間にわたって（出生、性別、肌の色、年齢などの理由の如何に拠らず）差別され、歴史的に圧迫を受けてきた集団の伝統文化、言語、生活習慣に対して保護及び援助政策を中央政府が積極的に採用し、かつまた人種差別

とそれに由来する排斥を禁止糾弾し、彼らの教育と就業の機会を創出し、それと並んで社会、政治、経済、文化、言語における不平等な状況を努めて除去しようとする、国家統一のための意識形態・理念である。[39]

多元文化主義は、異質文化と異質言語をもつ集団内の不満感情を積極的にすくい上げ、有効な施策を採用し、当然解決されるべきすべての問題をできる限り解消することである。1970年、カナダ、オーストラリアにおいて多民族多文化社会の政治的統一の有効性が認知され始めてから、多文化教育や多言語放送などの具体的な政策が展開された。続いて、ヨーロッパとアメリカもまた同様の政策を積極的に採り入れ、フランスに至っては、多元文化主義を"差別的権利"と称え、定着するに至った。このため、多元文化主義は多方面にわたる内容と目的を持つようになった。以下に、主要なものをあげる。多元文化保持のため公的援助を進める。移民、原住民、少数民族の文化と言語を尊重しなければならない。エスニックグループや少数民族がホスト国の文化と言語を学ぶ教育機会を拡大し、社会参加の平等な機会を促成する。少数民族の集団と社会の主流集団との相互交流を積極的に推進する。不利な地位に陥りやすい少数民族に対して各種の援助及び優遇措置を実施し、かつ差別的措置を努めて是正し、平等の最終実現を目指す。異質文化、異質言語に対して主流の位置にいる社会人の寛容性を高め、優遇・援助施策への理解を深め、個人的偏見と差別意識を打破し、機会平等を阻害する文化的障壁を克服する。[40]

以上、一国内における多元文化の併存要求に的を絞った理論的かつ実践的分析である。アメリカ国内で"米国化"と言えば、当初、米国の主流の文化が外国出身の移民文化に同化していく過程を指した。しかし、アメリカの大衆文化が世界に広まるにつれ、アメリカ文化とその他の国や民族の文化との衝突を叙述する際にこの述語が引き合いに出されるに及んで、後者の文化がしだいに前者の文化に同化する過程のことを示すようになった。リチャード・クイーゼルは、ある評論で"米国化"に触れ、そこに含まれる基本的な内容について述べている。「それでは、米国化の主旨は何であろうか。(ここでは、この述語は、移民がアメリカ人へと変化する過程を叙述する特殊な用法であることを暫らく考慮しない)。少なくとも19世紀の末葉以降、アメリカは一貫して、生産品、技術、流行、投資、芸術スタイル、さらに人員、制度、および思想を輸出してきた。これらの様々なものは全て、アメリカ人であろう無かろうと、ひとしく米国そのものであると見做されてきた。これらの輸出品の多くは、大衆文化ないし消費社会の特徴を持っている。大衆文化であろうと消費社会であろうと全て、アメリカ人の手によって、充分な発展と積極的な転換が地球的規模で為されている。このような"発展"ないし"転換"の結果、グローバルな次元で"米国化"の趨勢が必然的に生じてきた。世界の一般人の頭の中のアメリカは、"自由の土地"であるばかりではなく、消費天国である。技術の進歩、繁栄する経済、豊かで活力ある文化、ど

れをとってもこのアメリカモデルを世界の他の国が意を尽くして模倣しようとする。この意味で、アメリカは発達した資本主義文化の最もビューティフルなモデルである。このモデルは、市場経済、個人の自由、公民権と民主政府を賛美する。"米国化"とは、とりわけ消費、娯楽、レジャー等に代表されるアメリカの大衆文化スタイルを外国文化の情景のなかに輸出することである。根本的なことを言えば、米国化は文化の輸出と文化の移植に関わることであり、文化が変遷することを意味する」。米国化は、アメリカの生活方式の広範な伝播をもたらす一方、当該地の文化、生活方式がアメリカナイズされていくことである。最終的な結果は、「米国資本主義文化の勝利である。こうした文化の伝播は、あたかも超グローバル文化が創りだされたかのようであり、地域文化とその伝統を瓦解し、極端な場合、それにとって替わりかねないのである」[41]。

　アメリカ文化が他の国家・民族の文化にとって脅威であることをみてきたわけだが、この脅威が各国の政治家と有識者を深く憂慮させ、世界の多元文化を唱道することの道理性が知られることになった。民族国家の立場に立てば、米国化は、「ある国に民族文化——それは民族の自我であり、民族の風俗であり、民族の信条である——の喪失の憂いを抱かせ、確固たる信念を源とする道徳的価値と政治原則——それを自らも極めて優秀だと認識し、後の世代に伝えることを願っている——を危機にさらすことになる。民族の危機は、この意味において、個人の危機となる。なぜなら、気付かぬところで個人的な信念、自尊心の拒絶が引き起こされるからである。これは少数民族の立場に立った観点である」[42]。ここで述べていることは一国内の少数民族のことであるが、世界の文化的弱小民族国家に引き寄せても、同様である。

　現代の世界は、民族国家を主体とする交流が進展している世界である。民族国家とは、自主独立の政治実体であり、20世紀を主導する現代的な民族自決と自治の概念でありその実践である。18世紀、19世紀の伝統的な帝国あるいは王国と異なり、民族国家の構成員が忠誠を尽くす対象は、共通のアイデンティティに裏付けられた"同胞"であり、共に形成している体制である。したがって、単一民族で構成される政府体制、あるいは複数の民族が統一された政府体制のもとにある国家に至るまで、それらはすべて民族国家の異なる結合形式である。民族国家のもっとも重要な特徴は、程度の差こそあれ、経済、社会生活、文化生活において民族の団結を国家の政策としていることである。統一された民族文化の形成に与える民族国家の政策の影響は最も重要である。民族文化は、それぞれの民族が長い発展の歴史のなかで創りあげたものであり、民族の特徴を有し、民族の歴史と社会生活の文化を反映し、その物質文化と精神文化を包括するものである。しかし通常は、精神文化の領域を指し、言語、文学、科学、芸術、哲学、宗教、風俗、祭祀などがその分野となる。民族とその社会が形成される際、文化は物質的、精神的、その他の多方面に及ぶ広範な基盤となり、そのトータルな内部構造と整合的な外的様相とによって民族を分かち区分する役割を持って

いる。ある民族あるいは民族社会が存在しさえすれば、共有する民族文化が常にある。逆に言えば、民族文化は民族国家の存立の前提であり、もし独自の文化がないのであるなら、その民族国家の存在の根底が失われていることになる。

　経済と文化のグローバル化が進展するにつれ、全世界のコンテンツ産業がアメリカ、欧州、オーストラリアの製品の支配下に置かれるようになった。それらを視聴する民衆は、気がつかないうちにコンテンツプログラムが描く消費スタイルと消費観念の奴隷となり、深く突き詰めれば、自分らとは事実上異質な生活スタイルを我先に真似るようになり、虚偽の市場需要を創出してしまった。本来の想像力と特色ある事物を失ってしまい、欧米文化の偏愛を反映する製品をその代わりとする結果になった。さらに、消費スタイルの変化が民衆の考え方、行動にもおよび、道徳観念と人間関係のあり方に変化が生まれた。[43]

　こうした懸念は非欧米国家に限ったことではない。西方国家のうち欧州と北米の国は、疾風怒濤のようなアメリカのコンテンツ製品の突進にさらされ、国際自由貿易協議の席で"文化例外論"の御旗を掲げ、みな自国の民族文化の保護に走った。フランスとカナダを筆頭に、各種の補助金と割り当て政策を可決し、コンテンツ貿易関税に上乗せした。目的は、自国のコンテンツ産業保護であり、最終的には自国の民族文化の価値とアイデンティティを守り、アメリカの文化価値と観念の襲来に抗うことが目的であった。カナダ人の考えはこうである——「広義のあらゆる映画、音響、映像製品が、"国産"であるなら、それらは社会生活の改善に役立ち、人々のより良い相互認識を可能にし、社会階層が異なる人達や人種を異にする人達が互いに交流し理解する良い機会を作ることができる。これにより、社会の調和の実現を助長し人々の国家への帰属意識を強化することができる」[44]。フランス大統領ミッテランの談話は、いっそう力強い啓示に富んでいる。再確認のためにもう一度ここで彼の言葉を引用する。「文化は民族文化の発展する権利と特殊な関係にある。それはつまり多元性と自由を保護しなければならない。その目的は、各国がそれぞれの存立手段を認識するためである」

　"文化例外論"は、1993年WTOの国際貿易自由化協議において提出されたものである。しかし、保護主義的であると誤解され、国際協議の場で反対勢力から一度ならず批判を受け、"文化多様性"という言い方に代わった。貿易自由化支持者と闘うため、"文化多様性"論者はユネスコの場を借り、"文化多様性"が映画、音響、映像に関係する論戦の主要な争点であることを正式に表明したいと望んだ。2001年に起草、発布された『ユネスコ世界文化多様性宣言』は、"多元文化"の正統性の確立に一定の役割を担った。

　多元文化主義が表明する原則は、「異質性を受け入れる能力、変革に対するオープンな態度、平等追求の熱情、疎遠な他者に自己を認知させる能力、それらの能力を具

えることを我々に求めている」。正にそうすることで、民族国家は存在の根拠と相互交流の前提を獲得する。

二、価値の認可と対外伝播の目的

1．価値のアイデンティティ、価値の受容そして価値の認可

　価値のアイデンティティ、価値の受容、価値の認可は主体と客体の互いの融合の度合いを反映している。この三つは順次、以下のような関係にある。最も浅い融合度は価値の認可、最も深いのは価値のアイデンティティすなわち一体化、価値の受容はその中位に位置する。

　アイデンティティの解釈としては三つある。1．一致と同一を認識すること。2．互いに同類であると認め、親近感と帰属願望を抱くこと。3．賛同すること。心理学の用語として、それは他人または団体の態度・行為を体験・認識し模倣することであり、個人の人格の一部分をなす心理の歴程である。アイデンティティはまた二種類に分けられる。一つは、自我のアイデンティティ、すなわち個人的なそれである。自我の現況、生理的な特徴、社会の期待、これまでの経験、現実の境遇、未来の希望、仕事の状態等の次元における自己の発見であり、それらが統合され、調和のとれた構成をなすものである。言い換えれば、すなわち自我の統一性と連続性を追求する感性である。もう一つは、社会のアイデンティティである。個人が従属する集団とその集団内の地位・身分に付随する感情・価値観に関係する重要な知識を個人が有することである。言い替えれば、すなわち集団の構成員としての自我の観念である。個人は、自身の世界・社会を各々の階級または社会的類別に区分けする。社会的身分は、自己あるいは他人をある社会的分類に位置づける体系に関係している。自己の社会的身分を定義するために用いる統合されたものが社会的アイデンティティである。個人の発展・成長するする方向性と生活環境が違っていくにつれ、一人一人がその生涯でそれぞれ異なるアイデンティティの形を生み出す。個人的には、たとえば自我のアイデンティティ、性的役割のアイデンティティである。集団内では、たとえば階級や文化のアイデンティティなどである。したがって、同一民族で構成される集団のアイデンティティは、個人が発展・成長する可能性を持つアイデンティティの一つである。

　文化的アイデンティティ（cultural identity）は、異種の文化間あるいは同種の文化の内部で、部分的な接触を繰り返し、同化していくプロセスのことである。それは、個人が所属するグループあるいは所属する文化から受ける影響であり、そのグループあるいは文化に対した懐く同一感である。その内容には、主導的積極的アイデンティティと受動的消極的アイデンティティがある。方向性には、順行的アイデンティティ（主体が所属する文化の枠組みから外来文化を説明する）、そして逆行的アイデン

ティティ（外来文化の枠組みから主体が外来文化を説明する）がある。個人の次元では、個人の社会的身分のアイデンティティ（social identity）と自我のアイデンティティ（self identity）に文化的アイデンティティから影響を受け、意識の奥深く文化が植え付けられ、統一された価値観を形成する。社会次元では、文化はその強大なスローガン性と結集力によって人々を一個の共同グループに整合し、このグループのなかで文化は、個人の連携を安定させ、グループ構造の安定を維持する最も重要な因子の一つとなる。[45]

　我々が言う価値のアイデンティティは、文化的アイデンティティまたは文化価値アイデンティティとも言われており、個人が属するエスニック集団のアイデンティティまたは社会のアイデンティティを指し、それは個人が所属するエスニック集団の文化価値と文化観念が個人の観念と個人の価値に一致し、エスニック社会と融合するプロセスである。

　文化的アイデンティティを集団または個人の視点からとらえようとも、あるいは政治、倫理、宗教、言語、心理など、どんな観点からとらえようとも、それは社会的経験や個人的体験を共に分かちあっていることであり、社会との関係から逃れることができない。アイデンティティは、自己の身分、役割、地位という関係性に対する、主体の立ち位置、認識、把握のことであり、一種の自我意識であるとも言える。文化的アイデンティティは文化的身分の謂であり、実は自身の文化的身分・地位を自覚し把握することである。中国語における"身分"とアイデンティティとはニュアンスの違いがある。我々が"身分"と言う時、対象の役割、地位のといった一種の客観的な描写と呼称であるが、"アイデンティティ"は自身の役割、地位、関係に対する対象の自覚的な認識そして肯定の意味合いになる。文化的アイデンティティは様々な分野に顔を出す。政治、経済、倫理、宗教、言語、観念など、およそ人間の活動と関係する一切の領域は文化領域である。それゆえ、そこには文化的アイデンティティの問題が存在している。カントの所謂"人間とは何か"という三大問題——"何を知っているか。何をすべきか。何を望むか。"——もまた文化的アイデンティティの問題である。現代世界において、民族国家こそが最も重要な政治単位であり、民族の文化と伝統の伝承そして公民の利益の保障を存立の必須の前提とすることで、一定の社会秩序と法律上の合法性が実現されうる。さもなければアイデンティティを語ることができない。グローバル化の現象は、この20年来、凄まじい勢いで発展してきた。文化的アイデンティティは多くの民族にとって日を追ってその重要さを増し、ひいては生命に関わる問題となっている。[46]

　孫永建氏は個別のケースから研究に取り掛かっている。第二次世界大戦後、欧米先進国家における社会主義運動の退潮は、労働者階級の"身分喪失"と資本主義的価値のアイデンティティがもたらした結果だと考えている。自己の階級身分を中産階級と

位置付けることは、プロレタリア階級の身分の喪失を意味している。これらの国で、比較的富裕な階層を除く大多数の国民が自らを"中産階級"と認識する傾向は、どういう理由から来るのであろうか。その隠れた真の理由は、"中産階級"が富、文化、安定を象徴しているからではない。自らを"中産階級"に帰属させることで虚栄心を満足させ、あるいはまた自身が"中産階級"に帰属する能力があり、将来きっとその階級に帰属すると考えているからである。労働者階級が自らの身分を見失ったことで、労働者階級の資本主義そのものに対する批判の矛先が資本主義価値観のアイデンティティに向けられ、資本主義の転覆から維持へ向けて舵が切られた。発達した資本主義国家の労働者階級の身分消失と資本主義的価値のアイデンティティを生み出した原因は多い。ハイテク革命の進展、資本主義国家と生産関係、上部構造の調整、そして労働者階級の労働環境や生存条件の一定程度の改善などが原因としてあげられるが、それ以外に主要な原因が幾つかある。一つは、資本主義社会の激烈な競争に端を発する社会の流動性の巨大化。二つは、資本主義的民主制度による社会の矛盾解消。三つは、資本主義国家のメディアによる（資本主義的）[47]価値観念の宣揚と意識形態の造作に対する効果が肥大することによる労働者階級の階級意識に及ぼす影響の深刻化。四つは、発達した資本主義国家と社会主義国家との強い対比に根ざすプロレタリア階級の"身分喪失"と資本主義的価値への同化。[48]

　以上からわかることは、文化価値のアイデンティティは一定不変のものではなく、それは政治、経済、社会、文化、技術革新等の様々な要素の働きを受け変転するものであり、元来、文化価値は新しい文化価値の登場によって代替えされ、したがって別のアイデンティティが形成されるものである。これは、つまり民族国家に対する挑戦である。特に国際コンテンツ貿易の現場において、それは顕著である。他国の価値観念が付加されたコンテンツ製品がある国で消費され、それにともない他国の価値観念が伝播され、共感と受容がうまれ、ひいては同化されることにもなる。それが、身分の喪失とアイデンティティの危機を引き起こす。この結果、民族国家は必然的に他国の文化価値観念の来襲に抵抗し、それを制限しようとする。国際コンテンツ貿易において、輸出国として文化価値アイデンティティをその起点するなら、勢い、文化覇権、貿易紛争、文明の衝突に至ることは避けえない。

　受容とは、心理上事物を受け入れ、拒絶をしないことである。哲学上の意義をみてみると、受容とは、個人が外界の事物に順応する特徴的な行動であり、個人が対象を受け入れ、吸収し、内化する自我のプロセスである。人の一生からみると、自我の発生以前の段階もしくは自我の発生後に起こる自我と個人が統一される段階で、受容関係が体現するものは対象との関係における個人の受動的な地位である。概括すれば、受容とは個人の身体的行為に発するものであり、個人の身体が対象に対峙する態度である。かつまた、それは自我の発する行為であり、自我と対象との関係における許容

である。個人による対象の受容は個人が成長するための主要な方法である。個人は生命ある個体として、絶えず外界から生命の養分補給を得なければならない。それゆえ、個人は外界の存在と関係を常に築く必要があり、そうしてこそ生存が可能である。個人のレベルで考えるなら、すでに形成された自我とは、検証された対象関係が宿ったものである。自我が、受け入れスタイルを定め、基準を示し、取捨をおこなう。自我の形成されたのちは、いかなる対象であっても個人の内に"進駐"するために、必ず自我の"同意"を戦い取らなければならない。表面的には、受容はあらかじめ定められた個人の存在を前提としている。すなわち自我の明確な承認と認定がその前提となる。受容は、すでにかたちづけられた個人と現実の対象との間で、相互に順応し合う関係を反映し、個人が外界の対象関係を処理する基本的態度である。

　文芸美学においても受容理論があり、"受容美学"、"受容が美学に及ぼす影響"といった使われ方をしている。受容美学を最初に提唱したのは、西ドイツ時代のハンス・ロベルト・ヤウス（Hans Robert Jauss）とヴォルフガング・イーザー（Wolfgang Iser）等である。後に、受容美学のソ連学派や米国の"読者反応批評"理論の後を受けて、異なる観点が生まれ受容理論が豊かになった。この理論は主に読者の主体的な位置に重きを置き、読者とは積極的、主導的に読書行為をおこなうものととらえている。一般的に考えれば、作者と出版者に比して読者は常に受動的であり、二次的な役割である。ハンス・ロベルト・ヤウスは、「作家・作品と読者の三つの連環関係において、読者は決して受動的な要素でもなく、単純な反応を示すだけではない。読者は、歴史を創造する力である」と指摘している。彼は、作家と作品を中心に据える伝統的な文学価値観を打破し、読者と作家・作品とを一様に捉え、主体性を共に発露する地位を与えた。作家と作品が読者に影響を与え、読者もまた作家の創作に影響を及ぼす。読者は、文学価値の実現と文学の創造に代替え不可能な働きをしている。

　受容理論はさらなる確信を我々に示してくれる。すなわち、対象を受容することにおいて、主体はけっして受動的ではなく、主動的積極的なかかわりと自身の独立した判断を持っている。客観対象は、ただ主体から承認され、受けいれられ、同時に創造性ある触発を経て、ようやく主体から受容される。

　したがって価値の受容は、他の文化価値観念への従属と依頼を意味していない。逆に、他の文化が主体からの受容を獲得しようと考えるなら、必ずそれに相応しい方式を採らなければならない。それができなければ、主体がすでに持っている価値観念と比較的大規模な衝突が起こる。程度の差こそあれ、主体の受容限度に制限されるだけでなく、この限度を超えてしまうと、主体から受容されることはない。

　認可とは承認、許可である。中華人民共和国認証認可条例第二条の規定によれば、認可とは、認証機関、検査機関、実験機関および評議・審査など認証活動にたずさわる人員の能力と服務資格に対して、認可機関が承認を与える合格評定活動である。こ

れは、従業者または従業機関に対する専門的な承認である。認可とは、合格評定機関が定められた基準を満たしていることを実証することである。こうした実証によって、政府、管轄者、大衆、ユーザー、消費者の合格評定機関に対する信任が強化され、認可を受けた評定機関による審査を経た製品、処理過程、システム、人員に対する信任が担保される。この種の実証は、市場、特に国際貿易市場および政府による監督において、相当程度重要な働きを持っている。認可対象の分類に照らすと、認可は認証機関による認可、実験機関および関係機関による認可、検査機関による認可などにわけられる。これらの認可内容に違いがあるが、製品の品質、組織、機関の事業・事務能力を実証するものである。

　価値の認可は、双方の独立した存在を承認することである。主体がすでに獲得している文化価値観念と対象が持つ価値観念とが融合一体となることではなく、調和的な併存の可能性の実現である。主体の勢力範囲、主体の世界で、対象が活動するスペースを確保するつもりなら、対象自身の文化価値観念を積極的に主体の空間に留め置くように努力しなければならず、主体に脅威を感じさせないように友好的かつ謙虚な態度で主体と交流する必要がある。このようにして、対象物は主体の承認のもと友好の旅を続けることができる。

　これを要するに、価値のアイデンティティは主体と対象物が融合一体となることであり、主体と対象物が双方独立した存在のままであることではない。根本的に言えば、主体が対象物の一分子となるのであり、いわゆるエスニック集団および社会的アイデンティティである。価値の受容は、主体の独立した身分が鮮明であり、かつ対象物に対して一定の活動スペース提供し、その合理的な活動を受け入れることである。価値の認可は、主体と対象物の双方が独立しながら併存し、双方互いに肯定し、互いに友好を尽くし、衝突を取り繕い、消し去ることである。

２．価値の認可と対外伝播の目的

　対外伝播と異文化コミュニケーション、対外宣伝、広報外交等の概念は、本質的な所でつながっているので常に交錯した使われ方をしているが、それでも区別がある。異文化コミュニケーション（Cross-Cultural communication）とは、異なる文化的感覚と記号体系を持つ人たちのあいだでおこなわれるコミュニケーションのことであり、文化の違いがあるから文化交流の在り方が変化する[49]。人々は、異文化コミュニケーションという言葉を用いて異なる文化間の交流を表現するが、この言葉には文化的地位を比較するニュアンスがある（たとえばリーダーのタイプの違い）ので、使い方がかなり限定される。

　異文化コミュニケーションの研究にとって大事なことは、"誰それが誰それをいかにして説得し、課題をのりこえるのか" にあるのではない。「文化交流の精髄は、実

用性、理性、そして民族性にある。交流は人々のあいだで作用する行動方式である。我々が生きているこの時代では、科学技術、旅行、経済・政治システム、人の移動方式、人口密度の変化など、これらすべてが頻繁な異文化間の交流をもたらしている。望むと望まないに関わらず、こうした交流は今までにないほどの深まりと広がりをもって発展している」[50]。ヒューストン・スミスが次のように言っているとおりだ。「歴史学者が我々の今世紀を回想する時、最も人の心を突き動かすことは宇宙飛行や原子力の応用などではなく、全世界の人間が誠実に向き合い、互いに理解しようとしたことだ」。

　これに対して、対外宣伝は広範な関心事や争い事に向けて政治的メッセージを発する手段である。英語のpropagandaの起源は1622年ローマ教皇グレゴリウス15世が創立した布教聖省に始まり、宣教師が用いた文字や言語による布教宣伝を取り仕切った。"宣伝"の文言は18世紀欧州におけるブルジョア革命時期に広く使われたが、人々が"宣伝"という文言に対して"ペテン"あるいは"陰謀"のイメージを持ち、評判は芳しくなかった。アダム・スミス、ハロルド・ドワイト・ラスウェル（Harold Dwight Lasswell）等は、宣伝と教育を区別して考えようと試みた。彼等は、宣伝は争議に対する態度の問題に関心を向け、教育は争議を起こさないことに関心を寄せる態度であると考えた。欧米の学者や一般民衆が宣伝という言葉に反感を覚えるのは、アドルフ・ヒトラーとパウル・ヨーゼフ・ゲッベルス等のナチスが組織的におこなった熱狂的な宣伝活動のせいで、宣伝に対する評判が地に落ちたからである[51]。

　しかし、対外宣伝は各国の政党、政府、社会組織によって重要視され、左右を問わず現代政治活動の強力な武器となっている。民衆から反感を受けないように、政治家は対外宣伝を踏まえてパブリック・ディプロマシー（public diplomacy：広報外交）という概念をつくりだした。

　パブリック・ディプロマシーとは、ある国家が自国の知名度、名声、連帯感を向上する目的で、中央政府あるいは権限を与えられた地方政府、その他の公的部門が、自国ないし外国の社会的な行為主体に依頼し、宣伝、公報、メディア等の手段を通じて外国公民との双方向交流を推進することであり、かつまた全世界の公民に焦点をあてた外交活動を展開することである。それはまた、クリアな情報、知識の伝播、価値の創造によって国家のさらなる利益実現に奉仕することである[52]。パブリック・ディプロマシーは、異なる国家の公民社会との関係に焦点をあて、かつ域外民衆との交流が外交に及ぼす課題に焦点をあてている。それは、異なる文化と価値観との関係に根本から焦点をあてることである。グローバル化に時代にあって、最も解決困難な課題は、異なる文明との調和と共存である。パブリック・ディプロマシーは、英国で文化外交ともいわれている。要するに、パブリック・ディプロマシーが担っている理論的使命は、異なる文明・文化の裂け目を繕い、異なる文明・文化を隔てる溝に橋を架けるこ

とである。他国の文化価値を民衆が認可し、それによってともに発展、共存する調和のとれた世界を実現することである。

　要するに、パブリック・ディプロマシーの核心となるテーマは、グローバル化が進展するプロセスにおいて姿をあらわす文明の伝統を未来に合法的につなげるという課題の解決にむけて、国家が前面に立ち力をつくすことであり、その遠大な歴史的使命と価値の追求が文明の衝突を超越することである。民族国家は超越の対象になるかもしれない。しかし、民族文明の歴史は超越することも、さらには断絶することもできない。どのような意味においても、伝統文明の正統性を棄て去った民族は不幸である。伝統文明を固陋し、文明を排斥するだけなら、発展を続ける歴史の潮流に当然逆らうことになる。以上が、社会的価値と文明の意義に関わるにパブリック・ディプロマシーの目標と核心である。

　ある人の考えでは、対外伝播とは良好な国家イメージを形つくり、国際情勢の関与と国家のソフトパワーの形成に資することである。学術的な側面から言えば、"伝播"は"宣伝"を包括しているし、あるいは"宣伝"は一種の"伝播"であると言える。中国で言い慣れた"対外宣伝"は、全般的にみるなら、一般的意味の伝播のことであって、"宣伝"と言われるような特殊な伝播ではない。"対外伝播"をこのような概念で使用する。しかし、ことは概念の問題にとどまらない。対外伝播の対象をどのように理解するのか、対外伝播の特性と原則をどのように把握するのか、対外伝播のやり方をどのように改善するのか、そして対外伝播の効果どのようにして高めるのかという問題が横たわっている。趙啓正氏が、五洲伝播出版社で編纂出版された《対外伝播叢書》の総序のなかで、次のように述べている。現在、世界のいかなる国であっても良好な国際世論環境をつくる必要があり、国際世論が自国に有利になるよう望んでいる。国家にとって世論環境が良ければ、国際的な信認が高まり、支持も得やすく、政治交流、文化交流、経済交流、さらに軍事交流を進めるにあたって"コスト"が低く抑えられ、比較的良い効果をあげることができる。このことは、誰もが認める基本的な道理である。中国に引き寄せて言えば、改革開放が比較的遅れていたので中国を知る外国人の数が限られ、欧米と交戦する可能性があるという考え方が長く続いたため、中国に対する誤解や攻撃が多く見受けられた。中国が国際社会に足を踏み入れることが日ごとに多くなるにつれ、現在では、中国が外国を必要とするだけでなく、外国も中国を必要とし、中国の市場はもちろん、発展する中国の各方面の情報を必要としている。それゆえ、さらに中国は良好な国際世論の環境をつくる必要がある。中国にとって有利な世論環境をつくるために重要なことは、外国に中国を解説し、外国に向けて中国を伝播することである。外に向けて中国を解説し、伝播するということは、つまり中国を対外発信することであり、その対象は外国人であり、外国に居住する中国人、華僑、中国系住民である。

湯仙月氏が中国の対外伝播をとりまく苦境について要約している。主要なものは以下である。1.中国の国際的地位の上昇と国際的伝播に関する能力との隔たり——国際的な発言権はあるが、国際世論を制御する発言権がない。2.国際的な伝播に関するハードの増強と中国語の国際的なシェアとの隔たり——伝播による影響力が弱い。3.国際メディアの強大なブランド力と手探り状態の中国メディアとの隔たり——国際競争力が弱い。4.表面的な報道と深層解読の不足という隔たり——伝播の効果が弱い。[56]

対外伝播の効果を高めるために、政界、学界、業界から様々な提案と意見が出されている。程曼麗氏の考えはこうである。中国側からみれば、対外伝播は"内"から"外"に対する伝播である。しかし、世界全体で考えるなら、内、外の区別はどちらでもよい。国ごとにおこなわれる情報の伝播は、すべて国際的な伝播であり、それは全地球規模でおこなわれる伝播の一部分である。情報の発信、媒介製品の拡散、国際世論の戦いに対する対応は皆、全地球規模のプラットフォーム上で検証にさらされている。そうであるからして、我々がいかように考えたとしても、対外伝播は局部的な情報伝播ではなく、国家利益や国家イメージと緊密に関係する全局的な伝播であり、それこそ中国が発信する伝播に他ならない。全地球に関わる伝播の一部分としての中国の伝播は、思考の総合性と巨視的な視野が求められている。[57]

対外伝播における文化意識構造の障害、報道体制の障害、伝播理論の障害、欧米による報道の覇権の障害等の問題に特化すれば、我々は正しい伝播戦術を駆使して、情報交流のさらに大きな舞台を手に入れ、国家利益のために勤めなければならない。対外伝播の領域にさらに多くの資金と技術を投入し、強力な対外伝播メディアを打ち立てる必要があり、こうしてこそ欧米の報道覇権を打破できる。このほかに為さねばならないことは、コンテンツブランドのレベルを引き上げ、伝播に関わる理念と技術を刷新し、英語メディアの受け手を調整し、非メディアの対外伝播に対する意識強化をはかることである。[58]

ソフトパワーとソフトパワーの権力化とは異なる概念である。文化は一種のソフトパワーであり、その権力化ではない。一国の文化が国際社会で発揮する作用、そして対象あるいは目標となる国に及ぼす影響、これは文化ソフトパワーの権力化の過程である。対外伝播は文化のソフトパワーの権力化への唯一の径庭である。国家単位で考えるなら、文化の対外伝播の戦略と目標は以下のようであるべきだ。国際社会に向けて、"共通の文化観念"を発信し、自国の方向性の基準に有利であるよう他国との身分関係を確立し、その国の嗜好性をはっきりさせ、その国の（国家の安全を含む）利益を定義づけ、その国の行動を支配し、最終的にターゲットとするその国の文化観念に影響を与え制御する目的を達するべきだ。[59]

以上、対外伝播の戦略と戦術を強化する"設計図"を概観したが、それは外国からの意識形態の侵略に敵対することではなく、ターゲットとする国に影響をあたえコン

トロールすることを想定している。つまるところ、こうした思想は実質上、文化的覇権を別の表現で言い表している。調和のとれた世界という考えに基づけば、理想とする対外伝播は相手の態度を改変させることでもなく、相手の身分を喪失させて伝播する側の価値観念に同調してもらうことでもない。あるべき状態は、異なる民族文化の価値が共に光り輝き、互いに享受し、互いに前進し、共に発展する調和のとれた"多様性を許容する"世界の促成を目指すことである。このためには、グローバルな対外伝播の目的をあらためて詳細に検討することが求められる。一つ一つの民族国家にあてはめてみるなら、対外伝播の目的は実のところ非常に単純である。それは、民族の文化価値を認可することである。

　価値の認可とは、脅威が全く存在しない伝播によって可能である。それは、伝播対象の主体的地位を改変する必要もなく、処遇・処理は相手の意向に任せ、友好的、調和的、共進的な伝播である。深刻からかけ離れた目的のもとに伝播を推進するなら、自国の文化価値が他国民から認可されるばかりでなく、受容されうるし、他国民にアイデンティティの同化も強要しない。アイデンティティの同化が、一旦伝播の目的になってしまうなら、他国の民族統一と団結力に脅威を及ぼすだろう。どの国も、グローバル化時代における民族の正統性という課題を、伝播を通じて解決する必要がある。多元的な世界が必要としていることは相互の認可であり、相手側の姿勢の改変を強行する——ひいては文化の覇権を唱えることでもない。価値の受容と価値のアイデンティティではなく、価値の認可を対外伝播の目的にしさえすれば、文化交流と文化貿易は、世界の秩序ある調和のとれた枠組みのなかで順調に展開されるのである。

三、快適な消費と対外伝播の効果

　対外伝播の目的が価値の認可——それはそれほど達成が難しくはない——にすぎないにしても、一国の文化を地球の裏側に届けている程度だと決して言うことはできない。それが理解され、認可される可能性を有していることは間違いない。第一に、文化価値なるものは、つまるところ観念的なものであるがゆえに、その抽象性、難解さ、非融通性のゆえに、人の感興を呼び難い。よしんば国内であっても、政治の主流思想と人生、世界、価値に対する考え方を教育しようとするなら、種々の方法・手段を運用する必要がある。人に真善美を教え諭すなら、空疎な談論に耽るわけには行かない。具体的な実例と真実の行動によって感化し、教化しなければならない。自国内においてもかくの如きであるのだから、いわんやまったく見知らぬ他国民において、何をかいわんやとなる。価値観念の認可には、さらにさまざまな方策を用いる必要性がある。

　次に、一国の価値観念は膨大にして複雑な体系を有している。それゆえ対外伝播において、遠大なプラン、段階を踏んだ着実な実行が求められ、順次レベルを向上させ

ていく原則に従うことが必要である。中華の文化価値体系を例にとれば、漢民族文化と各少数民族文化が共に存在し、すぐれた伝統ある民族文化を持ちながらも、現代の主流をなす政治文化をも持ち、さらに儒家文化の経典があり諸子百家の学理も存在する。この膨大な文化価値体系に対して、中国の人民すら理解がままならないのに、他国民からの認可に言及するわけにもいかず、ましてその受容やアイデンティティを論ずることなどできない。それゆえ、優秀な中華文化に対し念入りに取り組み、そのエッセンスを吟味することが必要であり、そうすることでこのもっとも特色ある文化を他国民に届け、他国民の認可を獲得しなければならない。

　最後に、未知の思想、観念の伝播の最も効果的な成果とは、伝播対象となる人々がストレスを感じずに、ある意味で愉悦を覚えながら認可し受容することであり、いわゆる"楽しみと教育の両立"である。つまり対外伝播の効果は快適な消費としてあらわれる。あるいは次のようにも言える。対外伝播に供せられるコンテンツ製品は、人々を快適にし、新鮮でのびやかな心で、ストレスフリーな喜ばしい状態で消費されるべきであり、無作為の作為のうちに価値が認可されるべきである。ここで言われている"快適な消費"とは喜びの度合いがシンプルであって、荒れ狂う暴風雨のような快楽でもなく、恐れおののくような際限のない満足感でもなく、また暴力、ゴシップ、SEXなどからうまれる快楽ではない。快適な消費にとって必要なことは、心理的・生理的な快適さと精神的思索を兼ね備え、コンテンツ製品の享受によって心身が清涼になることであり、けっして熱狂的な興奮や興ざめするような疲労感をもたらすことではない。

　対外伝播が"快適な消費"効果をあげようとするなら、以上の要件以外に政治、経済、地理的条件、文化の違い、技術、言語、人口構成の特徴等の要素による障害を考慮しなければならない。このためには、伝播を担う人材は、高遠な観点、豊かな知恵、自在な技術、ヒューマニズムを備えた人材でなければならない。そうすれば、グローバル文化の快適な消費が実現し、多くの民族国家の価値観念が互いに認可されるだろう。

四、コンテンツ貿易における快適な消費の実現

　グローバル化の時代にあっては、各々の民族国家は対外伝播を通じ、自身の文化の現在から未来にわたる正統性を裏付けようとしている。多元文化は、民族国家存立の前提である。このためには、価値のアイデンティティが陥りやすい文化覇権思想を棄て去り、それぞれの国の文化価値を互いに認可し合い、そうすることで"多様性を許容する"調和のとれた世界を実現することが求められている。コンテンツ製品には価値観念が内在し、消費者は快適な消費を享受しながら、自然と価値の認可をおこなっ

ている。快適な消費は、主体的で自由な交易に基づくことが必須であり、それが各国コンテンツ貿易の発展を必然的に牽引する。この意味においてコンテンツ貿易もまた市場経済の規律を遵守しなければならない。すなわちそれは、良質廉価な製品こそが海外進出を果し、他国の民衆から歓待され、消費され、最終的に対外伝播による価値の認可が実現されることを意味している。

　したがって、我々は経済理論にしたがい、コンテンツ消費とコンテンツ貿易の基本的な法則と特徴を把握する必要がある。

　葛紅兵、謝尚発の両氏が《科学発展》2009年第12期撰文で次の様に指摘している。文化的な消費は、経済条件にゆとりができ、暇な時間を持つようになると、知識の習得、心身の陶冶、個人的な娯楽等のために、物的な形態をとるコンテンツ製品と役務提供によるコンテンツサービスに対する消費が進展する。それは、国民の素質に深く影響を与え、国の経済発展を促進する。文化的な消費には以下のような特徴がある。第一に、文化的消費に内在する精神性。それはコンテンツ消費の本質的な属性であり、コンテンツ消費とその他の消費行動とを区別するもっとも主要な特徴である。コンテンツ消費がきわめて強い精神性をそなえていることは、物質消費と大きく異なるところである。コンテンツ消費の精神性は、コンテンツ消費が生み出す観念的行為と思想的生産に現われている。第二に、コンテンツ消費の知識性。この点は、教育科学技術などに対するコンテンツ消費行動に特徴的に見て取れる。コンテンツ消費の消費主体にとって知識の習得は、主な考慮要素のひとつである。第三に、コンテンツ消費の娯楽性。心身の娯楽はコンテンツ消費の主要な特徴である。コンサート、お笑い演芸、映画鑑賞のような消費は、消費主体を日常の緊張から解き放ち、生活リズムを整えてくれる。第四に、文化の伝承性。それはコンテンツ消費のもう一つの特徴である。第五に、コンテンツ消費の符号性。第六に、コンテンツ消費の格差性。コンテンツ消費は民衆のあいだで均一におこなわれるものではなく、格差性がある。第七に、コンテンツ消費はまた、公共性を持っている。[60]

　包礼林氏は次のように考えている。コンテンツ消費は文化、教育、科学、娯楽などの製品およびサービスに関係する消費活動である。コンテンツ消費は、以下の基本的特徴を持つ。1.コンテンツ消費は労働力再生産の必要条件であり、コンテンツ生産力の表現形式である。2.文化に関わる生産と消費は資本と市場経済の法則のもとにあり、すべての物質生産領域に有効な法則がここでも適用される。コンテンツ製品の価格形成は一般的な物質製品にみられる特徴と異なっている。それは市場の供給関係を除くと、しばしば心理的要因によって価格が決められる。コンテンツ製品の価格決定権の多くはコンテンツの内容やブランド力によって左右される。3.コンテンツ消費は、価値法則、独占等の経済要素からの制約を受ける以外に、意識形態の特性、生産特許、ランク、参入制度等に左右される。4.コンテンツ製品の消費は、オリジナル性と共有

性という基本的特徴が併存する。コンテンツ製品の共有の容易性が上がれば上がるほど、利益増強モデルの構築がうまくいく。5.コンテンツ消費のもう一つの重要な特徴はブランド効果である。コンテンツ消費のプロセスにおいて、さまざまな比較現象と文化覇権現象が現れる。6.別の観点からすれば、コンテンツ消費の特性はフレキシブル性にある。7.コンテンツ生産とコンテンツ消費が工業化の過程をたどることは、現代の社会経済発展におけるひとつの趨勢かつ必然の現象である。コンテンツ製品はすでに経済活動の一部分を成し、消費社会もまたかつての受動的消費社会から今日の能動的消費社会に変貌している。8.流行化は現代社会のコンテンツ消費の特徴である。消費と流行はすでに密接不可分の関係ある。9.個性と間主観性の双方向の突出が現代社会におけるコンテンツ消費の重要な特徴である。コンテンツ消費は主体の認可と選択の如何に拠っている。つまりコンテンツ消費は主動的消費であり、このためそれは個性化という特徴を呈する。同時に、コンテンツ消費は、間主観性的なコミュニティアイデンティティも重要である。10.個性化という特徴のゆえに、現代のコンテンツ消費は体験型消費に発展する趨勢にあり、コンテンツ製品あるいはサービスが付加価値を増加させる、新たな成長分野である。[61]

　コンテンツ貿易は、知的所有権に関係する製品とサービスの貿易を指している。これらの製品とサービスは、音楽、文学、戯曲、喜劇、ドキュメント作品、舞踏、絵画、ビデオ、彫刻、塑像等の芸術形式を通して、大衆の娯楽に供しあるいは人々の思考に刺激を与える。李小牧氏等はコンテンツ貿易の特徴を次のように考えている。1.貿易市場における高度な独占性。2.貿易保護手段の隠蔽性。3.貿易自由化における例外性。4.貿易制限条例の相対的な弾力性。5.その他産業との高い融合性。[62]

　国務院研究室総合局局長陳文玲氏は、現代の国際コンテンツ貿易に現われている主要な特徴と動向を次のように示している。1.コンテンツ製品供給規模と貿易規模の拡大速度が比較的増大している。2.コンテンツ製品供給市場と貿易市場の集中度が比較的高まっている。3.経営の集約化がコンテンツ製品の供給と貿易の主要な形式となっている。4.コンテンツ産業の産業内貿易が依然として顕著であり、それはEUにおいて特に際立っている。コンテンツ製品の供給と貿易の現場で、版権の開発と管理の問題が突出している。具体的に中米両国のコンテンツ貿易についてみると、米国は主にコンテンツ製品・サービスを通して、米国の価値観と生活スタイルを輸出しており、その商業性が濃厚である。1932年、早くも英国のステファン卿が「世界中の映画館はひとつ残らずアメリカの領事館だ」と、米国を名指で批判している。映画、テレビ番組、ビジュアル製品等のいろいろな文化芸術サービスプロジェクトが、意識形態を操る米国の"ソフトパワー権力"の主要な媒体となっており、外国人がこれらの商品を消費すれば、それはつまり、米国が宣伝する"主旋律"を享受し、米国は経済的利益と宣伝の利益の両方を手にすることを意味している。米国による文化覇権の圧力に

目を向け、自国のコンテンツ貿易を発展させるためにいくつかの留意すべき課題も指摘されている。第一に、コンテンツ産業の集団化実現を押し進め、同時にイノベーション性にすぐれた中小企業を支援する。第二に、文化的割引（Cultural Discount）と文化的親近感を利用し、コンテンツ貿易の発展を図る。第三に、米国が推進するコンテンツ貿易自由化の新しい動向から目をそらさない。

　以上、コンテンツ消費とコンテンツ貿易の法則、特徴、課題、そしてその趨勢に焦点をあててきたが、本論文では、価値の認可が働きかけをしている状況下で国際コンテンツ貿易の発展を図るために、各国が以下にあげる要求に応えるべきだと考える。

　第一に、作用対効果の観点から言えば、コンテンツ製品の主眼は精神的需要を満たすことにある。具体的には、消費者にコンテンツ製品の消費による快適で開放的な体験を保障することである。このため、コンテンツ製品によって消費者が感じる娯楽性と理性的思索との兼ね合い、的確さが重要である。コンテンツ製品には中度の刺激が最も適切であり、無味乾燥なコンテンツも血なまぐさい異常なコンテンツも必要としない。

　第二に、経済的な観点から言えば、コンテンツ製品は団結力の経済である。自国のコンテンツ製品は民族国家にとって必需品であり、非弾力性需要製品に属する。国際コンテンツ製品は比較的に価格弾力性が強く、弾力性需要に属する。このため、コンテンツ貿易量を的確に把握し、国家間の貿易収支を調整しなければならない。民族国家としての非弾力性需要を損なってはいけないし、個人消費者の弾力性需要をむやみに制限しても良くない。

　第三に、消費者の福利の観点から考えると、コンテンツ製品は精神的福利をもたらす。だが、消費者あるいは民族国家にとってマイナスの精神的福利となる恐れがある。低俗暴力的な国際コンテンツ製品であったなら、それは個人消費者さらに民族国家にとってマイナスの精神的福利となる。また、どのような類型、どのような性質の国際コンテンツ製品を問わず、すべてその輸入量が一定限度を超えると民族国家にとってマイナスの精神的福利を引き起こし、ひいては民族国家の存在と正統性の崩壊につながりかねない。したがって、コンテンツ貿易量のバランスに配慮することは必須である。

　第四に、貿易上の制約について考えると、コンテンツ製品の二重属性のゆえに、各国のコンテンツ産業の発展と比較優位の形成とが結びつかない。このため、自由貿易の立場からコンテンツ貿易を扱うことはできない。ある程度、基本的な市場経済の規則を遵守しなければならないが、そのうえで各種の政策上の規定を採り入れ、コンテンツ貿易に制約を加える必要がある。このことは、コンテンツ産業がある意味で結束力に関わる経済であり、文化主権と文化安全保障の確保、そして民族のアイデンティティを守り抜く必要性に基づいている。

第二章　コンテンツ貿易のモチベーション　115

　第五に、輸出入の観点からとらえると、輸出されるコンテンツ製品は極力、文化的差異と文化的割引をなくすようにつとめ、他国の消費者から認可と受容される可能性を高める必要がある。輸入されるコンテンツ製品は選別の考え方で対処する必要がある。つまり糟粕なものは棄て去り、精華ものは中立の観点に立ち吸収しなければならない。これにより、各国の消費者は、良質廉価なコンテンツ製品を享受することが可能になり、快適な消費をおこないながらそれぞれの文化価値の認可を促進できる。

【参考】多元文化と多元文化主義

　人類社会が複雑さを増し、情報流通がさらに発達を続ける趨勢にあって、文化の有様が非常な速さで変転し、種々の文化が発展しながら様々なチャンスとチャレンジに向き合い、新しい文化が次々と登場している。多元文化とは、このような状況を指していう。現代の複雑な社会構造のもとで暮らす我々は、各種の文化が社会の発展に貢献することを要求している。文化が社会の発展に寄与することが文化の多元化を引き起こしている。これが、複雑な社会を背景とする多元文化である。

　多元文化を擁する国家には、通常いくつかの共通点がある。第一に、それぞれの民族集団は共通する統一した価値観を欠いており、各民族文化がさまざま色彩を放ち、各々一定の独立性を保持している。社会の融合は、各集団間の経済的依存関係によって実現される。各民族集団の関係は功利的であり、非感情的、補完的である。そして集団内部の構成員の関係が第一義的であり、感情的、非功利的な関係性にある。その最終的な理想の姿は、各民族集団が各自の文化的アイデンティティと民族的身分を保持すると同時に、平等の充足を当然のように分かち合っている姿である。最終的に追求される理念は、平等と正義である。

　多元文化主義は厳格な理論というより、象徴性を持つ政治スローガンと言える。多元文化主義の錦の御旗のもと、往々にして雑多な訴求、ひどい時には相反する訴求が集結する。

　理論的問題（たとえば、アメリカの教育文化における欧米文明の支配的地位を覆すことや、新しい知識言語体系を確立すること、伝統的な人文教育の改革を訴えること、発展途上国に対する搾取の停止を訴えること）に言及する訴求があり、具体的政策に関する訴求もあり、さらに具体的な社会行為・態度（たとえば、少数民族のイメージを正面から描くようにマスコミに要求することや、LGBTに対して寛容と尊重を提唱すること）に及ぶ訴求がある。このように訴求の内容が千差万別であっても、主張を堅持する人達は、自ら多元文化主義の精神を体現していると信じている。そして反対意見をとなえる人（一方の訴求に反対するとしても、別の訴求に賛同するなど）は、

反多元文化主義者とみなされうるのだ。かくして、多元文化主義を定義づける仕事は困難を極めていく。そうは言っても、パターンや用途を異にする多元文化主義は、基本的に相通じ、共通するところがある。

現代アメリカの多元文化主義の使われ方をいくつか列挙する。

第一に、多元文化主義は、一種の教育思想、教育方法である。1970年代、多元文化主義の概念が最初に言い出された当時、その目的は初等中等教育の現場で増加してきた異民族やエスニックグループの文化伝統を理解することであった。80年代、一部の大学が伝統的な人文学科の内容改革を唱える際に、多元文化主義を借用している。90年代になると、多元文化主義の教育思想がしだいに成熟していった。多元文化主義教育の主張者は、「知識は人類の生活、社会の発展においてとても重要な地位を占めている。知識は中世的なものではないが、知識を構成するその内容は、特定の政治、経済、社会から制約されており、かつ知識を供給伝達する側の興味と立場に影響される。教育は知識が伝達される重要なプロセスであり、公民という集団を塑像するプロセスの要諦である」と考えている。

第二に、多元文化主義は一種の歴史観である。多元文化主義教育者は、伝統的なアメリカ史の内容を改めることを特に強調する。これは、新しいアメリカ史学の目標と完全に合致する要求である。新しいアメリカ史学は1960年代に興りはじめ、社会史学を基礎においている。意図することは、旧いアメリカ史観・史論の是正であり、少数民族と社会的弱者に焦点を合わせて研究し、アメリカ人の歴史経験の多元性を強調することである。現在、多元文化主義史学が成立しているのか否かについて、それは論争に値する課題ではあるが、ともかく多元文化主義が歴史研究に与えた影響は、多元文化主義歴史観を標榜する学者の考えをみれば明確になる。それは、アメリカの歴史と伝統は多様な民族あるいはエスニック集団が共に相互作用を及ぼした結果であり、したがって、もし学生がアメリカ文化の本質と複雑さを理解しようとするなら、すべてのアメリカ人（特に、伝統的史学から排除されてきたグループ）の歴史的体験の理解が必須であるという考えである。

第三に、多元文化主義は文化批評の理論として用いられる。多元文化主義は、ポストモダニズム、構造主義、フェミニズムの類に還元され、伝統的な西洋文明の知的覇権に挑む用語とみられている。多元文化主義者は、「いかなる文明もすべて歴史の産物である。そのうちに特定の価値体系を持っていて、ある文明が他の文明に優越することはなく、主流文明であると自認する理由もない。また、他の文明を差別したり否定したりする理由もないし、ひいては他の文明にとって替わる理由もない」と主張している。西洋文明が、現在の人類の知識構造のなかで支配的な地位にありうる理由の要点は、西洋の資本主義的発展が世界の他の地域をリードし、拡張を続け、同時に重大な偏見をもつ西洋思想・知識を思想的媒体（言語、芸術、文学等）によって世界に拡

散展開していることにある。したがって非西洋社会のインテリが西洋文明に挑戦を試みる時、依然として意識下の西洋文明の思考スタイルに頼ることになる。

第四に、多元文化主義は冷戦後の新しい世界秩序理論ともみなされている。一部の学者たちは、「現代のアメリカ多元文化主義思潮と被圧迫民族が主流民族の圧迫に対する歴史的な反抗とは、本質的には一致し、多元的な社会において人類の文化的な力を保とうと努力することであり、異民族への保護と尊重は普遍的人権として政治的社会的にも正当な保護であると見做すことができる」と考えている。シカゴカルチュラル・スタディーズグループ（Chicago Cultural Studies Group）が多元文化主義について論述した報告において、多元文化主義がつとめて追い求めているものは、冷戦後の社会に相応しい政治モデルであると述べている。冷戦の終結、欧州の統一、アジア太平洋地域の台頭、そして経済のグローバル化等によって、国と国、民族と民族との交流が、頻繁にかつ密接になされるようになった。米国の内部はもちろん世界のあらゆるところで、現実的な——文化と政治を相互に認可し尊重する——関係をつくることが必要とされている。それゆえ、主流文化に対する挑戦だけにとどまらず、多元文化主義は、冷戦後の流動的な関係のなかでさまざまな文化（と社会）をも描き出そうとしている。

以上から、次のように考えることができる。多元文化主義にいくつかの効用が認められる。教育思想、歴史観、文芸批評理論、政治態度、意識形態など種々の側面を持っている。それらに通底するコンセンサスを概括する。（1）アメリカは多民族とエスニック集団で構成される国家であり、アメリカ文化は多元的な文化である。（2）民族、エスニック、性別、文化、伝統を異にするアメリカ人のアメリカ体験はそれぞれ違い、アメリカの伝統を語る時、一つの民族あるいは一つのエスニック集団の歴史体験を基準にすることはできない。（3）ある集団のアイデンティティと権利は多元文化主義を構成する重要な内容であり、アメリカ社会が直面しなければならない現実である。広義に捉えれば、このように異なる使われ方をする多元文化主義が表現しているのは、すべて未来に対する強烈な期待である。

民権運動に関係するいくつかの肝要なところで多元文化主義の台頭が条件となっている。第一に、民権運動は人種に基づく集団が権利獲得のために採る闘争方法であり、これは個人の権利意識の強いアメリカの伝統に対する創意性ある一種の反逆である。しかし、それはまた意識的で有効な組織化の方法でもあり、集団の訴求、集団の権利はこれにより多元文化主義運動の中心的な思想、戦略となった。第二に、民権運動の結果、多元文化主義の台頭が確固とした政治的基盤ともなった。1964年から1968年にかけて、一連の連邦法が成立し、黒人とその他少数民族の政治的平等と公民権を阻害していた法律上の障害が取り払われ、連邦政府が公民権を保障する責任を負うことになった。街頭闘争が法律成立の結果を生むことになった。

多元文化主義の思想は、米国以外からの政治・哲学の思想的影響を受けてもいる。たとえば、先に述べた批評理論としての多元文化主義はフランスの哲学者ミシェル・フーコー（Michel Foucault）の影響を受けている。さらに民権運動後期にはブラックパワー運動が台頭した。その運動は、早期の黒人民族主義の伝統を継承しており、また中国やその他のアジア・アフリカ諸国の反植民地主義思想と反帝国主義思想の影響を受けている。

多元文化主義の意義とその限界について。以上を総括すると、多元文化主義は非常に複雑な概念である。それは、伝統的なアメリカの主流文化に対する挑戦であり、民権運動の成果を守り、拡大するための政治手段・方策でもある。同時に、すでに登場している資本経済のグローバル化がもたらした現状に対する厳粛な理論的探究でもある。それは新しい知識構造を確立し、アメリカの歴史と伝統に対するアメリカ人の認識を改変した。そして、多元文化主義は、異民族、エスニック、性別、性的指向に関係する集団的権益に対する米国社会のデリカシーの醸成を促した。これらの全ては、米国社会の発展にストレートな働きをもたらした。しかし、多元文化主義は、また深層レベルで理論と実践の難題を誘発した。現在の多元文化主義思想とその理論は、これらの難題に向き合い解釈する能力を持ち合わせていない。

民族融合

アメリカ文明の初期段階（一般的に、1607年から1783年前後であるとされる）には、ネイティブのインディアンを除くと、少なくとも二系統以上の移民集団が存在した。しかし、このような多様な出身地を持つ移民構造の存在とグループユニットに捉われない権利要望の出現によって融合が進み、アメリカン民族が形成された。このような現象の存在は、もとよりグループユニットの規模を現代と同じように扱うことはできないが、当時の歴史背景と密接に関係している。はじめに、地域を分割することで、それぞれのグループユニットが独自の発展状況を呈した。ついで各移民グループに共通する課題が経済を発展させ、なおかつ自然環境をめぐる生存競争という根本的な課題に直面した。これにより、各種族集団間の差別と利益衝突が最小化され、共通利益が共同努力を必要とし、新しいアメリカン民族をつくりだした。

移民制限時期

アメリカ文化が成熟と安定を迎える時期——すなわち建国から第二次世界大戦までのおよそ百数十年に及ぶ期間に、多元文化主義にとって未だ経験したことがない課題が生じてきた。この時期、依然として世界中から移民が続々とやって来たが、移民構成と人口構造に大きな変化が起きていた。その中に、1890年代の国境地帯封鎖以前

の時期、西欧・北欧からの旧移民と国境地帯封鎖後から1930年までの時期、そして東欧・南欧からの新移民が主となった時期がふくまれる。そしてこの期間はまた、米国政府の各人種に対する態度のいかんによって独立初期と移民制限時期とに区別できる。独立初期、米国国内の労働需給が急速に逼迫したため、移民を拒否することなく、米国は自由の化身として扱われた。自由の女神像がこのことを証明している。その後、米国の工業化が基本的な完成を見るにしたがい、新移民が旧移民の労働機会にとって脅威となった。そうした情勢が、米国を移民制限に向かわせた。米国政府が各期間に制定した移民政策と移民法案に注目するとみえることがある。それは特に、特定の人種（例えば中国人と日本人）をターゲットに据えた排斥法案と東西半球ごとに異なる移民の数を割り当てたことから、米国の主流社会にもとから存在していたマイナー文化に対する差別排斥意識とそれをその文化の発生国にまで押し広めた事がはっきりとわかる。

人種のるつぼ論

　米国での排外主義思潮の隆盛に呼応するかのように、"人種のるつぼ"論が登場した。"人種のるつぼ"論は、「どのような人種、民族であれすべてアングロサクソン文化に同化するべきであり、主導的地を占めているこの文化の宗主に帰順するべきであり、なおかつ同化に不服であるなら排除されて当然である」と主張する。この考え方の欠点および真の意図がどこにあるのか、ひとまず論じないにしても、"人種のるつぼ"論は、英国から早期に渡って来たその末裔たちが政治経済上の統治的地位を占有し、アングロサクソン文化を主導しかつ多民族に対して同化することを要求しつつ、この基盤のもとに社会を統一する文化を確立したことを反映している。新旧どちらの移民であれ、当時の彼らはそれぞれ異なる文化を携えてやって来たわけで、彼等のあいだでその差異はわかりやすかった。しかし、マイナー文化の地位に置かれていたその他の集団ユニットは、当時はまだそれぞれが声をあげるに至っておらず、多元文化主義が形成される気配がなかった。およその原因を以下に分析する。1.アメリカは成立したばかりであり、統一国家として、アングロサクソン文化のもと一体化し、またその主体的地位を強化しようとしている。2.旧移民も新移民も同じくヨーロッパ人の後裔であるから、文化の源に大きな差異はなく、種族、言語、文化、価値観において米国の主流との径庭はほとんどない。それゆえ彼らにとって同化は重要な課題ではない。3.移民らが移住してから、西部開拓時代と二度の産業革命を経て、アメリカ国民の個人利益は社会全体の利益に属することになった。

多元文化主義

　しかし、"人種のるつぼ"論は、第一次世界大戦が勃発すると、早くも強力な挑戦

を受けることになる。第一次大戦期のドイツ系移民に対する不信感から、"人種のるつぼ"論は明らかに精彩を欠き、第二次世界大戦期も同じ歴史の一幕が繰り返された。日系およびドイツ系アメリカ人は孤立せられ、排斥され、攻撃対象となった。だが、米国化とアングロサクソンに服従する"人種のるつぼ"論に反旗を掲げ、文化の多元化を宣揚する"文化多元主義"が登場し始めた。しかし多元文化の観点は当初、重要視されることはなかった。このような状況は、特に1965年に新移民法が公布されてから実質的に改善された。人種別移民数割り当ての原則が廃止され、米国政府は客観的かつ公平に各種族を処遇しはじめた。この移民法が公布されると、再び移民ブームが引き起こされた。この時期の移民ブームは明らかに依然と様子が違っている。西欧系移民が目に見えて減少し、アジア系とラテンアメリカ系の移民の数が急激に増加した。これは、もともとのアメリカの移民構造に変化をもたらし、これと共に社会の摩擦が激しくなった。戦後60年代、米国社会は歴史的にも経験したことのないすこぶる不安定な情勢にあった。黒人民権運動、新左翼、同性愛、ウーマンパワー、反文化運動などなど、あげればきりがないほど起伏に富んでいる。そうした社会運動の高潮が繰り返され、さまざまな騒乱事件が後を絶たず、人種間の暴力事件が各地で発生し、社会が大きく分裂した。ドイツ系ユダヤ人の青年哲学者ホレイス・マイアー・カレン（Horace Meyer Kallen）が1924年最初に提唱した文化多元主義が装いも新たに、躍動を開始したのがこの時期である。

(以上の参考部分は、ネット上に掲載されている学者諸氏の文章と資料に基づき整理している)

1　馮子標ほか『分工、比較優勢与文化産業発展（分業、比較優位とコンテンツ産業の発展）』北京、商務印書館、2007年、102頁。

2　同上。

3　馮子標ほか『分工、比較優勢与文化産業発展（分業、比較優位とコンテンツ産業の発展）』北京、商務印書館、2007年、103頁。

4　馮子標ほか『分工、比較優勢与文化産業発展（分業、比較優位とコンテンツ産業の発展）』北京、商務印書館、2007年、103頁。

5　湯敏、茅于軾『現代経済学前沿問題（現代経済学における最先端の課題）』（第2集）、北京商務印書館、1993年、53頁。

6　孫継軍「貿易分工理論的演変及其最新進展（貿易分業理論の変遷およびその最新の進展）」、『社科縦横』2006年第十一期掲載、48頁。

7　張二震「国際貿易分工理論演変与発展述評（解説・国際貿易分業理論の変遷と発展）」、『南京大学学報』（哲学人文社科版）2003年第一期掲載、65頁。

8　李懐亮ほか『国際文化貿易教程（国際コンテンツ貿易教程）』、北京、中国人民大学出版社、2007年、63頁。

9　馮子標ほか『分工、比較優勢与文化産業発展（分業、比較優位とコンテンツ産業の発展）』北京、商務印書館、2007年、169頁。

10　李坤望『国際経済学』（第二版）、北京、高等教育出版社、2009年、6頁。

11　孫継軍「貿易分工理論的演変及其最新進展（貿易分業理論の変遷およびその最新の進展）」、『社科縦横』2006

第二章　コンテンツ貿易のモチベーション　　121

　年第十一期掲載、49頁。

12　謝蘭璋「主要国際貿易理論対中国外貿発展的啓示（中国対外貿易発展に対する主要国際貿易理論の啓示）」、
　『経済視角』2011年、第二期掲載、39-40頁。

13　馮子標ほか『分工、比較優勢与文化産業発展（分業、比較優位とコンテンツ産業の発展）』北京、商務印書館、
　2007年、39-40頁。

14　李懐亮ほか『国際文化貿易教程（国際コンテンツ貿易教程）』、北京、中国人民大学出版社、2007年、81-92頁。

15　李懐亮「全球性寡頭壟断世界電影市場（世界映画市場のグローバルな独占情況）」 http://www.dzwww.com/
　qiluwanbao/qilujinzhoumo/200301100581.htm, 2011-4-21.

16　出所：中国新聞網　http://www.chinanews.com/cj/news/2009/10-30/1938537.shtml, 2011-4-21.

17　[仏] Bernard Gournay 著、李穎訳『反思文化例外論（文化例外論再考）』、北京、社会科学文献出版社、2010
　年、24頁。

18　[仏] Bernard Gournay 著、李穎訳『反思文化例外論（文化例外論再考）』、北京、社会科学文献出版社、2010
　年、25頁。

19　出所：彩龍中国　http://www.clzg.cn/wenhua/2006-08/30/content_183107.htm, 2011-4-21.

20　[仏] Bernard Gournay 著、李穎訳『反思文化例外論（文化例外論再考）』、北京、社会科学文献出版社、2010
　年、6頁。

21　[米] N. Gregory Mankiw、梁小民訳『経済学原理（マンキュー経済学／原題：Principle of Economics）』（第
　三版）、北京、機械工業出版社、2005年、57頁。

22　[米] N. Gregory Mankiw、梁小民訳『経済学原理（マンキュー経済学／原題：Principle of Economics）』（第
　三版）、北京、機械工業出版社、2005年、57頁。

23　出所：百度百科　http://baike.baidu.com/view/195818.htm#sub195818, 2011-4-22.

24　[米] N. Gregory Mankiw、梁小民訳『経済学原理（マンキュー経済学／原題：Principle of Economics）』（第
　三版）、北京、機械工業出版社、2005年、78頁。

25　[米] N. Gregory Mankiw、梁小民訳『経済学原理（マンキュー経済学／原題：Principle of Economics）』（第
　三版）、北京、機械工業出版社、2005年、78頁。

26　[米] Robert S.Pindyck ほか著、王世磊ほか訳『微観経済学（ミクロ経済学）』（第六版）、北京、中国人民大学
　出版社、2006年、40頁。

27　呉夢宸「房地産剛性需求影響因素分析（不動産における非弾力需要の影響要素分析）」、『現代商貿工業』、
　2011年、第二期掲載、76頁。

28　盛松寨「剛性需求如何転為有効需求（非弾力需要を如何にして有効需要に転化するか）」、『城市開発』、2009
　年、第十一期、76頁。

29　王国賓「論文化産業的地位与作用（論・コンテンツ産業の地位と作用）」、『北京舞踏学院学報』、1999年、第
　四期掲載、129頁。

30　趙力平「文化産業特徴、功能（コンテンツ産業の特徴と功能）」、『中共杭州市委党校学報』、2002年、第四期
　掲載、22頁。

31　李巍「文化産業的功能価値分析（コンテンツ産業の功能と価値の分析）」、『大衆文芸』、2010年、第七期、6-7頁。

32　周玉波「文化産業価値的経済学分析（コンテンツ産業の価値に関する経済学的分析）」、『求索』、2011年、第
　二期掲載、58頁。

33　柳斌傑「文化産業的経済価値及其他（コンテンツ産業の経済価値及び、その他）」、『中国編輯』、2006年、第
　三期掲載、4-6頁。

34　王永章「文化産業社会効益与経済効益的関係（コンテンツ産業の社会公益と経済価値の関係）」、『光明日報』
　2003年07月09日。

35　李東華「文化産品価値分析（文化製品価値の分析）」、『科技広場』、2006年、第六期掲載、123頁。

36　文曼青「文化産品的価値構成及其市場走向（コンテンツ製品の価値構造と市場動向）」、『編輯学刊』、1994年、
　第三期掲載、22-24頁。

37　陳慶徳「文化産品的価値判定与形式表達（コンテンツ製品の価値判定と表現形式）」、『思想戦線』、2007年、
　第五期掲載、21頁。

38　Rupert Murdoch「文化産業的価値：黙多克在中共中央党校的演講（コンテンツ産業の価値：Murdoch氏の中

共中央党校における講演）」、『対外大伝播』2004年第八期掲載、33頁。

39　韓家炳「多元文化、文化多元主義、多元文化主義瓣析（多元文化、文化多元主義、多元文化主義に関する分析）」、『史林』、2006年、第五期掲載、185-187頁。

40　阿思根「西方族性与多元文化主義原理初探（西欧の族性と多元文化主義の原理に関する初歩的研究）」、『内蒙古民族大学学報』（社会科学版）、2005年、第二期掲載、5頁。

41　王暁ూ「関于'美国化'与全球多元文化発展的思考（"アメリカナイズ"とグローバルな多元文化発展に関する考察）」、『美国研究』、2003年、第三期掲載、90-91頁。

42　［英］C.W. Watson著、葉興藝訳『多元文化主義』、長春、吉林人民出版社、2005年、31頁。

43　［英］C.W. Watson著、葉興藝訳『多元文化主義』、長春、吉林人民出版社、2005年、69頁。

44　［仏］Bernard Gournay著、李穎訳『反思文化例外論（文化例外論再考）』、北京、社会科学文献出版社、2010年、56頁。

45　滕宇思「欧州における文化的アイデンティティ概念の分析と啓示」、『宝鶏文理学院学報』（社会科学版）、2010年、第四期掲載、85頁。

46　陳剛「グローバル化と文化的アイデンティティ」、『江海学刊』、2002年、第五期掲載、50頁。

47　訳者付記。

48　孫永建「身份迷失与価値認同（身分喪失と価値のアイデンティティ）」、『長春理工大学学報』（社会科学版）、2010年、第一期掲載、18頁。

49　［米］Larry A. Samovarほか著、閔惠泉ほか訳『跨文化伝播（Communication Between Cultures）』（第四版）、北京、中国人民大学出版社、2008年、47頁。

50　［米］Larry A. Samovarほか著、閔惠泉ほか訳『跨文化伝播（Communication Between Cultures）』（第四版）、北京、中国人民大学出版社、2008年、2頁。

51　韓方明『公共外交概論（パブリックディプロマシー概論）』、北京、北京大学出版社、2011年、2-3頁。

52　韓方明『公共外交概論（パブリックディプロマシー概論）』、北京、北京大学出版社、2011年、7頁。

53　韓方明『公共外交概論（パブリックディプロマシー概論）』、北京、北京大学出版社、2011年、9-11頁。

54　韓方明『公共外交概論（パブリックディプロマシー概論）』、北京、北京大学出版社、2011年、12頁。

55　出所：新疆日報集団ホームページ　http://www.xjdaily.com.cn/ztbd/2005chmlt/47040.shtml, 2011-4-23.

56　湯仙月「我国対外伝播困境及発展態勢分析（中国の対外伝播の苦境及び発展状況に関する分析）」、『新聞世界』、2010年、第八期掲載、47頁。

57　程曼麗「対外伝播需要新視野（対外伝播需要の新しい視野）」、『新聞与写作』、2010年、第三期掲載、66頁。

58　廖声武「全球化時代我国的対外伝播策略（グローバル化時代における対外伝播方策）」、『湖北大学学報』（哲学社会科学版）、2005年、第四期掲載、465頁。

59　李智「文化軟権力化与中国対外伝播戦略（文化ソフトパワーの権力化と中国の対外伝播戦略）」、『理論与改革』、2010年、第二期掲載、108頁。

60　出所：『浙江社科網』http://www.zjskw.gov.cn/Index/Catalog424/8496.aspx, 2011-4-24.

61　包霄林「文化消費的十大特徴（コンテンツ消費の十大特徴）」、『中国文化報』ホームページ　http://news.idoican.com.cn/zgwenhuab/html/2009-01/23/content_27887018.htm, 2011-4-24.

62　李小牧ほか「国際文化貿易：関于概念的綜述和瓣析（国際コンテンツ貿易——その概念の総括と分析）」、『国際文化貿易』、2007年、第二期掲載、42頁。

第三章

コンテンツ貿易における
市場的制約と非市場的制約

　いつの頃からか、市場における資源配分が資本主義世界の金科玉条のように言われている。しかし1929年から1933年にかけて資本主義は世界恐慌にみまわれ（資本主義の歴史において最も深刻な危機である）、市場ははじめて見えざる手から無力の手に委ねられた。時代の最先端に押し出されたケインズは、国家のマクロコントロールを主張することで、"見える手"にすぎなかったものを"合法的な手"に変えた。これ以降、商品経済、市場経済の世界はこの二本の手の加護のもと、ピークが次々押し寄せ、怒涛のような発展の経路を歩むことになった。

　コンテンツ産業は市場経済の重要な構成要素である。依然として見えざる手と見える手に代わる代わる働きかけられ前に進んでいる。したがって市場要素および非市場要素による制約を受けるのは必須である。同時に、物質製品の特性と異なる特性（とりわけ精神的属性と意識形態特性）を持つコンテンツ製品は、文化消費——特に国際文化貿易において、物質製品貿易と大いに異なる制約を受ける。コンテンツ製品の特長を詳細に捉え、これらの制約とその由ってきたる原因を研究理解し、その枠組みと軌道から外れることなく、またその合理的な力を利用し、過度な制限を避けること、これが本章の研究主旨であり目指す道である。

第一節　コンテンツ製品の特徴

　コンテンツ製品の特徴として主に以下の点があげられる。製品の二重属性、リソースの稀少性、生産過程の物質性、製品生産の市場構造とその調節、製品消費需要とその心理、価値実現のための版権制度、産業連鎖の相関性、などである。

一、コンテンツ製品の二重属性

コンテンツ製品の二重属性には、さまざまな側面、さまざまな解釈がある。文化としては、それは知識であり商品でもある。文化は、社会経済発展の各段階で作用を及ぼしている。パワーを注入し、創意を刺激し、結集力を形成する。それは一種の知識として、社会の各分野で用立てられ、効果をあげる手助けとなる。同時に、それは商品として姿をあらわし、コンテンツ産業を形成する。情報経済、知識経済の重要な組成要素であり、大多数の先進国の支柱産業である。

黄宗智氏は、文化交流と多元文化の立場を起点に、文化の二重性は一個人が二種類の異文化に共時的に関わることであり、言語の二重性は一個人が二種類の言語を操ることだと指摘している。二言語を使用している時、両方を相互に対訳しながら、なおかつ意味の多義性を全く生じないかあるいはきわめて少ない状況が存在する。たとえば、具体的な物体（ブタ、イヌ）あるいは簡単な観念（cool、hot）という場合である。しかし避けえない事態がある。ある単語は、二種類の言語において見かけは対等であるが、使用に際してきわめて違う文化的内実に関係することがありうる。この時、言語の二重性は文化の二重性としてあらわれる。[1]厳密に言えば、これは文化の二重性のことではなく、個人による言語文化の多様な修得、熟知、運用のことである。

ある人は、文化のプラス・マイナスの機能から文化の二重性を分析し、「文化は我々のために文化の福利を図ることができるし、かつまた我々に災厄をもたらすことも可能である」、と考えている。米国カリフォルニア大学人類学教授ロバート・ロビオ（Robert rovio）氏は、次のように指摘している。「古代人はそれなりの文化をつくりだしたが、その貴重な遺産のなかには少なからぬ"滓"が混在している。後世の子孫は石を削ってナイフを作ることを学び、ナイフで指を切断して喪に服したり、神を祀ったりすることも学んだ。銃火器は獣を殺傷するが人類も殺す。君主は法を作って国を治めもするが、刑罰を以って民を苦しめる」。米国の歴史学者L・S・スタヴリアノス（Leften Stavros Stavrianos）は、「文明とは、福なのか、あるいは禍なのか」と言っている。《人類文明の功罪》という本を著した作家もいる。歴史あるいは現実の生活の中には、文化価値の二重性の問題が至る所に見受けられる。

マルクスの商品価値に関する分析によれば、交換価値と使用価値は商品に凝結されており、それは人間の労働一般の表現形態である。物質製品の使用価値において実用性と耐久性とはそれぞれ異なる重みがある。コンテンツ製品もまた交換価値と使用価値を併せ持つが、使用価値として求められていることは、斬新さ、美観、啓発、共感などのように、主として人の心を揺さぶるものであり、知識の伝達、教育、審美、娯楽などの機能を有するものである。

文化の進化からコンテンツ産業の二重性を捉えようとしている人は、それは有形と

無形の統合されたものと考えている。コンテンツ産業には、物質的成果が存在する。たとえば、映画、小説など各種出版・印刷・発行、テレビドラマ等、みな有形である。一方、別の本来の姿は民族教化にある。どんな商品であれ、いかなる経済行為、いかなる産業であってもこのような二重の機能を持っている。ある民族の文化産業の繁栄の程度と文化産業に対する消費水準は、その民族の発達の水準と文明の水準と同義である。もし、コンテンツ製品の消費が不可能であり、あるいはコンテンツ製品の消費欲望が欠如しているなら、その民族の後進性を示しているか、その民族が非常に立ち遅れた状況にあることを示している。

　コンテンツ製品は、精神と物質という二つの属性を持っている。まさにマルクスが、「一切の芸術と科学の商品——書籍、絵画、彫刻などが、表現された物としてあるなら、それらはすべて物質製品に含まれる」と述べた通りである。コンテンツ製品の二重属性は、その生産プロセスによって決定づけられる。大多数のコンテンツ製品は、精神的生産プロセスと物質的生産プロセスという二つの段階を経る。前者はコンテンツ製品の創意と設計の段階であり、後者はコンテンツ製品のコピーと大規模生産の段階を指す。コンテンツ製品の持つ物質性と精神性のゆえに、コンテンツ産業は経済効果と社会効果という二重の効果を具現する。物質的生産プロセスでは、必ずローコストハイリターンの経済法則に則って事が進む。生産、流通、分配、消費のプロセスでは、価格メカニズム、競争メカニズム、需給メカニズム、リスクメカニズムの制約に従う必要がある。その一方、コンテンツ製品は一種の精神的商品であるから、人生観、価値観、世界観の造成に大きな作用を及ぼし、人々の思想観念と一定の団結力形成に影響する。とりわけ社会主義中国にあっては、「コンテンツ産業は“拝金主義”を崇めてはならない。人民と社会主義に奉仕する方針を忘れてはならず、現代の生産力発展と社会の進歩する要求に相応しい、人々の精神を奮い起こす様々な文化的消費品を提供することに勤めること、すなわち社会的効果と公益を最高原則にしなければならない」。

　コンテンツ生産は、文化的意識形態そして市場商品属性を併せ持っている。コンテンツ製品のこうした二重性によって、コンテンツ製品生産者とそれに関わる部門は経済効果と社会効果を重視する必要性を決定づけられている。コンテンツ産業は一種特殊な産業分野である。それは、精神生産と商品生産、物質文明と精神文明の更新、社会効果と経済効果という二重属性を持っている。中国のコンテンツ産業を発展させるためには、経済効果を追求し、同時に社会効果をも追求する必要がある。

　コンテンツ製品は二種類の物質化形態をとる。一つは製品、一つはサービスである。それには共通する特徴がある。すなわちそれは、コンテンツに内包されている精神属性あるいは精神要素が消費者の精神的需要を満たすことである。人々が受容し体験する各種の文化思想と文化形象の内実によって、人々は自然、社会、人生の真善美と偽

悪醜を悟り、心が影響され、揺さぶられ、精神的満足を得る[2]。

コンテンツ製品の意識形態はコンテンツ製品の精神性に付随している。マルクスとエンゲルスは、意識形態を経済構造に対応する唯物史観の範疇の問題として捉えている。意識形態をある社会の経済・政治と直接関係する観念、観点、概念の総和と捉え、そこには政治思想と法律思想、道徳、文学、芸術、宗教、哲学とその他の社会科学意識形式が含まれる。意識形態は、社会の経済的基礎、政治制度、人と人の経済・政治関係を反映する。意識形態の種々の形式は生産と労働に基づく社会物質生活を起源とする。文化はそのような意識形態の属性を有し、すなわち上部構造に属する。したがって、文化と経済が結合することによって形成されるコンテンツ産業は必然として意識形態の属性をそなえ、そしてその生産過程とコンテンツ製品を通じて、製品そのものとその意識形態との一致性を表現する[3]。

コンテンツ対外貿易において、コンテンツ製品の物質的生産過程と物資的属性のゆえに、経済効果の追求をしようとするなら、必然として経済法則に照らして事を行なわなければならないし、必然として市場的制約を受けなければならない。同時に、このグローバル化の時代の只中にいる民族国家は運営主体として、コンテンツ製品の精神性・意識形態性のゆえに、それと統治階級の意識形態と一体化を目指す。したがって、コンテンツ製品の貿易は民族国家の正当性に関わるだけでなく、為政者の統治地位にも関わる。このことから言えることは、コンテンツ貿易もまた一般的な物質製品と異なる、特殊な非市場的制約を受けなければならない。

二、コンテンツリソースの稀少性

《国富論》の著者アダム・スミスは社会経済発展に関して楽観主義者であった。人々が富の増大を推進するパワーにあれこれ悩み惑っている時、彼は二つの法則を発見し解答を与えた。まず、蓄積の法則によって社会の富が絶えず増加すると彼は考えた。富の増加が一定レベルに到達して障害に出くわす時、解決する方法が第二の法則である。すなわち、人口の法則である。彼は、労働者は商品と似ている。需要に応じて生産できるから、と彼は考えた。この二つの法則を通して、富はたえず増加する。「誰もが天の恵みの一部を享受できると信じ得る十分な理由がある」。しかし「視野をはるか先まで広げてみると、社会の最終的な帰結が浮かんで来る。その時は、社会の資源がついに枯渇し、蓄えの継続が不可能になる。したがって、'自然的'賃金水準は、一定の長い期間を経て、徐々に上昇した後、最低レベルの生活を維持する程度まで下落するだろう[4]」。

まさにこの一点に注目すれば、マルサスとリカードは社会経済発展に関して悲観主義者である。マルサスは、現実の人類社会と永久に平和であり富裕なユートピアとの

間には、越えることができない障害が存在すると考えた。いわゆる《人口論》で、彼は現実からかい離した調和世界の幻想を一挙に打ち砕いた。彼は、「目の前にある現実の趨勢は、生活資源の供給量が増加する人口数に対応できないことである。社会は永遠にそのレベルを上げ続けるわけではなく、絶望の罠にとらえられることも起こり得る。この時、人類の生殖の欲望は人類を生存の瀬戸際に間違いなく追い込むに違いない」と考えた。リカードにスミスのような楽観的な観点はないが、彼が描いた世界はマルサスほど悲観的ではなかった。

　これらの大経済学者の社会の富に対する考え方は違っているが、そこにも共通することがひとつある。すなわち、人口の需要の無限と資源の稀少性との矛盾である。ある日、もしこの矛盾が解消されたなら、我々は責任を持って、「経済学と経済学者は死滅した」と宣言できるだろう。

　資源が稀少であるから、社会資源の管理はとりわけ重要である。稀少性が指し示すことは、社会が有する資源に限りがあることであり、物品と労務を人々が望むだけ生産することが不可能だということである。一家庭の構成員全員に望むものを等しく、所属する家庭が与えられないことと同様に、ある社会の構成員の一人一人が目指す最高レベルの生活を社会が全員に提供できないのである。[5] したがって資源が有限であることから、人類は経済学とその理論を駆使して、社会のあらゆる事物を管理し調節することが必要であり、それらと人間との関係性を研究し、需要はどれくらいか、現有資源でどれだけ生産可能か、持続的発展するためにはどれだけ蓄えが必要かなど、そうした計画性を持つことが必要だと我々は理解できる。社会生活において資源は、資源の製品化、価格問題、需給の法則、商品消費など、経済学のあらゆる特徴をそなえている。

　以上で述べてきたことは、物質製品に関することである。精神性に関係するコンテンツ製品について、その資源——リソースの特性にどのようにアプローチすればいいのだろうか。どのようにリソースを管理すべきか、また可能性に満ちたそのリソースを社会のなかでの適切な配置をどのようにしたらいいのであろうか。

　コンテンツ製品のリソースについて二つの側面から理解を試みよう。一つは、コンテンツ製品の原材料としての文化的要素、もう一つは、コンテンツ製品の魂とも核心ともいえる創意的要素である。現存する地域・民族が伝承してきた本来の文化は、大衆コンテンツ製品の文化要素的資源である。いろいろな民族文化に対して優劣の区分けはできないと我々が認識していても、民族ごとに文化の種類と数量に多寡の区別がある。たとえば、エスキモーとエジプトとをみると、こちらの文化が他方の文化よりすぐれていると言えないが、少なくともエジプト文化の種類と数量がエスキモー文化より多い点は肯定できる。この意味において、もしエスキモーとエジプト人が同様に大衆文化製品を生産するとしたら、前者の文化要素的資源が後者より少ないことは必

然である。以上のように、異なる民族の文化要素的資源の稀少性の比較はできる。一民族の発展を時間の縦軸で捉えてみる。人の無限の需要の前では文化資源は有限であることを考慮すれば、中国は五千年の中華文明を有するが、大衆コンテンツ製品の供給をみると、それが必要とする原材料すなわち文化要素的資源はやはり有限である。それゆえこれらの資源に対する管理を必然的おこなう必要がある。たとえば非物質的文化遺産の総量はとても多いので、個人的に所有し鑑賞するなど不可能である。ただ、制限を設け管理することで人々のそれに対する消費をコントロールできる。

　二つ目の側面、創意的要素資源はもっと複雑である。一般的に言えば、精神的なものであるから、用に供しても当然際限がない。それだけでなく、特有の（とりわけ非再生的）性質をもつ資源——総量に上限がある——とは異なり、再生可能な資源であるが、精神的なものとしてのライフサイクルがある。でも理屈から言えば、人の精神的消費需要は満足を得ることは可能である。しかし、ふたつの原因によって制約を受ける創意的要素資源がある。原因の一つ目は、人間の精神的消費需要が無限であり、そこは物質的需要と違っている。たとえば、とてもお腹の空いている人が、続けざまに10個の饅頭を食べても満腹にはならないものだから、彼はさらに続けて5個を食べ、これでようやく消費需要が満たされた。同様に、車を求めている個人消費者は一台購入すれば、消費需要を基本的に満たすことができ、車の卸売業者でないのなら、さらに3台、5台と買おうとはしないだろう。しかし、精神的文化的消費に関しては、需要に限界はない。今日、《雲南印象》に感動しても明日になれば《少林寺拳法》が観たくなり、明後日はたぶん《麗水金沙》だ。さらに明々後日、さらに次の日はどうなることか。必ず、以前観たものと違うものを求める。このように、さらに多くの創意を凝らし、さらに多くの大衆コンテンツ製品を制作することが求められる。ここでもっと重要なことは、このような資源としての創意は以前と違っていなければならず、同時に以前のものより優れているか、あるいは少なくとも劣っていてはいけない。そうしなければ、消費者の需要を満足させることはできない。言い換えると、異なる創意で異なるコンテンツ製品をせっかく創っても、消費者がじかに体験せず、うわべの評判だけに影響されて購入することがないなら、それは赤字の商売となってしまう。社会的にみても、社会的効用を増すどころか社会資源の浪費につながり、資源の稀少性と消費需要との間の矛盾がさらに激化する。

　以上の事柄を了解するなら、《ハリー・ポッター》《ロード・オブ・ザ・リング》《カンフー・パンダ》《木蘭》《雲南印象》が何故ヒットし、一部の映画、歌舞の作品が何故見向きもされないのか、コンテンツ市場の現状が理解できる。

　資源の稀少性という概念を整理してきたわけだが、ここで立ち返って、資源そのものの概念をすこし解読し、文化資源は実質的には経済資源の一種であり、商品生産によって市場化・産業化に発展する現実的な基礎があることを論証したいと思う。

資源の一般的な意義は、自然界および人類社会の中の人類にとって有用な資財の全てを指している。換言すれば、自然界と人類社会のなかでの有用物はすなわち資源であり、無用物はすなわち資源ではない。したがって、資源には人類が活用する一切の自然物——例えば太陽光、水、空気、鉱物など——が含まれる。さらに、人類の労働が製品という形式をとって実現する有用物——建物、設備、消費財など、そして無形の資材——情報、知識、技術、もちろん人類自体の体力知力も含まれる[6]。

　資源一般について言うと、それは地理資源と社会的資源とに分けることができる。こうした概念が想定する範囲はきわめて広いので、各業態の研究者はそれぞれ自身の求めに応じてその範囲を、鉱物資源、水資源、観光資源、文化資源等のように様々に定めている。生産と消費の需要からみると、すべて生産要素資財に入れられる。もしくはそれを総称して経済資源と言っている。経済資源は、地理・自然、社会的資源の外に独立するものではないから、その中に含まれるが、ただ“経済”という言葉を冠して他の地理資源、社会的資源と区分されている。

　それでは、経済資源とは何であろうか。その一般的な特徴はどんなものであろうか。王忠良氏の説に基づけば、経済資源とは人類の経済活動と連係して共に存在するものである。その特徴の一は、人類が求める資財のなかで、生産要素としての資財であり、物質原料、土地・工場、労働工具と労働力等が含まれるが、作りだされた製品としての最終消費商品はこれに含まれない。二、経済資源とは、人類の生産活動において稀少（再生不可能）な資源を指す。水、空気に稀少性はないから、それは経済資源ではない。三、経済資源の用途に選択可能性がある。もし、ある資源が有用であり、なおかつ稀少なものであるが、ただ一つの用途しかないとするなら、それは経済資源ではない。

　ある学者は、文化資源を文化歴史資源と文化現実資源とに分類する。文化歴史資源は前人の創造物の凝集されたものであり、実物の形態の有無によって、有形文化歴史資源と無形文化歴史資源とに区分けし、その典型的な代表例は文化遺産である。後者は、人類の労働による創造成果の転化したものである。包含されるインテリジェンスのあり方によって、智能文化資源と非智能文化資源に分け、重点は智能文化資源にある[7]。

　この区分と本論文の文化資源の区分は基本的に一致している。大衆コンテンツ製品の生産要素である文化歴史資源（原材料）と文化智能資源（創意）は、前文で重点的に分析した稀少性以外に、コンテンツ製品生産が必要とするものであることは自明である。科学技術と物質経済の発展によって、人々は単純な物質消費から一様に抜け出し、精神的消費の時代に入っている。限りない精神的需要のおかげで、文化生産要素の増加が切望されている。観光地で伝統文化の発掘が絶えずなされていることが、この十分な証左である。雲南民俗村では、観光客誘致のために、各少数民族の村落建設

を進める以外に、さまざまな民族ごとの伝統文化（佤族の鼓、佤族のヘアネット、佤族特有の米酒など）をたえず採用して、観光客の需要に応えようとしている。

文化資源の用途は多様な発展可能性を持っている。たとえば、雲南の少数民族の歌舞から、《雲南印象》が創られ、さらに《花腰新娘（Huayao Bride in Shangrila）》《阿詩瑪》などの映画が撮られ、そのほかに図版や図書が出版されている。とりわけ、デジタル技術の出現によって、メディアと文化資源の融合がさらに多くの可能性を生み出している。このように文化資源のすみやかな流動性と合理的な配分を促し、文化資源を生産要素として適切に投入することで効果をあげ、規模の経済と範囲の経済を実現するのである。このような効果の実現には、経済学の知識の運用による指導と計画性が求められ、大衆コンテンツ製品とその産業は、おのずから経済学の大きなレールの上を走ることになる。

三、コンテンツ製品の消費者需要

いわゆるコンテンツ製品の消費者需要とは、実のところコンテンツ製品の有用性、すなわち使用価値を指す。人がコンテンツ製品を消費するのは、その精神需要が満たされるからであり、消費者の心身、仕事、経済政治思想、社会的交流などの分野で作用、価値があるからである。

マルクスは次のように述べている。商品、まずそれは我々の外界にある対象であり、その多くの性質ゆえに人類の様々な欲望を満たすことができる。欲望はその性質の如何――たとえば胃袋から生じたのかもしくは幻想が生み出したのか――を問わず、みな同じである。物自体が有する性質、それに有用性があり、その有用性が商品の使用価値となった時、ようやく我々の考慮の対象となる。有用性の比率がふさわしければ、ある使用価値が別の使用価値と完全に一致する。この場合、使用価値は商品ごとに異質なものであるが、交換価値として見た場合、ただ使用価値の量的比率の違いだけであり、使用価値という原子が含まれているわけではない。[8]

このようにみてくると、コンテンツ製品の有用性はそれ自体の性質に源がある。第一に、コンテンツ製品の性質は物質的製品のそれとは違っている。精神的製品と物質的製品の違いは意識の流れと物理的原子の違いである。構成する材料が異なれば必然的に異なる性質が作りだされる。第二に、コンテンツ製品のタイプが違えば、その性質は異なる。たとえば、コンテンツ体験型旅行、ポップス、ダンス、演芸、ヴィジュアル作品、放送プログラム、報道出版、図書、デジタルとネットメディア、手工芸品、イベント、レジャー等、これらの性質には歴然とした違いがあり、代替え不可能な使用価値をそなえている。第三に、タイプが同じコンテンツ製品であっても、形態とスタイルによってその性質を異にする。たとえば、ヴィジュアル作品に変わりがないが、

《マビノギ》と《風と共に去りぬ》、《錦衣衛》と《イップ・マン》、《カンフー・パンダ》と《木蘭》、それぞれの性質が正に異なっている。だからこそ、消費者のいろいろな欲望を満たし、人々から受容されるのである。しかし、もし性質が違うからと言って、物資的製品と精神的製品にどんな区別があるのかというなら、次にあげる第四の異同こそが精神的コンテンツ製品に特有であると納得してくれるだろう。つまり、同じ種類のコンテンツ製品であっても、受け取る消費者が違えば、その性質は違ってくる。それはパンとご飯の関係とは違う。消費者にとってその二つの性質は空腹を解決するものである。空腹を逃れることで欲望を満足させ、生存することができるように使うからである。

　コンテンツ製品というものは、同種の製品であっても、消費者が異なることによってその性質の現れ方が違ったり、時には両極端の性質を現したりする。これは文学の研究にも当てはまる話である。千人の読者の目のなかに、千人のハムレットがいる。さらに一歩進めると、同じコンテンツ製品、同じ消費者であっても、時間が違えば性質も異なる。これはヘラクレイトスの哲学に似ている。人は、二度と同じ川の流れに足を踏み入れることはできない。当然、これは相対論ではない。コンテンツ製品の性質に対する一種の弁証法的解釈である。前者に関して、欧米の学者の理論が証拠となり得る。

　スチュアート・ホール（Stuart Hall）は、テレビ言語の流通について述べ、これを三段階に分け、各段階は相対的に独立する成立条件があると考える。第一段階はテレビ言語の"意義"の生産である。すなわちテレビ業界・業界人による原材料の加工である。いわゆる"コード化"の段階である。第二段階は"成品"である。この時のテレビ作品は、開放された多義的言語のシステムである。第三段階は最も重要な段階であって、これは視聴者による"脱コード化"の段階である。視聴者は必ず"脱コード化"できるし、そうしてこそ"原義の翻訳"を獲得できる。換言すれば、もし視聴者が観ても聴いても理解できないなら、"意義"を獲得することができず、消費することもない。"意義"は流通されることもない。最終的に、テレビの"製品（作品）"が使用されることがない。ホールは"脱コード化"には三つの方式があるとする。一つは、従順的脱コード化の方式。これは、コード化されたコードと脱コードとが双方調和的であることを意味する。二つは、協議方式である。大多数の視聴者がこの方式を脱コード化のやり方にしている。つまり、完全に同意するか、完全に否定するかのどちらかである。三つは、対抗方式である。視聴者は製品が伝達しようとしている意義をおそらく知っているが、しかし、明確に相反する立場で脱コード化を行なう。

　脱コード化理論は、コードの読み取り手がコンテンツ製品使用時に発揮する主動性を突如明確にした。同一のコンテンツ製品を読み取るにもかかわらず、コンテンツが持つ情報・意味内容が読み取り手によって異なり、ひいては相反することがあり得る。

文芸美学理論の研究は、作者が中心となる作者本位から作品本位、さらにダイレクトに読者本位に至る変遷を経てきた。これは、コンテンツ製品がその豊饒さを極大化する時代の到来を示すメルクマールであり、読者の作品受容に内在する法則研究を中心に据え、現代読者に焦点をあてた受容理論の形成につながった。これは1950年代、ある文学批評理論に端を発している。ハンス・ロバート・ヤウス（Hans Robert Jauss）、ローマン・ヴィトルト・インガルデン（Roman Witold Ingarden）、ヴォルフガング・イーザー（Wolfgang Iser）等がその代表的理論家である。彼らの理論で共通することは、従来の主要な文学理論である"作者中心論"からの脱却をめざし、"読者中心論"の確立を志向したことである。文芸美術の本旨は読者によって読み解かれ、様々な意義を生み出す。このような個性的な受容こそが重視されるべきと彼らは考える。インガルデンは現象学の観点から読者の反応を研究し、ヤウスは作品の本旨に対する読者の受容意義の生成とその文学史的研究法の啓示に注力した。[10]

"コード化――脱コード化"理論と受容理論は、読者によるコンテンツ製品性質の読み取り方がそれぞれ異なっており、消費者それぞれが製品に対する自身の実際の体験と認識に基づいて、自己の需要を満足させ得ることを雄弁に語っている。コンテンツ製品に則して言えば、それはまたさまざまな消費者の性質による転換を受け、そこに同じように使用価値が実現される。

四、著作権制度と価値実現

マルクスは、商品価値の表現形式が交換価値であると考えた。ヒツジ一匹は100キログラムの穀物と交換できるとする。そうであれば100キログラムの穀物がヒツジの交換価値であり、ヒツジ一匹の価値を体現している。商品の交換関係において、商品の交換価値はその使用価値とは完全に無関係であるかのようにふるまう。したがって、商品の交換関係あるいは交換価値において表現される共通のもの、すなわちそれが価値である。[11]この価値はつまり、抽象的人間労働であり、当然、この価値は社会が必要とする労働時間によって決定される。商品の使用価値は商品性質がさまざまであることに起因していて、もし使用価値を基にして交換しようとするなら実現不可能である。なぜなら、種々雑多な商品の性質の釣り合いをとるは共通物がないからである。しかし、価値とは、抽象的人間労働一般である。正にこのことによって、種々雑多な商品が社会のなかで流通し、交換されうるのである。

科学技術と経済の発展が、全地球規模の生産、流通、消費にも大きな波を引き起こしている。地域、国家、民族を問わず人の往来によって、互いに理解したいという欲求が切実になっている。このため、情報の地位がにわかに高まってきた。市場がグローバル化し、常に変化する政府、社会、組織、戦争が時々刻々人類の生活に影響を及

ぼしている。グローバル化とは、人と人の関係が相互依存化していくことである。ある地域、ある分野で変化が一旦発生すると、政治、文化、生活、社会などに全地球規模の影響をあたえる。この点で、バタフライ効果がシリアスに明示されている。あらゆる変化において、情報のタイムリーな理解と把握の異常なほどの重要性が浮かびあがって来た。最も早くかつ全面的に情報を把握すればするほど、競争社会における主導権を占有できる。

　情報は非常に貴重な資源となり、情報経済学の誕生は時勢に適ったものである。情報は、客観世界の種々の事物の変化と特徴をもっとも新しく反映したものである。情報は、新しい知識、新しい状況またはニュースの新しい内容であり、加工されたデータである。情報製品はある情報が内在している製品のことであって、狭義ではソフトウェア、教育製品、娯楽製品、知識製品が含まれる。広義では、デジタル化——二進法によるコード化——できるあらゆる製品である。たとえば、書籍、雑誌、音楽、株式市場の状況、スポーツの試合の得点状況そしてネットのサイト等、これらはみな情報製品とみなされる。もし、人々のある種の需要を情報の交換によって満足させうるなら、情報製品は情報の商品となる。楊文宇氏は、情報製品の主要な特性は、再現性、公共性、ネットワーク外部性、経験価値製品性であると指摘している。ある学者によれば、情報は一種特殊な商品であって、一般商品としての属性以外に次のような特性がある。1.生産手段は情報資源である。2.従事者に高い素質が要求される。情報従事者は、比較的高い分析能力、優秀な専門技能、堅実な言語的基礎と比較的多くの実践経験が要求される。3.情報製品は主に頭脳労働によって生産される。それゆえ、製作者は生産された情報商品の知的財産権を有する。4.単位情報商品の価値はきわめて大きく、それに投入された科学技術量も非常に多い。5.商品の独占性が強く、市場占有率が高い。

　情報商品価値を分析する理論には、主要なものとして、労働価値論と非労働価値論がある。前者は、我々にとって理解がしやすい。後者に関しては、論者の意見が一致していない。ダニエル・ベルは「知識が自身に相応しい形式をとり、ある種の系統だった方式でリソースの交換プロセスに——発明とか社会的スキームの助けを借りて——組み込まれる時、知識（労働ではない）はすなわち剰余価値の源泉となる」と述べている。また、ジョン・ネイスビッツは《メガトレンド》のなかで次のように述べている。「情報社会では、価値の増大は労働を通じてではなく知識を通じて実現される」。

　効用価値論者の考えは以下のようである。どのような労働であれ情報商品の価値量を確定することができない。情報商品の価値は、消費者の心理的体験として表示され、情報商品そのものに内在する性質として表示されるものではない。その価値は、消費者の欲望によって決定され、価値の実体は計測され得る効用である。

　多元的価値論者によると、情報製品の生産プロセスにおいて、知識はイノベーショ

ン能力をそなえているから、知識は必然的に価値創造に関わる。このほか、現代の機械は一定の人工知能の働きをそなえているから、それらもまた価値の創造に関わっており、商品価値を創造する主体のひとつである。したがって、情報商品の価値は労働、情報リソース、情報設備が共同で創るものである。

労働価値の二元論者は、情報商品の価値の源泉は、顕在的源泉と潜在的源泉の二つの次元にわけられると唱える。前者は、人類の抽象労働を指し、情報商品の価値の実体である。これは源泉として唯一性のものである。後者は、商品価値の潜在的な源泉を形成するものである。すなわち、種々の生産要素のことであって、資本、情報リソース、情報技術と設備である。それらは、価値増殖の潜在的可能性を持っている。

広義の知識商品生産には、オリジナルな知識商品生産とそのコピー生産という二つの段階がリンクするものである。創始的であり、かつ交換に供することが可能な、人類の知力の成果であるオリジナルな知識商品が、いったん生産されたなら、それは人類の認識水準が、知力の成果によって体現されている高みに到達していることを意味している。知力の成果は本来的に使用に際して非排他的である。したがって、それと相似の知的労働を行なうことは無意味である。要するに、オリジナル知識商品は唯一性を有している。[14]

コンテンツ製品に代表される情報商品と物質商品とは違っている。前者の生産は二段階に分かれている。コンテンツ製品の第一段階は製品の着想、構想、企画であり、個人の創意、才能、インスピレーションを存分に発揮することが求められ、過去のコンテンツ製品と違うものを立案することが必要である。つまり、コンテンツのオリジナル製作段階である。第二段階は、オリジナル製品の標準化生産段階である。工業化された大規模な生産設備によって、大量のコンテンツ製品をコピーする段階であり、そして消費市場に送り出す。この段階は物質製品の生産法則と異なるところはない。

正にこの二つの段階の存在のゆえに、コンテンツ製品の価値をめぐる論争が起きている。究極の原因は、知識がその問題の中心にあることだ。人は往々にして知識は一般の生産労働と違うと考えているが、知識はとどのつまり人類が物質世界に働きかけてきた実践的な認識と経験の結果であって、人類の一般的労働がもたらしたものに変わりない。コンテンツ製品の価値は、この製品をつくりだすために社会的必要労働時間によって決定されるのは必然である。ただその社会的必要労働時間は知的製品生産労働時間の範疇で計量されるものであり、他の物質的な労働時間と混合して評価され得ないのである。

当然、コンテンツ製品には第二生産段階が存在し、そのうえ流通の各段階があるのだから、付加価値が必然的に増殖されていく。したがって、コンテンツ製品価値の計量にはオリジナル製作段階、コピー製作段階、流通段階を含まなければならない。

コンテンツ製品の価格を決定する際に、これら各段階のコストを加える必要があり、

そうしてこそコンテンツ製品の価値が実現できる。ここでコストについて考えてみると、オリジナル製作段階のコストが最大であり、コピー製作段階では非常に小さいことに気がつく。つまり、コンテンツ製品のオリジナル製作コストの回収と利益を取得するには、非常なリスクをともなわざるを得ない。デジタル技術とネット技術の登場によって、コンテンツ製品のコピーコストは限りなくゼロに近づいている。映画の例をみると、一本の映画の投資額は数千万元、多いのになると数億、はては十数億元になり、コストは非常に大きい。《孫文の義士団》の投資額は1億5千万元、《孔子》は1億5千万元弱、《錦衣衛》のコストは間違いなく一億元を超え、《木蘭》（趙薇版）の投資は1億元、《トレジャー・オブ・エンペラー 砂漠の秘宝》の投資もまた1億元である。デジタル技術を使ってこれらの映画のDVDを制作するなら、コストは1元に満たず、インターネットで配信すればその費用、コストはほとんどゼロと言っていい。これらのオリジナル映画がまだ市場で上映されないうちに、そのコピーがきわめて安い価格で消費者の手に大手を振って行き渡ることをちょっと想像してみるといい。巨額の投資をしてまで映画を撮影しようと誰が思うだろうか。

　この問題を解決する方法が版権制度である。正に版権制度の実施のおかげで、原作者のコスト回収と利益の実現が保証されたのである。版権制度があることによって、コンテンツ製品は市場法則に照らし生産され、分配、流通、交換と消費がなされ、最終的にその価値が実現される。

　版権と著作権は同義である。版権、著作権は、外来語のコピーライトを翻訳したものである。1875年日本の啓蒙思想家福沢諭吉が"版権"と翻訳し、それが中国に伝わった。1899年、日本の法律家水野連太郎が版権を"著作権"と翻訳し"版権"に替えた。《大清著作権律》および北洋政府、国民政府は関係する法律のなかで"著作権"の言葉を踏襲している。香港、マカオ、台湾の各地域においては、著作権は作品制作の権利すなわち作者の権利を指し、版権は出版社の権利を指している。そして、中国大陸で今日いわゆる版権と言えば、諸般の事情のもと作者と出版者の権利を指している。要するに、版権とは文学、芸術、科学作品の作者がその作品に対して有する権利のことであり、財産権と人格権を含んでいる。

　"版権産業"の概念の最も早い登場は1978年スイスが最初である。米国ではこの産業を四つの分野に分けている。第一の分野は、最も中心となる版権産業である。すなわち、直接版権を有する作品を創作し、版権保護を受ける製品を生産する業界である。たとえば、ヴィジュアル業界、レコード業界、書籍、雑誌、新聞出版業、ITソフト産業、広告業およびラジオ局、テレビ放送業などである。二つ目の版権産業の分野は、製品の一部分を構成する版権を持つものである。たとえば建築業やアパレル産業である。三つ目は、版権流通産業である。それは、版権を有するものを市場に送り出す業界で、発行・配給業、運輸サービス業、図書販売代理業と小売業などである。第四は、

版権作業をとりまく産業で、テレビ受像機、コンピューター設備産業などである。[15]

　具体的に言えば、コンテンツ製品は第一の分野に属し、版権産業の中心である。このように見てくると、版権は実際、コンテンツ製品の核心をなす資源である。我々はこれまでコンテンツ製品のリソースの二元性に触れ、第二の側面である創意が最も重要なリソースであり、最も稀少であり、このリソースが製品の核心の競争力を決定づけることを見てきた。このような創意のリソースを保護することこそ版権である。我々が生産し流通にたずさわるなかで、交換に供しているものがこの版権である。この過程で、使用権を購入しあるいは所有権を購入している。売買において譲渡されるものは版権である。オリジナル生産者あるいは再投資者は、製品の市場化・産業化生産に直接に参与するか、あるいはオリジナル生産者から人格権や知的財産権の譲渡を受けることでその他の投資家がコピー製品生産者となり、工業化された大規模生産を進めていくのである。

　この版権制度のゆえに、コンテンツ製品の流通は物質製品の流通との大きな違いを際立たせている。主な違いを国内市場と国外市場の両方にみてみよう。国内市場は、有形な流通と無形な流通がある。たとえばCD、図書、新聞・雑誌等の刊行物、これらは実物の形式で交易され、映画やヴィジュアル製品、歌舞・演劇、レジャー娯楽、コンテンツ旅行などは実際の物体がない純粋に体験型の消費である。そこには、一定の媒介物体（テレビ、映画館、劇場など）を介して消費者との交易関係が発生する。人々が消費するのは純粋に精神的なものであって、実体をそなえた物質を購入する必要がない。

　国外市場、すなわちコンテンツ製品貿易は二つの分野にわけられる。一つは、クリエイティブな内容を持つ実物の貿易である。たとえば、図書販売イベント、CD・DVD販売、歌舞実演など。二つ目は、権利の売買すなわち版権貿易である。これは物質製品と区別される独特なものであり、物質製品の国際貿易ではなかったものである。ある国の物質製品が貿易を介さずに他国民に消費される現象がある。コカコーラ、ナイキなどは中国人が直接購入できるが、これらの消費方式は一国内の製品生産と流通という一般的なプロセスを経ている。これは多国籍企業が外国に直接投資して工場を建設し、現地生産を行なった結果であり貿易ではない。

　コンテンツ製品は、多国籍企業の直接投資によって生産する必要がない。もし直接購入によらずこうしたコンテンツ製品を消費したいと思うなら、版権貿易方式によれば完全に実現できる。版権と知財権の譲渡によって、ある国のオリジナルコンテンツ製品を別の国で大規模にコピー生産することができる。しかも投資主体が全く違っている。

　コンテンツ貿易のもっとも主要な経済特徴として、版権貿易にどのような優位性があるのか。

まず、我々は版権貿易に内在する意義を振り返り、かつそれと実物貿易について簡単に整理を行ない、比較のコンテクストにおいて、版権貿易の優位点に更なる検討を加えることにする。版権貿易とは、すでに確立された版権を有する作品の使用に関する貿易行為がなされることである。それは、著作権者が作品に付帯する部分的あるいは全部の経済的権利（客体）を、許可・譲渡等の方式によって作品の使用者にその権利を与えることによって成立する。許認可貿易の範疇に属し、一種の無形財産貿易でもある。簡単に言えば、作品の版権に対する許可あるいは譲渡行為によって利益を得る貿易行為が版権貿易である。実物貿易は商品の売買行為によって利益を得る交易であるが、版権貿易においては実物の所有権が無形財産権の中の版権に変ったにすぎない。広義の意味で、版権が許可・譲渡されるプロセスに関わる当事者たちが同一地域あるいは同一国籍であるか否かに関係なく、版権貿易を名乗ることは無論できる。しかし、我が国の実際の現場では習慣的に狭義の概念で版権貿易を使っている。つまり、国際間あるいは異なる地域間における対外版権貿易行為を主に指し、通常は著作権者と使用者が同一国家あるいは同一地域に居住していない状況でなされる。

第一に、版権貿易は国どうしの文化交流と社会の流動化に役立つ。実際、異文化にまたがる貿易は人類史上重要な役割を演じてきた。軍事的征服の影響を推し量ることは難しいが、その影響はそれほど大きくないであろうから、いまはとりあえず考慮しないで置く。ともあれ、軍事的征服は歴史の変遷を引き起こした最も重要な外部要素ではないであろう。しかしそれ相応に、外界からの刺激は芸術、科学、技術領域の変化発展を促した唯一重要な要因であった。[16]ここで述べていることは物質製品の貿易のことであるが、生産地域が違う物質製品は異文化をはっきり体現しており、それ自体純粋な文化製品として、国際的な貿易の対象となれば他国の政治、経済、文化、社会生活に影響を与え、新しい歴史の変遷の契機になった。このことは、疑いなく巨大な出来事である。版権貿易を通して、異国同士が互いにその文化の優れたところを吸収し、自国の文化と融合させ、社会の発展と変遷を促す。反面、当然ながら大衆コンテンツ製品の版権貿易にもまたその問題が発生するであろう。異国とは異邦人がいるところである。異なる生活方式を持ち、互いの行動方式の予見も難しく、互いにとってリスキーでありうる。たとえ異邦人同士が敵対する態度を示さないにしても、隣家の住人、親友のように完全に信頼することはないであろう。これはまた、双方の貿易がある特別な機関の采配のもとで進められるなら、双方の貿易の安全が保障されることを意味している。[17]コンテンツ貿易に引き寄せて言えば、もっと重大かつ深刻なことは文化帝国主義、意識形態の浸食など国家の文化安全保障に関わる問題だということである。

第二に、コンテンツ版権貿易は製品流通段階を減少させ、大幅にコストを節約することが可能である。物質製品には、原材料購入、生産制作、販売、消費等の各段階が

存在する。さらに販売段階では、異なる形態の販売ルート——小売りルート、一次、二次、三次ルート等が存在する。異なるルートの存在は、製品が生産者から消費者の手元に届くまでにいくつかの段階を経ていることを意味する。そのうち、零次ルートは直接ルートのことであり、中間業者が存在しない直接販売を指し、この場合コストは大幅に削減され得る。中間業者の数だけ販売ルートが一次、二次など数段階に分かれ、各段階の業者が利益を得ていることになり、コストはますます上がっていく。最終的に、トータルな社会資源と社会的効用が損失を被る。

　コンテンツ製品が版権貿易を介することによって、一、国ごとの製品原材料の価格差を回避できる。たとえば、紙の価格が他国より廉価であれば、版権貿易によって自国でそのコンテンツを製品化でき、他国で生産された同じ内容のコンテンツ製品に比べ安くなるに違いない。二、流通段階で発生する費用を減少できる。いわゆる交易上のコスト——流通段階で投入された資金、エネルギー、輸送費などはもちろん回収しなければならず、くわえて流通に関わった各主体は利益を得なければならない。したがってコスト上昇は避けえない。三、関税を減少あるいは回避できる。図書の輸出入に際して、国情が違うため税を課すのか、税をいくらにするのか、各国まちまちである。版権貿易にとって、輸入図書に関税をかける意義は、作品の国内参入コストが上がり、外国が参入して行う図書の実物貿易の利益が抑えられることにある。したがって、我が国の対外版権貿易にはさらに発展する余地がある。まさにこうした理由によって、無形の版権貿易は関税コストの減額ないし回避を可能にする。

　第三に、版権貿易は、コンテンツ製品生産の国際分業を進展させ、コンテンツ産業構造を最適化できる。製品生産の各段階のつながりからみれば、版権貿易は資源を節約でき、希少資源利用の最適化が可能である。違う生産者が同じオリジナル内容のものを重複して作ってしまうことを回避でき、全人類の第一義的な文化歴史資源の最適な配分が可能となり、全人類の消費に供することができる。市場に及ぼす影響としては、版権貿易の利用によって無秩序な競争を減らすことができる。理性的で成熟した市場主体を育成し、グローバル市場の規範整理が可能となり、したがって規模の経済と範囲の経済の形成に役立つ。業界への影響としては、国際版権貿易は出版産業の最適な構造のもと、新しい市場機構の形成、小売市場の拡大を進めることができる。それは、国内出版を成熟に向かわせまた出版産業の国際化の促進に重要な働きを担うのである。[18]

五、製品生産市場の組織とその調整

　アダム・スミスによれば、富を構成しているのは社会の全人民が消費する商品である。経済生活の最終目的は、個人の消費する商品と労働の量によって構成される。彼

はまた、市場の法則は社会を団結せしめるシステムであると言っている。"見えざる手"によって、人々の利益と嗜好は社会全体の利益に適合するように導かれる。ロバート・ハイルブロナー（Robert L. Heilbroner）は次のように論じている。「20世紀の工業社会が新しい特徴を見せてはいるが、利己と競争の二大原則は、時に弱体化し、時に回避されたとしても、依然として行動の基本的準則であり、現代の経済学者の誰一人としてこの二つを度外視することはできない」[19]。

　こうして、市場経済社会の一般法則は解読された。人々は自分のために競争し、競争が社会を動かし、協力がうまれ、商品が無限に豊かになっていく。供給と需要の矛盾が絶えず生起し解決される。このように循環が繰り返され、社会の富が日ごとに増大し、人々の福利が促進される。市場の手になる組織とその調整のもと、各業界の種々の製品は自身の産業規律に従い、資源は市場でその主体によって配分される。そうして人々の需要する商品が、あたかも上水道管を水が流れ、それぞれの地域からひとつの入れ物に合流していくように、消費市場に集まり、雑多な需要を満たしていく。

　市場とは何か。我々は、独立した経済単位をその効用に基づいて大きく二つに分類できる。買い方と売り方である。買い方とは、物品とサービスを購入する消費者であり、労働力、資金、原材料を購入し、商品を生産したりサービスを提供したりするメーカーである。売り方とは、商品とサービスを売り出すメーカー、労働力を売る労働者そしてメーカーに土地を賃貸する土地所有者と鉱物資源の所有者である[20]。いわゆる市場とは、購入者と販売者が集合したものであり、それらの実際的あるいは潜在的相互作用によって製品の価格が決定されるのである。ひとつの市場が一種類の業種だけを包摂するのではない。コンテンツ産業の市場についても、それはたくさんの業種の力が合わさった結果である。この点について、以下に詳しく論証していく。

　コンテンツ産業の組織、生産、協調について考えるには、我々はやはりこの産業の市場に対して明確な線引きをする必要がある。市場の線引きとは、ある特定の市場にどのような買い手と売り手が存在し、それに相応する商品の範囲を定めることである[21]。市場の範囲とは市場の境界を指し、それは地理的境界と製品範囲を言う。

　コンテンツ製品は複雑な概念である。地理的境界について言えば、経済のグローバル化とメディア文化のグローバル化、そしてデジタルとネット技術が地球村を形成したことによって、コンテンツ製品の地理的境界を無限に広げ、グローバルな製品市場を生み出した。コンテンツ製品はまた狭小な内包と広範な外延の概念を併せ持っている。内包について言えば、精神的なものひいては人類のすべての生活方式がみなコンテンツ製品であり、それが抽象的な内包であればあるほど外延は拡大していき、コンテンツ製品が包含するものは多種にわたる。中国の学界はそれらを中心的なもの、外辺的なものそして相関的なものに分けている。中心はメディア産業と歌舞演芸等であり、外辺はコンテンツ体験旅行、ネット文化など、相関的なものはコンテンツ製品・

サービスの生産者と消費者等である。

　大衆文化とメディア文化は実質的には一体であるから、コンテンツ製品は主にメディア製品上で表現される。それらのパターンは報道出版、ヴィジュアル、ネットメディア、アニメ、ゲームなどである。コンテンツ製品は、パターンごとに自身の産業市場を形成している。これらの異なる業態の製品の代替え性は弱く、それゆえにそれらはまたコンテンツ産業の大きな市場に組み込まれている。普通のガソリンとハイオクガソリンのように同一市場に属しているから、消費者の多くは二種類のガソリンの中から随意に選んでいる。しかし、ガソリン自動車は軽油を使用することができないから、軽油市場はガソリン市場に属さず、逆もまたそうである[22]。

　コンテンツ市場を理解しようとするなら、まずいくつかの基本的な問題を明らかにしなければならない。すなわち、誰が、どのように、何時、何処で生産しているのかということである。コンテンツ産業は、企画、展開、調整のどの段階にあっても、コンテンツ産業に関わる製品が誰によって創られたのかという問題に突き当たる。製品が商品となり、流通し、価値が上昇するわけは、消費者がその生産された製品の価値を認め、それに対して金を払う意思があることにある。どのように生産されたのかという問題は、生産技術と生産効率の問題を検討することである。何時、何処で生産されたかということは、コンテンツ産業がその他の産業と比較して時効性と地縁性が比較的強いことであり、コンテンツ製品が直接消費される商品として市場に出現したなら、それはコピー生産も転移もできない。たとえば、コンテンツ体験旅行がそうである[23]。

　レイモンド・ウィリアムズ（Raymond Henry Williams）は、文化制度の歴史的成り立ちに対して分析をおこない、コンテンツ生産の発展段階を賛助、専門市場、専門会社の三つの時代ごとの特徴に分けた。資金的援助は中世に始まり19世紀末までにおよび、西欧の様々な分野で流行した。たとえば詩人、画家、音楽家は貴族の資金援助を受けることができた。専門市場の成立は19世紀以降のことで、"芸術作品"が徐々に販売に供されはじめ、一部の作品は所有目的で買われている。言い換えると、創作をコード化する行為は市場の組織化とともに徐々に進んだ。"生産の仲介"が出現し、コンテンツ生産で以前よりもさらに複雑な労働分業化が進んだ。専業会社の登場は20世紀初めに始まり、作品の委託生産が専業化と更なる組織化に変化したことを示している。報酬と契約に基づいて、人々がコンテンツ会社に直接雇用されるようになった[24]。デイビット・ヘスモンドホール（David Hesmondhalgh）は、専業会社という述語に手を加え、専業複合体時代という言葉を提案した。その最も重要な特徴のひとつは、テキスト原本を取り巻くようにより複雑な分業労働が生まれたことである。それはコード創作者と賛助人（商人ともいう）の社会的関係に言及し、コンテンツ生産の一時代を描きだしている。会社の財産権とその構造、文化政策とその規則、

伝達技術に及ぶ種々の問題にわたっている[25]。

　デイビット・ヘスモンドホールは専業複合体時代という言葉でコンテンツ産業の特徴を検討している。生産組織は多様化し、個人も会社も含めて、創作に対する資本規制がコントロールされ、コピー規制は厳格化され、独特な組織形態を構成している。コンテンツ労働力市場と報酬体系、コンテンツ産業会社の知財権とその構造、国際化された生産、消費と政策の融合、このように完全に秩序だったコンテンツ産業の市場がつくり出された。

　コンテンツ産業に則して言えば、その製品生産の市場組織と市場調節について次のように言える。

　はじめに、大量消費需要は一定のカテゴリーを持つ大衆コンテンツ製品市場を形成する。我々が一度ならず言及した通り、またこれからも重ねて触れるだろうが、大衆コンテンツ製品とメディアコンテンツ製品は同等とみなし得る。メディアに依存するわけだから、大衆コンテンツ製品の具体的な現れ方は、新聞出版、図書、ヴィジュアル、アニメ、ゲーム、インターネットなどのメディア製品の形態をとる。現在、精神的製品の消費ルートは多岐にわたっているが、その大部分は現代のメディアがキャリアーとならなければならない。当然、コンテンツ体験旅行もまたより広範な形態をとる。様々なパターンを持つメディア製品は生産と消費を繰りかえす。前項で、コンテンツ製品消費者の特徴を論述しているので再度述べる煩を避けるが、ひとつ強調しておくことがある。種々のパターンを持つメディア製品は、それぞれ一定の受け手が存在し、それぞれの業態に見合った製品巾場を形成している。現代科学技術の進歩にともない、新しいメディア媒体に対応する受け手の規模がますます拡大し、それが形成される時間の短さと速度は従来のメディアとは比べ物にならないほどである。

　ラジオの聴取者数が5000万人に到達するのに38年間を要し、また5000万人到達するのに、電話のユーザーは25年、テレビ視聴者は13年、有線テレビユーザーは10年を要しているが、インターネットユーザーが5900万人到達するには5年間（1993年から1998年）である[26]。中国におけるネット事情は、1994年4月20日アメリカのスプリント・コーポレーションを通じて64K国際線用インターネット回線を導入し、全機能接続を実現した。これより中国は第77番目の全機能ネット接続を擁する国として国際的に認められることになり、1994年から2010年までのわずか16年間で中国のネットユーザーは3億500万以上に達した[27]。この数字が示していることは、大衆コンテンツ製品の需要市場が無限の広がりを持ち、さまざまなメディアコンテンツ製品はそれぞれの消費カテゴリーに見合う市場を持つに至ったことである。

　第二に、生産者レベルで個人創作と組織的創作が大量に出現したことである。大衆コンテンツ製品の製作者には個人と会社組織がある。中国では、個人創作市場は相対的に弱く、大部分のコンテンツ製品の制作は会社組織によって担われている。現在の

制度のもとでは、公営と民営が存在し、どちらも優劣つけがたく轡を並べている状況である。いくつかの大型映画作品、たとえば正統派ドラマの殆どは公的機関の制作になっている。メロドラマ、アクション、都市と農村の生活にまつわるテレビドラマは民間制作のものが比較的多い。《老大幸福》、《郷村愛情》、《蝸居》などのテレビドラマはみな民間投資によって制作され、しかも大成功をおさめている。多くの映画作品、たとえば《蘇乞兒》《投名状（ウォーロード／男たちの誓い）》《非誠勿擾（狙った恋の落とし方。)》は民間組織によって制作された。デジタル技術とネット技術のおかげで個人製作者はますます増加した。いわゆる“個人メディア”の登場により、個人がメディア上で発言できる権利あるいはメディアを使用する権利が与えられた。草の根メディアのコンテンツ製作者はネットを介して、時と場所を気にすることなく自分たちがつくり出した作品を発信する。大衆コンテンツ市場の豊かさが大いに増した。将来、コンテンツ産業に対する政策的制限が緩和されるにしたがい、さらに多くの民間資本や外国資本がコンテンツ産業に参入するであろう。

　第三に、競争的な市場では資源の配分と生産の組織化が進む。完全に競争的な市場では、多くの買い手市場と売り手市場が存在し、いかなる買い手、売り手であろうと価格に対して顕著な影響力を有することはない。充分な競争性を持つ市場は完全競争市場とみなされる。たとえば世界の銅市場である。生産者が多く存在するにもかかわらず、非競争的な市場であれば、それはつまり、個別メーカーが互いに連合して製品価格に影響を与えることになる。たとえば世界の石油市場である。

　大衆コンテンツ産業の市場は完全競争の市場であって、何人も製品価格に影響を与え、それを制御することができない。アメリカの新聞産業を例にとれば、ニューヨーク・タイムズがどれほど強力であっても、すべての報道各社の発行価格と広告価格をコントロールできないし、ワシントン・ポストやその他の市場参加者と連合して価格をコントロールすることはできない。同様に、中国中央電視台CCTVはテレビ産業を独占し、たとえ毎年ゴールデンタイムの広告入札を独り占めしているにしても、全テレビ産業の広告価格に影響を与えることはやはり不可能である。理由の一つは、他のテレビ局と共謀して作品と広告の市場価格を独占的に決定することはできず、また出来たとしても駆け引きが横行し価格カルテルがしばしば崩壊するからである。二つ目の理由（これもまたもっとも重要な要素である）は、代替え可能な他のメディア産業による様々なメディア製品があるからである。報道出版広告、ネット広告、ひいては戸外の広告もある程度はテレビ広告の代わりとなりうる。さらに現在の中国の政策は、各メディア媒体、各地域そして各業種にまたがる経営に対して制限を設けている。あの米国であっても、メディアによる大規模な買収を制限する独占禁止法がある。したがって、メディアの各組織が共謀して非競争的な市場を形成することはできない。

　このような背景のもと、大衆コンテンツ製品の資源配分と組織化が市場の法則に従

わざるを得ないのは必然であり、コンテンツ製品の需給矛盾を緩和する効果が期待できる。

六、産業チェーンとその相関性

　フランクフルト学派はかつて、ほとんど憎しみを込めてコンテンツ生産の工業化と規格化を攻撃した。豈はからん、まさに彼らが憎悪したものがコンテンツ産業の連携の根本的な基礎となったのである。工業化され、規格化された大規模生産がなかったら、コンテンツ産業の連携の形成とその完成を云々することもなく、また各産業の内部そして各産業間における相互依存性を理解する術はなかっただろう。

　経済活動には、各産業間に広範で、複雑かつ密接な技術的、経済的連携が存在する。経済学ではこの種の連携を産業連関と呼んでいる。いろいろな産業は他の産業が供する産出を必要とし、それが自産業にとっての要素供給となっている。同時に、自産業が産出したものは、市場需要として他の消費者が消費するために供される。このようにしてこそ、経済活動をおこなう各産業は生存と発展が可能である。仮にある産業が、他産業の供する各種の要素供給を失ったり、あるいは自産業の産出が他産業の消費需要を満足させえなかったりしたら、その産業は生命力を喪失する。産業連関は実質、各産業相互の供給と需要の関係のことである。一般的に、順行連関（供給連携）、逆行連関（需要連携）そして環状連関（順・逆の関係が形成する産業チェーンであって、最終的に環状となる）という三種類の関係がある。産業間の連携をつないでいるものは、製品労務連携、生産技術連携、価格連携、労働就業連携、そして投資連携の5種類があげられる。

　産業連関からなる産業チェーンには、価値の鎖、企業の鎖、需給の鎖そして空間の鎖の四つの次元の概念がある。この四つの次元は、相互にバランスよくリンクしながら産業チェーンを形成している。この"リンクメカニズム"は産業チェーンに内在するスキーマつまり一種の客観的法則であって、それは"見えざる手"として産業チェーンの形成をコントロールする。産業チェーンは、各地域に客観的に存在する地域的差異に主に基づいており、地域的な比較優位を発揮することに着目し、地域の市場の力を利用して地域間の専業化・分業化と多次元的な需要の矛盾を調整することで、形式と内容をともなった地域連携の担い手として産業提携を実現する。地域的差異は産業チェーンの完全性、階層性、指向性に影響を与える。"企業グループ"現象が明確にこのことを表している。このため、未発展地域では、往々にして資源採掘、労働集約型の経済活動が行われる。また、発展した地域では、より精密な加工をおこなう経済活動に従事する。コンテンツ産業はこうした見方をくつがえす。コンテンツ産業の特殊性のゆえに、たとえば西部地区では、労働集約型、技術集約型、資本集約型の統

合が実現されている。以下、このことについて詳しく検討してみよう。

　コンテンツ産業チェーンとは、コンテンツ産業におけるコンテンツ製品を取り巻く
各段階あるいはコンテンツ製品から展開する各段階、およびコンテンツ産業とその他
産業間に存在する相互依存関係の概念である。それが明示されているのは価値関係、
つまり価値チェーンである。コンテンツ産業チェーンの形成と価値チェーンの実現は、
知的財産権制度の確立が必須である。こうして初めて、知識製品が商品として保障さ
れ、相応の経済利益を得ることができる。[28]何群氏は次のように考えている。コンテン
ツ産業チェーンは、創作プランニング—製品生産—流通消費—普及開発の四つの段階
がある。これ以外にも、技術設備、資本市場、リサーチ等の段階・分野があり、これ
らはコンテンツ産業チェーンにサービスする段階である。これらの段階でハイエンド
なものは、コンテンツ製品の生産であり、創作プランニングと製品生産が連結したも
のである。

　具体的にコンテンツ製品について言うと、その産業チェーンは個性的である。

　第一に、産業全体からみれば、メディア産業にはただ一種類の連関スタイルしかな
い。すなわちそれは逆行型連関である。メディア製品は最終製品であるから、それは
消費者が直接消費してしまう。そうであるから、その他の産業——たとえば製紙業、
電子産業、通信産業、流通産業等はメディア産業にとって順行産業であって、原材料、
技術、サービスなどをメディア産業に提供する。大衆コンテンツ製品は、個人あるい
は組織の創意企画から生まれた後、コピー生産段階に進む。この段階で必要とされる
ものは、物質材料、加工工程、流通消費そして普及開発などである。コンテンツ産業
は、このように他産業によって支えられ成り立っている。

　第二に、製品生産チェーンからみると、メディア産業は複線が並行する二重体制で
ある。製品生産と放送環境が分離している場合と、製品生産と放送環境が一体化して
いる場合である。すなわち、番組制作と番組放送が分離しているか、一体なのかとい
う問題である。メディア産業の具体的パターンから言えば、中国の状況は比較的複雑
である。テレビニュースは一般的に、制作と放送が一体である。なぜなら、テレビ局
のような大きなメディア組織は私人の手に余り、報道作品と公共利益の関係から言っ
ても、強い外部性が認められ、公共サービス機関による完成が必須だからである。当
然これだけインターネット技術が発展しているのだから、いわゆる個人メディアの
"草の根記者"が発信する"草の根ニュース"が登場し、一部はテレビ局に採用され
てもいる。したがって、制作と放送の分離がここでは可能ではあるが、結局はまだ少
数であり、物になっていない。テレビドラマなどの娯楽性作品については、制作と放
送の分離とその一体が同時に存在しているが、前者の割合が後者より増えつつあるの
が現在の傾向である。新聞、雑誌、図書の出版でも、同様に複雑な現象を呈している。
当然、図書製品の創作と生産の段階は、さらに複雑である。はじめに作者個人が原稿

を創作し、次に編集など加工が加えられ、大衆コンテンツ製品生産の第一段階が完成し、印刷工場へ送られ、ようやく第二段階である。映画産業も比較的複雑である。撮影テーマは作者個人によって創作され、続いて監督、俳優および技術スタッフとの共同制作を経て、映画のオリジナル生産段階が終了する。第二段階はマスターテープをつくり、プリントされ、大規模生産が実現する。

　第三に、空間的な観点からみると、大衆コンテンツ産業は、地域分業とか地域的比較優位という従来の分析パターンから切り離されており、物質産業との弱い連関性が地域的な経済発展を成就させている。物質産業について言うなら、産業チェーンは産業リンクが階級ごとに有機的に積み上がった統一体である。一つの鎖のリンクの累積は、上部段階に対する労働力、資金、技術の追加であり付加価値得を獲得していくプロセスである。鎖のリンクが下部に移動すればするほど、資金と技術の集約性がいよいよ明確になるし、上部に行くほど資源の加工性と労働の集約性が明確になる。したがって、相似または同じ経済活動をおこなっている企業は自己利益の最大化のために、自身の経済活動が優位となるロケーションを必然的に探し求める。

　経済発展地区は、資本、技術、人材、情報、交通などの条件が勝っており、加工に長け、付加価値を高める企業が集まってくる。反して、発展性を欠く地区に集まるのは、資源採掘企業と加工性と付加価値が低い企業である。結果として、発展性を欠く地区の利益と生産額は発展地区より絶対的に低くなり、地域経済発展のバランスに深刻な影響が生じている。特に、中国の西部地区は、このような原因によって経済が日に日に衰退し、人民の生活水準は東部地区と大きなギャップが生まれ、それも日を追って拡大している。新しい社会的不公平をつくりだし、深刻さが増している。

第二節　コンテンツ貿易の市場的制約

　経済グローバル化の時代にあって、価格メカニズム、需給メカニズム、競争メカニズム、意思決定メカニズム、情報公開は、世界のあらゆる経済体制の中で何らかの働きを持つ、共有されている経済ルールである。商品経済と市場経済を基礎とする国際的なコンテンツ貿易は、共有する市場メカニズムの制約を受けることが必然である。同時に、コンテンツ貿易の特殊性のゆえに文化的差異という制約を受ける。このようなことすべてが、各国にとってコンテンツ産業の発展、コンテンツ貿易の拡大、コンテンツの影響力増強の前提である。もし、ある国が市場のルールを無視するなら、必ず市場から制裁を受けることになり、さらにコンテンツ産業の発展、文化主権、文化の安全保障、国家としてのソフトパワーを語るわけにいかず、最終的には民族国家の正当性の存在前提を喪失してしまう。

一、価格メカニズム

価格、価格メカニズムそして市場メカニズムは互いに関連する概念である。市場経済においては、価格は需給と競争によって決められ、市場メカニズムの作用は価格、需給と競争を通じて発揮される。したがって、価格、価格メカニズム、市場メカニズムは実質的に同じであり、同じ概念を持つ言葉として代わる代わる使用される。人は常々、市場調節を価格調節と言い習わしたり、市場経済を自由価格制度と呼んだりする。市場メカニズムの運用過程を研究するミクロ経済学は、しばしば価格理論経済学あるいは価格に関する経済学と称される。ただ、それぞれの概念が強調する重点が違うだけである。価格と価格メカニズムは価格に重点を置き、市場の動きを研究する。市場メカニズムと言う時、それが対象とする範囲が比較的広くなる。意思決定の分散を基礎とする価格メカニズムは、個人の利益によって動意づけられ、競争と価格変動によって資源の配置を実現する一種の経済メカニズムである。

比較経済学は、価格メカニズムが次の条件を満足することを必須と考える。1.資源の分配は消費者に全権を託している。すなわち、何を生産するかは購買能力を持つ消費者の需要によって決定される。2.情報は、買い手と売り手の間に架けられたチャンネルによって伝送され、情報の内容は価格と数量に制限される。3.当事者は、他の当事者が価格の違いによってどのような行動パターンを取るのかを正確に予測することで意思決定する必要がある。その意思決定と他人の意思決定の協調は事後に発生する。4.当事者の双方は、物質による積極的な刺激によってのみ動かされる。5.交易は自由意思でなされ、消費者と生産者は各自の利益を図ることで、双方の競争が成り立つ。したがって、市場体制のもとでは、価格メカニズムが情報構造とモチベーション構造を本質的に体現し、価格メカニズムが当事者に情報を提供し、またモチベーションを刺激する。それゆえ、価格メカニズムは意志決定調節メカニズムであり、かつ経済資源分配メカニズムでもある。

いわゆる価格メカニズムとは、競争プロセスにおいて需給と相互に連係し、かつ相互に互いの制約を受けながら、市場価格を形成するメカニズムである。そのメカニズムには二つある。価格形成と価格調整のメカニズムである。価格メカニズムは市場メカニズムの中心的地位にあって、他のメカニズムすべてに何らかの作用を及ぼす。需給メカニズムは市場メカニズムを保障するメカニズムである。市場メカニズムにおいては、最初に需給メカニズムの存在が必須であって、価格と需給関係に内在する連係が反映され得ることで、価格メカニズムの形成と市場メカニズムの正常な運行が保たれる。しかし、価格メカニズムが需給メカニズムに働きかける作用は、絶えず需給関係を調節することにある。たとえば、価格の上昇あるいは下落にあわせて生産者もしくは経営者が供給量を増減させ、また消費者の需要量も増減する。競争メカニズムは

市場の肝要なメカニズムである。市場経済では、競争があるからこそ社会の進歩と経済の発展が促進される。価格メカニズムはまた、競争メカニズムにも働きかける。価格変動が生産経営者による様々な競争を加速し、製品、技術そして管理のイノベーションを推進し、大幅な利益獲得を可能にする。インセンティブメカニズムは市場を活気づけるメカニズムである。企業の生産と経営にとっては利益が刺激となり、企業競争を展開し、経済効果を追い求める。価格メカニズムはインセンティブメカニズムにも影響を与え得る。価格変動が発する信号に刺激され、企業は何を生産し、何を生産しないのかを決定する。リスク管理メカニズムも市場メカニズムの基礎を為すメカニズムである。市場経済にあっては、いかなる企業も利益を得る時もあれば、損失あるいは倒産のリスクに向き合う時もある。価格メカニズムはリスク管理メカニズムに影響を与えている。価格変動があるから、企業はあえてリスクに挑戦し、利益を追求する。

　価格メカニズムの効果には次のようなものがある。1.情報伝達。2.資源配分の調節。3.収入調節。4.競争を有利に進める手段。

　その働きとしては、次のようになる。1.価格メカニズムは、生産の基本的な課題、すなわち何を、どれだけ、どのように生産するかを解決できる。まず、市場の先導に拠らなければならない。すなわち市場の需給状況が先導役となる。市場の需給状況すなわち市場価格状況を観察しなければならない。どのように生産するのかということは、すなわち資源をどのように配置するかという問題である。それは労働力を多用するのかそれとも資本（機械設備も含まれる）を多用するのか、材料は標準的なものかそれとも高級なものか、一般的な技術を用いるのかそれともハイテク技術を用いるのか、等の問題であり、さらに肝心ことはコストの高低である。誰が生産するのかということはつまり、生産された製品を誰が買うことができるのかということであり、それは市場における集団、家庭、個人の収入状況によって決まる。製品価格の変動そして収入を生産要素として考慮した価格変動は、製品に対する支払いに合理性がある価格水準とその支払いシステムを決めるであろうし、資源所有者間の製品の分配を進める。2.価格は、さまざまなレベルの収入分配を調節する。価格は、産業間、業種間、企業間そして企業内部の収入分配を調節し決定する。3.価格メカニズムはまた、消費者の購買行動に直接影響を与える。消費者は収入が一定であれば、ある製品Aの価格は上昇するが、同種の関連製品の価格は安定するか下落する。したがって、消費者は同種の関連製品を多く購入するようになり、製品Aの購入を控えるか、全く購入しないことになるであろう。

　コンテンツ貿易すなわち現在のグローバルなコンテンツ市場は価格メカニズムの制約を必然的に受ける。民族国家に則して言えば、コンテンツ企業が、コンテンツ生産者という市場法人の資格で資金を投じ、可能な限り多くの物を創り出そうと考えるな

ら、自身が輸出当事国の消費者のために生産していることを明確に把握する必要がある。そして、市場の調査・研究に基づいて市場を区分け・分析し、ターゲットとなる市場と自身のポジションを定め、販売ルートに適合する製品を創る必要がある。歌舞演芸に例を求めると、第一に明確にしなければならないことは、ハイレベルな作品であるならそれは経済の先進国が消費対象であり、経済発展途上国をターゲットとするなら、それは本来の価値に則さない低価格を余儀なくされ、コスト割れを引き起こすことになる。反対に、先進国の民衆に歓迎される歌舞作品であるなら、供給が需要に追い付かず価格は上昇し、さらに資金を投じ生産量を増やすことになり、利益を得ることができるであろう。たとえば《雲南映像》が典型的な例である。アメリカシンシナティのAronoff Centerでわずか16回の公演であったが、チケットの総売り上げが200万米ドルを越えたのは確実である。

　コンテンツ貿易では、価格メカニズムが生産のあり様を決定する。再び《雲南映像》を例にすると、これは資本集中と労働力が結合した作品である。舞台照明設備、舞台衣装、舞台セットは比較的多くの資金を必要とする。したがって、コスト削減のために、この作品の出演スタッフにはコストがかからない人員を使った。楊麗萍などの専従キャスト以外は、村の各地から選んだエキストラを当て、人件費を大幅に下げたので、この作品の国際競争力アップに貢献した。しかし、価格メカニズムは消費者の購買行動に対して同じような影響を及ぼすことができない。金融危機のもとで、消費者の収入が減り、支出も圧縮していくのに、こうした市場環境の変化に目を向けず、相変わらず高価格の歌舞作品を創り続けるなら、消費者は財布を開くことはないだろう。むしろ、"口紅効果"ともいうのだろうか、低価格なコンテンツ製品——たとえば図書や映画などの市場が大きくなる。

【参考】《雲南映像》海外公演

　「楊麗萍の環境生態大形歌舞劇《雲南映像》が米国シンシナティ ARONPFF センターで二週間16回の公演を行った。チケット総売上額が200万米ドルを超えることは確実である。これは、中国が米国ではじめて成功した公演である」

　全世界で独占的に運営されている派格太合環球電媒総裁孫健君氏は次のように述べている。「当初の見積もりでは、この度の米国試演チケット売り上げ率が69％以上であれば、まあまあだと思っていたが、現在すでに90％に達している。2週間16公演で1000万元近くの資金を回収できた。米国の有名なプロダクション Clear Channel の見積もりによれば、三年間500回公演をこなすなら、チケット収入は1億米ドルを超えるということだ」

海外チャンスがある中国作品でも海外公演で利益を上げることは難しい。その原因を突き詰めると、"安売り"か"小売り"にあると分析する人がいる。孫健君氏は、海外の優れたやり方を真似て《雲南映像》をプロジェクト運営方式から営業運営方式に変え、これは国内で試したことがない新しいスタイルである、と発言している。楊麗萍が米国渡航前にインタビューに応えている。彼女の公演団体は、「国営公演団体とは違っている。《雲南映像》は限られた投資資金で運営されている。スタッフをすべて自分たちで集め、融通性を持たせている」。《雲南映像》制作に競争意識を取り入れたことが、この作品の成功にはとても重要なことであった。

大プロダクション便乗モデル

ブランド確立はイメージ作りから始めるべきである。「少数民族古代文化歌劇は照明、音響、道具、衣装など超一流のモダンな舞台セットでイメージを仕上げ、海外の観衆をたちまち魅了した。海外の観衆はもともと古代文化がこのように表現できるとは思ってもいなかった。内容的にも外国人の好みに近く、形式的にも外国人のセンスに近づき、海外市場の需要を満たすことができた。作品のイメージ作りが上手くいったので、商業ベースの体裁を整えなければならなかった。それには、別の協力が必要だった」。この協力者は、海外の大プロダクションであるアーティスト・マネジメントCO.である。「海外市場での運営に我々は慣れていないが、海外のトッププロダクションであるアーティスト・マネジメントCO.ははるかに勝っている。我々は版権だけを握りしめて、彼等と対等に交渉するだけで良かった」

利益創出モデル

アイルランドの《大河の舞（Riverdance）》、ロンドンの《CATS》そしてエジプトでの《アイーダ》などの国際的に有名な舞台歌劇の成功は、それぞれが工夫を凝らしているからである。コンテンツ産業の専門家は次のように分析している。「《大河の舞（Riverdance）》の2630回の公演の営業成績は5億5000万米ドルに上る。その利益創出モデルの内訳は、チケット売り上げ、スポンサー契約、映像化製品から成っている。そのうち、マレーシア航空によるスポンサー契約が主に利益を生み出している。また《CATS》の場合、公演が20年におよび、その営業売り上げは20億米ドルである。その営業の内訳は、チケット＋版権＋スポンサー＋副次製品であり、副次製品には劇場の売店で売られたTシャツ、野球帽、キーホルダー、コーヒーカップそしてカタログが含まれている。100年以上公演が続いている《アイーダ》の場合、チケット売り上げとスポンサーによる広告収入である。スポンサー広告にはロゴ使用や他のメディアに組み入れる方法であったり、ホテルによるスポンサーなどであったりする。また、マンネリ化を避けるため、毎回、公演地の伝説などと結びつけ劇の筋書きを適度に改変している」。《雲南映像》の方法は、チケット売り上げと副次製品である。雲南の少数民族の各種の服装、首飾り、アクセサリー、図書、映像製品は高額ではない

150

が、これらの製品のおかげで《雲南映像》が国際市場で利益を上げている。

(中国経営報 http://finance.sina.com.cn 2005 年 11 月 27 日 17:08)

二、需給メカニズム

　需給メカニズムは、市場における供給と需要の矛盾を調節し、均衡状態に移行させるメカニズムである。それは、商品の需給関係と価格・競争等の要素とが相互に制約・連係し、作用するメカニズムである。需給関係は価格、競争などの要素から影響を受けることで需給が変動し、それがさらに価格変動を誘引し競争が展開される。需給は、生産、交換、分配、消費などの各段階と連結していて、生産者と消費者の関係を反映し表現する。

　需給メカニズムは、市場メカニズムの主要部分であり、価格、競争、利率など市場メカニズムの作用とは不可分である。価格メカニズムは、価格が価値から乖離する過程あるいは価値と一致していく過程で作用を発揮する。価値の差額である価格と価値の乖離、価格と価値の接近、それらは需給によって決定される。競争メカニズムの作用は価格メカニズムと不可分である。競争メカニズムは、企業経営管理の改善と労働生産効率引き上げを促進する作用を発揮し、供給が需要をおおむね上回る条件が必要である。需給メカニズムは商品市場、金融市場、労働力市場に均しく作用する。

　供給メカニズムは、価格と供給関係に内在する連係を反映する。需要が供給を上まわれば価格は高騰し、そのことが供給を刺激するであろう。しかし、市場の供給がひとたび増加すれば価格は再び下落する。そして、供給が需要を上まわれば価格は急落する。これによって、需要が再び増加する。市場形態が売り手市場である場合、需給メカニズムが経済的利益増大の促進作用と社会生産の均衡のとれた発展を保障する作用をひき出すことはなかなか難しい。原因の一、供給と需要が深刻なミスマッチ状態にある売り手市場の場合、商品の市場価値が劣等な生産条件下で生産された商品個別の価値によって調節される。この場合、生産者は経営管理の改善と先進技術の採用動機や圧力を失う。したがって、労働の消耗度を努めて低下させようとする主体性と積極性も失ってしまい、経済効率の向上が阻害される。原因の二、売り手市場の過度な需要のせいで、価格、税率、利率、賃金など市場のシグナルにひどい捻じれが生まれ、極めて不合理な分配がなされる。その結果、市場メカニズムと制御を目論む国の広範な施策をもってしても、生産比率のバランスをとることができなくなり、経済が混乱する。買い手市場の場合、経済的利益増大を促進する作用と社会生産の均衡のとれた発展を保障する作用を、需給メカニズムが非常にうまくこなしていく。第一に、市場が買い手市場として有機的に動いているなら、供給が需要をおおむね上まわり、商品

の市場価格が優等な生産条件下で生産された商品個別の価格によって調節される。したがって企業は経営管理を努めて改善するようになり、また先進設備と先進技術を積極的に採用し、経済効率の向上に力を尽くすからである。次に、買い手市場においては、市場は基本的に正常なシグナルを発信するから、企業の経営活動にとって正確な指標となり、市場メカニズムも正常に働く。よって、国民経済全体がバランスよく発展する。[29]

　商品の需給メカニズムが市場の供給と需要のバランスをとるには、主に次のやり方がある。一、生産と消費の関係を調節する。生産によって消費が決まる。消費の対象を示し、消費の方法を確定し、人々の消費需要を喚起する。消費は逆にまた、生産に影響を与え、生産の発展を促進したり阻害したりする。二、市場価格の変動を調節する。価格の変動は、生産者にも消費者にも関係する。そして供給と需要にも影響が及ぶ。価格が高騰すれば、生産者の生産拡大を刺激し、消費の需要量に制限を与える。価格が下落すれば、生産者は生産量を減らし、消費者の購買量が増加する。三、需給双方の矛盾を直接調節する働きを持つ。商品の多寡、商品の有無、商品の品質の高低などの要因で需給のずれが生じる時、競争を通じて、商品生産者が消費需要に照らして経済活動に従事するように商品需給メカニズムが促すことで、必然的に需給のバランスを保つ。[30]

　要するに、需給メカニズムは商品価格を調節し、商品の生産と消費の方向性と規模を調節し、需給構造の変化は生産と消費の構造変化を調節できる。需給メカニズムの具体的な働きを列挙する。第一に、総量バランスの調節。第二に、経済構造のバランスの調節。第三に、地域間のバランス調節。第四に、時間のバランス調節。つまり、季節に左右されない生産経営活動を促す（たとえば、温室栽培、非季節性備蓄など）。[31]

　国際コンテンツ貿易に関して言うと、同じように需給メカニズムの制約を受ける。その働きは次のようになる。

　はじめに、国際コンテンツ貿易は買い手市場であって、需給メカニズムが作用を発揮する舞台である。このことは、二つの側面から理解できる。個人消費者からすると、自国のコンテンツ製品は、精神的需要を満たす大本である。反面、外国のコンテンツ製品は代替え品に過ぎず、その価格弾力性はきわめて大きく、かつまた消費者の必需品でもないので、売り手市場とはなり得ず、消費者による取捨選択は品質価格に左右される。民族国家からすると、民族文化の保護、国家の正当性の前提、意識形態等の需要を鑑みて、海外コンテンツ製品の輸入に制限を設け、その内容を篩に掛けなければならない。つまり、価値の理解という通則に照らして、海外コンテンツ製品の輸入を適度に行なうことは必然である。このため、売り手市場を形成することはやはりできない。このように見てくると、国際コンテンツ貿易は、相対的に供給が需要を上まわっているので、国際コンテンツ企業の経営改善を必然的に促し、イノベーションの

触発、ハイテク技術の利用、製品の魅力の増加、経済効率の向上などを必然的に喚起する。同時に、グローバルなコンテンツ市場において、その市場が発するさまざまなシグナルは企業にとって正しい指標となり、世界のコンテンツ産業の均衡ある発展が促進される。たとえば、米国の映画、テレビ、娯楽然り、韓国のゲーム、テレビドラマ然り、日本のアニメ、旅行、英国の観光、レジャー然りである。

　次に、国際コンテンツ市場の需給メカニズムは生産と消費を調節し、コンテンツ貿易に影響を及ぼす。あるコンテンツ製品が消費者から歓迎されるなら、投資は増え、生産規模が拡大するであろう。逆にまた、新製品の生産が消費者の嗜好と消費需要を培養するであろう。物資的需要が満たされるにつれ、時間に余裕が生まれ、収入が増え、交通が便利になり、出入国管理が緩くなり、それにつれてコンテンツ旅行の需要熱が高まり、旅行消費支出が増加し、コンテンツ旅行業の発展を促進する。雲南省を例にとると、20世紀末ごろから10年間、コンテンツ旅行が発展し、コンテンツ旅行業は、煙草、鉱業、医薬と並んで雲南省の重要な支柱産業になっている。雲南省は海外旅行者が必ず訪れる観光地のひとつであり、大理、麗江、シャングリラ、シーサンパンナ・タイ族自治州は代表的な景勝地である。また、雲南省の民族文化である手工芸品、茶文化、歌舞演芸などのコンテンツ製品の発展と供給を呼び起こしている。生産の観点からみると、新製品の供給は消費者の需要を生み出すことが可能である。米国のディズニーランドは、つぎつぎと世界展開を繰り広げ、子供たちの消費需要を育て上げ、強大な国際市場を獲得している。

　最後に、国際コンテンツ貿易は需給メカニズムの作用によって、価格と競争の制約を必然的に受ける。コンテンツ製品の多寡、有無、品質の高低等の状況によって需給が変化し、そのことで価格変動が誘発され競争を促進する。コンテンツ企業は、モニタリング機能などよって市場情報を敏感に把握し、理性的な判断能力を駆使して競争的優位に立つことが必要である。そのようにして、時々刻々と変化する世界のコンテンツ市場に応じた価格調整と生産調整を行ない、各種の資源を活用し、競争意識を研ぎ澄ましてライバルに立ち向かうことができる。それが輸出増加と最も合理的な価格設定を可能にし、さらに良好な経済効果獲得が可能になる。韓国のテレビドラマ《大長今（宮廷女官チャングムの誓い）》を例にとると、それは中国で一世を風靡し、湖南衛星テレビは8000万元もの広告収入をあげた。このテレビドラマによって、韓流ドラマの需要が拡大し、その価格が高騰したことがはっきりしている。韓流ドラマの価格水準がたちまち底上げされ、五年の間に15倍以上に膨れ上がった。韓流ドラマの市場では、台湾八大テレビ局、緯来テレビ局の負債の件が伝えられ、その販売ルートの大部分がビデオ販売業者に限られたこともあって、一ドラマ当たりの価格はわずかに1000米ドル程度であった。しかし、アジア各地で韓流ドラマが流行するにつれ、取引量が着々と上がってきた。《悲しき恋歌》が一万米ドルの大台を突破し、ピ主演

の《このろくでなしの愛》は星空衛星テレビで放送され、台湾地区と本土の両方の版権を含めて価格が3万米ドルに達した。ここ数年の動きをみると、韓流ドラマの価格は三段跳びのように上昇している。当初は3000米ドルであったのが、今では平均で1万5000米ドルにまで高騰している。この価格は標準的なドラマであって、有名な俳優のレベルが高いものであればさらにその上を行く。テレビ局が、高い価格を提示して先を争って買いあさった結果である。

三、競争メカニズム

競争メカニズムと価格メカニズムそして需給メカニズム、それらの相互作用が市場の動きを制約し、理性的な行動によって資金投入と生産を展開せしめ、経済効果の最大化をなしとげる。競争メカニズムは、競争と需給関係、価格変動、資金と労働力流動など市場活動の有機的連係を反映する。競争メカニズムは、価格メカニズムと信用貸付利率システムなどと緊密に結びつきながら働きかける。競争は、購入者と販売業者の双方の競争であり、また購入者同士と販売業者同士の競争でもある。競争の主要な手段は、同一の生産部門では主に価格競争としておこなわれ、低価格の方がライバルに勝つ。同一部門では、主に資金の流入、流出として競争がおこなわれ、資金は利益が低い方から利益が高い方流れていく。競争メカニズムが発揮する作用とそれが示す指標は、優勝劣敗である。

競争がなければ、市場メカニズムの有効な運行と作用を発揮することは難しい。競争メカニズムがその作用を発揮するには、次の条件を満たす必要がある。第一に、企業は正真正銘の商品生産者そして経営者にならなければならない。これは、競争メカニズムの展開にとって先決条件である。企業が、市場状況を見さだめて生産の方向性と生産規模、投資規模とその方向性を決定する力を持たなかったら、本質的な競争が展開され得ない。第二に、企業は、競争によって相応の利益を獲得できなければならない。もしそれができなければ、企業は主動的で積極的な競争を為しえない。第三に、競争を維持し、独占を防止する。独占的地位にある企業は、往々にして競争メカニズムの作用に対して鈍感である。努力しなくとも高い利益得を獲得できるからである。第四に、競争にとって良好な環境を創出しなければならない。[32]競争メカニズムの市場経済に対する作用の主なものを以下にあげる。1.商品の個別の価値を社会的価値へと転換し、商品の価値を価格として表現する。それによって、価値の法則に基づく要求とその作用を貫徹し実現する。2.生産者による技術の進歩を促し、経営管理を改善し、労働生産効率を向上させる。3.市場の需要に基づく生産の組織化を生産者に促し、生産と需要の適切化を促す。

独占的な業界は、労働生産効率と経済効果の低下、行政と企業の未分離、投資主体

の不明、リスク意識とリスク制御の欠如、供給不足、腐敗現象の蔓延等の問題が生じやすい。独占業界が競争メカニズムを導入することは、市場経済からの要求でありその業界が発展するために必要である。同時にそれは、潜在的な素質を向上させ、国際競争の求めに応じることでもある。競争の導入が、消費者および企業そのものにも利益をもたらすことは明白である。消費者にとってサービスの選択肢が増え、サービスの質も高まり、逆に支払う費用が低下していく。競争メカニズムは、独占企業に効率を上げるように刺激し、投資とイノベーションが高まっていく。[33]

　一般的な競争の方法は四種類ある。第一の方法は破壊である。つまり、競争において優位に立つために、いろいろと策をめぐらしライバルを誹り、相手方の信用を傷つけ、相手の地位を貶め、ライバルを劣勢に追いやり、自身が勝利するための条件をつくりだすのである。第二は、人々の社会心理を利用する宣揚である。大衆に迎合しその感情を扇動するなどして、人々の関心を引き寄せ、それによって自己を宣揚するのである。第三は、改革である。これは建設的なやり方である。競争における自己の地位が不利であると認識した場合、あるいは双方の力が伯仲していて勝利が難しいと認識した場合、常に改革を進め、新しい方法を探し当て自己の力を強めるのである。第四は、専業化である。長所を伸ばし短所を抑え、自己の優位点を活かす。得意分野を成長させることで不得意分野を克服するのである。[34]

　国際コンテンツ貿易では、競争行為は民族国家とコンテンツ企業が主に担う。民族国家としては、自民族文化の知名度と影響力を拡大するために、他国の消費者に自民族文化価値と思想観念を理解してもらうことが必要である。そのために、市場ニーズに合致しかつ低価格高品質の製品を送り出さなければならず、そうすることで快適な消費を促しながら他国の消費者による価値の共感を達成しなければならない。したがって、消費者が実際に求めているコンテンツの提供をしなければ、適切な効果をあげるどころか、却って他国の民衆から反感を買うことになる。もし、中国文化が海外進出を為そうとするなら、一方通行の伝播のみに拘泥するべきではない。こうした自己満足的な強行宣伝のやり方では、効果は微々たるものであって、ひどければ反作用を引き起こす。理想的な方策は、各国の消費者需要の実際を理解することからスタートし、価値の触媒効果を引き出す適切なポイントを押さえ、自民族文化の優秀なエッセンス掘り起し、モダンで新鮮なコンテンツ製品を創りだすことである。そうすれば消費者の財布のひもも緩むであろう。当面のところ、中国の民族歌舞と図書出版は比較的適切なルートを探しだし、対外コンテンツ貿易としても一定のシェアを占めているが、映画、テレビ番組、雑誌の刊行などのコンテンツ製品の中心となる分野では、いまだに競争戦術を描き出してはいない。

　コンテンツ企業にとって、競争は企業の創意を刺激し、技術改革を進め、管理を改善し、利益を向上させるものである。たとえばハリウッド映画には常に時代の風潮を

リードする創意があり、絶えず新機軸に意を注いでいるので世界市場を維持し、さらに大きな市場を手に入れている。《スター・ウォーズ》《タイタニック》《哀愁》《ゴッドファーザー》《ハリー・ポッター》《カンフー・パンダ》《アバター》などは、あふれんばかりの天才的な創意とハイテク技術が結集され、くわえて市場競争をリードする斬新な競争手段と営業戦略のおかげで、ハリウッド映画は確固たる全地球規模の地位を獲得している。

　民族国家であろうとコンテンツ企業単体であろうと、今日の競争方法は宣伝、改革、専業化の傾向を強めており、ライバルを貶めて自己の成功を目論む方法は採ることができない。国家としては、米国がグローバルなコンテンツ界の一強であり、特に映画・テレビ番組市場を独占しており、他の国が競争しようにも自信を失っている。また、コンテンツ企業についてみると、ニューズ・コーポレーション、バイアコム、タイム・ワーナー、ディズニーがグローバルなメディア市場において独占的枠組みを形成している。遊園地は、ディズニーランドによる寡占状態である。

　したがって、国際コンテンツ貿易において、民族国家と市場主体が競争メカニズムの制約を必然的に受け、経済法則に符合する制約に従うと同時に、コンテンツ貿易における独占を積極的に排除する努力が必要である。グローバルなコンテンツ市場の良好な競争を形成し、かつ各国の優秀な民族文化の精髄を反映するコンテンツ製品をつくりだすことによって、各国の消費者の快適な消費を実現し、正しくその精神的福利を増強し、最終的に文化価値の共感に到達してもらうべきである。

【参考】市場競争とハリウッドスタイル

　長年の試練を経てきたハリウッド映画企業は、市場の競争と消費者の挑戦に向かい合い、しだいに成熟した経営方策を見つけだすようになった。人口動態を異にし、社会経済体制を異にし、地理環境を異にする消費者の位置づけ・評価に基づき、それぞれに見合った販売系列をつくり営業を行なっている。そのおかげで、映画の制作・配給から上映に至るまで、映画の影響力と売り上げを最大に引き上げ、これほどの利潤をあげている。

　成功した映画のシリーズ化によって、ブランドを作ることは映画の限界を押し広げることになる。映画のシリーズ化はブランドをつくりあげる有効なやり方である。ハリウッドの007シリーズ、スター・ウォーズシリーズ、ハリー・ポッターシリーズなどは映画のブランド化、シリーズ化の成功例である。中国映画は、ブランドを育て、ブランド化を展開しさえすれば、長期にわたる発展を手にすることができる。映画のブランド作成の煩雑さと比較して、スターを活用した方策もまた消費者のブランド信

仰を確立するための手っ取り早いやり方であり、それによって高い売り上げと安定した利益を手にすることができる。こうしたことで映画の宣伝と販売に効果が上がる。これ以外に、関連製品の販売は映画の影響力を向上させるだけでなく、さらに重要なことは映画の興行外の高収益をもたらすことである。

　シリーズ化と比較して言うなら、宣伝はもっと重要である。なぜなら、宣伝によって映画のプロモーションに弾みがつくだけではなく、映画の売り上げ増加が可能であることが主な理由である。宣伝は、まさにこの理由で映画の普及を目指すいくつかの方策のなかでも大事な要である。過去数十年を振り返ってみると、ハリウッドは時代ごとに映画の配給のやり方が変わってきている。現代では、全市場展開の前に、映画の知名度を上げるためにテレビなどで宣伝を集中的に繰り広げ、映画をヒットさせるための伏線を張っている。制作とマーケティングのハイレベル化、グローバル規模の娯楽産業の告知と宣伝の高速化、宣伝の電子化などによって印刷に拠っていた宣伝のコストを抑制できるようになり、映画配給におけるこうした傾向がいっそう強くなった。

　映画の配給・販売の傾向が絶えず変化している状況下で、ハリウッドは新しい販売スタイル——配給・販売チャンネルの"多角化"を始めた。こうした多角化は一種の価格の差別化である。共通のコスト構造を持つ消費品は、販売チャンネルの多角的な営業戦術によってさまざまな市場で同時進行的に売り出すことができる。販売市場ごとにどのように価格を設定するかが大事なだけである。マーケティングの差別化によって、価格の弾力性を十分に活用でき、より大きな利益を上げることができる。

ハリウッドスタイルの主な特徴

（一）ハリウッドスタイルにおける高度商品化

　高度商品化と高効率販売運営方式は、ハリウッドの最も基本的特徴である。我々は常日頃ハリウッドを"夢幻工場"呼んでおり、"アメリカ映画製作配給業者協会（MPPDA）"のボスであったウィル・ヘイズがかつて次のように述べたことがある。「映画の後に続く商品、これ等はすべてアメリカ映画が深化した分野である。我々はもっと多くのアメリカ商品を売ることができるはずだ」。こうしてハリウッドはウォール街の世界金融戦略の文化分野の代弁者となった。ハリウッドは文化を商品に変えてしまう手本となった。欲望ストーリー、スター制度、高額資金投入、自主制作映画はハリウッドの商業戦略の重要な構成要素である。

（二）ハリウッドスタイルにおける産業系列化

　ハリウッド成功の重要な秘訣のひとつは、比較的系統だった産業チェーンを形成したことにある。その産業チェーンには、映画に投資し、映画をつくり、配給し、上映する産業が含まれ、同時にポスト映画商品の開発とそれとの関連分野が含まれており、

映画産業をクロスする資源の整合した姿を体現している。ハリウッドの映画市場の状況を要領よく分析するには、上映館チェーン、映画関連商品、産業システムの三つの分野をみることで可能である。

（三）ハリウッドにおける資本の国際化

　20世紀フォックス、ディズニー、メトロ・ゴールドウィン・メイヤー、パラマウント映画、ソニー・ピクチャーズ エンタテインメント、ユニバーサル・ピクチャーズ、ワーナー・ブラザーズ、ドリームワークス等のハリウッドに綺羅星のごとく君臨する八大映画会社はその強大な資本力を背景に、アメリカの映画産業をほとんど独占している。これらの八大映画会社はみなアメリカ映画輸出協会（MPEA）の構成員である。アメリカ映画輸出協会を構成する会社が制作する映画が、アメリカ映画総数の60％から70％を占め、残りの30％の多くは自主映画制作会社によるものである。アメリカ本土が飽和状態になると、資本が本来有する特性のゆえにアメリカ映画産業資本は国外市場開拓と映画上映市場以外の市場開拓を志向し始めた。全世界を迅速に駆け巡る国境なき資本によって、輸出型の多国籍会社または外国籍の会社を創立し、特にサービス業における成果が著しい。

（四）ハリウッドとリスク投資

　ハリウッド映画産業の資本集中度はますます高まっている。2004年映画一本の制作コストと販促コストはあわせて約9800万米ドルに上る。映画会社の資金力にも限りがある。彼等は利潤の大部分を再融資に回し、潜在的なリスクの分散を試みようとしている。DVD販売と版権の海外譲渡によって少なくとも500億米ドルの安定収入がもたらされている。2004年、米国のリスク投資額は20億米ドルに達し、ウォール街のメリルリンチとクレディ・スイス・ファースト・ボストンはディズニー、パラマウント、ワーナーブラザーズとトップクラスの個人投資家の橋渡し役となり、映画事業融資を成功させた。

（注：上記はウェブ上の資料に基づく）

四、文化的差異

　ヘルト・ヤンホフステードは次のように述べている。文化は、同一の環境にある人民が持つ"共通の心理プロセス"である。文化は個人の特徴ではなく、同じ社会体験を持ち、同じ教育を受けた多数の人々が共有する心理プロセスである。集団を異にし、国家あるいは地域を異にする人々のそれぞれに共有する心理プロセスが相違するのは、これまで受けてきた教育が異なっており、また社会や仕事が異なっているからであり、それゆえ思考方式も異なっている。彼によれば、文化的差異の指標となるのは、権力

の格差（Power Distance）、不確実性の回避（uncertainty avoidance index）、個人主義対集団主義（Individualism versus collectivism）、男性度合い対女性度合い（Masculinity versus femininity）、長期主義的傾向対短期主義的傾向（Long-term versus short-term orientation）などがあげられる[35]。

　まさに文化的差異が存在するがゆえに、異なる集団、異なる国家、異なる地域の間の交流において一定の障害が起こり、人的交流と国家外交において誤解が生じ、商業取引とコンテンツ貿易において文化的ディスカウントが起こりうる。

　グローバル化の進展と中国の国際的地位の向上にともない、中国と国際社会の連係は日毎に密接になり、中国と世界各国の交流も日ごとに頻繁になっている。このような連係が中国の発展にとって極めて重要であるばかりでなく、人類の文明の融合にとっても深い影響をもたらしている。遺憾ではあるが、文化的差異と他の分野の相違のために中国と世界、とりわけ西側諸国との交流が決してスムーズに行われておらず、誤解や先入観に満ちあふれ、ひいては敵意を受けたり衝突が生まれたりする。したがって、交流を順調に進めようと考えるなら、我々は相手の言語を習熟し、相手の文化、中国と西側諸国の文化的差異をよく理解する必要がある。文化的差異の範囲は広く、大は社会階層、家族構造（家庭の大小、家族関係、結婚、離婚など）、社会活動などから、小はデート、電話の受け答え、食事作法、禁忌、挨拶、握手などまで多岐にわたる。中国と西欧社会の文化的差異は、飲食文化、プライバシー保護、時間の観念、礼儀作法、顔の表情が象徴する意味などに表れる[36]。

　文化は多面的である。文化的障害は異文化交流の各方面で出現する可能性があり、交流という言葉の意義を推断する場合、文化要素と個人の生活体験の影響を受ける。文化的差異について十分な理解が不足している場合、人々は往々にしてすでに自己が馴れ親しんだ習俗に従う傾向があり、ちょっとした言葉の使い方による齟齬が生まれやすく、誤解が生じ交流が失敗に終わる。文化的障害は文化的差異に由来する。こうした文化的差異の原因となる文化要素を理解することが、互いに文化的差異を理解する助けになる。交流場面で、こうした文化的差異を把握し、相手側の文化習俗のポイントを押さえて適切に意思を表現してこそ、文化的障害を避けることができる。文化的差異は、主に世界観、価値観、宗教、道徳観、歴史、地理などにあらわれる。

　企業のグローバル経営は、国際市場から企業が方向付けを受けながら、主に直接投資方式によって、国外に支店もしくは支部を設立し、一ヶ所以上の地域で生産経営活動に従事することを指す。企業のグローバル経営が直面する最大の課題は、価値観念、思考方式そして行動規範に存在する異種文化間の明白な差異である。これらの文化的差異には、時間の観念、人間関係、意思決定、コミュニケーション形式、管理理念、研修育成などの分野における差異がある。文化的差異のグローバル経営活動に対する影響には次の五つがある。1.文化的差異が市場選択に及ぼす影響。2.文化的差異が市

場参入方式に及ぼす影響。3.文化的差異が協調管理の原則に及ぼす影響。4.文化的差異が製品、サービスに及ぼす影響。5.文化的差異が営業戦術に及ぼす影響[37]。

　中国企業が海外開拓を果たすには依然として越えがたい壁がある。海外開拓にはやはり、企業が国際貿易において各国の文化的背景の差異を把握し、それに相応しい戦術、手法を採用できるかどうかが、成否を分ける。あるいは経営者が、言語、審美観念、価値観念、宗教、風俗習慣などの多角的、多層的な視点から、国際取引や対外協力に対する文化的差異の影響を比較分析し認識を深めるなら、適宜、国際市場と国際経営を取り巻く文化環境の密接な関係に重大な注意を払うことができるかもしれない。同時に、国内外人員同士の交流と意思疎通を強め、海外の経営理念・管理方式を積極的に消化し自企業の条件との結合をはかったうえで外国文化を考慮に入れるなら、"外来の精華"を使いこなすことができるかもしれない。文化環境の変遷は未来永劫つづいていく。もし、文化的差異を溶解し融合に至ろうと考えるなら、文化の垣根に捉われない管理テクニック・方式そして営業戦略に適応するダイナミックなプロセスを企業文化が持つことが必要である[38]。

　コンテンツ貿易に引き寄せて考えるなら、文化的差異が引き起こす文化のディスカウントは民族国家とコンテンツ企業に横たわるきわめて特殊な市場的制約である。受け入れ国とコンテンツ輸出国との文化的差異の度合いが輸出国ごとに同じでないから、入ってくるコンテンツ製品のディスカウントの大小はすべて同じとは限らない。この種のディスカウントは有形の手によって導かれた結果ではなく、コンテンツ生産時に考慮されなかった文化的差異、あるいは考慮されたとしてもその文化的差異を減少させる適当な方策がないまま生じた結果であるから、これもまた一種の市場的制約である。このルールを無視して生産に当たる国家と企業は、当然市場の懲罰を受けなければならない。

　ある種の文化に根ざしたテレビ番組、映画、ビデオは国内市場では非常に魅力的であるかもしれないが、しかし別の地域ではその魅力は減退するかもしれない。というのは、他の地域の視聴者にとってその風格・スタイル、価値観、信仰、歴史、神話、社会制度、自然環境、行動様式は共感し難いからである。外国のテレビ番組、映画やビデオを視聴する人は少なく、多くの人は同類で質も同じ自国製品を視聴したいと願うだろう。このため海外映画の放映業者が獲得する価値（潜在的収入）は減少しかねない。ボブ・ホスキンス（Bob Hoskins）は、この種の外国のテレビ番組や映画が文化的差異のせいで、価値が減少する百分比率を文化のディスカウント（文化の割引）と呼んだ[39]。ボブ・ホスキンスは、ハリウッド映画がこれほど巨大な世界市場を獲得できたわけは、国内の巨大市場のおかげでコスト低減できる以外に、ハリウッド映画の文化的ディスカウントが比較的少なくて済み、それゆえ世界各国の消費者から喜んで受け入れられているからだと述べている。したがって、中国がコンテンツ製品を海外

に送り出そうとするなら、その国の消費者に喜ばれるために、コンテンツ製品の文化的差異を極力小さくし、文化的ディスカウントを低くすることを目論む必要があり、そうすることで経済的効果をあげることができる。

【参考】中国市場におけるアメリカ映画と文化的ディスカウント

　1990年から、ハリウッドの台湾映画市場に対する独占は激化した。台湾はWTO加盟後、最初に上映されたアメリカ映画は《ロード・オブ・ザ・リング 第一部／旅の仲間》であるが、この映画は全部で96回プリントされ、同時に台湾地域の172の映画館（台湾には全部で180の映画館がある）で上映された。香港の映画産業の衰退は、90年代以降激しくなり、ハリウッド映画が徐々に優位に立った。1993年の《ジュラシック・パーク》は香港で6000万元の収入をあげ、その年の香港映画売り上げ第一位となり、同じ年の香港映画の売り上げをはるかに上回った。1998年になると、《タイタニック》の香港上映で1億1000万元を稼ぎ、同年の香港製映画のチケット売り上げは2000万元に達したが、寂しい限りであった。2008年の香港市場で、中国語映画は69本、外国語映画は179本上映されたが、チケット売り上げベスト10に入ったのは《ミラクル7号》と《赤壁》だけで、残りの8本はすべてアメリカ映画であった。

　1994年11月12日、ハリソン・フォード主演、ワーナー・ブラザース配給による《逃亡者》が最初の"収益配分型映画"として中国で上映された。1995年、《逃亡者》《トゥルーライズ》《フォレスト・ガンプ／一期一会》《ライオン・キング》《スピード》など7本のハリウッド映画と《レッド・ブロンクス》《デッドヒート》などを含む三本のジャッキー・チェン主演の映画を中国電影公司がすべて輸入し、そのなかでもアーノルド・シュワルツェネッガー主演のアクション大作《トゥルーライズ》が一億元のチケット売り上げの記録を打ち立てた。

　1994年11月12日最初の収益配分型映画が中国映画市場に進出してから2007年までの間、輸入された収益配分型映画は150本にのぼり、そのなかでもアメリカ映画が圧倒的な優位を占めていた。200年と2004年を除く年で、中国が輸入した収益分配型映画のうちアメリカ映画が90％近くを占めている。アメリカ映画が他の国の映画よりも中国の観衆を映画館に足を運ばせることができたのである。1995年から2008年までの間、中国で上映され、チケット売り上げが5000万元を突破したアメリカ映画は44本になる。中国映画市場が一旦開放されたあと、中国が世界第二位の映画市場となり、欧州（年間チケット収入44億米ドル）と日本（年間チケット収入16億米ドル）を超える可能性が大である。ひいては将来、アメリカ映画の4本のうち1本が中国ないし東洋市場をターゲットとして制作されるだろう。

アメリカ映画が中国市場に参入して遭遇する最大の文化的ディスカウントは、"ゲートキーパー"の段階でなされる。この段階でディスカウント対象となる映画の文化要素は以下の幾つかにまとめることができる。1.中国と中国人のイメージ表現の仕方。2.性、暴力、薬物などの禁忌と不快シーンの露出程度。3.映画の類型化。"ゲートキーパー"は、中国市場に入ってくるアメリカ映画を選択する時に好みがパターン化している。スリリングなアクション映画が多数を占め、ついで恋愛映画、アニメと続く。視覚的にも、聴覚的にも観客に十分楽しめるパニック映画《ポセイドン》、パニックホラー映画《キングコング》、スーパースター出演のアクション映画《ミッション：インポッシブル3》、SF映画《スーパーマン リターンズ》等、依然として好評である。《ミッション：インポッシブル3》と《ナルニア国物語》は海外に遅れること数カ月してようやく国内で上映され、海賊版が多数横行するなか、チケット売り上げが非常に好調で、中国の観客のこの種の映画に対するダイレクトな需要が強いことを示している。怪奇幻想をテーマにしたものやアニメはますます歓迎されている。なかでも《ガーフィールド》は、《ライオン・キング》が11年間保持してきたチケット売り上げ記録を破っている。

中国市場に参入する収益配分型のアメリカ映画は、ゲートキーパーによって注意深く選択され、編集カットや吹き替えなどの加工を経て、中国の観衆が目にする時、文化的ディスカウントがわりあい低く抑えられるようになっている。したがって、アメリカ市場公開時の売り上げを超える映画もあれば、思いのほか売り上げが伸びない映画もあり、配給会社が異国文化市場のリスクを思い知ることもある。アメリカ映画が中国市場でどのような文化的ディスカウントを受けようが、どのみち中国観衆の検証にさらされることになる。

(注：薛華氏　中国伝媒大学博士論文《中美电影贸易中的文化折扣研究》)

第三節　コンテンツ貿易の非市場的制約

およそ国際貿易がある所には、関税による制約が必然的に発生する。コンテンツ貿易も例外ではない。もちろん未熟な産業としても、戦略産業としてもあるいは団結力産業としても、コンテンツ貿易はやはりその他の非市場的、非関税的制約——とくに割り当て額と輸出補助金という制約を受ける。これ以外に、WTOの一加盟国として、中国国内のコンテンツ貿易もまたWTOルールの制約を受けなければならない。

一、関税による制約

　関税は、国家から権限を委託された税関が国境を出入りする貨物と物品に対して徴収する税のことである。関税は、各国とも最高行政単位が指定する税率に基づく高級税であり、対外貿易が発達した国家において、それは往々にして国家の税収ないし国家財政の主要な収入となっている。関税徴収は、関税の課税価格に基づいている。輸入貨物は税関が査定した取引価値を基礎とするCIF価格を課税価格としており、輸出貨物は当該貨物の販売及び境界外の本船渡し条件価格（FOB価格）から輸出税を差し引き、その後税関審査を経て確定した価格を課税価格とする。

　関税はその徴収方法によって次のように分けられる。1.従価関税。輸出入貨物の価格を標準に関税を徴収する。2.従量関税。輸出入貨物数量の計量単位に基づいて関税を徴収する。3.混合関税。輸出入貨物の様々な必要性に応じて従価、従量を混合し、徴収する。4.選択関税。同一貨物に対して税法上、従量と従価の二種類の税率が設定されており、その中から税額の多い方または少ない方を選ぶことができ、それに基づいて税額を計算し徴収する。5.スライド関税。関税税率が輸入商品価格の高低に応じて設定される税である。また、徴収対象商品の流通過程によって区分けされる関税がある。たとえば、1.輸入税。外国商品の輸入時、輸入国の税関が国内の輸入業者から徴収する正常な関税。2.輸出税。輸出国の貨物が国境から運び出される時に徴収される一種の関税。徴収された輸出税は輸出貨物のコストに加算され、輸出国の製品にとって国際市場競争において不利になる。3.輸入付加税。輸入国の輸入業者に対して商品輸入時に徴収する一般的な関税以外に、ある種の目的に基づいて追加徴収する関税の一種。4.通過税。国境線・境界線を通過する外国商品から徴収する関税。あるいは、差別待遇と特定の情況に基づいて区分けされる関税がある。たとえば、最恵国待遇として条約を交わした国または地域が輸入する商品に対して最恵国税率を適用し、この種の貿易協定を交わしていない国または地域が輸入する商品に対しては普通の税率を適用する。さらに、徴収目的によって区分けする場合もある。たとえば、1.財政関税。国の財政収入増加を主たる目的とし、通常は外国産で自国内の消費需要が高い製品から徴収する。その税率は、妥当である。現在、発展途上国の多くが採用しているが、先進工業国にとってさほど重要でなくなった。2.保護関税。国内の業界、農業保護の目的ため徴収される。

　関税の特徴をまとめると以下のようになる。1.関税は、輸出入される商品が国境を通過する際、政府が設置した税関によって輸出入業者に課せられる税である。2.関税は強制的である。3.関税は無償的である。4.関税は予定的である。また関税の作用として、財政作用、保護作用、調節作用そして外交作用などがあげられる。

　西欧各国は融通性がある関税手段を主体とし、さらにそれを補うために各種の合理

的・合法的な理由をあげ、多種多様な非関税手段によって保護目的を達成している。我が国の場合もこの路線に従わなければならない。関税水準を低下させると同時に我が国の関税制度に整合性を持たせなければならず、関税システムを改善する必要がある。一方で、我が国の市場経済発展と対外経済発展にそぐわず、また国際的な慣例に符合しない非関税手段を取り除くことによって、我が国の実情にマッチする非関税手段を図る必要がある。[40]

　関税を徴収することで一連の経済効果をもたらすこともある。それは自由貿易に反する作用を持つが、資源配分の効率低下をもたらし、政府の財政収入を増加させ、国どうしまたは国内の様々な当事者の収入の再分配を進展させる。関税による価格効果は、輸入商品に対する税徴収によって輸入商品価格が上昇することにある。仮に、輸入品に代替え可能な国内商品とその輸入品が全く同質であるとしたら、国内市場の当該商品の価格はみな上昇するであろう。しかし、国内の市場価格の上昇幅をどの程度にしたらよいか、それは関税徴収国の世界の市場価格に対する影響力を確かめてから決めるべきである。関税による生産効果は、関税を徴収すれば輸入商品の国内市場価格が上昇することにある。輸入商品に代替え可能な商品を生産するメーカーは価格上昇状況に置かれるので、生産増加による限界費用上昇を埋め合わせるために国内生産を増加することができる。関税による消費効果は、国内の市場価格を上昇させるので、需要の価格弾力性が零より大きければ、国内価格の上昇によって必然的に消費量が減少することにある。関税による税収効果は、政府が関税を徴収することで財政収入を得ることにある。関税による貿易条件効果は、仮に徴収国が大国であるとすれば世界の市場価格が下落し、またもし輸出価格が一定不変であるなら輸入価格が下落し、それは貿易条件の改善を意味することである。すなわち徴収国は、一単位の自国商品によってさらに多くの国外製品に変え得ることになる。関税による純国民福祉効果は、大国と小国によって異なる。小国の場合、福祉水準が低下する。大国の場合、純国民福祉効果は一定ではない。貿易条件効果と生産の歪みそして消費の歪みの二種類の効果の和とのパワーバランスによって決まる。[41]

　我が国は、WTOに加盟して以降、貿易自由化に向けて多大な努力をしてきた。関税の大幅な低減、輸出入管理体制の改革、サービス貿易自由化の拡大、知財権保護の強化、外資導入緩和策、貿易政策の透明度アップなどの努力は、我が国の市場経済が世界経済とますます融合一体化している表れである。もちろん、貿易事自由化と対外開放は保護が不要であることを決して意味していない。貿易自由化をすすめる過程で如何にして国内産業と国内市場に対して有効な保護策を実施するのかが、早急な解決を要する課題である。保護策は、国際的な慣例に照らすべきであり、またWTOルールに合致しなければならない。そうすることで初めて、貿易自由化がもたらす利益を最大限度まで享受でき、かつ貿易自由化の負の作用を消すことができる。[42]

コンテンツ貿易に引き寄せて考えるなら、コンテンツ製品の精神性のゆえに民族国家価値への共感とその団結力に及ぼす作用が、国家としての意識形態保持と統治者の地位の安定に関わるばかりでなく、さらに重要なことは、民族国家存立の正統性の前提に関係するのである。現在の文化ソフトパワーの枠組みが相対的にバランスを欠いている深刻な状況において、コンテンツ産業の属性が対等であることについての各国の認識が大きくかけ離れており、それがコンテンツ貿易の自由とそれを否定する考えに影響し、そしてまた関税の有無と税額の大小の区別に影響している。

　コンテンツ貿易に関して、米国に代表される自由貿易主義の考え方がある。映画等のコンテンツ製品は純粋に娯楽製品なのだから、レジャーサービス業と違う所は何もなく、したがって貿易障壁は取り払うべきであって、物質製品同様自由に貿易がなされるべきであると主張している。米国のコンテンツ産業輸出額は航空産業の次にランキングされており、二大輸出産業を形成している。米国は世界のコンテンツ市場でリーダーとして絶対優位にあり、米国の国民経済成長を十分に促進できる。一般的な関税を除けば、ほかのいかなる非関税措置によってコンテンツ貿易に制限を加えることはできない。たとえ関税であっても、関税を課す国は日を追って減少しているし、ひいては無くなろうとしている。なぜなら、関税による財政収入増加効果そして産業保護効果は、米国のコンテンツ産業にとってさほど重要でなくなっているからだ。

　フランス、カナダをはじめとする欧州の国々、そして中国のような発展途上の国々は、コンテンツ産業は民族国家価値のアイデンティティの根幹にかかわる問題であり、国家の文化主権と文化安全保障に関係していると捉えている。したがって、国外のコンテンツ製品の進入に制限を加え、自国のコンテンツ産業を保護しなければならず、コンテンツ産業を強くし、優勢な産業として育成し、自国の文化ソフトパワーの地力を確固としたものしなければならないと考えている。そのため、こうした国々が文化例外論と文化多様性を主張し、文化自由貿易を主張することはない。市場の基本的なルールによる制約を遵守しながら、関税と非関税など多岐にわたる措置を講じて、国外コンテンツ製品の輸入を制限し、自国コンテンツ産業の発展と輸出に保護を与え奨励している。したがってこうした国々にとって、関税の働きの重点は保護目的に置かれ、財政収入の増加、調節、外交等の作用は二の次である。

　中国のコンテンツ産業に関しては、中国の巨大な人口ボリュームのゆえに世界でも重要なコンテンツ市場であり、映画産業に限ればすでに米国に次いで世界の二大市場を形成している。このため、中国は各国のコンテンツ企業にとって輸出目標国となっている。大国にとって、関税の実施は一定の財政収入をもたらしてくれる。さらに重要なことは、関税はコンテンツ製品価格の世界的な下落を誘引することができ、それが自国のコンテンツ製品の生産と消費に有利に働く。当然、コンテンツ製品は国際的に同質であるとは到底言えないから、最終的に関税は国内消費者が負担する可能性が

第三章　コンテンツ貿易における市場的制約と非市場的制約　　165

ある。したがって現時点の中国はコンテンツ貿易関税を大幅に下げるけれど、しかし
依然として一定比率を保留している。その意図は、自国コンテンツ産業を保護し、そ
の猶予を利用してすみやかに発展させることにある。たとえば、一歩進めて強者を支
えることもした。コンテンツ輸出重点企業と重点プロジェクトをサポートするために、
2010年、財政部、国家税務総局等十部門が連合して指導意見書を発布した。それが
《商務部、中共中央宣伝部、財政部、文化部、中国人民銀行、税関総署、国家税務総
局、国家ラジオ映画テレビ総局、国家新聞出版総署、国家外滙管理局による、国家文
化輸出重点企業とプロジェクトプログラムに関連する事業についての指導意見》であ
り、《財政部、国家税務総局による、コンテンツ企業発展支援に関わる若干の税収政
策問題に関連する通知》で定めたコンテンツ企業の輸出をサポートする税収政策を着
実にかつ徹底的に実行した。コンテンツ企業が行う国家奨励の文化プロジェクトにつ
いて、当該プロジェクトで使用されかつ中国国内で生産不可能な設備と協定に基づい
てその設備に付随する技術および付帯セット、スペア部品の輸入に関しては、関係す
る規則に基づいて関税が免除された。

【参考】中国と各国とで異なる芸術品の関税

　中国の税関が公布した資料によれば、芸術品は輸入商品の第21類に分類され、そ
の税率は一般的に25％である。世界的に、芸術品を輸入することで自国民の精神文
明に役立ち、人々の素養を向上させ、さらに国のイメージアップが進むとして取扱っ
ているので、大多数の国が低関税もしくは零関税の施策を採用し芸術品輸入を奨励し
てきた。たとえば、欧米では1922年に公布された米国税関条例の第1704条におい
て、「米国に持ち込む芸術品は一律免税とする」と明示されている。カナダの免税状
況は、個人または家族所有の財産（家具、宝石、芸術品、車両、プライベート飛行機
を含む）は、6カ月以上所有することが必要（それはインボイスによって証明できる）
であり、また新移民の場合カナダ到着二年以内であれば、移住以前にすでに所有して
いた物品も、それぞれ同様に関税が免除されるとなっている。その他の地域の場合、
2000年に公布されたニュージーランドの輸入税法では芸術品は第97項に記載があり、
輸入関税は免除となっている。ベラルーシは1997年に公布された税率97条を芸術
品に当て、輸入関税は免除されている。モロッコ王国の芸術品関税は1.25％、タジ
キスタンの場合10％の輸入税が徴収される。中国台湾地区の芸術品輸入税の税率は
一貫して下落している。
　芸術品は再生産不可製品である。したがって、文化的に発達した大国は自国の優れ
た芸術作品の保護目的のため、しばしば高い輸出税率を設定し、芸術品の輸出を制限

している。しかし、我が国の芸術品市場は、国外の優秀な芸術品は入ってこず、国内の優秀な芸術品が大量に流出するという困難に直面しており、文化の重大な損失となっている。

　自由貿易は、「市場は消費者が最優遇価格でもって商品を手に入れることを保障し、同時に全地球規模の富の増加を保障する最も有効なシステムである」という概念に基づいている。関税障壁と国家保護システムの撤廃の最終目的は、市場が制限・制約のない状況下で運営されることを許すことである。一部の国が、ウルグアイ・ラウンドの最終協議において、「関税及び貿易に関する一般協定」の商品、サービスおよび版権保護下にある製品に対する原則の適用——特に最恵国待遇と最恵国民待遇の原則の適用は、商業分野に対する考慮に偏重していて、各国の文化的独自性とその地位を破壊しかねないと表明した。たしかに、芸術品は常々、輸入制限なり行政管理による援助的な施策があるおかげでその存在が可能となってはいる。各国の行政管理部門は、常に自国の芸術産業保護の優先を考慮している。もし商業的利益の支配だけを受けるなら、多くの地域の芸術産業は、多国籍企業など独占資本によって、すみやかに取って代わられるだろう。一部の国は、自国の文化生産を一定水準以上に保持し、その発展のためにある種のシステムが必要であり、それを文化的表現形式に反映させることで、趣味的、習慣的な画一化と文化の同質化を避けたいと考えている。

　新世紀の到来とともに、中央によるコンテンツ産業の援助と発展に向けた指導のもと、また中国経済と国際経済が絶えず融合していくことが背景となって、中国の税関はいくつかの芸術品に対して長期的または臨時的な関税引き下げの施策を採用し、あるいは採用しようとしているが、それは非常に良好な経済効果と社会的効果をあげている。香港と中国内地との間で締結された「中国本土・香港経済連携緊密化取決め(Mainland and Hong Kong Closer Economic Partnership Arrangement)」によって、多くの"香港製"宝石の芸術品が関税免除待遇を得て中国内地に入ってきており、国際市場においても香港宝石業が恩恵を受けるだけでなく、同時に"三来一補*"式の産業枠組みにも変化が生じている。また、国務院の関連規定によれば、2002年6月1日以降、上海宝石交易所を主管する税関で通関手続きをおこない国内に輸入された宝石に関して輸入関税の徴収が免除されている。輸入段階の付加価値税は税関規則に基づき徴収され、消費税率は5%であり、かつ小売り段階では国内の税務部門によって徴収がおこなわれ、国の税収優遇政策の享受に良い影響を及ぼしている。2003年1月から6月の期間、上海宝石交易所の宝石取引額は1529米ドル、輸入申告された宝石は484米ドルに達し、輸入段階で税関が代理徴収した付加価値税は671万元余りである。さらに、国外に流失している中国文物の国内回帰を促進するために、国家財政部、国家税務総局、税関総署が共同で《国有文物収蔵単位が受領する域外からの寄贈、返還と返還請求されている中国文物の輸入免税にかんする暫定規則（国有文物収

藏単位接受境外捐贈、帰还和従境外追索的中国文物進口免税暫行弁法)》を公布し、今後すべての文物収蔵部門が、国外の機関、国外の個人による寄贈または返還によって、あるいは返還要求等の方法で獲得した中国文物を輸入するに際して、関税、輸入段階の付加価値税、消費税を免除すると規定した。この奨励政策によって、いわゆる"海外回流"の勢いが高まり、同時に芸術品の密輸制止によって中国の国家イメージアップに良い作用を引き起こした。

　中国のWTO加盟によって、関税引き下げは中国政府の工程表にすでに組み入れられ、上記の施策以外に、コンテンツ製品分野において映画とその他のヴィジュアル製品の関税はいち早く9％ないし15％に引き下げられた。しかし、芸術品の輸入税は依然として維持されたままである。したがって、積極的かつ妥当な施策を採用し芸術品の輸入税を引き下げるためにも、芸術品輸出入管理の強化が我々の現前にある必ず果たさなければならない喫緊の仕事であることは疑問の余地がない。

(文化発展論壇 http://www.ccmedu.com/bbs9_262.html, 2011-5-1.に依拠する。)

＊　(訳者注) 中国の経済開放政策における外資利用の形態を示すことば。三来とは、原材料とサンプルの提供による委託加工およびノックダウンを、一補とは補償貿易を意味する。沿海地区経済発展戦略で打ち出された原材料市場と販売市場の両方を国際市場に置くという両頭在外方式の主要な形態である。(ブリタニカ国際大百科事典)

二、金額割り当てによる制約

　金額割り当ては、主に自国産業を保護するために、外国製品の輸入量を制限する制約である。金額割り当てに関して、広義と狭義の区分がある。広義で言えば、金額割り当ては限られた資源の管理と分配に関わり、需給の不一致あるいは各分野の利害バランスに関わることである。結果として不公正な競争につながる。狭義の金額割り当ては、国際貿易の範疇内の定義である。つまりある国（地域）が、輸入超過商品に起因する損害を自国の産業が被らないように保護するため、あるいは自国（自地域）の超過輸出を防止するために、主動的にまたは受動的に輸出入数量あるいは価値をコントロールすることである。

　金額割り当ての方法は多種多様であり、統計によれば全世界の金額割り当て方法は2500種類余りに上る。様々な基準によって金額割り当ては、絶対額割当てと相対額割当て、関税額割当てと非関税額割当て、主導的割り当てと受動的割り当て等多種類にわけられる。金額割り当て制度によって国内産業を保護することは、代価として国際貿易そのものを制限することになる。したがって、長い間、自由貿易主義唱道者から断固とした反対を受けてきた。国際貿易では、輸出金額割り当てと輸入金額割り当

ては常套の非関税的制約である。

輸入金額割り当ては、主に自国産業保護のために、一定の期間ある商品の輸入数量または輸入金額に制限を加えることである。その金額割り当ての方法は主に二種類ある。一つは、グローバルな金額割り当てである。それは、ある国がある商品に対して定められた期間内の輸入数量または輸入金額を規定するのである。たとえば、外国映画を例にとると、中国は当初10本の制限であったが今では50本になっており、これは中国による外国映画輸入の総量規制である。二つは、国別の金額割り当てである。これは輸入国が、さまざまな国からの輸入商品に対してそれぞれ違う輸入金額を割り当てることである。たとえば外国映画輸入の場合、ほぼ全てアメリカ映画に焦点をあわせて、中国は輸入映画のうち一部は非アメリカ映画でなければならないと規定している。

関税の徴収と比べて、輸入金額割り当ての方が輸入商品の数量を制限する助けになる。その主な理由として、関税は価格変動によって国内需要に影響を与えるが、金額割り当ては商品の輸入数量または輸入額を制限するため、輸入に対して直接的な制限となり、そのうえコントロールがより容易だからである。金額割り当ては関税方式に比べてより厳しい。関税という状況のもと、ある国の輸出業者が関税を課せられた市場に参入しようと試みる場合、価格競争力もしくは品質競争力がありさえすれば参入が可能である。しかし、輸入金額割り当て措置が採られている場合、価格と品質の競争力がどれほど大きかろうと、市場参入の術はない。

割り当てによって規定される輸入量は通常、自由貿易における輸入量より低く抑えられなければならない。金額割り当てを実施すると国内の市場価格に影響するから、もし輸出国が大国の場合、世界の市場価格に影響を与え下落しかねない。価格効果以外、金額割り当てが生産、消費、福祉分野に及ぼす影響は関税とほぼ同じである。

コンテンツ貿易について言うと、自由貿易を主張する人達は金額割り当て制度に極力反対している。たとえばアメリカは、コンテンツ製品は物質製品と同じ消耗品であるから、外国のコンテンツ製品は金額割り当ての対象にならないと公言している。これは、アメリカのコンテンツ産業は十分に強大であり、すでに世界のコンテンツ市場のトップの地位を占めているから言えることであり、特に映画産業は世界中の国に対して圧倒的優位を誇っているからである。フランス、カナダに代表される他の国は文化例外論を主張し、自国の民族文化保護ために、コンテンツ貿易に金額割り当て制を実施するよう力説している。アメリカ文化と根を同じくするイギリスでさえ、怒涛のように侵入してくるアメリカ映画を前にして、1927年早々に輸入制限（スクリーンクォータシステム）を導入した。つまり、映画館で上映される一定数量（具体的に百分比率で示している）は国産映画でなければならないとし、1985年に至ってこの措置はようやく廃止された。[43]

米国から輸入されるコンテンツ製品に対処するため、カナダはその AV 製品システムを最終的にカナダ人による所有と管理のもとに置き、そうすることでカナダの文化と政治経済システムを守り、豊かにし、揺るぎないものにしようと考えた。カナダの立法府は政府に一定の方策をとる権限を賦与し、放送割り当て制を実施した。年間放送時間の60％以上をカナダ製作品にあてがい、且つ毎日夕方18時から深夜0時までの放送時間の60％は"カナダ内容"の作品に当てなければならないとした。フランス当局はテレビ番組に二種類の割り当てを実施している。テレビ番組の60％は欧州製に当て、そのうちの40％はフランスの作品に割り当てることにしている。[44]

文化自由貿易主義陣営と文化例外主義陣営は、GAT、WTO などを舞台に争いを演じている。それぞれが各自の立場を見据え、しばらくは妥協に至っている。割り当て制はきわめて有力な保護施策であって、各国のコンテンツ貿易を制約している。中国のコンテンツ貿易に目を移すと、対峙している困難は他国が中国をターゲットとして割り当てを実施するのか否かにあるのではなく、我々のコンテンツ産業の劣勢にその困難さがある。現在、中国には世界市場で同等に渡り合える強いコンテンツ企業がひとつもなく（たとえば中央電視台が一年で生み出す生産額は100億元余りであり、米国ではニューヨーク・タイムズ一社でさえ、一年間広告収入が100億米ドル以上になる）、またブランドを確立している企業もない。世界市場で中心的となる競争力を発揮できていないのである。よしんば他国が中国に焦点を合わせる割り当て制を実施していなくとも、中国のコンテンツ製品が米国などの列強国に進出しようともくろんだところで、その困難さをはかり知れない。当然ながら、中国が実施するコンテンツ割り当て制は、世界のコンテンツ市場価格、生産、消費、福利に一定の影響を必ず及ぼしている。正に、中国もまた WTO 加盟以降、他国からコンテンツ市場開放要求をひっきりなしに突きつけられているわけであり、中国のコンテンツ産業が直面する厳しい挑戦である。

三、輸出補助金

割り当て制が輸入を制限する方法であるが、それと対照的に輸出を奨励し支援する施策がある。その中で、輸出補助金は常用の手段のひとつである。輸出補助金または輸出手当は、輸出製品の価格低下と国際市場における競争力増大のために、ある商品の輸出に際して、政府が輸出業者に現金補助または財政上の優遇を与えることである。直接補助と間接補助の二つの形がある。直接補助は、政府が輸出業者に直接現金補助または手当を支給することであり、間接補助は政府が選定した商品の輸出に対して財政税務上の優遇を賦与することである。たとえば輸出商品の国内における税徴収を減免するなどである。こうした施策の根本的な目的は、商品輸出の拡大と自国製品の国

際競争力の増強である。

　ウルグアイラウンドで達成された "補助金及び相殺措置に関する協定" では、煩雑な補助金措置を三つの大分類に分けている。1.禁止されている補助金措置。すなわち、輸入代替え品もしくは輸出品の生産、販売段階において直接間接に供される補助金。それは輸出入貿易を歪曲化、あるいは他国の経済的利益を著しく損なうものである。2.使用が許されているが、反対提訴が可能な補助金措置。それは一定の範囲内で実施可能だが、実施された場合その他の締約国の貿易利益に著しい損害を与えたり、あるいは著しい差別的な影響を生じたりする時、損害を被る側が補助金措置を実行する相手側に反対を表明もしくは提訴を申請できる。3.提訴ができない補助金措置。それは普遍的な適応性と経済発展の必要性を具えていて、その他の締約側の反対を受けたり反措置の発動を引き起こしたりしない措置。

　輸出補助金は、国内生産と消費、ないし社会福祉水準に関して実質的な影響を与える。国内経済に対する効果は少なくとも二つあげられる。一つは、貿易条件効果。輸出製品の国際市場における価格を下落させることができるが、自国の貿易条件改善には不利に働く。二つは、輸出拡大効果。輸出製品の価格が下落すれば、輸出増加を刺激する。同時に、輸出補助金は一国の経済福利にとってマイナス効果となる。にもかかわらず、各国がこのような措置を実施するのは、国内生産規模の拡大を促進し、さらに規模の経済効果に浴して自国の経済成長を進展させるためである。

　補助金は、貿易保護主義を実行する道具として利用される頻度が非常に多い。EUは世界最大の輸出補助金の利用者である。1995年から1998年まで、EUの年平均輸出補助金の支出額は約60億米ドルで、全世界の輸出補助金の90％を占める。スイスは第二番目の輸出補助金利用者でありその額は5％を占め、米国は第三番目でその額は2％未満である。EU、スイス、米国、ノルウェー、このOECD加盟四カ国の輸出補助金が世界全体の97％になる。数量面からみると、補助金が最も多いのは穀物であり、価値として最も補助金が多いのは牛肉と乳製品である。実際の数量からみると、補助を受けている単品としては小麦、小麦粉およびトウモロコシなどの雑穀など年平均1000万トン以上が補助の対象となっている。以下、補助を受けている数量（100万トン以上）が多い産品は順次、果物、野菜、砂糖、その他乳製品、牛肉となっている。完成品として承認されたものを見ると、補助金に比較的多く依存している輸出産品（完成率50％以上）の主なものは、乳製品と肉・卵製品であり、その他乳製品、チーズ、脱脂粉乳、卵、牛肉、家禽類の肉などを含む。そのうち1998年の卵と豚肉の補助金は承認水準を超過している。穀物への補助金は国際市場の変動にかなり左右される。[45]

　コンテンツ産業は一種の特殊産業であるから、各国で、それは未熟産業、あるいは戦略産業、団結力産業として捉えられ発展してきた。それゆえその保護に対する力の入れようは並々ならぬものがある。特に観念的な "文化例外論" を唱える国家がそう

である。輸出補助金は目に見えない非市場的制約として、国際コンテンツ貿易に大きな影響を与えている。

1948年、フランス議会が映画資金援助法案を通した。最も肝心な条項は税収である。映画視聴者から税を徴収し、それによって国家基金を設け、もっぱらフランス映画人への資金援助に当てるのである。十年後、フランスのミシェル・ドブレ政権が文化事業部を設立した。大臣が最初に決定したことは、ハイクオリティな映画製作人に国として資金援助をすることであった。1963年、スウェーデン政府と映画人が協定を結び、互いの目標を実現した。すなわち、スウェーデンの映画産業が国際競争で地歩を固めるために、一定水準を持つ作品創作を奨励することになった。資金援助の財源は視聴者に対する課税である。1950年、オランダ政府の表明によると、政府の任務は大規模文化的事業をサポートもしくは自ら請け負うことであり、主に音楽、歌劇、喜劇、映画製作分野でその活動を行うとした。その六年後、長編映画製作支援計画を打ち出した。1965年、米国議会がある法案を可決し、国家芸術基金を設立した。その支援する範囲には、音楽、舞踏、戯曲、建築、芸術装置と続き、意外にもそのあとにモードファッションが続き、最後に映画、ラジオ、テレビがあがっている。1993年に繰り広げられた"文化例外論"の論戦における米国の代表的な認識は、芸術は支持・支援可能であるが、しかし映画とテレビはどうしても芸術とは思えないということであった。はたして1970年代から、絶対多数の国と政府による国産映画に対する支援が増えこそすれ、減ることはなかった。

各国のコンテンツ産業に対する支援と輸出補助金の形式はとても多く、いちいち枚挙することができないので、主要なものを見ていく。1.クオリティの高い映画に対する資金援助。すなわち審査委員会によって選ばれた作品を援助し、援助資金の総額はその年の予算を超えない。2.すべての国産映画に統一しておこなう資金援助であって、質の問題はまったく考慮しない。1980年代末から、各国政府および地方機関がおこなう映画に対する資金援助以外に、欧州の各機関が映画支援の措置を採りはじめた。たとえば、1988年の欧州理事会による"ヨーロッパ影像計画"、1990年欧州各機構による"メディリア計画"がある。この二つの計画の任務は、主に配給業者に対する資金援助であって、あらゆる国産映画の日常の業務に便宜を与える内容である。たとえば、プリント、吹き替えのコピーあるいは字幕、ビデオ、DVDの出版、映画祭における広告、推奨活動などへの援助である。1989年、EU閣僚会議で"テレビ無国籍化"計画が採択された。その主旨は、映像・音楽製品のヨーロッパ各地の自由な流通を奨励することである。

しかし、これほど多くの援助計画が存在しても、アメリカ映画とテレビドラマが世界市場で絶対的な優位を占めている。それを支えているのは、低廉な価格と米国自身が巨大な国内市場を持っていることであり、また米国企業がすきの無い高効率の支店

網を全世界で有していることである。

　したがって、中国のコンテンツ産業についてみると、輸出補助金は自国のコンテンツ産業の海外進出を保護し奨励する有力な措置である。しかし、一部のコンテンツ企業の投機行為は防がなければならない。あるコンテンツ企業は、安い価格で国外に持ち出すが、それは一部機関の手にあるだけで観衆の目にふれることがなく、何らの市場影響力もない。さらに憂えるべきは、国内コンテンツ企業と海外機関が結託して、作品を輸出するだけで、その費用は国内企業が負担するが、その作品が果して放映されるのか、消費者の手に渡るのか、作品としてそれなりの影響力を生み出すのか、それらを全く意に介さない。ただ一切の費用を賄うのは国家によるコンテンツ輸出補助金である。

　このように見てくると、対外コンテンツ貿易において輸出補助金は各国にみられる普通の現象であり、その国のコンテンツ製品もみなその制約を受けている。いかにしてこれらの制約を回避できるであろうか。要点は、やはりコンテンツ製品の質とコストにある。もしそのコンテンツ製品が価格も安く質も上々であれば、国際市場に打って出ても、輸出補助金は基本的に制限となり得ないのである。

四、WTO 規約

　WTO貿易規約は、実質的に国際市場のマクロ政策であり規定である。そして“見える手”としていかなる産品貿易にも適用され、一般的通用するマクロな指導的枠組みと約束に属するものである。国際コンテンツ貿易もまた、当然この規約を遵守しなければならない。

　WTOの主旨は、参加成員の生活水準の向上、完全雇用の確保、高水準の実質所得及び有効需要の着実な増加にある。物品及びサービスの生産及び貿易を拡大し、持続可能な発展を堅持し、世界資源の最も適当な利用を促進し、環境保護とそれを維持することにある。発展途上国、とりわけ発展が最も遅れている後発開発途上国が、貿易を成長させる中でその経済発展に見合った分け前と利益を確保することに対して積極的に努力を積むことである。その目標は貿易の自由化、その透明性と安定性の確立である。WTO規約の体系は、基本法、紛争解決手続き法、実体法、複数国間貿易協定、サービスの貿易に関する一般協定、非関税障壁協定、物品の貿易に関する多角的協定などから成る。その主要な基本原則として、非差別原則、透明性原則、互恵原則、自由貿易と市場参入原則、公平競争原則などがあり、さらにそれら原則に付随する例外規定がある。

　コンテンツ貿易もまたWTOの基本原則に基づく約束に従わなければならないが、文化は例外であるというこれまでの論争に意見の統一を見ることはできていない。特

に貿易自由化の原則について、コンテンツ貿易はこの原則に従うものかそれとも例外として扱うのか、各国の意見は一致せず、具体的行動も異なっている。この原則に従うとしたら、文化例外に話が及ぶことがないが、多くの国家そして多くのコンテンツ製品はけっしてこの原則の下にない。コンテンツ製品を取り巻く問題が価値アイデンティティと団結力経済の問題であるが故に、国際貿易においてWTOのいくつかの約束事はその能力の足りなさを露呈しているが、一致して例外とすることもできないでいる。したがって、WTOの枠組みのもとではこの問題をめぐる論争と対立は長期戦になるほかない。

　ウルグアイラウンドで協議された一連の案件のなかに、《知的所有権の貿易関連の側面に関する協定（TRIPS協定）》があるが、その中心を為しているは知的財産権の保護である。これを版権の保護を以って価値の実現を図るコンテンツ産業に則して言えば、きわめて重要なことである。情報・知識経済の発展とデジタル技術とネット技術のグローバル化にともなって、知財権保護の重要性がいっそう際立っている。世界貿易機関の三大支柱のひとつであるTRIPS協定は、今後WTOの枠組みのもと知財権保護の協議が適切な時期に成果を上げることができれば、各国の知財権保護に対してきわめて大きな影響を及ぼすだろう。[46] 各国は基本的にWTOの政策的制約に関して一致できるかもしれないが、当然、各国の経済、政治、社会歴史が違っているわけだから、知財権保護の具体的な制度にも違いが生じる。したがって、対外コンテンツ貿易において、我が国のコンテンツ企業はWTO貿易規約に精通し、その枠組みのなかででき得る限り有利な条件を利用し、規約による制約をできるだけ回避しなければならない。さらに重要なことは、機に応じて変ずるという融通性を以ってこれらの規約に対処し、この規約の制約のもとで他国の行動に対処する必要がある。つまり、規則に拘泥するだけでは死んでしまい、機敏に変化すればいつまでも若々しい、というわけでる。

【参考】自由競争と多面的保護下におけるコンテンツ貿易発展

自由競争の中で発展していくコンテンツ貿易

　GATTと比べて、世界貿易機関（WTO）は商品貿易に限らず、その範囲をひろげてサービスと知的財産権の分野にまで及んでいる。世界貿易機関の基本精神は自由貿易の保護と発展である。いわゆる"自由貿易"を簡単に言うと、関税と商品の輸入金額割り当て制を撤廃することである。自由貿易の提起は、市場とは消費者が最優遇価格でもって商品を購入し、且つ世界の富を増やすための最も有効なシステムであるこ

とを前提になされたのである。関税障壁と国家の保護システム撤廃の最終的な目的は、市場が何らの制限もない状況で運用されることを認めることである。

　国際貿易の総量は膨大であり、そこで国際コンテンツ貿易が占める割合は非常に小さい。小さいがゆえに、なおざりにされかねない。しかし、近年の国際コンテンツ貿易は規模の上でも活動方式の上でも、異常なほどの活況を呈している。1998年初頭、EU情報センターが公表したデータによれば、世界の版権貿易収入は1100億米ドル前後になると予想され、世界中の図書製品の直接貿易による総収入をすでに大幅に上回っており、世界の出版貿易の主流になっている。1950年代全世界の留学生数は数万人に満たなかったが、80年代には百万人、90年代中期になると世界の留学生の総数は150万人を数えている。またアメリカ商務省の統計によれば、国際教育がすでに米国において五本の指に入る外貨獲得ビジネスとなっていて、毎年の収入が120億米ドルに達している。こうした国際的なバックグラウンドのもと、我が国の対外コンテンツ貿易もまた"全面的追撃"態勢を取っている。文化部の不完全な統計ではあるが、2003年から2006年までの間、我が国の音楽映像製品の輸出累計1723万枚にのぼり、輸出金額は1億4900万元に達している。その中で無奈アニメーショングループ有限公司が藍猫をイメージキャラクターとしたアニメ番組は、合計4878集、66380分、版権収益が213.4万米ドルに達している。天津神界漫画公司の四大アニメは日韓の市場で流行し、版権譲渡収入がすでに1000万元を超えている。15種類のオリジナルネットゲームが14の国と地域に輸出され、東南アジア市場だけでなく欧米などのゲーム大国にまで販路を開拓している。

多様な保護政策のもと生き残りを賭けるコンテンツ貿易

　経済のグローバル化をバックグラウンドにして、コンテンツ貿易はすでに国際サービス貿易の重要な構成分野になっている。国際貿易の形式を相対的に見れば、商品貿易、サービス貿易、知財権貿易が含まれている。近年、各国は自国コンテンツ製品とサービスの輸出を全力で支援し奨励している。そのうちで発展途上の国と地域が最も重要視している輸出製品はコンテンツ製品とサービスであり、事実すでに伝統的な製造業産品に取って替わっている。

(一) コンテンツ貿易関連の国際協定
　国際コンテンツ貿易は関連する国際協定に従って進めなければならない。コンテンツ製品とサービスの国際貿易に関連する国際協定で、最も古くまで遡れるものは1886年9月9日にスイスのベルヌで締結された《文学及び美術的著作物保護に関するベルヌ条約》(Berne Convention for the Protection of Literary and Artistic Works) で

ある。これは、文学、科学、芸術作品の版権保護に関する国際条約であり、《ベルヌ条約》と略称され、最も早く誕生した国際的な版権条約である。その後、1961年10月26日に調印された《実演家、レコード製作者及び放送機関の保護に関する国際条約》(Rome Convention for the Protection of Performers, Producers of Phonograms and Broadcasting Organizations)、略称《ローマ条約》がある。国際連合教育科学文化機関（UNESCO）によって提唱され可決された《フィレンツェ協議》、これは教育、科学、文化物輸入に関する法律文書であって、自由な流通の原則に基づいている。その主旨は国際的な相互理解と文化的対話の促進にある。2000年、94か国がこの国際的文書を批准した。こうした支持のもとで、以下にあげる輸出商品の関税を廃止することを協議し同意した。図書、芸術品、教育、科学技術研究と文化にとって必要な視聴覚材料、科学研究設備、視覚障がい者用品およびその原料。さらにこの文書は、公共図書館による図書購入のために兌換券や輸入許可証を発行すべきと声明を出している。《フィレンツェ協議》は最初1950年に締結され、1976年《ナイロビ草案》の意見をとり入れ改正された。《ナイロビ草案》は自由流通の原則をその他のコンテンツ製品——特に新技術によって登場した視聴覚材料にまで拡大した。《フィレンツェ協議》、《ナイロビ草案》は共にコンテンツ商品市場の自由開放を明確に支持しているが、ふたつとも保留条項があり、各国が自国コンテンツ産業の発展に損害を与えかねないコンテンツ製品の輸入差し止めを許可している。世界知的所有権機関（WIPO）は、《知的所有権の貿易関連の側面に関する協定（TRIPS協定）》調印後、《著作権に関する世界知的所有権機関条約（WIPO著作権条約またはWCT）》と《実演及びレコードに関する世界知的所有権機関条約（WPPT）》を締結した。これによって、情報技術の飛躍的な発展が促された。

（二）"文化例外"論の主張と市場参入

1. 文化例外論の主張

　ウルグアイ・ラウンドの最終協議の段階で、一部の国がウルグアイ・ラウンドの最終協議において、「関税及び貿易に関する一般協定」の商品、サービスおよび版権保護下にある製品に対する原則の適用——特に最恵国待遇と最恵国民待遇の原則の適用は、商業分野に対する考慮に偏重していて、各国の文化的独自性とその地位を破壊しかねないと表明した。自国の文化生産を一定水準以上に保持し、その発展のためにある種のシステムが必要であり、それによって自身の文化的表現形式を反映することで、趣味的、習慣的な画一化と文化の同質化を避けることは必要である。激しい討論を経て、米国は「関税及び貿易に関する一般協定」のすべての規定を映画および録音録画製品そしてサービスに適用することにこだわることはもはやないと表明した。これ以降、"文化例外"の呼称のもと黙認されている。それが"主張"である以上、"文化例

外"には何らの法律的裏付けもなく、またいかなる協議、条約にも書き込まれていない。"文化例外"の主張は、文化の価値は商業価値を超越しているから、ほかのいかなる製品と同列ではないと認識しているのである。コンテンツ製品とサービスは観念、価値、生活方式を伝達している。それは、一つの国家の重層的な地位とその公民の多様な独創性の表れである。"文化例外"の主張によって、GATTの第二部分第四条の決議が保留されている。映画放映の金額割り当ての条項で、国産映画の総上映時間の一定比率を設定することが認められている。GATTはまた、"芸術価値、歴史的価値、考古学的価値を有する民族の宝庫を保護"する措置を例外として保留している。映画と家庭用ビデオを除くその他のコンテンツ製品は、すべてGATTの全条項が適用される。

2．市場参入

　コンテンツ市場参入問題について、EUと米国は一貫して何度も矛を交えてきた。世界の映画市場の年間総売上額は200億米ドルに及び、米国はそのうちの85％を占め、170億米ドルにも達する。ヨーロッパは映画発祥の地であるが、1997年ヨーロッパから米国に売られた映画はその生産量の1％に過ぎず、一方、米国からヨーロッパに輸出される映画はその生産量の75％以上になる。アメリカ映画はフランスでのチケット総売り上げの60％、イギリスでは95％にも上る。アメリカ映画協会の統計によれば、ある映画の収入の42％が各種の媒体——映画館、テレビ、家庭用ビデオなどを通じて得たものであり、収入の半分以上を海外の聴衆から得た映画もある。

　1994年、ウルグアイ・ラウンドにおけるヨーロッパと米国との交渉で、米国は半導体集積回路とコンテンツ製品のヨーロッパ市場参入に重点を置いた。米国のコンテンツ製品のヨーロッパ市場への無条件参入に欧州勢は一致して反対を表明している。フランス等のヨーロッパ諸国が"文化例外"を主張したが、16回にわたる厳しい協議を経て、ヨーロッパは最後に280億米ドルもの農産品市場を米国に開放することと引き換えに米国との妥協に至った。協議の結果には、"文化例外"にも"無条件参入"にも言及されていなかった。

　交渉・駆け引きのなか前進する中国のコンテンツ貿易

　コンテンツ産業の特殊性のゆえに、コンテンツ製品とサービスの開放問題で、たとえ先進国の間であっても大きな隔たりが存在している。米国は、コンテンツ製品とサービスの最大の生産国そして輸出国として、自国のコンテンツ製品とサービスを他国のコンテンツ市場に送り出し、経済的利益の獲得と並んで自国の文化的価値観を輸出するために、WTOの多角的貿易体制の枠組みのもとコンテンツ製品とサービスの自由化を推進しようと極力つとめている。フランスを筆頭にEU諸国は"世界の文化の多様性擁護"の錦の旗をかかげ、コンテンツ貿易分野の自由化に反対している。このため2005年までに、WTO146の構成員中、21の構成員だけがコンテンツ製品とサ

ービス分野の開放を承諾した。この21の中で、米国と中央アフリカ共和国だけがコンテンツ産業の各分野の開放を承諾した。その他の構成員は、コンテンツ産業に部分的開放——たとえば映画とテレビの撮影分野の開放を承諾し、主要な分野——たとえばテレビ番組、ラジオとテレビの転送等の分野については、大多数が依然として慎重な態度をとっている。全体的には、コンテンツ産業の国際的開放はけっして普及しておらず、その開放度合いにも幾らかの限界が存在する。

　2000年11月、中国のWTO加盟について米国と我が国との間におこなわれた最終協議において、我が国はコンテンツ製品とサービスの市場に参入するにおいて部分的な承諾に至り、2001年12月11日中国のWTO正式加盟が文言に書き入れられた。承諾した分野は、おもにオーディオヴィジュアル製品、映画、書籍雑誌等の分野に及んでいた。主な条文は次のようになっている。「WTO加入時より後、音楽映像製品の内容審査に関わる中国の権利を損なわない限りにおいて、国外のサービス業者と中国の合弁相手と合作企業を設立し、映画を除く音楽映像製品の代理販売に従事することを許可する」「中国の映画管理に関する法規を損なわず亦はその法規と一致する限りにおいて、中国は収益配分方式による輸入映画を映画館で上映することを許可する。ただし、輸出数量は毎年20本までとする」「外国のサービス業者が映画館の建設または改修に際して、外国資本は49％を超えてはならない」「加入後一年以内、外国のサービス業者が図書、新聞、雑誌の小売りに従事することを許す」。我が国は、コンテンツ産業の開放に関してわりあい実務的かつ慎重な態度を持って臨んだ。WTOの項目分類と対照してみれば、我が国はWTOの区分けに完全に則ってコンテンツ産業を開放しているわけでは決してない。国情に照らして、開放可能な分野を一つ一つ単独で承諾を与えており、開放分野に限りがあり、開放もコントロールできる範囲である。

(http://www.bjmbc.gov.cn/web2/fcsArticleDetail.jsp?article_id=12439255000001　2011-5-1 来源于北京市商務委員会)

1　黄宗智「近現代中国和中国研究中的文化双重性（近・現代中国と中国研究における文化の二重性)」、『開放時代』、2005年、第四期、45頁。

2　張彩鳳ほか『全球化与当代中国文化産業発展（グローバル化と現代中国コンテンツ産業の発展)』、済南、山東大学出版社、2009年、21頁。

3　張彩鳳ほか『全球化与当代中国文化産業発展（グローバル化と現代中国コンテンツ産業の発展)』、済南、山東大学出版社、2009年、21頁。

4　［米］Robert L. Heilbroner、蔡受百ほか訳『幾位著名経済思想家的生平、時代和思想（世俗の思想家たち一入門経済思想史)』、北京、商務印書館、1994年、59頁。

5　［米］N. Gregory Mankiw、梁小民訳『経済学原理（マンキュー経済学／原題：Principle of Economics)』（第三版)、北京、機械工業出版社、2005年、4頁。

6　王忠良、肖四如『中国経済資源配置的理論与実践（中国経済資源配分の理論と実践)』、北京、中国財政経済

出版社、1998年、1頁。

7　呂慶華『文化資源的産業開発（コンテンツ産業における資源開発）』北京、経済日報出版社、2006年、51頁。

8　［独］マルクス著、郭大力・王亜南訳『資本論』（第一巻）、上海、上海三聯書店、2009年、1-3頁。

9　陸楊『大衆文化理論』、上海、復旦大学出版社、2009年、89-91頁。

10　謝満蘭「読者接受理論与影視字幕中的隠喩翻訳（読者受容理論と映画字幕における隠喩の翻訳）」http://www.dxfl.cn/luntan.asp?id=2618、2010年3月21日。

11　［独］マルクス著、郭大力・王亜南訳『資本論』（第一巻）、上海、上海三聯書店、2009年、4頁。

12　楊文宇「信息商品的価値理論及其定価策略分析（情報商品の価値理論及び価格決定方法の分析）」、『世界経済状況』、91頁。

13　武穎方「信息商品的特点及其価格確定（情報商品の特性と価格確定）」、『山西財経大学学報』、2001年、第一期掲載、106頁。

14　許蔵「試論知識商品的使用価値、価値与価格（試論・知識商品の使用価値、価値と価格）」、『中南財経政法大学学報』、2006年、第三期、49頁。

15　楊麗姫「中美版権産業与版権制度之比較（中米版権産業と版権制度の比較）」、『斉魯藝苑』（山東芸術学院学報）、2005年、第四期掲載、80頁。

16　［米］Philip D. Curtin 著、鮑晨訳『Cross-Cultural Trade in World History』、山東画報出版社、2009年、1頁。

17　［米］Philip D. Curtin 著、鮑晨訳『Cross-Cultural Trade in World History』、山東画報出版社、2009年、1頁。

18　張業志、呉亮『首都文化創意産業発展中的版権貿易研究（首都文化イノベーション産業発展における版権貿易の研究）』、上海、華東師範大学出版社、2009年、45頁。

19　［米］Robert L. Heilbroner、蔡受百ほか訳『幾位著名経済思想家的生平、時代和思想（世俗の思想家たち―入門経済思想史）』、北京、商務印書館、1994年、51頁。

20　［米］Robert S. Pindyck ほか著、王世磊ほか訳『微観経済学（ミクロ経済学）』（第六版）、北京、中国人民大学出版社、2006年、8頁。

21　［米］Robert S. Pindyck ほか著、王世磊ほか訳『微観経済学（ミクロ経済学）』（第六版）、北京、中国人民大学出版社、2006年、8頁。

22　［米］Robert S.Pindyck ほか著、王世磊ほか訳『微観経済学（ミクロ経済学）』（第六版）、北京、中国人民大学出版社、2006年、11頁。

23　顧江『文化産業経済学』、南京、南京大学出版社、2007年、41頁。

24　David Hesmondhalgh 著、張菲娜訳『文化産業』、北京、中国人民大学出版社、2007年、58頁。

25　David Hesmondhalgh 著、張菲娜訳『文化産業』、北京、中国人民大学出版社、2007年、59頁。

26　ロバート・クリスチャン『21世紀的学習：技術将帯来人類学習的変革（21世紀の学習：技術がもたらす人類の学習変革）』http://ee.icxo.com/htmlnews/2002/12/03/160312.htm、2010年3月22日。

27　『DCCI：中国ネットユーザー数、3億5000万人突破』http://tech.163.com/09/0716/15/5EBQ6FD8000915BF.html、2010年3月22日。

28　何群『文化生産及産品分析（コンテンツ生産と製品の分析）』、北京、高等教育出版社、2006年、2-7頁。

29　李献臣「浅析供求機制（需給メカニズムの初歩的分析）」、『阜陽師範学院学報』（社科版）200年、第四期掲載、117頁。

30　魯新徳「簡論商品供求機制（略説商品供給メカニズム）」、『東岳論叢』、1987年、第六期掲載、29頁。

31　出所：http://baike.baidu.com/view/1135555.htm, 2011-4-30.

32　韓志国ほか「争機制、風険機制、供求機制（競争メカニズム、リスクメカニズム、供給メカニズム）」、『財経問題研究』、1987年、第二期掲載、6-7頁。

33　呉淑娥「墾断行業引入競争機制的思路初探（独占業界競争メカニズム導入構想の初歩的考察）」、『大衆商務』、2010年、第一期掲載、21頁。

34　王建輝ほか『競争機制与企業人事管理（競争メカニズムと企業の人事管理）』、北京、中国経済出版社、1989年、19頁。

35　出所：http://baike.baidu.com/view/1351245.htm, 2011-4-3.

36　杜艶如ほか「浅議中西文化差異（中国と欧米の文化的差異の初歩的考察）」、『河北理工大学学報』（社会科学版）、2010年、第七期掲載、68頁。

37 楊英ほか「文化差異対企業跨国経営活動的影響（多国籍経営活動に対する文化差異の影響）」、『商場現代化』、2007年、第七期掲載、82頁。

38 William F. Meller「文化差異：中国企業海外拓展的第一道埡（文化的差異——中国企業海外展開における第一関門）」、『大経貿』、2005年、第十一期掲載、43頁。

39 Colin Hoskinsほか著、劉豊海ほか訳『全球電視和電影：産業経済学導論（テレビと映画におけるグローバリゼーション：産業経済学序論）』、北京、新華出版社、2004年、46-47頁。

40 孫東「我国的関税与非関税保護（中国における関税と非関税保護）」、『国際貿易』、1994年、第十一期掲載、33頁。

41 李坤望『国際経済学』、北京、高等教育出版社、2009年、113-116頁。

42 金敏「貿易自由化与我国産業保護（貿易自由化と中国の産業保護）」、『統計与決策』、2001年第十期掲載、28頁。

43 ［仏］Bernard Gournay著、李穎訳『反思文化例外論（文化例外論再考）』、北京、社会科学文献出版社、2010年、13頁。

44 ［仏］Bernard Gournay著、李穎訳『反思文化例外論（文化例外論再考）』、北京、社会科学文献出版社、2010年、24-25頁。

45 出所：http://baike.baidu.com/view/146945.htm, 2011-5-2.

46 鄭建志『WTO框架下中国知識産権行政保護（WTO体制下における中国の行政による知財権保護）』、北京、知識産権出版社、2009年、2頁。

第四章

産品輸出における
文化的差異の回避

　中国のコンテンツ製品について言うならば、国際市場において消費者の受容は二つの段階に分けられる。第一段階は、社会的客体としてのコンテンツ製品の受容であり、第二段階は、精神的客体としての受容である。二つの客体としての国際消費者によるコンテンツ製品の受容は、共に経済的要因と非経済的要因の影響を受けている。要因の主なものは、経済、政治、人口統計に表れる特徴、心理、文化的差異などが含まれる。なかでも、コンテンツ製品を受容する精神的客体にとって、文化的差異が重要な鍵となっている。精神的客体としてコンテンツ製品を受容する消費者に、文化的差異の度合いが影響し、受け入れ国の消費者によるコンテンツ製品の次の購入を左右するからである。この章では、中国のコンテンツ製品輸出の際に、なるべく文化的差異による影響を受けない方策の研究に力を注いでいる。私は思うのだが、文化的差異による影響を軽減するには、生産サイドと営業・消費サイドの重要な要の部分、つまりコンテンツ製品のつくり手と買い手の要に注力すべきである。生産サイドの要とは、科学的に有効な生産モデルを遵守することで製品の文化的差異を軽減するよう努力することである。消費サイドの要とは、文化的価値の理解を促し、世界の文化の多様性を損なわないように努力することである。コンテンツ産業の輸出の最大化を実現するには、受け入れ国の消費者が中国文化の価値観を理解してくれることが前提となる。このようにして、中華民族の正統性ある存在の前提——すなわち文化——の保障が基礎となれば、世界各民族文化との不満の無い心地よい共存が達成可能である。

第一節　文化的差異の次元

メディアの受け手の研究で功績をあげたデニス・マクウェールはその著作のなかで、

「受容モデルの核心は、意義の帰属と構築をメディアの受け手と関係づけることであり、メディア情報は常に開放的であり多義的である。つまり情報の解釈は、コンテクスト（文脈）と受け手の文化によって定まる」と述べている。[1]コリン・ホスキンス（Colin Hoskins）は産業経済学の観点から、国際貿易におけるコンテンツ製品受容の問題を分析している。「ある文化に根ざした特定の映像製品が国内市場において吸引力を発揮するのは、その聴衆が同じ常識と生活方式を共有しているからである。しかし、他の地域でその吸引力が減退するのは、その地の聴衆にとってそのスタイル、価値観、信仰、歴史、神話、社会制度、自然環境、行動方式が理解し難いからである」[2]。このような文化的差異の影響、製品の吸引力の低下、すなわち「外国のテレビ番組あるいは映画の価値（潜在的利益）における減衰の百分比を'文化の割引'と呼び」[3]、または文化のディスカウントとも称している。

　以上、二人の学者の論から我々が知ることができることは、精神的なものとしてコンテンツ製品は、使用（受容）する消費者にとって物質製品と大いに様相が違っていることである。物質製品は消費者の生理的需要に合致していればそれで良く、製品の良し悪しの否かはあるだろうが、ともかく直接使用に供せられるならそれで良い。つまり、物質製品の消費プロセスは単純であり、その効用は一目瞭然、わかりやすい。精神的製品となると、物質製品の消費ほどに単純ではない。スチュアート・ホール（Stuart Hall）が言うように、電子作品の生産から消費に至るそれはコード化と脱コード化のプロセスであり、生産者がコード化に込めた意義が消費者によって脱コード化されてこそ、製品が生産・流通の完成を実現すると言える。このゆえに、消費者が生産者と同じ知識の枠組み、生産関係そして技術的基礎を持つことが必要となる。しかし、たとえ同一の文化が背景にあっても、人々の精神的製品に対する理解には依然としてズレが生じることを我々は承知している。したがって、文化的背景を異にする消費者のコンテンツ製品の受容に関して、さらなる言を待つまでもない。コンテンツ製品受容に影響を与える要素パターンには、経済的要素と非経済的要素とがあり、共にコンテンツ製品の受容に影響をあたえ、かつすべての要素がコンテンツ製品の社会的客体としての受容にレベルを異にする影響を与えることをみてきた。だが、コンテンツ製品の精神的客体に与える影響は、文化的要素のみである。国際コンテンツ貿易において、文化的要素が他国の精神的客体としてのコンテンツ製品受容に影響しており、最終的に、その獲得サイクルにも影響している。コリン・ホスキンスが述べているように、まさに地域的な文化的差異がコンテンツ製品の意義の理解に影響し、偏向ひいては拒絶がうまれ、製品の吸引力の大幅な減衰と文化的ディスカウントの増大が発生し、製品の輸出と再生産にその影響が最終的に及ぶことになる。

　文化的ディスカウントのような現象を減らすために、文化的差異を低下させ、優良なコンテンツ製品の受容を消費者に促す必要がある。そのために、我々は主な文化的

差異の表現をパターン化し、そのレベルを体系的に捉え、それぞれの範疇、本質、特徴を明確にしなければならない。

どのような民族文化であろうと、例外なく物質文化、精神文化、行動文化、制度文化を包括している。物質文化は一種の物化した人類文明の結晶である。それ自体は社会的客体であって、人間の認知、信仰、態度、価値判断を左右したり影響したりすることはない。人々の取捨選択、解釈、理解そして整合的な文化要素に真に影響を与えるのは精神文化であり、当然それは行為文化と制度文化を部分的に含んでもいる。サミュエル・フィリップス・ハンティントン（Samuel Phillips Huntington）が述べている。「文化が人類の進歩に及ぼした働きを分析するとき、あらゆる物を文化として理解するなら、すなわち研究の基礎、前提はまぼろしと化し、唯一価値観だけが残り、それが人類の進歩に極めて重大な働きをするであろう」

国際市場で活躍する営業マンは、「国際市場の営業での挫折と失敗は、十のうち八、九は文化的要因がなせるもので、数ある環境要因の中で、文化環境こそが国際市場の営業に徐々にではあるが影響を及ぼしている重要な要因である。製品を消費し受容するか否かは、すべて文化意識が反映されている」[4]と考えている。「国際市場のマーケティングで肝に銘じておくべきは、文化に差異があるだけで、正誤も良し悪しもないことである」[5]

市場マーケティングに対する文化的差異の影響を把握するために、文化の構成要素を明確にする必要がある。Keegan（1998）によれば、文化要素には宗教、家庭、教育、社会要素、言語、観念等が含まれ、Curry（1999）によれば、文化要素に含まれるものは言語、習俗、歴史、教育、宗教と家庭である。また、Cateora等（2000）は、文化要素は物質文化、社会制度、人と宇宙、美学、言語等で構成されると考え、Czinkota等（2004）は文化要素にはおもに、言語、宗教信仰、価値観と態度、行動と習慣、物質要素、審美、教育、社会制度等が含まれると考えている。

「文化は外在形式をとる。たとえば芸術品や階層制度である。また内在形式もある、たとえば価値観、態度、信仰、感知／感情／感覚、思考スタイル、認知など」と、マゼーラは考えている。[6]ヘルト・ヤンホフステードによれば、文化は国家のある次元の範囲——地域、民族、言語系等のレベル、性別、社会階級、組織もしくは会社等のレベル範囲を包括している。これらのレベルは交流の舞台として、また異次元の舞台、異文化の舞台として見做すことができる。ヘルト・ヤンホフステードは、「文化的差異の研究を行う時、国籍——人々が所持しているパスポートの扱いを慎重にするべきである」と強調している。Tyler（1871）は、「文化は一個の総合体である。それは、知識、信仰、芸術、道徳、法律、風俗および社会の成員として習得したあらゆる能力と習慣である」と考えた。アルフレッド・ルイス・クローバー（Alfred Louis Kroeber）によれば、「文化は、我々の行動の価値観、思想とその他の符号体系を生み出したス

第四章　産品輸出における文化的差異の回避　　183

タイルが伝承されてきたものである」[7]。

　ウェイン・D・ホイヤー等（2010）が、消費者の行動に影響を与える文化的要素には、種族、宗教、階層、家庭、価値観、人格、生活スタイル、参加グループ、規範などがあると述べている。中国の学者・庄恩平氏は文化を海に浮かぶ氷山になぞらえて、言語、習俗、行動、芸術、食物は人々が目にすることができる氷山の一角であり、思考、時間、信念、観点、価値観、理想、見解等、目に見えない部分があるとしている[8]。甘碧群氏等は国際市場のマーケティングに影響する要素を言語、宗教信仰、教育、社会組織、物質要素の五つの分野に分けている。

　以上の学者諸氏の文化要素の分析を根拠に、本書の研究テーマの実際と結びつけると、対外文化伝播と国際コンテンツ貿易において、コンテンツ製品受容に影響を及ぼす文化要素は主に言語、歴史と習慣、思考方式、価値観の四つの次元にわけられる。この四つの次元はまたそれぞれ異なる派生指標がある。我々が中国と西欧諸国のコンテンツ貿易を研究するとき、この四つの次元から着手し、製品生産、分配、交換、消費の各段階を分析する。そして文化的差異がコンテンツ製品受容の障害になりうるおそれがあるゆえに、適切な方策によって文化的差異を減らし、あるいは連結、希薄化、そして理解されるなら、中国のコンテンツ製品が国外（とりわけ欧米先進国）の民衆から最適な形で受容されるのである。

一、言語

　言語は、本質的にいうなら、「一系列の字母・符号およびその使用規則からなっている」。言語は文化の核心につながる鍵であり、人類のもっとも重要な交流手段である。人類は言語の助けを借りて文化を伝承してきた。言語は民族の重要な特徴のひとつであり、国家と民族の地位を保持することができ、強大な団結力を具えている。言語を組成する字母、符号、規則は文化によって異なり、文化が違えば言語もまた異なるのは必然である。

　現在、わかっているだけで世界には5651種の言語がある[9]。ほとんどすべての民族ごとに固有の言語がある。言語の親族関係の遠近によって七系統に分かれる。インド・ヨーロッパ語族、シナ・チベット語族、アルタイ諸語、アフロ・アジア語族、ドラヴィダ語族、カルトヴェリ語族、ウラル語族の七系統である。そのほか、アフリカのニジェール・コンゴ語族、米州大陸のエスキモー・アレウト語族、インドシナ半島のオーストロアジア語族などがあり、日本語、朝鮮語のようにどの系統にも属さないものもある。

　言語には、話し言葉と書き言葉がある。書き言葉は話し言葉の視覚形式である。記号学の観点からみると、人類の思想を表現する手段としての言語を有声言語と無声言

語（非言語記号を指す）とに分けている。無声言語（非言語記号）には大まかに三種類がある。一つは「言語記号に付随する符合、たとえば音声の高低、大小、早い遅い、文字の字体、文字の大小、文字の精緻、文字の体裁（ていねいとぞんざい）[10]」。二つ目は、身体言語、たとえば手振り、身振り、振る舞い、目配せと笑顔（表情）などを指す。三つ目は、「物質化、運動化、形式化という符号、たとえば儀式と習慣、徽章と旗、服装と飲食、音楽と舞踏、美術と建築、手芸と技能、住宅と庭園、街と消費方式[11]」である。

　一般的に言って、世界の様々な言語は人類の社会生活と人類の生理、心理構造にある程度決定される。人類は基本的に、生理が同じ、心理構造も同じであり、その社会生活にも同じ所があり、人類の言語もまた共通性がある。たとえば、1.記号性と系統性。言語は観念表現ために社会の習わしが一般化して定まった記号であり、記号の本質は社会性である。言語は一種の社会契約であり、シニフィアン（能記：記号表現）とシニフィエ（所記：記号内容）を持つ。2.恣意性と線条性。恣意性は言語記号の能記と所記とあいだの一種の恣意的な結合関係のことであり、線条性は音声言語がひとつづきに空間を伝播するほかなく、音声の範囲と能力を突き破ることができないことである。3.不変性と可変性。安定性は言語系統のすでに存在している前提であり、変動性はたえず増殖、発展する法則によるものである。4.伝承性と交際性。伝承性は人間による自覚的、無自覚的な使用によるものであり、また言語そのものには強力なコミュニケーション能力があり、各種の変化に応対でき、人々の意思疎通を促し、さらに多くの意義を生み出し得る。

　当然、言語はある地域ある民族の社会生活を反映し、人類社会が発展し一定の歴史段階に至った産物である。地域を異にし、民族を異にするそれらの言語には明らかな個性がそなわっている。映画監督フェデリコ・フェリーニが言うように、「異なる言語は異なる生活態度の表現である」「この単純な言葉のなかに、域外文化交流に対する言語の重要性が示されている[12]」。フェリーニのこの言葉は我々にヒントを与えている。対外文化伝播と国際コンテンツ貿易で登場するコンテンツ製品が使用している言語の差異を、我々は考慮しなければならない。仮に輸入国の言語が使用されていても、吹き替え、字幕、話し言葉や方言の差異のために、やはりその作品の吸引力が低減し、聴衆のコンテンツ製品受容を阻害しているかもしれない。

　人類の交流にとって言語は非常に重要である。それは言語が表示、交流、伝播の役割をこなしているからである。デイビット・クリスタルによれば、言語には「感情表現、思考、交際、現実のコントロール、歴史の保存、地位階層の表現の六種の働きがある」。感情表現は、言語によって内心の感情を表現し伝える働き。思考の働きは、言語が人の考え方を話し、思想を表現する手段。交際については、言語によって人間関係を良好に保つ働き。現実コントロールは、超自然的、信仰に関わる者が言語によ

って人の一生を左右する力。歴史保存は、言語がいろいろな形式を以って事実を記録し文化知識を伝承する働き。地位階層の表現は、さまざまな社会的交流の場で、言語を通じて（たとえば集会のスローガン）人々が社会的身分を表現し保持する働き。

　要するに、コンテンツ製品受容に影響する文化的要素としての言語について言うなら、その本質、構造、類型、特徴、働きを理解したうえで、我々は実際に根ざし――中国が製品輸出国となる立場に立脚し、言語次元から派生する指標を詳しく分析する必要がある。具体的に言えば、文字、音声、画像、体裁などが含まれる。特に生産段階では、これらの要素の適切な使用に注意を払い、障害を抑え、コンテンツ製品の吸引力を高めることが必要である。そうすることで、受け手の最適な取捨選択、解釈、理解そして整理統合が可能となる。

二、歴史と習慣

　イギリスの作家エドマンド・バークが言っている。歴史は、死者と生者がいまだ生まれ出でない者たちと取り交わした協定である。実際、歴史は文化の深層構造である。様々な文化、文明は、それぞれ他の文化、文明とは違う歴史事実、発展の軌跡、歴史の特徴を持っている。西洋文明と東洋文明は明らかに違う。これはまさに双方の歴史軌跡が違うからであり、片やキリスト教を内核とし、片や儒教を内核としてきた。文化歴史が違えば、その社会の構成員の身分、価値、目標、希望も違ってくる。たとえばアメリカの歴史が人々に伝えているのは可能性である。普通の人が人統領になることもできる。このようなアメリカンドリームの歴史が精神的製品の受容に影響している。世界中に知れ渡っている《トムとジェリー》は、アメリカの歴史から生まれ、人々から受け入れられている作品である。力のない鼠が、毎回毎回、力を代表する猫を翻弄し、辱め、怒らせ、如何ともしがたい状況に追い込む。そのたびに、アメリカ人の聴衆が拍手喝采を送る。これはアメリカの歴史がその影響を発揮した作品である。

　文化史が観念と行動に影響し浸透していった無数の例がある。リンカーンの丸太小屋、トルーマンの洋服店のエピソードはアメリカ人の意識の中に深く根付いている。「ボスニア・ヘルツェゴビナの烈しい殺戮は1990年代に始まったのではない。衝突の種はとっくの昔、14世紀に蒔かれていた」と歴史学者が述べている[13]。中国は数千年にわたって帝王統治が続いた歴史がある。現代でも各種映画祭の報道で“帝王と成る”“皇后となる”等が折りにつけ使われているし、“覇王シャンプー”、日本ペイントの“龍のイメージ”といった広告など、人々の生活、行動に歴史の影響があきらかに見て取れる。

　歴史が文化的差異を体現する理由は、二つの仮説から出ている。一つは、歴史の事実が文化の特性の理解に役立つからである。すべての人にとって、歴史は集団意識の

186

源泉である。二つ目は、文化はその特性を次代の事物のなかに痕跡を留め、あるいは
伝承しようとする傾向が強いからである。米国史は、個人が歴史を変えうると繰り返
し示している。つまり、米国に伝えられる歴史と文化は、個人の力で歴史を改変でき
ることがアメリカの特徴であるとはっきりと肯定している。

　歴史が人々の生活のなかに蓄積していき、人々の行動や傾向に影響を与えていくと、
実は、それが一種の習慣となっていく。《現代漢語詞典》に習慣という言葉のついて
詳しい説明が載っている。すなわち、ある種の新しい状況に日常的に触れていると、
しだいに適応していき、長い時間を経て徐々に培われ、改変することがある時期から
難しくなった行為、傾向もしくは社会風習。習慣は、個人と集団の二つの次元でとら
えられ、生活のなかで人々の動作、反応傾向、行動方式に作用する。風俗、社会習俗、
道徳伝統などが含まれる。習慣の特徴は、単純、自然、後天的、可変性、環境性であ
る。習慣の分類法にはいくつかある。習慣の価値によって、良好（積極的）な習慣と
不良（消極的）な習慣に分け、習慣の次元に基づいて社会的習慣と個人的習慣、習慣
のレベルで動作的と知識的とに分ける。また、習慣と能力の関係に基づいて、一般的
習慣と特殊的習慣と分類したり、活動分野ごとに学習習慣、生活習慣、労働習慣、交
際習慣と分類したり、伝統的と現代的とに分けたりする。

　物質文化、精神文化、行動文化、制度文化など四つ次元において、精神文化はさら
に言語、価値観、思考方式の位相で体現され、物質文化の一部が言語位相で体現され
る。行動文化と制度文化は歴史と習慣の位相で体現され、特に習慣位相でその作用が
あらわれる。コンテンツ製品受容に影響する文化要素において、歴史と習慣の位相を
取り上げるなら、その子指標には、歴史事実、社会風俗、道徳伝統、経験などがある。
習慣は実質上、規範の作用があり、風俗、社会習俗、道徳伝統などはすべて人間の反
応傾向と行動方式の規範を制約する。たとえば、道徳規範は劇中のヌード場面に対し
てとる態度に大きく影響する。

三、思考方式

　思考方式は世界観に影響される。文明が成立して以降、その文明を構成する人達は
必然的に世界観を形成する。フーバーらによれば、世界観とは「個人が文明に対する
理解に基づいて、事物に対して美化、創作、構成をおこなう特有の観点である[14]」。たと
えば世界と人類の起源に関して、中国人は女媧が天を繕い、人を創ったと考えていた。
ヨーロッパ人は、造物主が世界を創造し、アダムとイブが人類の始祖と考える。ある
少数民族では、太古の時代、兄妹が瓢箪の力で救われた後、人類が繁殖していったと
考えている。また、世界観を文化の中心とすることは有益であるかもしれないと考え
る人もいる。世界観は、「造物主、人道、自然、存在、宇宙、生命、苦難、疾病、死、そ

のほか文化の構成員の哲学的問題に対する、文化の考え方である」「世界観は、人々の事物に対する理解に影響を与え、人々の思考方式、信仰、価値観に影響を与えてきた[15]」。

　宗教は世界観として、当然人々の思考方式と価値観に影響を及ぼす。逆に言えば、異なる文化的背景を持つ人間の思考方式と価値観の違いは、実質的に異なる文明（宗教）によって決定づけられる。サミュエル・フィリップス・ハンティントン（Samuel Phillips Huntington）はその名著《文明の衝突》のなかで次のように提起している。将来起こりうる文明同士の衝突は宗教をめぐってなされるだろう。たとえば、中華文明、インド文明、イスラム文明、東方正教文明、西洋文明等、これらの文明はそれぞれ、儒教、キリスト教、ヒンズー教、イスラム教など宗教によって決定づけられている。それゆえ、「宗教は文明を形づくる主要な特徴であり、偉大な宗教は偉大な文明成立の基礎である[16]」。

　以上の分析から、我々が言おうとすることは、コンテンツ製品受容に影響する文化的要素として、すなわち思考方式の次元で言えば、それはある文明の世界観——とりわけ宗教によって決定される。それぞれの宗教が一つ一つの文明そのものである。たとえばキリスト教は実質的に西洋文明そのものを指し、儒教は中華文明を代表する。我々の分析対象は思考方式であって世界観（宗教）ではない。理由の一は、思考方式は実際上世界観（宗教）の表現形式であって、世界観（宗教）が反映されたものである。理由の二、コンテンツ製品の受容に影響を与え行動を決定するのは思考方式であって、世界観（宗教）ではない。それゆえ、思考方式に対する分析を通じて、その本質、規律、パターン、特徴を理解し、コンテンツ製品の生産、分配、交換、消費段階の文化的差異の軽減ないし希釈に役立てるのである。そして輸入国の消費者にコンテンツ製品受容の最適化、優良化を押し進めるのである。

　思考方式は人間の大脳活動に内在する格式であり、それが人間の言行に対して決定的な作用を及ぼす。それは人類が客観的事物を把握する大脳による固有の方式である。実践が基礎となり、一定の思考手段（たとえば、分析、総合、判断、推理等）によって客観的対象を理解し把握する思考活動のスタイルであり、認識論の範疇に属する。世界観が転化して方法論的媒介となることである。一般的に言えば、思考は抽象的思考、形象的思考、論理的思考、指向的思考などがある。「様々な思考方式があるが、それらは文化的背景、個人の知識構造、社会と仕事の環境及び習慣などの影響のもとで形成される。人々はそれぞれの思考方式で同一の問題を、分析し、判断し、解決する。思考方式の差異が同一事物に対する見方を決定し、コンセンサスが難しければ、交流に障害が発生し協力するにも何らかの影響が出てくる[17]」。ある学者によれば、「地理的環境、経済体制、政治体制、教育システムの差が、思考方式の違いを生み出す[18]」。逆に言えば、思考方式の差異がまた、文化的差異を生み出す重要な原因となっている。それは、さまざまな民族文化の種々の領域——物質文化、制度文化、行動文化、精神

文化、交際文化に観ることができる。具体的にそれは、哲学、言語、科学、美学、文学、芸術、医学、宗教、さらには政治、経済、法律、教育、外交、軍事、生産そして日常生活に体現されている。このような論が、思考方式の差異から生まれるコンテンツ製品への影響の法則を認識することに、我々の国際コンテンツ貿易の場で、科学的な論理の基礎と方法を提供するのである。

　中国と西洋の思考方式の違いは、弁証的思考と論理的思考に表れている。中国人は弁証的思考を重んじ、変化論、矛盾論、中和論の三つの位置づけがある。変化論は、永遠に続く変化、正誤に永久不変はないと強調する。矛盾論は、万事万物はすべて内部の対立によって構成された矛盾の統一体と考える。中和論で強調されるのは中庸の道である。いかなる事物にも適度な合理性があると考える。西洋人の論理的思考は、同一性を強調し、非矛盾的であり排中庸的である。同一性は事物が安定的であると公言し、事物は永遠に自己そのものであると考える。非矛盾的とは、一つの命題が同時に正であり誤であることが有りえないと考える。排中庸的とは、一つに事物は正でなければ誤であり、その逆に誤でなければ正であって、決して中間的ではないと考える。つまり、西洋人の思考方式は分析的思考、中国人のそれは総合的思考と言えるだろう。

　中国人の弁証的思考であろうと西洋人の論理的思考であろうと、その機能には二重性がある。積極的肯定的と消極的否定的の二つの機能である。「積極的機能は人類が実践において発揮する思考の能動的な作用であり、客観的事物の本質的な法則を反映し、真理の認識を実現するものである[19]」。それは、選択と加工、指導と決定、協調等の働きとして表現される。「消極的機能は、おそらく人間をその認識面では主観的、運用面では硬直化、実践面では盲目的たらしめるものである[20]」

　もちろん人類の思考方式には共通性がある。特にグローバルな経済と文化を背景として、人類の往来がますます活発になり、文化のインタラクティブ性によって中国的・西洋的思考方式が柔軟に交錯し、価値が同調性を持つようになっている。しかし、我々がさらに強い関心を寄せるのは思考方式の違いが認識と理解にもたらす弊害である。特に、中国と西欧諸国とのコンテンツ貿易において思考方式の差異がコンテンツ製品受容に及ぼす弊害は大きい。我々は、中・西の思考方式の差異による具体的表現を深刻に把握してこそ、対外文化の伝播と国際文化貿易の開拓を効果的に進めることができる。例として広告を見ると、疑問点が見えてくる。西欧の広告の多くを中国人が見てもよく解らないのは何故か。逆に中国人が好む中国の広告が西側の市場で冷遇されるのは何故か。経済、政治、文化的な理由以外に、「思考方式の異同が、こうした相異を生み出す根本的かつ変えがたい原因である[21]」。湯志耘氏が思考方式の差異を次のようにまとめている。1.直線的と循環的の差異。東洋的思考は循環的である。その典型が太極図である。方向も境界もなく、丸く閉じて自己完結的である。西洋的思考は直線的、単純明快である。十字架のように、境界があきらかであり、開放拡張的

である。2.論理的と弁証的の差異。西洋人はロジックを重視し、中国人は弁証を重んじる。たとえば中国の広告《潔覇：蓮シリーズ》だが、ハスは泥から花を咲かせながら泥の汚れに染まらないことから清浄作用と結びつくが、西洋人には受け入れられない。3.実体的と関係的の差異。西洋的思考は事物の実体に関心を向け、事物個体とその属性が分析の中心である。中国的思考では、事物の関係に関心が向き、総体と相互依存が注目される。

庄恩平は、中国人と西洋人思考方式の差異が二つの面で確認できると考えている。形象的思考と抽象的思考、総合思考と分析思考である。形象的思考とは、頭脳が形象に対して思考、分析をおこなうことである。形象的観点に依拠し、具体的な形象素材を集め、それによって客観存在を再現し、その本質と法則を反映する。抽象的思考もしくは論理的思考は、認識過程において概念、判断、推理等の思考形式に依拠し、客観的現実を反映するプロセスである。中国人が慣れ親しんでいるのは形象的思考であり、欧米人は抽象的思考に慣れている。差異が生じる原因は文字にもある。「中国人の造語は形象的思考と関係がある。形によって語の意義を示し、人が形象的、直感的な連想を浮かべることができる」[22]。形象的思考に偏る人は、「直接の経験に重きを置き、相似性と相関性に注意を向ける。抽象的思考は問題の総合的分析を重視し、本質的な属性と緊密にリンクしようとする」[23]。総合的思考はさまざまな部分・分野を総合して一個の全体として思考活動を進める。分析的思考は、対象を分解し、逐一考察研究する方法である。中国人は総合的思考の傾向、西洋人は分析的思考の傾向がある。

以上をまとめると、コンテンツ製品の受容に影響する要素のなかで、文化的差異の次元のひとつであり、その子指標としての思考方式の違いには、形象的思考と抽象的思考、総合的思考と分析的思考、直線的思考と循環的思考などがある。

四、価値観

魯凱克氏が、価値観とは一連の選択と軋轢の解決のために習得した法則であると述べている。ある人は、次のように考えている。価値観とは、真善美に関わるコンセンサスであって、文化パターンのひとつであり、自然と社会とが互いに影響しあいながら社会を導いていくものである。文化価値観には標準性と評価性をみることができる。それによって、ある文化の構成員に正誤、真贋を知らしめる。陸紅菊氏によれば、「文化価値観が違えば、生活方式も違ってくる。文化によって決定づけられる生活方式が消費行動に影響する主要な要素となる」[24]。コンテンツ製品受容に影響を及ぼす文化的要素のうち、価値観が決定的な作用を及ぼす。サミュエル・P・ハンティントン氏が、「文化価値観が経済、社会の発展にとって比較的大きな障害となる。社会の進歩を促進するにはこうした障害を除去する必要がある」と繰り返し強調している。ま

た、カメルーンの学者ダニエル氏らも、「アフリカとラテンアメリカの貧困、専制政治そして非正義の根源は伝統的な文化価値観にある」と指摘している[25]。ローレンス・E・ハリソン氏が、以下のように言明している。「文化的価値観と文化的態度は進歩を阻害もできるし、促進もできる。価値観と態度を改変する要素を発展政策に組み入れるなら、今後50年間、多くの貧困国と不幸な民族が50年にわたって経験してきた貧困と非正義の情況に再び陥ることはないであろう」[26]。次のように言うこともできる。物質的製品であろうと精神的製品であろうと、またコンテンツ製品の社会的客体あるいは精神的客体のどちらであっても、文化的価値観がコンテンツ製品に対する取捨選択、解釈、理解、統合に根本的な影響を及ぼす。対外文化伝播と国際コンテンツ貿易において、輸入国の文化的価値観の相違に特に注目し、措置を講じるなら、メディア受容の障害を回避できる可能性がもっとも高まる。

　当然、我々が輸入国の文化価値観の相違を重視するのはハリソン氏の言うこととは違い、災難から人民を救うという心情で輸入国の価値観と態度の改変に当たるのである。そうでないとしたら、我々は看過できない誤りを犯すことになる。コンテンツ貿易は商工業製品貿易ではないから、コンテンツ製品の国際的な受容が輸入国の価値観改変を要求し、また輸出国の文化的価値観に同調することを望むだけであったら、激しい反感ないしは排斥の憂き目にあい、ひいては輸入禁止の措置を受けるに違いない。民族文化は民族国家存在の正統性の前提であり、もし一国の文化的価値観が改変されることになったら、それは民族国家の消滅を宣告されたに等しい。それゆえ我々が出来る事は、輸入国と中国の文化的価値観の相違を整理し、その法則、特徴を理解したうえで、どのような価値観がコンテンツ製品受容を阻害するのか、あるいは促進するのか、見定めることである。コンテンツ製品の生産、分配、交換、消費の各段階で、価値観の相違を主体的に効率よく利用し、あるいは差異の減少、双方の差異の連結、差異の希釈、差異の理解を試みることで、コンテンツ製品の最良の受容を達成できる。

　それでは、文化的価値観の具体的な構成はどのようなものであるか。ヘルト・ヤンホフステードは「西洋的価値観の五次元」をあげているが、それらは西洋文化における行動に深い影響を及ぼしている。個人主義と集団主義、不確実性の回避、パワー・ディスタンス、男性らしさ対女性らしさ、長期主義的傾向と短期主義的傾向とに分けている。シュワルツは「10の価値観」を挙げており、パワー、達成、享楽、刺激、自主独往、ユニバーサリズム、慈善・博愛、伝統、順応・適応、安全・保障などである[27]。クラックホーン等は文化モデルを分析し、価値指向性を五つに分けている。すなわち、人間性──人間の本性をどうみるか（善、善悪混合体、悪）、自然観──人と自然の関係をどうみるか（自然への服従、自然との調和、自然の人間への服従）、時感覚──過去・現在・未来のどこに焦点を置くか、活動洋式──人間の活動様式はどのようであるか（ある、なる、する）、人間関係──他者との関係のあり方はどのよ

うか（タテの関係、ヨコの関係、個人主義）。パウンドは、日本、韓国など五カ国と幾つかの地域を調査して、6種の重要な価値観を特定した。長期的計画性、堅忍不抜、序列、節約、恥、面子である。彼は、これらを儒学の影響であるとした。

オリバー（1994）は、中国人の文化価値次元をまとめて、天人合一（宇宙との調和、縁）、自我（劣等感、場の位置づけ）、関係傾向（権威尊重、相互依頼、集団志向、面子）、時間の傾向（持続、過去志向）、個人活動の傾向（中庸、他人との協調維持）などを挙げている。中国人学者・張夢霞氏によれば、中国の文化的価値観には儒家文化価値観、道家文化価値観、佛家文化価値観がある。儒家文化価値観とは、仁、義、礼、智、信、三綱（君臣、父子、夫婦）、七順、八目、五倫、中庸、三従四徳。道家は天地と人との関係を追求し、その価値観は道と自然にあらわされている。佛家文化価値観は三つの次元、すなわち戒悪取善・善行善果、断欲現世・請願来世、博愛衆生・修成正果がある。

劉世雄氏は中国の消費文化の価値観を10項目に分けている。人と宇宙、集団主義と個人主義、パワーディスタンス、男性化と女性化、不確実性回避、時間的指向、長期主義的傾向と短期主義的傾向、帰因的傾向と成果的傾向、情緒的と情緒中立性、物質主義である。米国の著名な消費行動研究者であるL・G・シフスマンによれば、アメリカ社会には11種類の文化価値観がある。業績主義と成功、活動的、実効主義、進歩追求、物質主義、個人主義、自由、外部環境との調和、若さ、人道主義、健康志向である。庄恩平氏の著作《東西文化相違と対外交流》のなかで、アメリカ人の8つの基本的価値観をまとめている。個人主義、プライバシー、平等、成功、未来志向、イノベーション、効率追求、競争。

中国のコンテンツ製品輸出の立場からいえば、目標は欧米先進国（特に米国）で主要な地位を確立することである。この前提から、コンテンツ製品に影響を及ぼす文化的価値観について考えるなら、10の子指標をあげることができる。それは、プライバシー、実効性、競争とイノベーション、自由平等、健康と若さ、個人主義、人道主義、物質主義、時間の傾向、活動的。

総括すれば、文化的差異の体系は、下図のようになる。

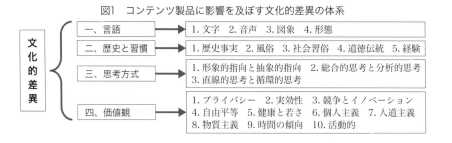

図1　コンテンツ製品に影響を及ぼす文化的差異の体系

第二節、文化的差異の減少と生産モデル

コンテンツ製品輸出の最大化を実現するために、生産サイドについていうなら、生産段階において文化的差異の減少に努めることが最も重要である。そうすることで、消費国の受容最大化に到達できる。このためには、科学的に有効な生産モデルを採用し、コンテンツ製品の生産を進める必要がある。そのモデルとは、繰り返し発生する事態の中から法則を発見、抽出し、問題解決の経験を高いレベルで帰納していくのである。要点を言えば、そのモデルは問題解決の方法論、つまり思考上の理論的な方法であって、具体的な操作手順のことではない。それは、巨視的、指導的、先見的といった特徴がある。指導的モデルに則って、具体的な生産現場において実際の情況に照らしながら設計プランを作成すれば、少ない労力で倍の成果を達成できる。コンテンツ製品の生産モデルは、生産過程における法則性を総括した指導方法であり、コンテンツ製品の本質、特徴、ポジション、傾向を整理し、非効率な生産の回避を可能にする。中国のコンテンツ産業に則して言えば、国外市場（とりわけ欧米先進国市場）に焦点を合わせ、文化的差異を減少する生産モデルの普及をすこしでも図るために、主に以下の三種類のモデルを解析する。すなわち、"ABCモデル"、"ミックス＆マッチ"モデル、"純粋文化適用"モデルである。

一、"ABC" モデル

ABCは、American Born Chineseつまりアメリカ生まれの中国人の省略形である。中国語で"香蕉人（シアン チアオ レン）"といい、直訳すると"バナナマン"つまり外見は中国人だが中身は西洋人ということである。当初は、アメリカ生まれの中国人を指していた。こうした移民の末裔は幼少期よりアメリカ文化、アメリカの教育の薫陶を受けて成長し、その思考方式、価値観が完全にアメリカ化しているが、外見が変わらずに黄色い皮膚と黒髪のままである。現在、この概念は海外華人の二世代、三世代目の子女を広く指し、人種の特徴は華人の容貌を持っているが文化的価値観は華僑の物である。これらの人達を総称して"香蕉人"と呼ぶ。「外は黄色い皮、中身は白いナカゴ」、「黄色い皮膚と白い心」、「非識中国語」、「非主流」とか言われているが、卑下する意味合いがある。石瑞勇氏は、「香蕉人の主な特徴は、"外は黄、中は白""外は中国、中は西洋"と概括できる。若い華僑らはみな、中国人の血統と特徴を持っている龍の末裔であり、一様に黒い髪と瞳、黄色い皮膚である。しかし、彼らは英語だけを話せ、アメリカ社会の価値理念を信望している。白い心をもって、大人になった」と言っている。[33]

第四章　産品輸出における文化的差異の回避　　193

　潘瑩成氏が映画《Shanghai Kiss》の香蕉人Liam Liuについて、文化的アイデンティティの矛盾として描かれていると分析している。中国人の特徴を持っていながら思考方法は西欧文化である。その結果、ふたつの文化を持つ人として受け入れてもらえない。このことから、文化的アイデンティティの重要性、とりわけその核心を為す思考方式と価値観の重要性がわかる。スチュアート・ホールが《カルチュラル・アイデンティティの諸問題》で述べているように、文化的アイデンティティは、共有文化を代表し、共同の歴史体験と共有文化符号を反映しており、一定の安定性、相似性と連続性がある。一方で、不安定であり、差異性と断絶性がある。「種族、階級、性別、地理がアイデンティティの形成に影響する。具体的な歴史プロセス、特定の社会、文化、政治、語域等がアイデンティティに決定的な作用を及ぼす[34]」。もちろん、香蕉人の文化的アイデンティティがこちら側でなければあちら側といったものではない。彼等の価値観は西洋文化の価値観であるけれど、真正の西洋人になることも極めて難しい。《ジョイ・ラック・クラブ》で鐘林冬が言っているように、「華僑移民は二つの顔を持っている。この二つの顔は二重のアイデンティティだ。中国人でもなく、本当のアメリカ人でもない。あるいはまったく正反対の時もある。中国人でもあり、アメリカ人でもある[35]」。

　我々はABCモデルを分析しており、社会学の観点から香蕉人の文化的アイデンティティの矛盾の研究をしているのではない。ただ、その中から思考上の筋道にたどり着き、コンテンツ製品の"ABC"制作モデルの理論的基礎を作ろうとしているのだ。第一に押さえておくことは、文化的価値観とはある人間が帰属する集団の標準であって、血統、人種的特徴ではないことである。華僑がたとえ外見上中国人と違わなくとも、彼らは中華文化のいかなる要素も持ち合わせていない。話す言葉は西欧の言語であり、もっている価値観は西欧のそれである。本場のアメリカ人そのものである。第二に、"ABC"モデルにも良いところが有る。中国とアメリカ両国の文化交流の仲介、橋渡しとなりうる。彼等は純粋のアメリカ人でもなく、伝統的な意味で中国人でもないが、しかし彼らのその二重性のおかげで、国際交流における文化的差異を減らし、相異する文化価値観の相互理解に役立つ。

　我々が触れている"ABC"制作モデルを次に示す。製品の精髄が、輸出国の文化的価値観を体現していること。製品の形式、内容において、輸入国の文化的血統と特徴を完全に体現していること。言語、歴史と習慣、テーマから内容が示す作り手まで、輸入国のものであってもかまわない。このようにして、文化的差異による障害を最大限に減らすことができ、輸入国の消費者から受け入れられる。消費者の受容が続けば、輸出国の文化的価値観が知らず知らずのうちに認可されるのである。このような生産モデルは中国のみならず世界各国に適用できる。文化的価値観と製品の形式、内容が、うまい具合に輸出国と輸入国の生産に分離して帰属することを、"ABC"制作モデル

ということができる。

　この生産モデルの成功例はわりあい多く、主にアメリカ等で用いられているが、中国ではまだ成功例がない。《カンフー・パンダ》、《ラストエンペラー》はこのモデルの成功例である。《カンフー・パンダ》の文化的要素、テーマなどは中国から取っている。パンダは中国の国宝であり、カンフー（虎、鶴、ヘビ、猿、カマキリ）は中国の伝統的な武術文化である。さらに風景、飲食（パオズ、麺）、風俗（龍の舞、爆竹）、阿宝、神龍大侠等の名前、みな中国の文化要素であり、黄色い皮膚の正統である。しかし、その映画が体現しているのはアメリカ的思考方式であり文化価値観である。表現されているのは、自主、自立、自信たっぷりの独立精神と典型的なアメリカ式個人英雄主義であって、これこそ"白い心"である。しかし《カンフー・パンダ》が黄色い皮膚をまとって中国市場に進出すると、文化的差異の障害はほとんどなく、巨大な経済利益を獲得したばかりか、アメリカ文化の対外拡張を実現した。統計によれば、《カンフー・パンダ》の売り上げは1億9000万元[36]、2008年輸入映画の首位となり、《カンフー・パンダ・2》の勢いは止まらず、チケット売り上げは6億元[37]、2011年上半期に上映された映画の首位を独り占めにした。

　《ラストエンペラー》もまた"ABC"制作モデルの典型である。映画のほとんどが中国的要素であるが、中国の優秀な文化的価値観の精髄が伝えられていなかった。聴衆が目にしたものは中国人の醜いイメージであり、映画で体現されたものは西洋人の傲慢で、他よりも抜きんでているかのような文化価値観であった。《木蘭》《国王与娜》なども同様である。このほか、ハリウッド映画は多くの文化的要素を他国の映画にもとめている。たとえば、《ミイラ》の元はエジプト、ディズニー映画《リトル・マーメイド》《マッチ売りの少女》デンマークのアンデルセンの童話を改編したものであり、《リチャードを探して》《ロミオとジュリエット》《ハムレット》は英国シェークスピアの作品を改編したものである。これらの映画は例外なくアメリカ文化の価値観を体現しており、ホスト国文化の"黄色い皮膚"を借りてその文化的障害を減少させ、経済利益を得ると同時に、アメリカの文化的価値観の拡張も実現している。

　中国のメディア産業に引き寄せて言えば、"ABC"制作モデルを方法論として制作現場で運用するなら、たとえ輸入国の文化要素を少なからず取り入れたとしても、必ず"中国製造"のコンテンツ製品である前提を確実に押さえるべきであり、このようにして中華文化の価値観がホスト輸入国の消費者から最大限に認可されることができる。

二、"ミックス＆マッチ"モデル

　"ミックス＆マッチ"、この言葉はファッション業界から来ている。この言葉が提示したのは、以前までは考えられなかった風合い、材質、色彩のファッション要素を組

み合わせ、全体を新しいバランスに仕上げることである。"ミックス＆マッチ"は一
見するとほとんどでたらめに感じるが、そこにはあるテーマがある。このテーマをめ
ぐって自由に、個性的に新しいものを生み出していく。ミックスすることで多様性を
期待し、思いもかけない、個性を前面にだし、豊かな視覚効果を持った流行作品が創
りだされる。革とモスリン、イブニングドレスとデニム、男性物と女性物、鋲飾りバ
ッグとフレアロングスカート、これらはすでに見慣れた組み合わせである。韓国の重
ね着スタイルは"ミックス＆マッチ"思想の基礎課程でもあり、その要点はカジュア
ル感にある。

　実のところ、"ミックス＆マッチ"現象は現代人の発明ではなく、ファッション界
に限ったことでもない。昔から、建築、芸術、スポーツ、メディア、コンピューター、
飲食などいろいろな分野でよくみられた。地理条件、文化的背景、風格、質感などの
理由で組み合わせに向いていないと思われた種々雑多な要素を配合し、個性的な特徴
を持たせて広がったのである。

　時間軸で見れば、中国古代社会にも"ミックス＆マッチ"現象があった。清代の鄭
燮（鄭板橋）は竹を描くのを得意にしていたが、竹をテーマにした絵のなかに常に蘭
や岩を巧みに配置した。旧社会では、伝統的な中国衣装にシルクハット、杖といった
出で立ちを普通に見ることができた。空間軸では、いろいろな分野で"ミックス＆マ
ッチ"現象の影を随所で見ることができる。建築分野では、人民大会堂、北京の民族
文化宮等が有るし、各地の中国と西洋が混在したマンション、"ミックス＆マッチ"
化した極楽までもある。音楽では、中国語と英語が雑然と並ぶ歌などはみなそうであ
る。良く知られている《Beijinger in New York（北京人在纽约）》の主題曲の一節
「夢の中のあなたは私だけのもの（在梦里你是我的唯一)」の後に、「Time and time
again, You ask me」と続く。聞くものをうっとりさせることこの上ない。絵画では、
徐悲鴻の中国と西洋を結合させた画風は、精緻を究めかつ広大の気風がある。戯曲で
は、雲南とロシアの合作になるバレー劇《小河淌水》がある。少数民族の音楽とスト
ーリーをロシアバレーと完全融合させたその不朽の名作は"中露友好年"の重点プロ
ジェクトでもある。国家大劇院の《西施》は、西洋歌劇と中国古代の絶世の美女西施
の物語を"ミックス＆マッチ"させ、大劇院のレパートリーのひとつになっている。
港金集団が創ったブロードウエーミュージカル《夢・雲南》は、ブロードウエーと雲
南民俗文化とのコラボ――たとえば、タップダンスのようなモダンな芸術表現、国際
的に一流の舞台技術と現代交響楽、電子音楽と民族音楽、アメリカ人と中国人、アメ
リカのフライングタイガース部隊の老兵と中国の抗日戦争など、それらが混然一体化
し、聴衆の認可を勝ち取った。今では、雲南芸術劇院の長期上演プログラムに入れら
れている。スポーツでは、「種目のコラボはもちろん、有酸素無酸素運動のミックス、
あるいは静と動、アマとプロ、プロポーションアップ、ダイエット、美肌、健康増進

など様々な"ミックス＆マッチ"[38]」がある。言語の世界では、「アラビア数字を取り入れて読み方は漢数字の読みを利用し、ラテン語の字母を使ってピンイン符号に当て、外来のものを音訳で表現——たとえば引擎（engine）、马达（motor）、康拜因（combine）、拷贝（copy）、沙发（sofa）、席梦思（Simmons）など、また外来語の表記（WTO、GDPなど）をそのまま使い、香港人は会話のなかに英語を直接混ぜて使う[39]」などがある。コンピューターでは、「インターネットで応用されているクラウドとモバイルネットがリンクされ、その破壊的とも言われるイノベーションはモバイルネットにおいて避けることができない趨勢となっている[40]」。

メディア。2009年の《義鳥商報》改訂版に「香港TVドラマ《都市風情》は、現代感覚＋本土化＋サービス精神がひとつにミックス＆マッチされている[41]」という記事があり、"ミックス＆マッチ"が地方紙でも注目されている。哈文が制作したトーク番組《詠楽滙》は、インタビュー、娯楽、人生などテーマが一様でなく、ネット上では"四不像（シフゾウ）"[42]と評判されていたが、メインキャスターの李詠がそれに答えて、「四不像には別の麋鹿という名がある。私の番組はボーダーレスが信条、"ミックス＆マッチ"も一つのスタイルだ」と発言している。アメリカにも"ミックス＆マッチ"[43]スタイルの娯楽テレビ番組《Jon and Kate Plus 8》があり、ドキュメントと娯楽をミックスした番組である。8人の子供（双子と6つ子）を育てる韓国人の夫とアメリカ人の妻、彼らの家庭生活を記録している。「娯楽にはきまりがない。ある意味、一切合財が娯楽になりうる。大胆に垣根を取り払い、新しい創意を織り交ぜ、多様化のスタイルと要素を番組制作に持ち込んでも良い。それが総合番組の生き残る道になっている[44]」「イギリスのテレビでも"MIX&MATCH"が盛行している。ボーダーレスでインスピレーションに呼びかける番組は人々の耳目に新鮮に感じられ、成功している。娯楽要素と厳粛なテーマをミックスしているのが主だ。娯楽要素とニュース追跡を組み合わせた代表作に《WATCH DOG》、娯楽とドキュメントの《PINEAPPLE DANCE STUDIO》、娯楽と科学を融合した《SPRING WATCH》などだ[45]」。映画界では、ドリーム工場アメリカの《カウボーイ＆エイリアン》がある。西部劇と地球外生命体エイリアンをミックスした作品で、脚本を手がけたロベルト・オーチーが言うように、「2001年夏、最も独特な映画である。漫画的なスーパーヒーローの物語でもなく、続き物の大作などでもない。一見、頓珍漢な題名を侮ってはいけない。これは、1950年代のB級映画が最良のテキストであるかもしれないということだ。映画は西部劇とSFを巧妙に合体できたのだ[46]」。

以上に述べた業界内の"ミックス＆マッチ"以外に、業界同士の"ミックス＆マッチ"もある。メディアに例をとれば、傾向としてアメリカ全体に"ミックス＆マッチ"が流行している[47]。シルク・ドゥ・ソレイユでは、伝統的な歌舞と高飛び込み、シンクロなどオリンピック種目を採り入れ、歌と踊りに難度の高いスポーツ種目を掛け

合わせている。ニューヨークのあるチャンネルがラジオとコラボすることで、多くの大手放送局や制作大型化のプレッシャーのなかで上手く生き抜いている。《ニューヨーク・タイムズ》もテレビとネットとのコラボを実現し、成功している。動画サイトHuluは、伝統的なテレビ、映画産業とネットをリンクさせた成功例である。こうした"ミックス＆マッチ"手法によって、メディア産業が新しい方向性と新しい分野を手に入れている。

喩国明教授は、中国のメディア産業の発展にとってボーダーレスと"ミックス＆マッチ"は人々を奮い立たせるターニングポイントであると考えている。「"ボーダーレス"は業態固有の境界を打破することである。メディアの役割、メディアルート、メディア内容、産業資源、メディア市場等の境界を打破することである。"ミックス＆マッチ"は、メディアの各要素、市場要素の使い方と配分において、人々の耳目を一新させ想像を膨らませる組み合わせスタイルを一連のボーダーレスの動きにあわせて創りだすことである。その有効性のひとつは、もともと存在していた眠っている価値を活性化することにある。二つ目は、在来市場の境界を拡大すること、つまりさらに大きな市場の版図の獲得を模索することにある」。芸術の美的観点からみると、「"ミックス＆マッチ"は社会科学的にも短命で曖昧模糊としている。デザイナーが作品に"ミックス＆マッチ"を表現するためにも、あきらかに、芸術的な技能と創作力が必要とされる。純粋に芸術的観点からであろうと、非芸術的観点からであろうと、"ミックス＆マッチ"は"ミックス＆マッチ"の美を表現する必要がある」。

"ミックス＆マッチ"生産スタイルを採る場合、メディア産業としていくつか注意しなければならないことがある。

一、"ミックス＆マッチ"には基調となる組み合わせがある。「"ミックス＆マッチ"はルールある狂騒、無頓着に見えて実は、意外な勝利を生み出す。"ミックス＆マッチ"は多様な要素の共存ではあるけれど、出鱈目に混ぜ合わせればいいというものではない。つまりプランナーが"ミックス＆マッチ"方式を活用して、あるレベル以上に到達できるかどうかは、中心となる基調を確定することがカギとなる。主調となるスタイルを決め、他の物の軽重、主従を区別しそこに配置してこそ、成功裏にある境地に到達できる」。中国のメディア産業に則して言うなら、国際コンテンツ貿易の現場では、"ミックス＆マッチ"方式によって生産された製品は中国の基調がなければならない。

二、"ミックス＆マッチ"を構成する材質は無限にある。"ミックス＆マッチ"方式で進める必要があるなら、たとえば同類の材料で斬新性ある物をつくりだせずに消費者の要求を満たすことができないとしたら、こだわりを捨てる必要がある。"ミックス＆マッチ"の言葉通り、各分野の様々な材料（完全に違っても良い）と要素を使って組み合わせるなら、予想外の結果を生み出すだろう。

三、"ミックス＆マッチ"は、開放性と斬新性を追求するものであり、既成のルールに従うものではない。"ミックス"は既成の規則を突き破り、解体することであり、"マッチ"は、無秩序にみえるものを主調となるスタイルに基づいて連結することである。メディアコンテンツの生産では、古いものに拘泥せず、絶えず新機軸を打ち出さなければ、消費者に喜ばれる作品を生み出すことができない。

四、"ミックス＆マッチ"の材料には数的制限がある。限られた材料のなかで、自らの個性的スタイルを表現するのである。ファッションにおける"ミックス＆マッチ"では、一般に四種類以上の要素を超えてはならないとされる。まさに、喩国明氏が言っているとおり、「ファッション業界の人々がいみじくも教えてくれている。自己の情況と個性が"ミックス＆マッチ"スタイルの選択を促すなら、自己のスタイルを的確に配合することが最良である。たとえば、全身の色彩の配合には三種類以上の色を用いてはいけない。そうでなければ、まるで絵描きのパレットのように乱雑になる。ファッションでこうであるから、メディアにおいても同様である[51]」。

五、メディアコンテンツ産業について言うなら、創意こそが"ミックス＆マッチ"の材料を整合し、調和させる主旋律である。メディア生産のコンテンツ要素はきわめて豊かであり、全世界の精神的財産がすべて対象となる。この文化的要素、作り手を如何にして適切に配置、組み合わせるかは、文化的要素を考察研究し、それらを集積する創意を生み出すことが必要であり、主旋律となる創意がすべての材料を"ミックス＆マッチ"するのである。

六、国際メディア産業にとって"ミックス＆マッチ"はイノベーションのためだけではない。それは、文化的差異を減少するためにもより重要である。たとえばアメリカの娯楽プログラムが、"ミックス＆マッチ"生産スタイルを採用するわけは、それがメディア発展をめぐる問題の一つ一つを解決する方法の新機軸であり、メディア要素と市場要素の境界を越えたコラボをつくりだし、新しい作品によって消費者の衰えを知らぬ精神的要求を満足させるためだからである。国際メディア生産に関して言うなら、これは基礎にすぎない。"ミックス＆マッチ"のもっと重要な目的は、いろいろな国のメディア要素と市場要素を連結し組み合わせ、双方の存在のなかに互いが存在するという情勢を創出すること、つまり文化的差異を減少し、消費国による輸出国の文化価値観受容と認可を最優良化することである。

この点を考慮の入れて国際メディア産業について言うなら、"ミックス＆マッチ"生産スタイルの主要な類型は以下のようになる。

1．労働者＋労働者。この種の"ミックス＆マッチ"パターンと以下の二種類のパターンは、すべて共通の前提がある。すなわち違う国どうしの"ミックス＆マッチ"であること、少なくとも二国間（輸出国と輸入国）、もちろん二国間以上であってもかまわない。もっと確定的に言えば、異なる文明同士の"ミックス＆マッチ"である

べきだ。このように述べる理由は、我々が文化的価値の認可をより重要視するからであるが、だからといってそれぞれの国の独立した文化特性を否定するものではない。「文明は文化を増幅する。文化には、価値観、規範、体制そして思考スタイルが含まれる」[52]サミュエル・P・ハンティントンの考え方によれば、現在の世界には五つの主要な文明がある。中国文明、日本文明、インド文明、イスラム文明、西洋文明である。西洋文明の主たる国は、経済が発展した欧米国家である。そのうちの一国の労働者と非西洋文明とを"ミックス＆マッチ"することで生産された製品は、その他の国のケースにおおかた適用できる。このように言う目的は分析研究を進め、生産の実践に役立つためである。

　労働者間の"ミックス＆マッチ"とは、コンテンツ製品が輸出国と輸入国の労働者の協同生産になることを指す。ここで言う労働者とは何者であろうか。一般的に言えば、生産に参与する人的要素はすべて労働者といえる。第一に、個人と集団とに区分けできる。単独の個人とは、ジャーナリスト、編集者、役者、演出家、劇作家、音楽家などである、集団とは個人によって形成される組織の謂いであって、新聞社、ラジオ局、テレビ局、映画会社、発行・配給会社、公益組織、業界団体、ひいては政府と国家までも含む。次に、"ミックス＆マッチ"には同一業界の個人間のミックス＆マッチを指すと言える。たとえば、映画俳優同士のミックス＆マッチ。また異なる業界同士のもの、たとえば役者と音楽家、役者と演出家とのミックス＆マッチがある。最後に、集団のミックス＆マッチにはメディア会社同士のもの、たとえば《ラストエンペラー》はイタリーのYanco Films Limited、イギリスのHemdale Film Corporationそして中国電影の合作映画である。また、違う業態メディア同士のものもある、先にあげたニューヨークタイムズとテレビやネットのミックス＆マッチ。さらにメディア企業と非メディア企業のものもある。

　中国のメディア産業に目を向けると、労働者による"ミックス＆マッチ"には比較的成功した例がある。《Lover's Grief over the Yellow River（黄河絶恋）》は中国人俳優・寧静とアメリカ人俳優ポール・カージーとの共演。《燃えよドラゴン》はブルース・リーとアメリカ人演出家ロバート・クローズとのミックス＆マッチである。《ラッシュアワー》はジャッキー・チェン、アメリカ人俳優クリス・タッカーとトム・ウィルキンソン、演出はブレット・ラトナーである。《金陵十三釵》はハリウッドスターのクリスチャン・ベールと中国の名優・佟大為とのミックス＆マッチ。いわゆる"鳥の巣"（北京国家体育場）で催された夏季音楽大会"2009《魅力・中国》"は、宋祖英、周傑倫、郎朗、多明戈のミックス＆マッチ。2008年北京五輪の主題曲《私とあなた（我和你）》は中国の歌手劉歓とイギリスの歌手Sarah Brightmanとのミックス＆マッチである。このようなコンテンツ製品は文化的な障害を減らし、ホスト国の消費者受容の最大化に効果的である。

2．労働対象＋労働対象。労働対象とは、人が自己の労働によって働きかけを行う一切の物質資料のことである。マルクスは労働対象を二つに分類している、「一つは、未だ人間の手が加えられていない天然に存在する自然界の物質、たとえば鉱物資源など。もう一つの類別は、人間の加工を経た原材料、たとえば綿花、鉄鋼など」[53]。労働対象とは労働の吸収器である。労働材料がもたらされると、それに労働者が新たに加える労働を吸収し、新しい使用価値と価値をもった新しい商品に変わる。メディア産業では、労働対象は二つの次元から知ることができる。一つは、データベース（知識）、情報、広告、娯楽などすでに加工過程を経た製品であって、それらはさらにメディア媒体を通じてミックス＆マッチされ、最終的に違う類型のメディア製品として姿を現す。たとえば、図書、新聞、定期刊行物、ラジオやテレビ、インターネットなど。もう一つは、知識、情報、広告、娯楽などの自然物と人類文化を構成することである。人類文化には精神文化、物質文化、制度文化、行動文化があり、当然これらの物質と文化を表現する言語符合も含まれ、さまざまな文化のパターンの中でさらに細分されるが、繰り返し記述することはしない。

国際メディア産業を見渡すと、労働対象＋労働対象の"ミックス＆マッチ"の事例もわりあい多い。《千万回の質問（千万次的问）》は中国語・英語のミックス＆マッチ。《アンナと王様》《The Legend of Bruce Lee》は異なる文化同士のミックス＆マッチの例である。衛星放送などもニュース、情報、娯楽などの種々のパターンによるものである。ネットは、"ミックス＆マッチ"の楽園である。それはあらゆるコンテンツを集合し、なおかつ自己の特色を体現している。たとえば、新浪、中国網絡電視台（CNTV）、YAHOO、YouTubeなどの新メディアは労働対象の"ミックス＆マッチ"生産をおこなう最良のプラットフォームである。

3．労働者＋労働対象。このパターンは、労働者と労働対象が入り交じる"ミックス＆マッチ"である。労働者＋労働対象、（労働者＋労働者）＋労働対象、労働者＋（労働対象＋労働対象）、（労働者＋労働者）＋（労働対象＋労働対象）などパターンは様々である。労働者＋労働対象とは、メディア生産者が輸出国であり労働対象が受け入れ国の場合であり、もしくはその逆もあるが、ようするに同一国内だけに完結するものでない。しかし、国際的な合作の増加にともなってこの方式は多くない。（労働者＋労働者）＋労働対象は、輸出国と受け入れ国それぞれに属する労働者と労働対象のミックス＆マッチばかりでなく、輸出国と受け入れ国とに属する労働者間のミックス＆マッチも指し、比較的多い。たとえば、《ラストエンペラー》《Red River Valley（红河谷）》《Lover's Grief over the Yellow River（黄河绝恋）》《木蘭》など。労働者＋（労働対象＋労働対象）は、輸出国、受け入れ国それぞれに属する労働者と労働対象のミックス＆マッチばかりでなく、輸出国と受け入れ国とに属する労働対象のミックス＆マッチのことでもあり、《カンフー・パンダ》、宋祖英の"鳥の巣"（北

京国家体育場)、ウイーン歌唱会など。(労働者＋労働者) ＋ (労働対象＋労働対象)
は、両国に分属する労働者と労働者、労働対象のミックス＆マッチ、ないしこの二種
類の物をミックス＆マッチする。このようなメディアの"ミックス＆マッチ"生産方
式は将来も発展していくだろう。経済と文化のグローバル化にともない、メディアの
"ミックス＆マッチ"生産方式には無限の可能性がある。

　要するに、これら三種類の"ミックス＆マッチ"の類型は、生産力の構成要素から
大まかな輪郭をなぞったにすぎない。具体的なミックス＆マッチ形式は豊富で精緻で
あり、形式に拘泥するものではない。しかし、おしなべて新しい創意が連鎖していく
環境のなかで、さまざまな性質をもつ材料、ひいては全く相反する材料をミックス＆
マッチ生産方式のなかに投げ入れ、国内外のコンテンツ市場で広く喜ばれるコンテン
ツ製品を創りだしていくなら、文化的差異が減少し、受け入れ国の消費者による受容
の最大化を実現できる。この種の生産が国際メディア産業にとって有効であると言え
る。

三、"純粋適用文化" モデル

　"純粋適用文化"生産モデルは、コンテンツ製品生産において、内容形式は言うま
でもなく、その中核となる精神、使用する素材すべてが自国の文化要素であることだ
が、当然ながら保障されなければならない前提がある。それは、これら使用される素
材が全人類の基本的価値観念を表現する文化でなければならない。次のように言うこ
ともできる。すなわち、自国の適用性ある文化を利用して生産するなら、コンテンツ
製品が受け入れ国の消費者の受容を促すことができる。適用性ある文化は全人類の基
本的価値観を体現しているけれど、これらの価値観の担い手は中華文化であるから、
中華文化の価値観を伝播する作用も発揮できる。

　それでは、何が適用性文化なのか。

　"民族的であればあるほど世界的である"、これは文化が持つ適用性の一面を言って
いる。どの国家、どの民族も自己の歴史を紡ぐ過程で、地域、言語、思想、心理が違
っているがゆえに、それぞれが異なる、豊かな、絢爛たる文化を育んできたが、それ
らはみな人類の手になる実践的な認識と経験である。これらの認識と経験は普遍性を
具えていて、自然と社会に関する哲学思考である。「文学の民族性と世界性はコイン
の裏表、同一な事物の上に現出する二種類の属性である。二種類の属性はまた同一で
ある。すなわちより民族的であればあるほどより世界的であり、より世界的であれば
あるほどより民族的である。第一に、民族の個性を喪失した作品、とりわけ民族自身
の生存と発展に率先的な関心を寄せていない作品は、人類に対する真正な関心を形成
することができない。民族の個性の欠如はすなわち文学の本質的な特徴を失っている。

それゆえ、文学の民族的特性がより鮮明、より豊か、より満たされていればいるほど、世界性をより獲得する。次に、民族文学が世界性的な文学交流の只中に置かれていればこそ、その発展と繁栄が可能であり、民族文学の特性が保持され、発揚され、絶えず発展し、豊かさを増し、不断に成熟していくことができる。そうであるからこそ、世界的意義と世界的地位を勝ち取ることができる」。道理は文化についても同じだ。文化の繁栄は民族文化の特性を差し置いてはあり得ない。

　文化の伝播は経済効果によって突き動かされ、文化が民族的であればあるほど世界でその市場を獲得する。オーストラリアのシドニー五輪、それに韓国のソウル五輪さらにギリシャのアテネ五輪など近年のオリンピック・パラリンピックのどの大会も、開幕式で最も多くの人々を魅了し惹きつけたものは、ハイテクな科学技術ではなく、それぞれの国が表現した民族文化であった。2008年北京大会開幕式で、中華民族文化を顕示する"長巻物""夢幻五環""太極""聖火点火""飛天"などは世界の観衆から喜ばれ、かつ大きな社会的・経済的影響を生み出した。民族文化が伝播されると、絶えず外に向かって文化空間を展開し、巨大な経済効果を生み出す。

　民族文化の適用性とは、じつは基本的価値のことである。それは世界に対する人類の一般的な捉え方であって、人類生存の基本となる規範と合致する。それは人類の各発展段階における自然と社会を変えてきた経験である。当然、世界の民族の発展段階とプロセスは同じではなく、民族文化には二つの次元で差異が存在する。これらの差異こそが、民族間の交流と疎通の基礎となる。

　空間次元の差異は、地理と社会観環境の違いのゆえに、そこで活動する人類もまた互いに違う空間を形成し、その範囲内で民族と民族文化が形成される。マルクス主義の人間学理論は三層構造の空間理論に基づいている。自然空間、社会空間、歴史空間の三つである。この三層空間が互いに関連しあい、人間の活動空間全体を構成している。人間の空間は人間の活動が創りだしたものであり、換言すれば、人間の空間は人の活動の内にあり、人の活動の結果としてあらわれる。人類社会の発展とは、理想空間の形を追求することであり、人間の空間構築はどのような意義においても自由で自覚的な活動たりうるが、この三層空間に対する認識によって決定される。正にこの三層の空間のゆえに、各国・各民族に差異が存在する。しかし、交流と疎通が必然的に求められる。各民族の自然空間、社会空間、歴史空間の形成と発展は人類と自然、社会のパワーが合わさった結果であるに違いなく、したがって、それらの空間に体現される民族文化が適用価値を持つことは必然であり、多民族にとって参考・教訓となる。

　時間次元で考察するなら、国ごと、民族ごとに固有の進化の過程、社会の発展段階の違いがあり、そのため社会に対する認識もそれぞれ異なる段階にある。このことと歴史空間には相似する所がある。ある民族は人類社会の青壮年期にあり、別の民族はまだ少年の段階にある。全世界を見渡すと、人類全体としてはあたかも同じ水路を流

れているかのようで、ある者は上流、ある者は中流、ある者は下流を泳いでいる。もちろん、民族文化の適用性は人類社会発展のどの段階にあるかに関わるという話ではなく、実践方式の独特さを認識すること、基本的な人類の価値に関わる話だ。中国についていうなら、開放初期における全国の各民族人民の社会発展段階が違っていて、漢民族は社会主義段階に入っており、西部地区の雲南省のトールン（Derung）族、リス（Lisu）族などは人類社会発展の原始段階にあり、チベットは農奴段階にあった。社会の段階が違うから、自然と社会に対する認識も違い、原始社会にある民族は人類原初の文化、たとえば創世記、神話などの文化である。したがって、先進民族の少年期の文化を原始民族の文化の中から生き生きとした記憶として見いだすことができる。この意味において、さまざまな民族文化をつなぎ合わせて行けば、同一空間のなかで人類社会発展の種々の段階の文化に触れることができる。正にこうであるからこそ、各々の民族文化はグローバルな適用価値を持っているのである。こうした文化が伝播され、他の民族から受容され得るなら、高い経済価値を持つことになり、民族の個性と特色が際立ち、世界の民族の林立するなかからその民族が屹立することになる。

　実際のところ民族文化の適用性で強く言いたいことは、ある文化のある部分が、全人類の社会に対して相通じ、適用的であるということだ。しかし、これは一部の理論家が鼓吹するような一般的に適用可能（もしくは普遍性ある）価値と区別されるものだ。我々はふたつの側面から普遍的価値の問題をみる必要がある。第一に、この世界には統一的な普遍的価値観は存在しない。いくつかの国家は自身の観念体系が全人類に適合すると考えており、他国にその体系を採用するよう強要するが、取り入れることはできないし通用するものでもない。次に、「当然ながら、国家の境を超越し、民族を超越する普遍的価値観を見定め、人類共通の価値追求を重視するべきである。こうしてこそ、衝突を減らし、交流を強め、世界の団結に益することができる。だが、中華民族の価値観の独自性を保持するということが、私たちの文化を骨董品のように外界から隔絶させることを言っているのではないことはもちろんである。基本的なことを言えば、我が国が価値をつくりあげようとするなら、協調的な民族性と普遍性が求められる[55]」。

　まさにこのために、"純粋適用文化"の生産を進めるのである。2008年北京オリンピック・パラリンピック開会式、2010年上海万国博覧会、ブルース・リーの一連の映画、《グリーン・デスティニー》《スター・ウォーズシリーズ》《タイタニック》《パットン将軍》《雲南映像》《チーズはどこへ消えた？》《フラット化する世界》《于丹・論語心得》、イギリスのロイヤル・アルバート・ホールで譚晶が披露した山西省民謡《大紅公鶏毛腿腿》などのコンテンツ文化作品が、文化差異の弊害を克服し、世界の市場に広く受け入れられ、消費者の精神的需要を満たすことができたと同時に、メディア製品輸出国の文化価値観の作用が引き出されたのである。

第三節、文化的価値の認可とコンテンツ消費

　コンテンツの生産・流通過程で、製品が消費段階に到達したということは、生産、分配、交換の三つの段階を順調に旅してきたことになる。この時の製品は、それが社会的客体であろうと精神的客体であろうと、その構造、成分、本質、特徴はすでに改変されることも再加工を施されることもなく、社会的客体として消費者に受容される。ここで最も肝要な次の一歩、すなわち消費者によって精神的客体として受容されるのを待つのである。コンテンツ製品受容に影響を与える文化的差異——言語、歴史習慣、思考方式など、メディアの社会的客体に及ぼす阻害要因はすでに取り除かれ、後は文化的価値観が、コンテンツ製品の有効な受容を阻害する最大の邪魔者として残っている。対外伝播・国際コンテンツ貿易において、民族文化は国家の正統性を保持する前提である。文化的価値観は文化の根本であり内的な核心である。文化的価値観に関して言うなら、アイデンティティの共有ではなく認可・理解さえあれば、文化交流とコンテンツ貿易が保証され得る。したがってコンテンツ製品の輸出国が、製品を消費者から効果的に受容してもらうために、消費段階の賢明な選択によって、価値の認可を促すことが必要である。価値の認可の基礎に立てば、製品が旅の最終段階で消費された後、新しい生産需要を創出でき、新しい生産流通サイクルを生み出し得るだろうし、グローバル規模でコンテンツ産業資本の再生産が実現する。

　中国共産党の第17期中央委員会第6回全体会議で採択された決定において、最大の注目点は社会主義"文化強国"の建設である。文化強国とは、「社会主義の先進文化を人民の心奥深くに浸透させ、精神文明と物質文明を全面的に発展させ、全民族文化の創造活力を持続的に進展させ、社会文化生活をさらに豊かに多彩にし、人民の基本的文化権益のより良い保障を獲得し、人民の思想道徳の素質と科学文化の素質を全面的向上し、人類文明進歩のために中華文明が更なる貢献をすることである[56]」。文化のグローバル化が進んでいる現在、コンテンツ産業は国内の精神文化的要求を満足させなければならず、かつまた海外に進出し、世界人民の精神文化的要求を満足させるため貢献しなければならない。さらに重要なことは、海外進出を為しさえすれば、国外消費者が自ら望んでコンテンツ製品を消費するなかで、自国の優秀な文化の魅力と社会主義の核心的価値体系を顕示でき、一つの民族国家としての正統性ある存在の前提を維持し守ることができる。"自ら望む消費"の前提は、我が国のコンテンツ製品に対する消費者の認可を獲得することである。価値認可を実現する道筋は、すなわち文化間性、共通の文化意義空間、精神的効果の補償などである。

一、文化間性

　間性（intersex）は、生物学上の述語であって、すなわち雌雄同体性のことである。本来、雌雄異体であるはずの生物の同一個体に雌雄の両形質が混って発現する現象を指す。後に社会科学に借用され、一般的意義の関係性、連携性を指す。間性には、間主観性（intersubjectivity）、間テキスト性（intertextuality）、文学間性、話語間性、バーチャル間主観性、メディア間性、文化間性などの概念がある。そのうち、間主観性が間性概念の理論的基礎となっている。

　モーリス・メルローポンティは、「自我もなく他者もない。あるのは自我ともう一つの自我との関係である」と言っている。フッサールは間主観性に関して、「自我と他者は互いに依存する。自我の世界は我一個人のものではなく、他者のものでもある、つまり自我と他者による共同の構築である」[57]。ユルゲン・ハーバーマスによれば、「コミュニケーション行為において、相互に関わりあう主体が、相互主観性の次元において世界との関係に対する有効な評価を共同で為すことができるかどうかは、参与する相互の間で決定される」[58]。ここにおいて、作者と読者の間主観性が成立する。「間主観性が我々に注目を促すことは、主体としての作家と主体としての読者、主体としての作家と主体としてのテキスト、主体としての読者と主体としてのテキスト、主体としての社会と主体としての作家、テキスト、読者、それらの相互に影響し合う関係である」[59]。間主観性とは、「主体と客体が対立する近代哲学思想と思考スタイルの克服を意図し、主体と客体の対等な共存、相互主観的なコミュニケーション、対等な他者との融合、それらが不断に生成するダイナミックなプロセス」を可能にする概念である[60]。文化間性は、間主観性の概念を文化領域で具体的に体現しようとする形式である。その体現するものは、「異なる文化に属する主体間およびそこで生成されるテキスト間の対話関係である」[61]。

　文化間性は文化の混合、文化の融合、多様性文化などと違う概念である。その核心となる主張は、「さまざまな文化間で、相互に理解し、相互に尊重し、相互に寛容的であること、つまり文化間相互の開放と恒久対話がその主旨である」[62]。文化間性の哲学的基礎は、差異の哲学、他者の理論、視野の融合とコミュニケーション行為論にある。視野の融合が強調するのは、文化の伝統間の対話は、現在の視野と過去の視野との融合に限らず、自我と他者の視野の融合であるということだ。正に視野の融合によって、相互主観的コミュニケーションと相互の影響が存在する。他者の理論と差異の哲学は自己主体と異なる特性とその自己に対する影響を考究する。たとえば、テリー・イーグルトンが次のように言っている。「いま、文化が表現しているのは、異種重視の傾向と非和解の決心である」[63]。文化間性が強調するのは、差異である。正にこの差異こそが、さまざまな文化を、魅了、参考、照応、思索、変化へ駆り立てる。文

化間性と間主観性、間テキスト性、話語間性、メディア間性とは、一瞬の間であっても切り離すことができない。文化間性を構成する三要素は、文化A、文化B、およびそれらの相互関連である。主体の相互作用、テキストと話語に載せられた意義、メディアの仲立ち、それらを経ることが必要であり、そうしてこそ初めて一個のダイナミックなシステムの運用と構成が可能となる。要するに、文化Aと文化Bが互いに差異を承認し、双方の主体的地位を尊重することに基づいて対話、疎通するならば、調和的な共存が実現する。

　文化間性の中でも、中国と西欧の文化間性が我々の研究の重点である。どのような間性であろうとすべて、「相異性が前提条件であり、それだから交互作用的な対話関係が生じる。相異性がより大きく、より強烈であれあるほど、間性関係は顕著になる[64]」。我々の現実生活のなかで、最も異質性ある文化差異は、疑いもなく中国と西欧との文化差異である。「中国と西欧、この二つの自立した文化系統は、それぞれの経路をたどって発展してきた。そこに中国と西欧の文化間性の問題が出現するのは必然である[65]」。両者の間に、関係、対話、そして相互影響が必然的に発生している。当然、歴史事実に照らしても、「二つの文化は未だ嘗て相対的な関係が発生したことはない。両者に発生した関係は、いつもある部分的なものであり、関係性を持った部分は皆ある種の意義的変化を起こしがちであった[66]」。中国と西欧の文化間性は、ふたつの文化が共に相手の関心を引き起こす部分——正と負の両面——を持ち得ていたことを指している。中国の近百年の歴史をみても、それを裏付ける事例は多くある。とりわけ民主と科学が中国に与えた影響は言うまでもなくそうであった。この百年、中国が西欧に向ける関心度合いは、西欧が中国に向けるそれよりも高かった。現在に至ってこれが、対外伝播と中国西欧間のコンテンツ貿易において我がコンテンツ製品が西欧経済先進国になかなか進出できない原因のひとつである。

　コンテンツ製品輸出の最大化を進めるために、メディア産業の生産・流通の消費段階で文化間性理論を利用し、種々の方策を採用し、西側諸国（特に欧米経済先進国）の消費者から中国コンテンツ製品に対する認可を獲得し、コンテンツ製品受容の最優良化を達成する必要がある。そのために、以下の点をやり遂げなければならない。

　第一に、民族国家文化の主体的地位を顕示しなければならない。文化の主体性ある地位が文化間性の前提となる。あらゆる国の文化が主体である以上、主客、上下、貴賤、優劣の区分はない。世界文化を担う組成部分として、一つの民族文化はその民族の唯一無二の代表である。もしも、ある文化が他の文化によって代替えされるなら、それは一つの民族の消滅であり、民族国家はその存在の正統性たる前提を喪失することになる。対外伝播と国際コンテンツ貿易では、製品輸出国であろうと輸入国であろうと、民族国家文化の主体的地位を明確にすることは、自国の主体的な文化地位を守り抜くことだけでなく、消費ホスト国の文化の主体的地位を守る義務がある。このよ

うにしてこそ、文化帝国主義と文化虚無主義を抑え込むことができ、輸出国、ホスト国双方の文化的対話の基礎を固めることができる。主体と主体の対話において、双方の文化差異を尊重し、双方の文化価値観を認め、互いの疎通を促進し、コンセンサスに到達する。これに反する悪い例はどこにでもある。先進国、特に米英は、文化帝国主義者そのものである。東洋学のある学者が東洋の神秘の話をした時、次のように発言している。「常に紋切り型のイメージが先行するものだ。たとえば、アフリカ人に関して使い古された言い方がある。あの原始的で野蛮な民族を考えてみるがいい、彼等と我々はまったく違う。彼等はただ統治されるためにある[67]」。ギアナンも認めているように、「アメリカは、自己の新文明を長い間誇りに思っている」ことは、本当である。「それは、以前の英国が持っていた優越感に似ている。アメリカ人の優越感は、他の国より隔たった高みにいるせいなのか、無知に支えられているのだ[68]」。ハリウッド映画の英雄や善玉は、だいたいが白人で、悪党やコソ泥、猥雑なイメージの者は、アジア人でなければアラブ人である。西側先進国のエリートたちは一度ならずこのように考えたことがある。西欧の先進的なメディア技術と生産スタイルを活かせば、後進国経済発展の助けになるだろう。人の困窮を憐れむような彼らの態度の背後には、実のところ文化的優越感があるのだ。

　第二に、民族国家の文化差異を正視することが必要である。文化間性の核心とその根本は差異にある。差異があるから間性が存在し、対話があるからコンセンサスが生まれる。差異は客観存在であり、それが民族文化交流のモチベーションである。中国文化に"和して同ぜず"という言葉があるが、それは差異を強調し、尊重し、肯定することを言っている。付和雷同、盲従すれば発展することもない。"同ぜず"とは決して関わらないということではない。異なる要素間には必ず和が存在する。"和"とは事物間の調和であり互恵関係である。「"和して同ぜず"の原則が求めているのは、さまざまな文化間のさまざまな差異を保障し、さらに双方の対話、商談、協調しながらの進歩、共同発展である[69]」。強大なアメリカ文化の襲来を前にして、中国のメディア生産者は慌てふためき無策を演じている。安易に相手方をひたすら模倣し、中国文化の差異を覆い隠すことに意を注ぎ、"脱中国化"に腐心して西欧の消費者に迎合している。中国映画業界はハリウッド映画の模倣に走り、ストーリーと役者を除けば、音声、照明、電気仕掛けといった派手な誇張の撮影手法か、もしくは血なまぐさい暴力といった主題などは欧米と全く軌を一にしている。建築も同様に、どの町も鉄筋コンクリートに覆われ、高層ビルが立ち並んでいる。そうであるから水の都ベニス、麗江の古鎮が世界に知られ感動を呼んだ。《英雄》《十面埋伏》《PROMISE 無極》《女帝［エンペラー］》などの中国映画は、中国文化の差異・特色を反映ししていないどころか、「虎を描いて犬に堕す」ような映画で西欧の消費者からさげすまれてしまった。

　たとえ《グリーン・デスティニー（臥虎蔵龍）》がオスカーに輝いたとはいえ、特

に目立っていたのは中華文化の核心を為す差異の特質ではなく、かえって西欧の消費者の読み違いを誘うものであった。中華文化の核心を為す差異を正しく表現するなら、消費者の多大な興味を引きだし、大きな反響を起こすことができるだろう。

　第三に、中華民族の優秀な文化の核心的価値観を代表するすぐれた作品を輸出する必要がある。輸出国の立場に立てば、国際市場を目指す中国コンテンツ製品の一つ一つがハイレベルな意識に支えられなければならない。たとえば映画、ひとたび輸出すると決まったなら、たとえその作品が中国国内で高評価を得ていたとしても、はたして中華民族の優秀な文化の核心的価値観を代表するにふさわしいレベルなのか、再度、念入りに確かめるべきである。たとえば、《建国大業》《建党大業》《唐山大地震》《さらば復讐の狼たちよ（譲子弾飛）》などの映画は、つぎつぎと興行成績の記録を塗り替えたが、国外市場では、はたして観衆の認可に堪え得たであろうか。前の二つの映画は、主流となる文化価値観を体現しているが、この種の価値観には意識形態の明らかな烙印があり、中国政治制度を一貫して非難している西欧の政治家や一部の民衆にとって、金を支払ってまで見る気にならないかもしれない。《さらば復讐の狼たちよ（譲子弾飛）》はすぐれた作品であるが、中華の優秀な民族文化の核心的価値観を真に体現できていないか、あるいはそれに近いと思われる。地べたに跪いて声高く君主の恩に感謝する一般大衆の姿は、やはり西側の消費者から偏って理解され誤解を生む恐れがある。図書製品は、現代のコンテンツ貿易で比較的成功の部類に入る。于丹氏の《‘論語’心得》は中華民族の核心的価値観を大衆向きに解りやすく表現していて、国内で好評価を得ただけでなく、世界的にも一世を風靡する人気であった。優秀文化の核心的価値観を代表する逸品であれば、西側の消費者から認可される得ることがこうしたことからも判る。再度例にあげれば、楊麗萍氏の《雲南映像》、京劇、越劇などは国の精粋を描き、国外においても大きな市場を獲得している。問題は、我が国が輸出するコンテンツ製品の大多数が西側の消費者の目にふれる機会を失っていることである。行政が設けるノルマクリアが原因でもあるが、それよりもやはり輸出補助金目当てで毎年一定の数量を的確に輸出する一部の生産企業がある。これらの製品の多くが国外の輸入業者によって廃棄されごみの山となっていることを誰かしらんや、である。この原因を突きつめると、元々このような輸出品は国内業者が費用を負担して、国外の輸入業者から名義買いを依頼しているのである。輸出補助金、輸出免税などのような優遇政策があるうちは、輸出業者の資金回収に支障がない。最後の費用負担は国家が背負うことになる。

　第四に、消費者の文化に対する考え方に揺さぶりをかけ変革することが必要である。文化間性が文化総体の相互作用ではなく、文化の部分、部分が互いに疎通することを我々は承知している。学者の王才勇氏が言っているように、いわゆる中国・西欧の文化間性は、両者の間に対話関係を構築できることを指し、両者間で互いの関心を引き

つけ、双方が反響しあう分野に進んでいくことが可能であることを指す。このことは、ふたつの文化系統それぞれに内在する関係性を明確に見定めることを要求し、同時にそこに停滞したままではいけない。そこから歩み出て、ふたつの文化のあいだで間性の構築が最も可能な関係分野に注意力を向けることを要求するのである。人類の普遍的価値と恒久的なテーマを反映した民族の特色豊かなコンテンツ製品、すなわちそれと関係する内容を具えることである。コンテンツ製品のテーマに普遍的な適用性があるのだから、思考方式、表現形態は様々であるが、国外の消費者の思索を突き動かし、そして、その文化変革の試みを促すのである。たとえば《タイタニック》、命と愛について厳粛な思索を促すこの映画は、そのテーマの普遍性のゆえに、中国の観客に強烈な反響を引き起こした。観客の多くは自身の文化における命と愛について深く考えた。とりわけ、中華文化に残る一部の糟粕——たとえば三従四徳、貞女烈婦、家柄に対する拘泥など家庭と婚姻に関係する観念について自問し、新しい変革に結びついていった。《トムとジェリー》の場合、小さいものが大きい物と闘って勝利するという思想が、中国人の帝王英雄視の観念に強烈な一撃を加えた。このような映画は、中国の観衆の認可を獲得し、製作者は大きな利潤を手にすることができるのである。

二、文化における意味の共通空間

メディア学では次のように考える。効果的な伝播を実現しようとするなら、発信者と受信者が意味の空間を共有する必要があり、さもなくば理解に齟齬と誤解をきたす。同一文化内で、階層、職業、学歴、年齢、性別を異にするメディア発信者と受信者がいるが、双方に意味の共通空間の問題が横たわっている。文化を異にする場合、とりわけ民族国家が違う場合、相互交流を実現するには共通する意味空間が基本的な前提となる。人々の意志の疎通と理解、価値の認可、行動の裏付けにとってそれは十分条件ではなく、必要条件である。共通の意味空間がなければ、伝達に溝が生じる。共通の意味空間は二つの側面から理解できる。一つは、伝播するに際して使用する言語、文字等の符号の意味に対する共通理解、二つは、生活体験と文化的背景が近似することである。

国際コンテンツ貿易について言えば、消費段階で消費者による価値の認可を得るには、文化間性理論に拠って国家間の相互主体関係を創ることが必要だが、これはただの第一歩にすぎない。もし主体間同士が知ることもなく、あるいは文化的意味空間が対等でなければ、やはり価値の認可に到達することはない。この文化における意味の共通空間が対等でないということは、たとえば次のような事態である。国家Ａは国家Ｂの言語、文字等の符号の意味を熟知しており、且つ主動的に国家Ｂの生活経験と文化との距離を縮めようとするが、Ｂ国はＡ国を一切知ることもなく、さらにＡ国の

文化状況を理解しようとは根本的に思わない。このような対等でない意味空間がもたらす結果はこうである。一つは、A国がB国の文化価値観に完全に同調し、自らの文化価値観を見失う危険性があること。二つは、B国がA国の文化に対してますます無知そして軽蔑することになること。A国はB国による文化価値の認可を得るどころか、反対にB国から否定され排斥される。

　現在の中西（もっと具体的に言えば、中国と米国）のコンテンツ貿易は、まさに文化における意味の共通空間が対等でない状況にある。近代以来、欧米の先進的科学技術のゆえに中国は積極的に欧米に学び、欧米文化を熟知し、さらに天下に覇を唱えるアメリカメディアがアメリカの精神と生活に対する中国人民の認知をさらに強化してきた。アメリカ文化価値観を理解する点で、中国の民衆はアメリカのメディア発信者と共通する意味空間を持っていると言ってもいいだろう。しかし、遺憾なことに、アメリカのメディア受信者は中国からの発信者と共通の意味空間を持っていない。このゆえに、中国のコンテンツ製品は往々にしてアメリカの消費者から理解されることがなく、文化価値観の認可も得ることも難しい。メディア受容効果の格差は言わずとも明白である。中国のコンテンツ製品の再生産が苛酷な挑戦にさらされている。

　欧米先進国で中国文化の意味空間の受信者を育てるには、以下のいくつかの分野に力を注ぐべきである。

　第一に、国際商業環境を優良化し、対中国貿易と対中国投資を拡大すること。商業、教育、保健医療は最も可能性ある異文化交流の分野である。逆に言えば、こうした分野は人々のコンセンサス強化の可能性が最も見込まれ、文化的な意味の共通空間を創る環境がある。異文化研究に、「人類の交流に関連して三種類の仮説がある。（1）交流が規則の支配を受ける。（2）環境が交流規則を確定する。（3）文化によって交流規則に差がある[70]」。経済がグローバル化している今日、多くの国々が経済の国際的な相互依存システムに融けこんでいる。「完全自給自足が可能な国は一つとしてない。対外競争そしてより有効的な海外貿易に対する欲求のために大多数の企業が世界に目を向けている。そして文化に対してさらに敏感になっている[71]」。文化大国、経済大国として中国は一貫してぶれることなく改革開放を推進し、各国との経済的連係が日ごとに緊密さを増している。欧米先進国は中国にとって最大の貿易相手国であり投資国である。2008年、中国の輸出最多国はEUとアメリカであり、それぞれの輸出額が4255億8000万米ドル、3337億4000万米ドルとなっている。このような状況ではあるが、中国とアメリカ、中国とヨーロッパの経済交流に関して、国際商業環境の改善にもっと取り組む必要がある。改善はWTOルールに基づいて行うことが前提であるが、欧米に向けて中国市場を開放し、行政的な障壁を削減することによってさらに多くの中国に対する投資を呼び込み、中国に進出している多国籍企業に内国民待遇を与えることだけを言っているのではない。欧米国もまた、投資と貿易の中国に対する制限を

開放し、より多くの中国資本と製品が欧米に進出できるようにすることも指している。当然、現在の重要事項は、もっと多くの欧米投資家、多国籍企業が、良好な国際商業環境のなかで中国市場に参入するように仕向けることである。国外資本と多国籍企業が一旦中国に参入すれば、利潤の最大化を目指すタクトに従って、現地化の方針を採るであろう。つまり、中国の文化環境を極力理解し、中国の消費者の習慣と齟齬をきたさないようにするであろうし、中国化に沿う国際商業環境のなかで運営していくことになる。人類交流の基本的な三つの仮説からわかることだが、国際商業環境の一部分であるから、中国において国際市場に広く通用する制約を受ける以外に、中国現地化する場合中国の市場ルールの制約を受けることは必然である。そして、これらのルールは文化によって異なっている。したがって、中国文化を主動的に理解しようとすることは当然である。このような外国資本と多国籍企業がますます増えていくと、当該国の消費者の中国文化に対する関心と認知に影響を必然的に与え得る。文化的に共通する意味空間の創造に向けて、積極的な促進作用を果たすであろう。

　第二に、留学教育環境の改善とさらに多くの来華留学生の養成。民族国家に則して言えば、さまざまな文化には様々な教育があり、さまざまな教育は異なる文化を支えるためにある。教育は、文化を伝承するに最大かつ最も有効な方法である。我々がある文化を理解しようとする時、その文化の教育に対する理解と教育方法を研究することで、その大略を知ることができる。教育は学生が行動の指針と価値観を確立する手伝いをする。学生たちが学校で学ぶことは、「正しい行いと品性、種々の文化価値観、人との接し方、性差の認識、敬意の表し方、文化の中にあるすべてのイレギュラーな事柄[72]」などである。人類学の研究で、未知の集落を研究するために良く用いられる方法はフィールドワークである。研究者がその集落のなかに入っていき、村民と寝食を共にし、同じ衣服をまとい同じ労働に従事する。できるだけ村民と一体となり見分けがつかないようにする。クリフォード・ギアツ（Clifford Geertz）が《深層ゲーム――バリ島の闘鶏の記述に関連して》のなかで、クリフォード・ギアツ夫婦がバリ島人とともに警察に追い立てられ、その時の混乱と恐怖（夫婦はわざと現地人と一緒に逃げた）について書いている。その時バリ島人の彼ら夫婦に対する態度が変わり、彼らは風のように見れども見えない無視された存在から、あらゆる人の注目を集める存在になった。一人の外来人がついにバリ島人の一員になった瞬間である。こうした事柄のすべてが、環境の強大な同化力を説明している。環境に融けこむことがなければ、排斥されただろう。教育もまた道理は同じである。中国は、欧米諸国のためにさらにたくさんの国家的な留学基金を設立し、さまざまな国さまざまな人たちの学習意欲に応えるよう、融通性ある留学教育方式をつくるべきである。一国の教育が国外の受講者に与える文化的影響は、中国にとって力強い支えになる。中国の民衆がアメリカ文化を良く知る原因は、アメリカから帰国した膨大な我が留学生の一人一人につながっ

ている。近代以降、特に五・四運動以降の著名な知識人たちの多くが先進国への留学
経験がある。彼らが全力で翻訳し紹介してくれたおかげで、科学、民主、自由などの
精神が広く中国人に受け入れられた。事実、これは欧米国家の長期的視点に立った戦
略である。中国の早くからの留学生たちは皆、無償教育を受けた。たとえば庚子賠款
事件だが、清朝政府の賠償金を基に清華アメリカ留学予備学校が設立され、中国人学
生のアメリカ留学によるアメリカ文化受容の資金援助となった。同様に、中国へ来る
欧米の留学生がますます増え、欧米と中国との文化的に共通する意味空間を創ること
に役立つことになる。来華留学生の規模が拡大すると同時に、我々もまた海外へ出向
き勉学に励む必要がある。孔子学院は、さらに多くの財力とマンパワーを投入すべき
教育機関であり、中華文化を伝えることになる。

　第三に、医療保険の分野の自由化とより多くのNGO組織の参加。医療保険は政治
性、意識形態性が比較的緩やかな分野である。全人類が挑戦を受ける事態に直面して
いる。たとえば、エイズ、癌、結核、コレラ、ハンセン氏病など、これらは人類共通
の敵である。それゆえ、国家、種族、階級を超える協力が容易である。医療保険領域
では、「交流はまた不当な誤解を招き、人々に不必要な苦痛をあたえかねない」[73]。誤診、
ハイリスクな治療手順、不必要な治療などは、まともな交流がされないためである。
問題解決に効果的な交流がぜひとも求められている。人類は肩を並べて共通の敵と戦
っているのだが、リスク回避のために医療保険従事者は、協力の文化について熟知す
る必要がある。中国について言えば、人民大衆の医療保険は、意識の上でも実践の上
でも比較的遅れていると言わざるを得ない。中国政府は、中国に医療保険援助のため
に訪れるNGO組織に対して、積極的に容認受け入れる態度をとるべきである。これ
らのNGO組織は人道主義、人文的な関心に基づいている限り、我々は大いに奨励し、
すすんで交流し、導き役をしっかりとつとめ、ルールに則った仕事をするべきである。
こうしたNGO組織は、国際的に活躍している民間の重要な力であり、我々が現在唱
導している公共外交（Public Diplomacy）にとって効果的な仲介をしてくれる。彼等
は海外文化を中国にもたらすだけでなく、さらに大事なことに、中国の民衆と日常的
に生活のなかで接触することで、中華文化を吸収し理解し、同時に母国に持ち帰って
広めてくれる。中国との文化的に共通する意味空間を創ることに引き寄せて言えば、
これらのパワーは決して軽視できない。大衆メディアに比して、人と人とのつながり
における伝播と組織的な伝播の相乗効果はさらに有力である。このほかに、海外から
の旅行客をもっと多く引き入れるべきである。旅行客とNGO組織の成員は共に、中
華文化の対外伝播にとって最も有効な媒体である。

　第四に、録音録画製品輸出をサポートし、中国文化の教養教育を拡大すること。音
楽、絵画、舞踏は一種の世界性言語である。文化の如何を問わず、この三つの芸術に
関して人々は言葉を介さずとも、相互に理解し意思の疎通ができる。これらの芸術の

表現は、録音録画製品として常に見ることができる。俳優ボブ・ホスキンスによれば、異なる国どうしのコンテンツ貿易では文化の違いのために、程度の大小はあるが、文化のディスカウントが起こりやすい。国境を超える映画の交易で文化の割引が発生するのは、輸入市場の鑑賞者がそこに描かれている生活方式、価値観、制度、神話それに物理的環境に共感を覚えにくいからである。言語の違いは、文化のディスカウント発生の重要な要素である。字幕があっても、音声の違いによって理解が難しく、鑑賞の邪魔になる。ボブ・ホスキンスは次のように考えている。「一つは、文化のディスカウントの程度は様々な製品パターンによって違っている。たとえば、アニメ映画はコメディ映画よりそのディスカウントの度合いが低い。二つめは、文化のディスカウントの程度は、メディアの種類によって違っている。たとえば、ヴィジュアル媒体と印刷媒体では受け手が違ってくる。三つは、ヴィジュアル製品は制作と伝播の過程で、ある方法によって文化のディスカウントを減らすことができる[74]」。このことからわかることは、ヴィジュアル・録音録画製品の文化のディスカウントの程度は相対的に低く、それらは中国のコンテンツ貿易の現場で、欧米市場に進出する際の先兵、先陣となりうる。一般的に言えば、映画、テレビ、ヴィジュアル、記録映画、カラースライド、画集など、そして特にデジタル技術とネット技術を駆使した新しい媒体は視聴覚コンテンツ製品の格好の舞台である。これらの運び手を通して、中国の優れた伝統文化のなかの音楽、絵画、歌舞、成語故事などを表現すれば、文化差異を相対的にやわらげることになり、欧米のメディアの受け手にも認可されやすい。このような持続的かつ効果的な受容によって、欧米の消費者は基本的な漢文化の素養を獲得し、文化における意味の共通空間をある程度は持つことになり、中国の核心となる価値観を体現したコンテンツ製品の効果的な受容の基礎を確かにする。したがって中国政府の当面の選択は、視聴覚コンテンツ製品の生産と輸出のサポートに力を注ぐことであり、これらの製品が世界の市場に普及することで漢文化の素養と教育に役立つのである。

三、精神的効用の補償

　経済学では、需要とは一連の価格における購買量である。需要量は、ある期間、ある価格水準における住人（消費者）が購買した商品の数量である。商品価格の変動が購買量の変動を引き起こす。それを需要量の変動と呼ぶ。コンテンツ製品について言うなら、消費者の需要が発生する理由は、コンテンツ製品に精神的効用を求めるからである。効用理論は、実のところ意思決定者のリスクに対処する態度を分析する。消費者にあてはめると、各種の商品と役務の間で、消費者が自身の収入をどのように振り分け、満足レベルの最大化を達成するのかを指す。

　理論的に言えば、消費者の費用負担が最低の状態で、ある製品が最大の満足を提供

できるなら、その製品は消費者にとって最良の選択だったことになる。たとえばアップルPCが最小コストで消費者の手に入り、且つ最大の効用を消費者に提供してくれるなら、みんながアップルを選択するだろう。当然、この情況は理想的である。消費者は、収入、習慣、心理など種々の因子の影響を受けることで、効用に対する消費者の判断に違いが出る。もっと肝心なことは、優良な品質が高価格を意味するのは必然であって、低価格高品質の製品は理想的な状態というほかなく、あるいは相対的であるというほかない。

　精神的な製品の場合、質が最高で価格も最低であれば、国内の消費者にとって最大の満足であるが、国際消費者の場合、逆にすべての消費者が自ら望んでそれを消費するかというと、実際にはそうとも言えない。また、すべての消費者がそれを消費したところで、長期にわたって使用しないかもしれない。たとえばハリウッド映画やディズニーを、中国の観衆は非常に歓迎するのだが、長期にわたる消費物とはなり得ない。その原因はどこにあるのか。民族文化の伝承と発展がそのように仕向け、民族国家の正当性の前提の保持がそのように仕向け、中華文化の自浄作用がそのように仕向けるのである。前の二つは我々が守りの立場に立って海外文化に対処することであり、最後のひとつは中華文化の攻めの能力に対する高度な信任である。歴史が証明している。北魏鮮卑族、元朝蒙古族、清朝満族、いずれも中国を統治すること数百年、最も短期であっても百年、中国の統治に当たったその最後には、いずれも漢文化に同化されている。このことは、漢文化の浄化能力が海のごとく巨大であることを示しており、みずからの組織体系が体内に侵入した異質なものを浄化し、自己の法則を遵守させ得ることの証左である。

　漢文化に限らない。世界の民族国家を見渡すと、国家の正統性存在の前提として民族国家はみな自前の組織体系を持っている。したがって外来文化が如何に強引に侵入してきても、最終的にホスト国の民族文化のルールに従っていかなければならず、主客が転倒することはありえない。アメリカ文化についても同様であって、アメリカ文化はハイレベルの多様性を有し、アジア、ヨーロッパ、アフリカ、アラブ、イスラム等の文化が溢れかえっているが、アメリカ文化における主客転倒は一つとして起きていない。アメリカ文化のルールの大枠のもとでそうした外来文化は生き残らざるを得ない。

　突きつめていくと多くの原因がある。しかしきわめて肝心な要因は、自国の立場に立てば各民族文化は一種の非弾力需要であり、他国の立場で言えばそれは一種の弾力性需要である。つまり、国際コンテンツ製品は、ホスト国のコンテンツ製品の作用──その多くは精神的効用の補償作用であり、それとは代替え不可能であるということだ。

　国際コンテンツ製品とは、自国以外の他国のコンテンツ製品を指す。個人レベルで

は、コンテンツ製品は奢侈品であって必需品ではない。したがってそれは弾力性需要である。民族国家レベルでは、自国のコンテンツ製品が必需品であって奢侈品ではない。したがってそれは非弾力性需要である。国際コンテンツ製品と個人の関係においては、それは有っても無くてもかまわず、一種の奢侈品である。その需要は弾性に富み、非弾力性需要ではない。それは、一国民大衆のコンテンツ消費にとって補償品である。国際コンテンツ製品と民族国家の関係において、それはまた必需品ではない。ただ自国のコンテンツ製品だけが必需品なのだ。コンテンツ製品は団結力の経済である。その効用と作用は、自国民族の文化価値アイデンティティと団結力の形成を促す。ひと言で言えば、自国のコンテンツ製品と民族国家の関係では、それは非弾力需要である。しかし、国際コンテンツ製品と民族国家の関係では、それは弾力需要である。

　要するに、国家の団結力需要は、ただ自国のコンテンツ製品によってのみ満足させ得る。したがって、国際コンテンツ製品が民族国家の市場で受容の代替え品になることができない。もし、この根本的な要点を見落としたまま、ひたすらコンテンツ自由貿易に拘泥するなら、民族国家の福利の増大はおろか、逆に製品輸入国の団結力が破壊され、相対的な意味において負の精神的福利をもたらすだろう。たとえばアメリカ映画であるが、根本的にはアメリカ精神と価値観を宣揚するものであり、一個の民族国家としてのアメリカの団結力需要を満たすものである。もし、いろいろな国がこの種のコンテンツ製品の氾濫にみまわれたなら、本来の団結力需要が満足するに至らず、反対にアメリカの団結力需要が増え広がり、輸入国の民族国家としての存在前提が失われてしまう。同様に、中国の団結力需要を満足させるものは、中国の優秀な伝統文化と現代政治の主流文化であって、もしも他国すべてが中国の文化に覆われたなら、それはやはりその国の団結力にとって脅威となるであろう。このような意義において、国際コンテンツ製品は民族国家にとって弾力性需要であり、一種の補償品にして代替え品ではない。

　仮に、ある物品の価格が上昇することで別の物品の需要が増加するなら、この二つの物品は代替え品と呼べる。代替え品と相互補完品とは区別される。相互補完品とは、ある欲望を共同で満足させる二種類の商品であり、それらは相互に補完し合っている。たとえば、自動車とガソリンの関係、コンピューターとソフトウェアの関係がそうである。代替え品は、相互に代替えすることでき、それぞれが同一の欲望を満たし得る二種類の商品である。それらは相互に代替え可能である。

　コンテンツ製品についてこのことを考えると、新聞、定期刊行物、テレビ、ネットなどはそれぞれ代替え品になりうる。当然のことに、それらはまた相互補完品とすることも可能である。たとえばネット上で文字情報に触れ、受け手が積極的に関係する絵や写真、動画を検索する場合、これらの文字、絵・写真、動画の製品は相互補完品となる。では民族国家主体について考えると、国民は自国のコンテンツ製品を消費し

た後、たぶん海外のコンテンツ製品に対する需要がうまれるだろう。たとえば中国の映画、テレビのドラマをたくさん見た後に、おそらく韓流ドラマ、日本やアメリカのドラマに対する消費需要がうまれ、国際コンテンツ製品に別の精神的効用を求めるだろう。しかし、この種の効用を満たすコンテンツ製品は、代替え品とはいえず、相互補完品であり、正確に言えば一種の補償品である。その効用は自国コンテンツ製品に足りないものや漏れた物の埋め合わせであり、自国コンテンツ製品が細部まで目が行き届かない部分を補うもの、いわば精神的効用を補償するものである。もしも国際コンテンツ製品のこういう効用を軽視、あるいはこの効用を差し置いて代替え品になろうと考えたとしたら、勢いコンテンツ貿易摩擦を引き起こし、"文化例外論"の錦の御旗が絶えず掲揚されることになり、国際コンテンツ製品の交易金額が制限されたり、ボイコットされたりする憂き目にあうに違いない。

　それでは、国際コンテンツ製品の精神的効用補償の具体的な内容は何を指すのであろうか。生態補償理論が我々の理論的基礎となっている。この理論の内容は、「社会、経済活動によって引き起こされた生態環境破壊に対する自然生態システムの緩衝と補償作用[75]」を指す。生態補償理論の理論的基礎を福利経済学では、次のように考える。「資源の不合理な開発と環境汚染の原因は外部性にある。外部性が資源の配置に及ぼす歪んだ影響を生態補償が取り除き、外部性生産者の私的なコストを社会コストと同等にすることで社会全体の福利水準を高める必要がある[76]」。生態補償理論が我々に次のことを教えてくれる。生産、分配、交換、消費およびその他の要素から構成される一国の文化体系は、実は生命力ある一個の文化生態系である。この生態系は、政治、経済、社会及び技術によって破壊され、その進行を緩衝し補償するある種のパワーを必要としている。文化生態系に補償するパワーが不足しているちょうどその時に国外コンテンツ製品に遭遇すると、経済。文化のグローバル化が民族文化の生態系を破壊する要因の一つとなる。しかし、それはまた外国文化の補償作用に提供されるプラットフォームにもなる。したがって、国際コンテンツ製品が発揮するこの補償作用のおかげで、ホスト国の民族文化との衝突が生じることもなく、却ってそうした外部性による悪影響を消去する助けになり、ホスト国消費者の精神福利を向上させることができる。たとえば旧中国の時代、政治、経済、社会が当時の外部性要因による破壊と挑戦に直面し、それに対抗する儒家文化が全く無力であったが、西洋科学、民主文化の力によって中国は再生し、今日の活力に満ちた中国の特色豊かな社会主義文化を形成できた。さらに、極端な個人主義と金銭至上主義に支配された西洋文化がその悪弊から脱し得ないこの時、中華儒家の"仁厚く、謙にして和す"文化は一陣の清風のようで、西欧諸国の認めるところである。

　要約すれば、国際コンテンツ貿易において、文化価値の認可を実現するには、主体的地位の尊重、文化における共通の意味空間が欠くことのできない道筋である。これ

に基づき、中国のコンテンツ製品がホスト国の消費者にとって精神的効用の補償たり
うるかどうかに意を注ぎ、さらに精神的効用を提供する際にホスト国のコンテンツ製
品の代替え品になろうとする思想を破棄しなければならない。このようにしてこそ、
ホスト国の消費者の認可を真に獲得でき、効果的なメディアの受容を達成できる。こ
の論理は、中国のメディア生産者のみならず、世界各国に適用できる。

【参考】コンテンツ製品とサービスの輸出に
関する指導目録（公告2007年第27号）

　我が国のコンテンツ製品とサービスの輸出を支援するため、商務部、外交部、文化
部、国家新聞出版広電総局、新聞出版総署、国務院新聞弁公室は共同して、《文化産
品和服務出口指導目録（コンテンツ製品とサービスの輸出に関する指導目録)》を制
定した。

　中華文化の伝統的優位を発揮し、コンテンツ企業による国際競争参入を奨励・支持
し、コンテンツ企業の国際競争力を向上し、我が国のコンテンツ製品とサービスの輸
出を促進するため、中華人民共和国商務部、外交部、文化部、国家新聞出版広電総局、
新聞出版総署、国務院新聞弁公室等の各部門は共同して《文化産品和服務出口指導目
録（コンテンツ製品とサービスの輸出に関する指導目録)》を制定し、並びにその解
釈と調整の責務を果たす。

　各部門は本目録に列挙されているプロジェクトの中で、中華民族の優秀な伝統文化
を発揚することに役立ち、国家統一と民族団結を維持することに役立ち、発展する中
国と世界人民との友誼に役立ち、なおかつ比較優位にあって鮮明な民族特色をそなえ
た"国家コンテンツ輸出重点プロジェクト"を認定する。さらに本目録の要求に符合
する企業の中で、国際コンテンツ貿易の専門的人材を擁し、比較的強力な国際競争力
を有し、法令順守経営をおこない、良好な信望がある"国家コンテンツ輸出重点企
業"を認定する。各部門、各地区は、市場開拓、技術刷新、通関事務等の方面におい
て関係する規定に依拠した新たな条件を制定し支援を与える。

一、新聞出版類

（一）出版部門が出版発行する図書、電子出版物

　重点企業の基準：

　1．比較的安定した輸出ルートを確保し、版権輸出の成果が年15件以上、または実物輸
　　　出額30万米ドル以上。

218

2．独立した知的財産権に基づくオリジナル製品を有し、製品が中華文化の特色を体現し、国際市場開発の潜在力を具えていること。

説明：

　電子ゲームを含む電子出版物。

（二）出版部門が出版発行する新聞、定期刊行物

重点企業の基準：

1．独立した知的財産権に基づくオリジナル製品を有し、製品が中華文化の特色を体現し、国際市場開発の潜在力を具えていること。

2．あるいは、国外において一定の影響力、学術レベルが比較的高い学術定期刊行物または大衆的な新聞雑誌を擁すること。あるいは海外版を出版するか、海外に出版機関を持たずに海外輸出版権を持つ新聞雑誌の出版をしていること。

（三）インターネット出版物とサービス

重点企業の基準：

1．比較的安定した輸出ルートを確保し、年輸出額1万米ドル以上。

2．独立した知的財産権に基づくオリジナル製品を有し、製品が中華文化の特色を体現し、国際市場開発の潜在力を具えていること。

説明：

　インターネット上で出版される図書、雑誌、新聞、電子出版物、オーディオヴィジュアル出版物、学術文献出版物、教育読物、地図出版物、ゲーム関連出版物、モバイル出版物等。

（四）中国と海外との合作出版物

重点企業の基準：

1．積極的に海外の出版グループ・企業と合作し、国際市場に焦点をあわせて開発された良好な市場において潜在的な力を有する海外志向型の製品を持つこと。

2．海外の主要な販売ルートに進出し、海外宣伝と拡販活動で突出して効果をおさめていること。

3．独立した知的財産権もしくは海外と共有する知的財産権を有するオリジナル製品を擁し、その製品が中華文化の特色を体現していること。

説明：

　中国と海外との合作出版物が示す物：

1．中国と海外出版機関が共同で投資し、立案し、収益をシェアし、リスクを分担する出版物。

2．中国側が出資、立案し、海外出版機関と連合出版し、並びに海外側が海外市場開拓を負担する出版物。

3．海外側が出資、立案し、中国側がコンテンツを提供し、中国文化の特色を体現しかつ国際市場に向けた重要出版プロジェクト。

4．図書、新聞、定期刊行物、オーディオヴィジュアル製品、電子出版物、インターネット出版物等。

第四章　産品輸出における文化的差異の回避　219

（五）出版物版権輸出

重点企業の基準：

1．比較的安定した輸出ルートを確保し、版権輸出が年30件以上、もしくは単品（シリーズ・叢書を含む）出版物の版権輸出収益が年1万米ドル以上。
2．独立した知的財産権に基づくオリジナル製品を有し、製品が中華文化の特色を体現し、国際市場開発の潜在力を具えていること。

（六）出版物の実物輸出

重点企業の基準：

1．比較的安定した輸出ルートを確保し、輸出額が年100万米ドル以上。
2．製品が中華文化の特色を体現し、国際市場開発の潜在力を具えていること。

（七）重要な国際性を持つ出版物の商業展覧会

重点企業の基準：

1．数次にわたって安定して展覧会を開催し、国内開催展覧会ごとに200項目以上の輸出出版権取引を達成し、国外開催展覧会ごとに200項目以上の輸出出版権取引の達成もしくは実物販売額が10万米ドル以上。
2．開催を請負った展覧会が一定の規模と知名度を有すること。

（八）対外翻訳サービス

重点企業の基準：

1．国内翻訳業界において比較的高い信望を集め、突出した翻訳成果を有すること。
2．固定した専用事務所を有すること。

（九）印刷、コピー、制作サービス

重点企業の基準：

1．輸出額が年10万米ドル以上。
2．技術水準が国際レベルに達していること。

（十）海外設立機関による出版、発行、印刷、コピー、制作等のサービス

重点企業の基準：

1．年間版権輸出プロジェクト数量もしくは年間実物輸出額において全国ランク上位15位以内。
2．国際市場の比較的強固な開拓能力を有すること。

二、放送、映画類

（十一）映画、テレビの完成作品、宣伝作品、素材

重点企業の基準：

1. 年間輸出業績（数量および金額）が全国ランク上位20位以内、もしくは輸出金額30万米ドル以上。

2. 良好な発展につながる潜在的クオリティを有し、ヴィジュアルコンテンツ製品の生産、発行、テレビ放映そして関連商品の開発の力の向上面で突出した成果をあげていること。

3. 国外の放送・ヴィジュアル機関と積極的に合作し、国際的に有名な映画祭に毎年安定して参加し、展示ブースを設けること。

4. 良好な海外販売ネットワークを有し、海外宣伝および普及活動において突出した成果をあげること。

説明：

1. 映画、テレビ作品の完成品とは、国家映画、テレビ製品審査機関による審査に合格し、《電影公映許可証》《電子劇発行許可証》《アニメ発行許可証》等の放映・放送許可を取得した国産映画作品（劇映画、記録映画、美術映画、教育映画等）とテレビ作品（ドラマ、アニメ、ドキュメント、バラエティ等）を指す。媒体は、各種の規格に準じたフィルムプリント、ビデオテープ、CD、DVD、デジタル式ビデオレコーダーなどである。

2. 映画、テレビ作品の宣伝作品とは、国家映画テレビ行政主管部門によって批准され、撮影された国産映画、テレビ作品の予告、宣伝作品（未完成の物も含む）であって、映画とテレビ作品の輸出を促進し、海外宣伝を展開し、普及活動に主に使用するものを指す。媒体は各種規格のフィルム、ビデオテープ、CD、DVD、デジタル式ビデオレコーダーなどである。

3. 映画、テレビ作品の素材とは、映画、テレビ作品の海外における発行、放映、アテレコ業務の需要に基づき、また配給業者の求めに応じて、国外向けに提供される国産映画、テレビ作品の焼き直しおよびサウンドトラック等の素材を指す。

4. 上述の映画、テレビ作品の版権輸出。

（十二）中国と海外との合作によって制作される映画、テレビプログラムとそのサービス

重点企業の基準：

1. 海外のヴィジュアル製作機関と積極的に合作し、国際市場に焦点をあわせて開発された良好な市場において潜在的な力を有するヴィジュアルコンテンツ作品とサービス。

2. 国際的に主流をなす販売ネットワークに参入し、海外宣伝および普及活動において突出した成果をあげること。

3. 独立した知的財産権もしくは海外と共有する知的財産権を有するオリジナル製品を擁し、わがっ国の優秀な伝統文化を発揚し、世界各国の中国理解を深めることに積極的な意義を有すること。

説明：

中国と海外との合作によって制作される映画、テレビプログラムとそのサービスについて

1. 中国と海外との合作によって制作される映画とは、法に則り《映画撮影制作許可証》もしくは《映画作品撮影制作許可証》を取得した国内映画製作者と国外映画製作者が中国の内外において共同撮影制作、提携撮影制作、委託撮影制作された映画を指す。

2. 中国と海外との合作によってテレビドラマを制作することは、国内において法に則り資格を取得したラジオテレビプログラム製作機構と外国法人および自然人が合作してテレビドラマ（テレビアニメも含む）を制作する活動を指す。

第四章　産品輸出における文化的差異の回避　　221

　3．その他、中国と海外との合作によって制作される映画、テレビプログラムのサービスとは、映画テレビ業務に関連する公演、制作、編集、伝送、販売等のサービスを指す。

　4．上述の映画、テレビ作品の版権輸出。

（十三）ラジオテレビプログラムの海外現地支社による集成、放送サービス

　重点企業の基準：

　1．国際的影響力ある成功例をすでに有し、業界で比較的知名度が高いこと。

　2．我が国の国際的地位およびイメージの確立に積極的な作用を有すること。

　3．良好な財務状況であり、信用度が良好であること。

（十四）ラジオ・映画・テレビ等に関する対外的プランニング、コンサルティング、リサーチ、マネジメント等のサービス業務

　重点企業の基準：同上

（十五）ラジオ・映画・テレビ等に関する対外プロジェクト、労務の請負サービス。

　重点企業の基準：同上

（十六）ラジオ・映画・テレビ等に関する対外教育サービス

　重点企業の基準：同上

（十七）映画・テレビ器材製品

　重点企業の基準：同上

（十八）インターネットにおける視聴覚プログラムとサービス

　重点企業の基準：同上

三、文化芸術類

（十九）商業公演類

　重点企業の基準：

　1．比較的安定した輸出ルートを有し、毎回の公演費3000米ドル以上を意図すること。

　2．一つまたは複数の公演作品の海外における経営代行権を有し、作品に独創性があり、比較的高い芸術水準をそなえ、国際市場開発の見通しがあること。

（二十）商業芸術展覧類

　重点企業の基準：

　1．年間輸出額が20万米ドル以上で、比較的安定した輸出ルートを有すること。

　2．一つまたは複数の展覧作品の海外における経営代行権を有し、作品に独創性があり、比較的高い芸術水準をそなえ、国際市場開発の見通しがあること。

（二十一）ゲーム製品

重点企業の基準：

1. 年間輸出額が60万米ドル以上で、比較的安定した輸出ルートを有すること。
2. 独立した知的財産権を擁し、中華文化の特色を体現し、国際市場開発の潜在力を有すること。

（二十二）美術品

重点企業の基準：

1. 年間輸出額が10万米ドル以上で、比較的安定した輸出ルートを有すること。
2. 一つまたは複数の美術品もしくは芸術家の作品の海外における経営代行権を有し、国際市場開発の潜在力を有すること。

（二十三）楽器

重点企業の基準：

1. 年間輸出額が100万米ドル以上で、比較的安定した輸出ルートを有すること。
2. 独立した知的財産権を擁し、国際市場開発の潜在力を有すること。

（二十四）工芸品および手工芸品

重点企業の基準：同上

四、総合類

（二十五）アニメ、コミック

重点企業の基準：

1. 年間輸出額が30万米ドル以上で、比較的安定した輸出ルートを有すること。
2. 独立した知的財産権を擁し、中華文化の特色を体現し、国際市場開発の潜在力を有すること。

説明：

アニメ・コミック製品とは、"創意"を核心とし、アニメーションと漫画をその表現形式とするもの指す。アニメ・コミック図書、定期刊行、映画、テレビ、オーディオヴィジュアル、舞台劇、さらに現代の情報技術・伝播手段に基づく新しいアニメ・コミック等の製品等が含まれる。アニメ・コミックのイメージに関連する服飾、ゲーム、玩具等の派生製品は含まない。

（二十六）出版発行されたオーディオヴィジュアル製品

重点企業の基準：

1. 比較的安定した輸出ルートを有し、年間輸出版権数が5件以上もしくは年間輸出額が60万米ドル以上（版権と実物輸出を含む）。
2. 独立した知的財産権を擁し、中華文化の特色を体現し、国際市場開発の潜在力を有すること。

（二十七）文化芸術ビジネス代行

重点企業の基準：

1．国際的影響力ある成功例をすでに有し、業界で比較的知名度が高いこと。

2．良好な財務状況であり、信用度が良好であること。

説明：

　文化芸術ビジネス代行とは、文化芸術活動の運営代行を指す。俳優、芸術化の活動運営の代行業務、文化活動の手配、計画等のサービスである。

（中华人民共和国中央人民政府 http://www.gov.cn/banshi/2007-06/05/content_636827.htm, 2012-3-23）

1　胡百精『公共関係学』、北京、中国人民大学出版社、2008年、257頁。

2　Colin Hoskinsほか著、劉豊海ほか訳『全球電視和電影：産業経済学導論（テレビと映画におけるグローバリゼーション：産業経済学序論）』、北京、新華出版社、2004年、45頁。

3　Colin Hoskinsほか著、劉豊海ほか訳『全球電視和電影：産業経済学導論（テレビと映画におけるグローバリゼーション：産業経済学序論）』、北京、新華出版社、2004年、47頁。

4　甘碧群『国際市場営銷学（国際市場マーケティング学）』、北京、高等教育出版社、2007年、33頁。

5　甘碧群『国際市場営銷学（国際市場マーケティング学）』、北京、高等教育出版社、2007年、34頁。

6　［米］Larry A. Samovarほか著、閔惠泉ほか訳『跨文化伝播（Communication Between Cultures）』（第四版）、北京、中国人民大学出版社、2008年、27頁。

7　Nigel J. Holden著、康青ほか訳『跨文化管理（クロスカルチャー・マネジメント）』、北京、中国人民大学出版社、2011年、22頁。

8　庄恩平『東西方文化差異与対外交流（東西文化の差異と対外交流）』、上海、華東理工大学出版社、1998年、7頁。

9　出所：百度百科　http://baike.baidu.com/view/9793.htm, 2011-10-10.

10　郭慶光『伝播学教程（コミュニケーション学教程）』、北京、中国人民大学出版社、1999年、45頁。

11　郭慶光『伝播学教程（コミュニケーション学教程）』、北京、中国人民大学出版社、1999年、45-46頁。

12　［米］Larry A. Samovarほか著、閔惠泉ほか訳『跨文化伝播（Communication Between Cultures）』（第四版）、北京、中国人民大学出版社、2008年、119頁。

13　［米］Larry A. Samovarほか著、閔惠泉ほか訳『跨文化伝播（Communication Between Cultures）』（第四版）、北京、中国人民大学出版社、2008年、100頁。

14　［米］Larry A. Samovarほか著、閔惠泉ほか訳『跨文化伝播（Communication Between Cultures）』（第四版）、北京、中国人民大学出版社、2008年、77頁。

15　［米］Larry A. Samovarほか著、閔惠泉ほか訳『跨文化伝播（Communication Between Cultures）』（第四版）、北京、中国人民大学出版社、2008年、77頁。

16　［米］Larry A. Samovarほか著、閔惠泉ほか訳『跨文化伝播（Communication Between Cultures）』（第四版）、北京、中国人民大学出版社、2008年、26頁。

17　庄恩平『東西方文化差異与対外交流（東西文化の差異と対外交流）』、上海、華東理工大学出版社、1998年、159頁。

18　羅能生『全球化、国際貿易与文化互動（グローバル化、国際貿易と文化的相互作用）』、北京、中国経済出版社、2006年、53頁。

19　易小明『文化差異与価値体系（文化的差異と価値体系）』、湘潭、湘潭大学出版社、2008年、196頁。

20　易小明『文化差異与価値体系（文化的差異と価値体系）』、湘潭、湘潭大学出版社、2008年、197頁。

21　湯志耘『中国広告中的西方広告因素：従文化角度研究（中国の広告における欧米広告の要素：文化的視点からの研究）』、杭州、浙江大学出版社、2009年、3頁。

22 庄恩平『東西方文化差異与対外交流（東西文化の差異と対外交流）』、上海、華東理工大学出版社、1998年、161頁。

23 庄恩平『東西方文化差異与対外交流（東西文化の差異と対外交流）』、上海、華東理工大学出版社、1998年、162頁。

24 劉世雄『中国消費区域差異特徴分析：基于中国当代文化価値的実証研究（中国消費地域別特徴分析：中国現代文化価値の実証研究に基づいて）』、2007年、60頁。

25 ［米］Samuel P. Huntington著、周琪ほか訳『文明的衝突与世界秩序的重建（文明の衝突と世界秩序の再構築）』、北京、新華出版社、2010年、35頁。

26 ［米］Samuel P. Huntington著、周琪ほか訳『文明的衝突与世界秩序的重建（文明の衝突と世界秩序の再構築）』、北京、新華出版社、2010年、43頁。

27 張夢霞『中国消費者購買行為的文化価値観動因研究（文化価値観からみた中国消費者購買行為の動因研究）』、北京、科学出版社、2010年、52頁。

28 ［米］Larry A.Samovarほか著、閔惠泉ほか訳『跨文化伝播（Communication Between Cultures）』（第四版）、北京、中国人民大学出版社、2010年、59頁。

29 劉世雄『中国消費区域差異特徴分析：基于中国当代文化価値的実証研究（中国消費地域別特徴分析：中国現代文化価値の実証研究に基づいて）』、上海、上海三聯書店、2007年、50頁。

30 張夢霞『中国消費者購買行為的文化価値観動因研究（文化価値観からみた中国消費者購買行為の動因研究）』、北京、科学出版社、2010年、7-16頁。

31 劉世雄『中国消費区域差異特徴分析：基于中国当代文化価値的実証研究（中国消費地域別特徴分析：中国現代文化価値の実証研究に基づいて）』、上海、上海三聯書店、2007年、124頁。

32 劉世雄『中国消費区域差異特徴分析：基于中国当代文化価値的実証研究（中国消費地域別特徴分析：中国現代文化価値の実証研究に基づいて）』、上海、上海三聯書店、2007年、51-53頁。

33 石瑞勇「華裔 '香蕉人' 現象剖析（華僑後裔の“香蕉人”現象解析）」、『当代青年研究』、2008年第二期掲載、77頁。

34 潘榮成「従『上海之吻』談香蕉人的文化身分問題（『Shanghai Kiss』に見る香蕉人の文化的アイデンティティの問題）、『電影文学』、2011年第七期掲載、32頁。

35 張静「探討美国華裔文学中 '香蕉人' 的文化認同（中国系アメリカ人文学における“香蕉人”の文化的アイデンティティの考察）」、『現代交際』、2011年第三期掲載、100頁。

36 データ出所：人民網http://henan.people.com.cn/news/2009/01/07/354562.html, 2011-11-29.

37 データ出所：新華網http://news.xinhuanet.com/ent/2011-07/13/c_121658518.htm, 2011-11-29.

38 魯斌「運動混搭更時尚更健美（流行するスポーツコラボと健康美）」、『保健医苑』、2008年第十期掲載、47頁。

39 出所：百度百科　http://baike.baidu.com/view/195381.htm, 2011-11-29.

40 CNSN「互聯網混搭雲計算：破壊性創新時代（クラウドコンピューティングと激烈なイノベーション）」、『電子商務』、2010年第五期掲載、8頁。

41 陳穎穎「県市報時尚報道：'混搭' 才是王道（県市報流行プレス：“ミックス＆マッチ”こそが王道）」、『新聞実戦』2011年第四期掲載、74頁。

42 中国原産のシカの一種。角がシカ、尾がロバ、蹄がウシ、首がラクダに似ているが、全体の姿はその四種の動物のどれとも似ていない。そのことから、“四不像”といわれ、別名は麋鹿。麋はヘラジカ、鹿はシカのことで、すなわちヘラジカでもシカのどちらでもないことで麋鹿と呼ばれた。（訳者註）

43 趙允芳「'混搭' 也是一種風格（“混搭”もまたスタイル）」、『伝媒観察』、2009年第五期掲載、11頁。

44 万莉「融合、混搭与多元化：美国電視娯楽節目発展的啓示（融合、ミックス＆マッチと多様化：アメリカのテレビプログラムにからの教示）」、『視聴界』、2010年第一期掲載、76頁。

45 趙薇薇「英倫電視節目的混搭之風（ロンドンのテレビ番組にみるミックス＆マッチスタイル）」、『視聴界』、2011年第三期掲載、69-71頁。

46 電影発瘋「変陳腐為詭謡：神馬混搭出位之作（陳腐、変じて奇怪：ミックス＆マッチもTPOをわきまえて）」、『電影世界』、2011年第四期掲載、84頁。

47 万莉「融合、混搭与多元化：美国電視娯楽節目発展的啓示（融合、ミックス＆マッチと多様化：アメリカのテレビプログラムにからの教示）」、『視聴界』、2010年第一期掲載、76頁。

第四章　産品輸出における文化的差異の回避　　225

48 喩国明「跨界的発展与混搭的価値（ボーダーレス化とミックス＆マッチの価値）」、『新聞戦線』、2011年第二期掲載、1頁。

49 夏傑「'混搭'審美」、『消費導刊』、2009年第三期掲載、226頁。

50 夏傑「'混搭'審美」、『消費導刊』、2009年第三期掲載、226頁。

51 喩国明「跨界的発展与混搭的価値（ボーダレス化とミックス＆マッチの価値）」、『新聞戦線』、2011年第二期掲載、1頁。

52 ［米］Samuel P. Huntington著、周琪ほか訳『文明的衝突与世界秩序的重建（文明の衝突と世界秩序の再構築）』、北京、新華出版社、2010年、20頁。

53 張昆侖「論労働対象在生産力決定生産関係中的地位和作用（生産力に決定される生産関係における労働対象の地位と作用）」、『河南大学学報』（哲学社会科学版）、1989年第三期掲載、22頁。

54 劉建華「文化安全語境中的民族文化資源与文化製品（"文化的安全"の文脈における文化資源と文化製品）」、『新疆社会科学』、2011年第四期掲載、103-104頁。

55 黄亮宜「具体分析 合理抽繹 把握分寸—也談'普適価値観'（具体的分析、合理的な端緒、妥当性の把握——"普遍的な価値観"）」、『学習論壇』、2007年第八期掲載、17頁。

56 『中国共産党第17期中央委員会第6回全体会議公報』、北京、人民出版社、2011年、7頁。

57 蔡熙「関于文化間性的理論思考（文化間性の理論的考察）」、『大連理工大学学報』2009年第二期掲載、82頁。

58 ［独］ユルゲン・ハーバーマス（Jürgen Habermas）著、曹衛東訳『コミュニケーション的行為の理論』、上海、上海人民出版社、2004年、68頁。

59 張玉能「主体間性与文学批評（主体間性と文学批評）」、『華中師範大学学報』、2005年第六期掲載、95-99頁。

60 鄭徳聘「間性理論与文化間性（間性理論と文化間性）」、『広東広播電視大学学報』、2008年第四期掲載、73頁。

61 邱国紅「文化間性的例証：中国詩歌審美范式対美国詩歌創作的影響（米国詩歌創作に対する中国詩歌審美モデルの影響）」、『雲夢学刊』、2005年第一期掲載、96頁。

62 蔡熙「関于文化間性的理論思考（文化間性の理論的考察）」、『大連理工大学学報』2009年第二期掲載、83頁。

63 蔡熙「関于文化間性的理論思考（文化間性の理論的考察）」、『大連理工大学学報』2009年第二期掲載、83頁。

64 王才勇「文化間性問題論要（文化間性問題論の要点）」、『江西社会科学』、2007年第四期掲載、46頁。

65 王才勇「文化間性問題論要（文化間性問題論の要点）」、『江西社会科学』、2007年第四期掲載、46頁。

66 王才勇「文化間性問題論要（文化間性問題論の要点）」、『江西社会科学』、2007年第四期掲載、47頁。

67 ［米］Edward Wadie Said著、李琨訳『文化与帝国主義（文化と帝国主義）』、北京、生活・読書・新知三聯書店、2007年、3頁。

68 ［米］Edward Wadie Said著、李琨訳『文化与帝国主義（文化と帝国主義）』、北京、生活・読書・新知三聯書店、2007年、430頁。

69 蔣飛燕「如何解決文化間性問題（文化間性問題を如何に解決するか）」、『重慶工学院学報』（社会科学）、2008年第七期掲載、121頁。

70 ［米］Larry A. Samovarほか著、閔惠泉ほか訳『跨文化伝播（Communication Between Cultures）』、北京、中国人民大学出版社、2010年、174頁。

71 ［米］Larry A. Samovarほか著、閔惠泉ほか訳『跨文化伝播（Communication Between Cultures）』、北京、中国人民大学出版社、2010年、175頁。

72 ［米］Larry A. Samovarほか著、閔惠泉ほか訳『跨文化伝播（Communication Between Cultures）』、北京、中国人民大学出版社、2010年、194頁。

73 ［米］Larry A. Samovarほか著、閔惠泉ほか訳『跨文化伝播（Communication Between Cultures）』、北京、中国人民大学出版社、2010年、241頁。

74 薛華博士論文『中美電影貿易中的文化折釦研究（中米映画貿易における文化的ディスカウントの研究）』、2009年、2-7頁。

75 葉文虎「城市生態補償能力衡量和応用（都市生態補償能力の評価と応用）」、『中国環境科学』、1998年第四期掲載、298-301頁。

76 頼力「生態補償理論、方法研究進展（生態補償理論と方法の研究の進展）」、『生態学報』、2008年第六期、2872頁。

第五章
文化の止揚と製品輸入

　対外コンテンツ貿易には、コンテンツ製品の輸出そしてコンテンツ製品の輸入があり、この輸出と輸入は双方向一体の過程である。中華の民族文化といえば、あらゆるものを包みこむ包容力が、5千年の時の流れのなかで形成されてきたその品格であり、それは世界文化に向けて一貫して開かれてきた手本となる態度である。経済・文化がグローバル化している現代は、ハードパワーの戦いからソフトパワーの戦いに変って来ている。中華文化が林立する世界民族の中でみずからの立ち位置を確立するには、我々のコンテンツ製品を輸出するだけではなく世界の優秀な文化、コンテンツを輸入しなければならない。そうすることによって、中華民族文化のより良い発展、社会主義文化強国の建設、中国の国としてのソフトパワーの増強、中華文化の国際的影響力を発揮できる。世界文化を輸入するための指導方針と基本原則は、文化の止揚である。すなわち、世界の各民族文化に対して放棄、留保、発揚、向上の態度をもって臨まなければならない。消極的要素を放棄し、積極的要素を利用し、中華民族文化が新しい段階に到達するために貢献するのである。本章ではこの点を切り込みのとっかかりに、時空観、民族観、形質観の三つの側面からコンテンツ製品輸入と文化の止揚の問題を研究分析し、政府および貿易に主体的に携わる我が国の業者に理論的枠組みと路線、実践的方法論の提示に勉め、世界の優秀な文化をしっかりと我々に役立たせ、中華民族文化が不断に発展を続けるための積極的な要素となるよう勉めている。

第一節　時空観と文化の止揚

　対外コンテンツ貿易の製品輸入国として、中国はコンテンツ製品の思想理論と方法論を採り入れてきた。それは文化の止揚である。"文化の止揚論"は毛沢東思想の有

機的な組成要素であり、毛沢東思想の中で相対的に独立した科学的文化思想体系であり、マルクス主義の文化観が豊かな発展を遂げたものである。文化の止揚について詳述している中で毛沢東が、継承と批判と創造的刷新は文化の止揚の本質であると指摘している。彼の著書《延安文芸座談会での講話（いわゆる《文芸講話》）》の中で文芸の発展について論がおよび、中国と世界の豊かな文学芸術の遺産は「我々が継承すべきものである」が、しかし古い文芸形式が「我々の手元に届いたなら、改造し、新しい内容を加え、革命的で人民に奉仕するものに変える」と指摘している。ある学者によれば、毛沢東の文化止揚理論の基本的内容は、「マルクス主義文化観の指導のもとで“文化発展の否定の否定”の法則を尊重することである。中国革命とその建設の要求を出発点におくなら、中国と外国の歴史文化の成果を批判的に継承し、そして中国の特色あるプロレタリア階級の新しい文化を創造的に建設する」ことである。

　具体的な実践に関して、毛沢東は文化の止揚の二つの原則を提起している。「一つめは、マルクス主義文化観の指導を堅持し、二つめは、中国の具体的状況から出発することを堅持し人民に奉仕する方向性を堅持すること」である。この二つの原則のもと、中国と外国の文化の継承と批判と創造的刷新を臨機応変に進めなければならない。当然、これらのことを達成するには、さまざまな性質、形態を持つ文化に対してそれぞれ異なる止揚の方法が求められる。たとえば文化遺産に関しては、抽象と具体を統一した本質的な止揚によるべきである。非階級的な通用文化に関しては、社会的かつ自然な止揚プロセスによるべきである。少数利害が関係する通用文化（モルヒネ注射に相当する）に関しては、有益を興し弊害を除去する適度な止揚によるべきである。古い風俗習慣に関しては、旧いものを捨て新しいものを求める止揚によるべきである。宗教文化に関しては、その止揚は長期的かつ漸進的プロセスを経るべきである。完全な搾取階級の文化に関しては、功能ある文化に転換する止揚であるべき、つまり搾取階級意識形態の文化は、“精華を汲み取り糟粕を棄て去る”べきである。今日の海外のコンテンツ製品について言えば、適用性があるコンテンツは人類皆が享受できるし、直接国内に持ち込んで自由にしてもいい。階級意識性を持つものは、精華と糟粕を明確に分けることができない。良い面と悪い面というようにひとつの物を二つにすることができないから、良いものは継承し悪いものには批判を加える。現実は、「歴史上の文化遺産の多くは、はっきりと分割できる具体的な形態を持っていない。良し悪し、害と益がまじりあい、有機的に統一されている」。海外文化の止揚について、毛沢東が象徴的な比喩を言っている。「外国の一切の物は、我々の食品と同様である。口の中で咀嚼され胃腸の蠕動運動によって唾液、胃液、腸液とまじりあい、精華と糟粕の二つに分解される。そして糟粕は排泄され、精華を吸収される。それでこそ、我々の身体に有益となりうる」

　要するに、目下のコンテンツ輸入の現場では、国内の人民大衆を満足させ得る製品

を輸入できるが、チェックすることが大事であり、文化の止揚の考え方でコンテンツの受け入れを進める必要がある。糟粕をひたする廃棄するだけでもいけない。広大な人民大衆の求めと好みを無視することはできない。その一方で、国内の大衆の要求にひたすら迎合することはできず、中国の優秀な伝統文化の伝承と社会主義思想の意識形態の伝播を無視することはできない。我々がコンテンツ輸入の現場で求められていることは、毛沢東の文化止揚理論を機に応じて活用し、時空コンテンツ製品、民族コンテンツ製品、形質コンテンツ製品に分析判断を加え、また様々な止揚の方法を駆使して、継承と批判をしていく必要がある。精華を吸収し自由に使うことができれば、中国の特色をそなえたコンテンツ製品を創り出し、中華民族文化の新しい発展を促し、国家の文化的ソフトパワーを強化し、社会主義文化強国建設の目標を実現できる。

　コンテンツ貿易の現場では、コンテンツ輸入は知恵と戦略が必要とされる非常に複雑なチェックプロセスが重要である。というのもコンテンツ輸入は、自国消費者の文化的要求の満足と自国の文化価値観の主体的地位に関わる問題であるからだ。本節では時空観を端緒に、コンテンツ製品の時間構造と空間構造について整理分析を進め、中国のコンテンツ輸入当事者に実践的な枠組みを参考として供したいと思う。マルクス主義の時空観理論では、時空観の本質を社会的時空観もしくは実践的時空観として捉えている。「実践とは人の実践であり、社会もまた人の社会である。まさに人は、長期の物質生産活動と人類間の相互交流活動を通じて、人類の社会と歴史を形成してきた。世界歴史は、人が人の労働を通して生み出した歴史に他ならない[5]」。いわゆる実践時間とは、人類の実践的活動の持続性を指している。持続性は人類活動の存在と活動過程の進行の長短を表している。ある活動と別のもう一つの活動、ある活動過程と別のもう一つの活動過程とが相次いで出現するその間隔に長短がある。いわゆる実践空間とは、実践運動の延伸性を指している。それには、地理的空間と関係性空間がある。前者は実体を伴う地理環境を指し、人類が生産し、生活し、科学研究し、その他種々の活動に従事するために欠くべからざる場所をあらわす。後者は交流空間の謂いで、人類が実践活動によって構成する経済、政治、文化生活などの日常的あるいは非日常的な交流関係である。実践空間は、人類による自然の占有規模さらに人類社会関係と発展の程度によって定量する特殊な尺度である。

　人類社会では、物資的事物と非物質的事物には共にその存在過程と存在空間がある。人類が自然と社会を改造することで成るコンテンツ製品にも、時空存在の問題がある。時代ごとに一定のコンテンツ製品があるわけだから、地理的空間、関係性空間それぞれにも一定のコンテンツ製品がある。それらは各々、本質と特徴をそなえている。グローバル化の時代にあって交通技術と情報技術の発展にともない、グローバリゼーションは現実性を強め、各国間の経済、文化、社会の関係と往来は日増しに密接になっている。特に、文化交流の分野ではネット技術とデジタル技術が発展し、文化のグロ

ーバル化の勢いが世界各国を席巻している。グローバリゼーションの外に誰一人真の独立を保ちえず、もしそうだとしても時代から棄て去られかねない。中国は、自身のコンテンツ製品輸出に尽力すると同時に、自国の政治、経済、文化、社会とエコロジカルな文明建設に有益な海外コンテンツ製品の取り入れに努力している。世界の国々は、その地理的位置とこの位置に基づく自然と社会の改造プロセスを異にし、そのコンテンツ製品もまた千差万別である。歴史的時間とロケーションを異にする他国のコンテンツ製品は、必然として中国文化の実践的特徴とは違っており、中国のコンテンツ消費需要に必ずしも適合しない。したがって、外国のコンテンツ製品の時間構成と空間構成に対する事前の理解と把握が必要とされ、そうしてこそ文化的止揚がなされた製品輸入が本当に可能となる。

一、時間構成

　我々は、コンテンツ製品の時間構成に関して三つの側面から分析を進める。人類の歴史、製品の時効、消費時間の長さの三つである。

　人類の歴史の側面とは、異なる歴史発展段階におけるコンテンツ製品の構成の問題である。輸入する国が違えば、時間の幅を異にするコンテンツ製品に対する要求の種類と数量も違うし、人類の歴史区分にも確定した基準がない。マルクスの典型的な方法によれば、人類社会の発展段階の区分は原始社会、封建社会、奴隷社会、資本主義社会、社会主義社会の五段階に区分される。欧米の学者によれば、古代、中世、近代、現代などと区分している。中国の歴史学者は、その具体的な区分けを古代、近代、現代としている。中国史の場合、古代は1840年（アヘン戦争）以前を指し、近代は1840年から1949年（中華人民共和国成立）まで、現代は1949年以後を指し、分野が異なればその区分けも違ってくる。たとえば文学界では五四運動以後、史学界では1949年以後を現代とする。世界史的には、古代は1689年イギリスにおけるブルジョア革命成功以前、近代は1689年から1917年（ソビエト十月社会主義革命）までとし、現代は1917年以降を指すが、さらに1945年（第二次世界大戦）以前と以後とに分けることもある。しかし、その場合現代と同義である。

　人類史におけるコンテンツ製品の時代区分は、アメリカの歴史学者L・S・スタヴリアノス（Leften Stavros Stavrianos）の著作《全球通史》の中の区分を借用すると、古典文明期（AC.500年以前）、中世文明期（AC.500～1500年）、西洋文明勃興期（AC.1500～1763年）、西洋文明隆盛期（AC.1763～1914年）、近代文明期（AC.1914年以後）、後は現代にいたる。

　もっとも広い意味で、文化が人類生活方式の総和であることは我々が知っているとおりである。これに基づいて、文化を物質文化、精神文化、行動文化、制度文化に分

ける。この区分に照らせば、歴史時期を異にする人類の文化は民族も国家も様々であるから、我々が取り組んでいるコンテンツ貿易からすると、あれこれ時期区分をいじる意義がないように思える。我々が言うコンテンツ貿易とは具体的に精神文化の貿易である。精神文化にはいくつかの側面があって、一つは人類の恒久的な価値を体現する公益性ある文化、もう一つは大衆の娯楽消費に供する文化である。《全球通史》の六つの区分からみると、古典文明、中世文明、西洋文明の勃興期および隆盛期の文化は、大方が人類の恒久的な価値を持つ文化であって、主に精華、高尚な文化である。もちろん民間の通俗文化も幾らか存在した。近代、科学技術の飛躍的な発展によって伝播技術もまた改良進歩し、印刷、コピー、伝達、閲読も簡単になり日ごとに普及していった。これにともない大衆文化が誕生した。大衆文化は実質的に、当面の国際コンテンツ貿易の主たる内容である。大衆文化は精華、高尚な文化内容と民間の通俗文化の内容も体現できるのであるから、この基礎に立って、現代の大衆に喜ばれるコンテンツ製品が生まれるのである。たとえクラシックバレー、オペラ等が高尚な文化内容であろうと、それはまた大衆生産と伝達手段を通じて、大衆が観て聴いて楽しみ喜ぶ製品形式に改変できる。この意味から言えば、近代文明期と現代文明期の文化は、実質上メディア製品を中心とする大衆コンテンツ製品を主に指す。

　したがって中国に関して言えば、海外コンテンツ製品を輸入するにあたってその歴史的時間の構成に注意を払うべきである。現代流行の先進的な海外コンテンツ製品を輸入しようとするなら、その国の古典文明期、中世文明期、西洋文明勃興・隆盛期の高尚な文化の輸入も考慮に入れなければならない。これらの文化には人類の恒久的な価値がそなわっており、中国人の知恵を啓発し、中国人の思考方式を転換するのに大きな参考になるからである。

　製品の時効の側面は、コンテンツ製品の時効性の構成問題である。時効性とは、情報の新旧の程度、製品市況の情況と進展具合のことである。コンテンツ製品に関してみると、その時間的耐久の程度に応じて、即時性コンテンツ製品、一般性コンテンツ製品、恒久性コンテンツ製品とに区分できる。

　時効性の要求が最高レベルの即時性コンテンツ製品は、即時生産、即時伝播、即時受容が求められる。時の経過によって状況が一旦変われば、その製品になんの意義も無くなってしまう。現代の伝達手段科学技術の進歩によって、情報の時効性に対する人々の要求は、増えこそすれ減ることがなく、とどまるところを知らない。市場経済の競争が日ごとに厳しさを増す時代では、情報化と相まって、誰が最速に情報を確保するのか、そのことによって、勝負に関わる主導権を握るものが決まっていく。ビジネスの世界で競争しているものが指摘するように現代は、大魚が小魚を食べる時代ではなく、素早い魚がのろまな魚を食べる時代だ。ビジネス界の競争がそうであるように、日常生活もまた同様である。人々は、最近うんぬん、近頃うんぬん、昨日、午前

という時間で情報を得ることにもはや満足していない。人々は今この時、リアルタイムの情報あるいはその先の情報を求めている。この瞬間の情報、明日起こりうる情報を欲している。こうしたサービスに応えるメディア製品が歓迎される一方、別の見方をすれば、リアルタイムのニュース・情報を伝えることができなくなったメディアには何の意義もない。

即時性コンテンツ製品とは主に、ニュース・情報を提供する大衆メディア、たとえば新聞、テレビ、インターネット等である。中国に輸入される即時性コンテンツ製品の主なものは、テレビとネットメディアと言える。とりわけネット社会、デジタル化時代において、世界各地に起きているニュースを中国のメディアの受け手がリアルタイムで理解することが必要とされ、そうであるからこそ自身がおかれている状況を把握し、正しい判断と決定を下すことができる。テレビとネット、さらにスマホ等の媒体は海外の情報を瞬時に把握する主要な手段になっている。それゆえ、テレビやネットメディア作品を適正に選択、輸入することで、国内のメディアユーザーのコンテンツ需要を満たすことが中国にとって大事である。

一般性コンテンツ製品とは、短期間もしくはそれほど長期に至らない間に、効果的に伝達され消費される製品を指す。つまり、この類のコンテンツ製品のタイムスパンはやや長く、恒久性コンテンツ製品と即時性コンテンツ製品の中間に位置する。この類のコンテンツ製品は現代に流行する前衛的なスタイルを持ち、現代人のコンテンツ消費心理と要求をターゲットにデザインされ、生産される。現代性を主調とする内容は、ある一定の時間内（たとえば一週間、一カ月、一年）で効果的に伝達され、消費される。したがって、恒久性を持っておらず一定の時間経過とともに市場から消え、受け手の目にふれることがなくなる。

ベストセラー本、音楽、広告、劇映画、演芸、アニメゲーム、一部のヴィジュアルアート等は、通常、一般性コンテンツ製品に属する。ある一定の時間内で、それらは伝達・消費されるが一・二年を超えることは稀である。たとえばベストセラー本の場合、市場に出る期間はふつう、一年程度である。ある程度長いタイムスパンを想定できないのは当然である。十年前、ベストセラーになった本を読もうとする人が何人いるか、試しに考えてみるとわかる。流行りの音楽も似たようなものである。数年前、数十年前の流行音楽を聴きたいと思う人は少ないし、いま流行している音楽でも数カ月で消えていく。広告、映画、アニメゲームも同様である。映画は時代性をまとっている。広告は、あるタイムスパンの中で市場参加者の営業計画に基づいてデザインされるもので、時間が経過すれば企業による入れ替えが起きることが如実に語っている。変化がとても少ない"脳白金"の広告ですら、この十年の間にデザインが何度か調整されている。工芸、書画なども恒久的な伝播と消費価値を必ずしも持っているわけではない。時代が変われば、消費の好みも変わっていく。書画の分野における、徐悲鴻

ブーム、啓功ブーム、凡高ブームが示すとおりである。

恒久性コンテンツ製品とは、恒久的な価値を有する製品である。時効性がないからいかなる時にも伝達され、消費される価値を持っている。この類のコンテンツ製品は主に、古典文学、古典音楽、工芸と書画芸術などである。こうしたコンテンツ製品は、輸入担当者が時間をかけて選別し、自国消費者の実際の情況と自国の思想意識形態の指向に基づいて人気のコンテンツ製品を取り入れている。

コンテンツ製品の消費時間は、受け手の消費者がその製品の消費に費やす時間の多寡の問題でもある。コンテンツ製品が体験型の製品であるなら、それは時間性製品である。消費者がこの類の製品を完全に消費しきることを求められ、そのあとで価値を受け取ることができる。それからようやく、その消費需要が満たされたかどうかが判明し、次回もこれを購入するかどうかが決定される。ゆえに、消費者の消費時間の観念を把握することが極めて重要である。コンテンツ製品の消費に費やす時間幅は、複雑である。職業、性別、年齢、民族が違えば、同じコンテンツ製品であっても費やす時間の長短は一様ではない。たとえば映画だが、消費者が好む映画の長さは1時間以内、1、2時間の長さまたは2、3時間程度とさまざまである。もちろん映画は時間の計量に基づいて消費されるコンテンツでもあるから、4、5時間になることはありえなく、それは消費者の忍耐を超えるであろう。したがって消費者によって消費時間の好みも様々であるから、異なる長さの映画の輸入が必要である。中国の観衆は、いまは3時間におよぶハリウッドの大作を好む傾向にあり、1時間前後のものは喜ばれていない。現代は本を深読みする時代ではないらしく、ネット書籍とかマイクロシネマが登場し、人類の眼球は休む暇もない。しかし、これらは主流にならないだろう。時代が移れば、マイクロシネマが歓迎されることになるかもしれない。その時に、コンテンツ輸入業者はタイムリーに対応することが必要になる。

したがって中国のコンテンツ輸入業者は、人口統計的な特徴が異なる消費者を十分に研究分析し、消費時間の好みとその先行きの動向を見さだめて、さまざまな時間の長さのコンテンツ製品の輸入を確実にこなす必要がある。映画、歌舞演劇、図書等のコンテンツ製品は特に消費時間要素の影響を受けやすく、しかもこれらは国際コンテンツ貿易の主要な対象でもある。それゆえ詳細な分析による振り分けが必要であり、分野ごとに輸入にあたるべきである。

二、空間構成

コンテンツ製品の空間構成には、地理的空間と関係性空間の二つの側面がある。

地理的空間からみると、中国に入ってくるコンテンツ製品の分布状況は次のようになっている。

輸入額からみると、2012年1月の統計資料による我が国のコンテンツ輸出入の主な相手国は、アメリカ、香港地区、ドイツ、日本、イギリスの五つの国と地域である。輸出入額はそれぞれ、3億6700万米ドル、8300万米ドル、6500万米ドル、6000万米ドルそして4900万米ドルの順になり、我が国のコンテンツ貿易総額における比率は、順に31.4％、7.1％、5.6％、5.1％、4.2％となる。上位の五つの貿易相手国の輸出入額の合計は、我が国のコンテンツ製品総額の53.3％を占める。

下図は、2012年1月期、中国のコンテンツ製品主要輸入国をその金額順に並べたものである。

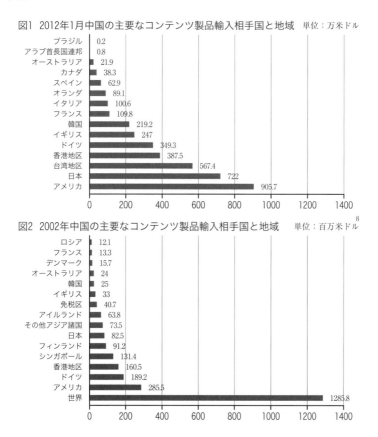

図1 2012年1月中国の主要なコンテンツ製品輸入相手国と地域　単位：万米ドル

図2 2002年中国の主要なコンテンツ製品輸入相手国と地域　単位：百万米ドル

上の二つの図をみると、コンテンツ製品の中国の輸入相手国の地理的分布は、2012年1月と2002年とは基本的に一致している。基本的な構成は、米州大陸、ヨーロッパ、アジア、豪州であり、アフリカ大陸の国はほとんどない。国数では、上位15カ国のうち、欧州の国が最多を占め、2012年では欧州が6カ国40％、ついでアジアの5カ国

33.3％、米州大陸が3カ国20％、豪州大陸はもちろんオーストラリア1カ国、アフリカ大陸でランクインしている国はない。2002年では、欧州が7カ国で半分を占め、アジアでは4つの国と地域、米州大陸は米国のみ、豪州大陸はオーストラリアのみ、その他の国も一定額を占めている。輸入額からみると、欧米国の金額が最大であり、2012年1月その輸入額は1900億9000万米ドルにのぼり、上位15カ国総額3821億7000万米ドルの半分を占めている。アジアの国は1896億9000万米ドルとなり、これも約半分を占める。ようするに、空間構成からみると、中国のコンテンツ製品輸入相手国は主に、欧米とアジアの国々であり、それぞれが約半分を占めている。欧米の国は先進資本主義国家に集中し、アジアで集中している国と地域は、日本、韓国それに台湾と香港の両地区である。

　こうした地理空間の構成は比較的つり合いがとれているが、欧米の国は主に英米といった老舗の資本主義国家であり、東欧や南米の国からのコンテンツ製品の輸入にも配慮するべきである。アジアの輸入相手国は主に日韓と香港台湾の東アジアの国と地域であり、東南アジア、西アジア、中東（例えばインド、タイ、エジプト）等の国もまた、コンテンツ製品輸入の対象国に加えるべきである。アフリカ諸国に至っては、一定のコンテンツ輸入計画を作成するべきであり、中国とアフリカ諸国との文化交流とインタラクティブな活動を強化し、中華文化のアフリカにおける影響力をさらに向上させるべきである。

　図書出版業について具体的に見てみると、輸入の実体が上記の分析の証拠にもなる。2009年、中国大陸への図書版権の輸入量の上位10か国と地域は、アメリカ、イギリス、台湾地区、日本、韓国、ドイツ、フランス、シンガポール、香港地区、そしてカナダと続く（図3）。2008年では、これら上位の国と地域はそのままだが順位に変動がみられた。2008年、版権輸入量最大のところは台湾地区であり、アメリカ、イギリスがその後に続いていた。

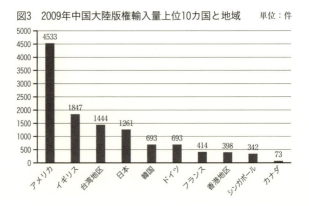

図3　2009年中国大陸版権輸入量上位10カ国と地域　　単位：件

空間関係からみると、すべて中国と外交関係があるか、政治、経済、文化、社会のうちどれか一つ中国と関係する国または地区であり、理論上、当然コンテンツ貿易関係つまり中国とコンテンツ製品の輸出入が交わされているはずの国と地区である。このように、公平で開かれた文化交流の立場を堅持さえすれば、中華の文化が世界において、真に独立した代えがたい地位を確保でき、正義と公平の代弁者たり得、軽視され得ぬ発言権を持つことができる。そして人類文明の発展と進歩のために然るべき貢献ができる。

三、時空コンテンツ製品の止揚

コンテンツ製品は、時間性と空間性のゆえに煩雑多様であるから、中国が国際コンテンツ製品を輸入するに際して、バランス配慮をおろそかにせず時機に見合ったコンテンツ止揚の措置をしっかりと行うべきである。

いわゆる均衡施策とは、コンテンツ製品の空間構成を合理的に配分することを指す。先進性の原則に照らして、先進国とりわけ西側の発展した資本主義国家の先進文化を大いに引き入れるべきである。これらの文化は、人類の最先端の思潮と科学技術を蔵している。それゆえ、中国の政治、経済、文化、社会、エコロジーの進歩にとって巨大な推進作用が期待できる。取り入れることに一毫の躊躇もすべきではない。同時に、我々は均衡と公平の原則に照らして、中国の政治、経済、文化、社会の交流に関係する全ての国からのコンテンツ輸入を推進するべきである。文化に優劣は存在しないという理念に従って、五大洲の各国のコンテンツ製品の質量の適正化を図り、科学的な国内取り入れを行うべきである。こうすることで、中国人民にこれらの輸出国の文化を理解するようにしむけるだけに限らない。さらに重要なことは、中国が文化的にも平等な交流を確実に果たしている大国としてのイメージを樹立し、中国が頭を擡げ世界に覇を唱えるという各国の誤解を氷解させ、中国文化を深く理解してもらい、林立する世界の各民族のなかで中国のあるべき地位を獲得し、確立することである。そのために、中国と関係する空間に属する国と地域のコンテンツ製品の調査、研究、分析を進め、適切なコンテンツ製品の中国国内取り込みをしなければならない。

いわゆる適時施策とは、適正な時間軸に基づいてコンテンツ製品を合理的に配分することである。国際コンテンツ製品の振り分けを、人類史レベル、製品の時効性レベル、消費タイムスパンレベルで科学的におこない、且つ中国のメディア受け手の調査研究を科学的におこない、それらの基礎の上に立って、さまざまな時間特性を持つコンテンツ製品をタイムリーに取り入れる必要がある。人類史の側面からみれば、近・現代の大衆コンテンツ製品だけに限らず、古典時代、中世期、西洋文明勃興期、西洋文明隆盛期の世界の古典文学作品——たとえばルネサンス期の哲学・文学作品、古代

エジプト・古代インドの古典的文芸・宗教作品――を取り入れなければならない。製品の時効性の側面からみれば、国際コンテンツ製品を即時性、一般性、恒久性によって区分けし、中国の消費者の時間の好みにあわせた売れ筋製品を取り入れることである。消費のタイムスパンからみれば、国内消費者の時間弾力性を具体的に把握し、各国の消費者がコンテンツ製品に費やす時間の忍耐度を明らかにすることで、さまざまなタイムスパンに適応するコンテンツ製品を効果的に輸入するべきである。

第二節　民族観と文化の止揚

　本節で言及する民族コンテンツ製品とは、価値観と思考方式の観点から精査したコンテンツ製品である。言い換えれば、コンテンツ製品は民族の核となる価値観と思想意識形態を代表しており、これが民族国家の正統性ある存在の前提であって、この意味で、コンテンツ製品を国内に引き入れる者は、民族コンテンツ製品に対して弁証法的態度で臨むことが必要とされる。つまり、対象となる民族文化がその民族国家の正統性にとって必要かつ欠くことのできないものであり、民族の団結を維持しその団結力と独創性に精神作用を発揮するものであることを認識しなければならない。また、自国にとって対象となる民族コンテンツ製品は、必ずしも理に合致しているわけでも存在価値があるわけでもなく、ひいては自国の文化価値観と思想意識形態の維持に破壊的な働きをしかねないことを、我々は明確に知るべきである。それゆえ、対象となる民族コンテンツ製品を慎重に扱い、科学的分析を為し、その精粋は肯定し、その糟粕を知り、精粋は吸収し、糟粕は除去廃棄しなければならない。しかし、実際のコンテンツ輸入に際し、その精粋だけを輸入しその糟粕を拒絶することは不可能である。現実は、往々にして一つのコンテンツ製品のなかに精粋と糟粕が併存混在し、明確に分け難いのが実情である。このことからも、輸入に当たる者には優れたな知恵とチェック能力が求められる。一つは、精粋な要素が優位を占めるコンテンツ製品をできる限り輸入すること。二つは、精粋と糟粕を分離し難い状況では、国内の消費者に向けて国際コンテンツ鑑賞に関する素養教育をある程度施し、消費者自らが主導的に精粋と糟粕を判別できるようにするべきである。かくして、世界各国の民族コンテンツ製品に対するとき、廃棄、留保、発揚と向上を使いわけることができ、優良な要素を吸収し我々の文化との融合を実践するなら、より先進的な中華文化の創出、国家の文化ソフトパワーの増強が可能であり、中華民族文化の国際的影響力を高めることができる。

一、民族の精粋と糟粕

　第一に、何が民族の精粋であり、何が民族の糟粕なのか定める必要がある。いわゆる民族の精粋とは、民族の団結力を維持し、その斬新性を励起する特定の価値観と思想意識形態を反映しているその民族文化の要素である。民族の糟粕とは、封建を宣伝し、覇権を迷信し、個性の創造性を圧迫し、ヒューマニズム、民主、科学精神を無視するその民族文化の要素である。世界各国の民族文化の中には、個性を尊重し、ヒューマニズムを大事にし、科学的民主を唱える文化もあれば、当然違う様式をとり文化のうちに糟粕を抱えているものもある。たとえば、中華文化の中の封建社会的な忠君、三従四徳、封建的な迷信等の文化要素は、社会の発展に影響する糟粕である。西洋文化にも極端な個人主義、拝金主義の文化要素があり、それは世界文明の進歩にとって障害となっており、またイスラム文化の過激な原理主義がテロの源泉になっている。全世界が、これらの文化の糟粕に対する認識を共有し、断固として排除することが求められる。

　ついで、我々は民族の精粋と民族の糟粕の表現形式を識別する必要がある。中国における民族の精粋の表現形式について、優れた伝統文化、主流の意識形態、先進文化の三つの側面から解析を進める。優れた伝統文化とは、中国の場合、中華五千年の歴史のなかで中国の人民が自然と社会に働きかけ形成してきた民族文化の精粋である。たとえば四大発明のような普遍的な科学文化、諸子百家——とりわけ儒家の仁愛、謙虚、平和主義——の卓越した文化、歴代の文人墨客が生活と社会に関わった優れた文学作品（李白、白居易、四大古典小説など）、そして民間の文化、たとえば一般民衆の生活のなかに流伝してきた風俗・習慣などを記した各種の民間文学等である。世界の文化に目を移せば、優秀な伝統文化、科学技術文化等がある。西洋文化では、その民族の精粋は科学と民主のヒューマニズム精神であり、豊かな科学技術の発明がある。当然、西洋の歴史上には哲人、巨匠の作品がある。たとえばプラトン、アリストテレス、カント、シェークスピア、ベートーベン、ゴッホ、マックス・ヴェーバー等の業績や著作などであり、科学者たちの理論書、発明もまた民族文化の精粋であり、吸収して利用すべきものである。このように見てくると、西洋の民族文化には精粋と糟粕が混在している。その糟粕は非常に判りにくく姿をみせないまま、しばしば娯楽の形を借りて、ヒューマニズム、民主、科学の旗を掲げながら、大ぴらに世界の国々に滲入してくる。特に、発展途上にある国では、これらの“ユニバーサル”な文化に惑わされ、その文化の精華をを享受すると同時に、知らないうちその糟粕の虜になってしまっている。本来の民族文化価値観と思想意識形態にとって大きな脅威である。我々はハリウッド映画、ディズニー文化、マクドナルド文化を楽しみながらも、アメリカ文化の個人主義、拝金主義の影響を受けている。失意の人をムチ打ち、得意の人にす

り寄る。人心は昔のような純朴さを失くし、誰もがどこか変だと感じる社会になってきている。老人が倒れても誰も助けようとせず、小悦悦（悦ちゃん）事件のような事があちこちで発生している。まさしく西洋文化の糟粕が中国の優秀な伝統文化を侵した結果である。

　世界各国文化でその精粋と糟粕が混在する表現形態は娯楽を主体とする大衆的なコンテンツ製品に多い。新聞、定期刊行物、映画・テレビ、アニメゲーム、広告、流行音楽、ベストセラー本、コンテンツゲーム、ネット等の形態をとる。その対称として、高尚な芸術がある。オペラ、古典作家の作品、視覚的な芸術——たとえば絵画、クラシック音楽等、これらは民族文化の精華の表現に重きが置かれている。

　最後に、我々は民族の精粋と糟粕が及ぼす働きとその影響を整理する必要がある。コンテンツ製品の輸入国の場合、取り入れたコンテンツ製品の優劣が直接民族文化の価値観と思想意識形態、国家の団結力と創造力に影響を与える。時には、社会の不安定化、政権交代といった甚だしい影響を与える。東欧の激変、ソビエト崩壊によって、軍隊大砲に比べてはるかに隠密性の高い武器は文化であると、西側の国は認識を新たにした。ハードパワーの戦いがソフトパワーの戦いに替わったのである。経済・文化のグローバル化の潮流によって、民族国家が国際交流の外側に孤立して存在しえなくなった。国際文化交流によって民族国家の経済・社会の発展を促進し、自国民に多大な福利をもたらしていることは確かな事実である。しかし、文化とは、畢竟民族国家の正統性ある存在の前提であり、仮にある国の民族文化が西洋文化に完全に取って代わられたなら、民族国家は存在の正統性を失ってしまう。さらに大事なことがある。西側の経済先進国家はおよそ自国の政治制度と異なる国家に対する敵意を持っている。一部の政治家は、他国を制御下に置くことで多大な利益を強奪しようと常に望んでおり、民族国家間に不公平と非正義を形作ろうとしている。そうであるからして故意か無意識か判然としないが、彼らは自らが正しいと見做すユニバーサル文化を種々の形式をとったコンテンツ製品のなかに混入させている。そうすることで平和的な転覆、戦わずして兵を屈服させる効果を達成し、最終的には各国人民の思想をコントロールし、みずからが敷設した道路に沿って歩かせようとする。その状況下にあれば、巨大な利益を獲得できるし、それは非正義である。このように考えてくると、コンテンツ製品輸入国は各国文化の精粋による促進作用と糟粕の破壊性を深く認識するべきである。国際コンテンツ製品を取り入れるにあたって、慎重な態度、科学的な方法、大所高所からの知恵、寛大な心、自信ある態度をもって臨み、文化の精粋の促進作用を有効に利用し、さらに高め、文化の糟粕の破壊作用を排除、解体しなければならない。

二、民族コンテンツ製品の止揚

　民族文化の精粋を有効に利用し、民族文化の糟粕を有効に解体するには、毛沢東が言う「精華を吸収し、その糟粕を除去する」文化の止揚の原則に拠らなければならない。これを実行するために、まず着手しなければならないことが三つある。

　第一に、市場主体の立場なら、社会公益と経済効果の両方に配慮し、民族発展に責任を持って臨む企業家となることが求められる。民族コンテンツ製品を輸入しその止揚の過程で、価値観と思想意識形態の一致と衝突の課題に突き当たる。それはあらゆる国家の民族価値観と主流を為す意識形態の形成と伝承の問題である。対外コンテンツ貿易において、利潤の最大化追求を目指す市場主体としては、経済利益を優先する思いが必ず勝るが、過度に非難されるものではない。巨大な市場価値を持つ国際コンテンツ製品であれば、市場主体は積極的に取り込み、投資リスクを避けながら利益の最大化を求めるのは当然である。しかし、民族の価値観とその主流となる思想・意識形態の維持はすべての中国人が尽くすべき責務と義務である。中華の大家族の一員として、また市場主体としてコンテンツ貿易に具体的に関与するその過程で、このような責任感を持ち義務を担うべきであり、社会公益の保持もまた国際コンテンツ製品輸入の大事な目的である。国際コンテンツ貿易において、政府が為すことは管理監督の履行と職責の全うだけであり、コンテンツ製品に対して具体的にチェック機能を果たすのは、実は法人である市場主体であり、社会主義市場経済体制を採る中国のコンテンツ企業であって、必然的に市場のルールに照らして運用されなければならない。したがって、中国市場に入ってくるコンテンツ製品が最初に通過するチェックポイントは市場主体であり、きわめて重要な働きをするべきところである。中華民族の価値観、主となる意識形態に与える国際コンテンツ製品の影響度合いを最大限に減少するために、市場主体は民族に対する高い責任意識を持つべきであり、国際コンテンツ製品の経済利益に注力しつつ、同時に社会公益保持とのバランスを考慮するべきである。そのうえで、中華民族文化の独創的な発展に対して大きな推進力を擁する製品を輸入し、責任を持って、民族の大義を担う真の文化企業家に成らなければならない。

　第二に、消費者としては、"古いものを今に役立て、外国のものを中国に役立てる"考えを持ち、民族の栄誉と恥辱を共有する主人公に成らなければならない。国際コンテンツ製品が消費者の手にわたる時には、すでに精神的製品としての受容プロセスを経てきている。消費者が自ら体験し消費し終わった後、獲得するものは精神的な収益である。精神的コンテンツ製品の消費過程は、消費者に精神的な快楽をもたらし得るだけではなく、消費者の既に有している価値観、思想意識形態を深めもすれば、改変もし、あるいは破壊することもある。もしも、あるコンテンツ製品に所与されている文化価値観と思想意識形態と消費者がすでに擁しているそれらとが相似もしくは相呼

応するとしたら、消費者の価値観と意識形態が強化されるか、もしくはそこに深みが加えられるであろう。あるいはそのような事態とは相反しているか、甚だしい乖離があるなら、消費者が既に有している価値観、意識形態との衝突、あるいはさらなる乖離、破壊、改変が起こるだろう。したがって、消費者は国際コンテンツ製品に対する一定の鑑賞力を具える必要がある。"古いものを今に役立て、外国のものを中国に役立てる"という立場を意識するべきである。つまり、中華民族文化の主人公である姿勢・態度をもって国際民族コンテンツ製品を処するべきである。それを棄て去るのか、留保するのか、発揚するのか、向上を促すのか、主人公が決めるのである。そして、その有益な文化要素を吸収し、集め、自己の文化と融合させ、中華民族文化の独創的で新しい発展のためにあるべき貢献を為すのである。

第三に、政府の管理監督者は、民俗振興の使命を担いそれを主導するものとして、民族の精粋と糟粕を鑑別する科学的で有効なシステムを制定する必要がある。国際コンテンツ製品は、汎用的な科学技術コンテンツ製品あるいは純粋な娯楽コンテンツ製品などその本質と特徴に違いがあり、その内包する価値観と思想意識形態が消費者個人と民族国家に及ぼす作用は様々である。同じコンテンツ製品であっても、消費者個人にとってプラスの精神福利となり、民族国家にはマイナスの精神福利となるかもしれない。たとえば、アメリカ式のストーリー仕立てとハイテク技術を駆使したハリウッド映画は、消費者にプラスの精神福利を的確に届けるが、映画のなかに隠れているアメリカの価値観や思想意識形態が気付かないうちに、消費者の価値化観、意識形態を感化するかもしれない。これは、一個の民族国家にとって大きな脅威であり、マイナスの精神福利である。したがって、管理監督者である政府部門はコンテンツ製品輸入プロセスにおいて主導的役割をするべきである。それでこそ、消費者個人と民族国家に確実な保証を為し得るし、プラスの精神福利を最大限とどけることができる。基本となる方法は第一に、政府管理監督者は、国が関与する価値観と思想意識形態の文化構成を明確にするべきである。一般的に、中華民族文化には優秀な伝統文化、統治階級の主流文化と現代の先進文化がある。この三つの文化体系は、具体的な多様な文化形式、要素からなっているが、共通する特徴がひとつある。それは、人民の民族価値観と思想意識形態を伝承し形づくり、統治階級の地位を維持することである。次に、コンテンツ製品輸入の過程で、政府部門が詳細なコンテンツ製品導入指導規則を制定するべきである。それに基づき、汎用的な科学技術コンテンツと純粋な娯楽性コンテンツ、それぞれの価値観と意識形態の区分けを施し、具体的なコンテンツ製品のマクロとミドルの類別体系を市場主体に示すべきである。最後に、政府部門は民族コンテンツ製品の社会公益評価指標を体系化するべきである。経済的利益と社会公益の両方の評価指標を構築すること、そして社会公益に関してはさらに重点的に解析し細分化するべきである。国際公益、輸出国の利益、輸入国の公益の三部門・二段階に分ける

第五章　文化の止揚と製品輸入　　241

ことができる。輸入国の指標をさらに細分して、消費者個人の公益と民族国家の公益を三段階に分け、その三段階の指標の中でさらに、消費者に対する正と負の福利、民族国家に対する正と負の福利と四段階の指標に分けることができる。このようにして各自が評価基準に基づいて、輸入国の社会公益の正と負、その大小を総合評価し、輸入するかどうか決定する。

【参考】"人間本位"——古今東西文化の融合

"人間本位（以人為本）"は科学的発展観の核心であり、マルクス主義と現代中国が建設を進める社会主義実践とが結合して生まれた。その源流をはるかにたどれば、古今東西文化の精華が融合したものである。それは、中国古代の民本思想の優秀な遺産を引き継ぎ、西洋のヒューマニズムを批判的に吸収した積極的な成果であり、中国の特色ある社会主義建設の現代におけるマルクス主義唯物史観の重要な新機軸と発展の表れである。

"民を貴しとなす（民為貴）"は中国古代の民本思想である。1999年、江沢民同士が英国ケンブリッジ大学でおこなった講演で指摘している。「中華民族は有史以来一貫して人間の尊厳と価値を尊重してきた。はるか古代においても私たちの先人が"民を貴しとなす"の思想を唱えている。その考えは"天生万物，唯人為貴（天は万物を創造したが、人間が最も貴い）"ということである。社会の一切の発展と進歩は、人類の発展と進歩の如何に拠り、人間の尊厳の維持と価値の発揮の如何に拠っている」。このくだりは中国古代の民本思想の精粋を詳述し、同時に人本思想が思想のはるかな淵源であることを表している。毛沢東が述べている。「いわゆる中国数千年の文化は、封建時代の文化であるが、しかしすべてが封建主義的であったわけではない。人民のもの、反封建的なものがあった。封建主義的なものと反封建主義的なものとを区別しなければならない」。中国古代の民本思想は紛れもなく我が国の伝統文化の精華であり、中華文明が世界文明に向けてなしとげた重大な貢献、貴重な宝である。

人間の価値に対する肯定と人間の権利の追求は、西洋のヒューマニズム（人文主義）思想である。古代ギリシャのソフィストの一人であるプロタゴラスがひとつの哲学命題を残しており、それは西洋の人本思想の先駆けである。「万物の尺度は人間である。存在するものが存在の尺度であり、存在しないものが存在しない者の尺度である」という言葉が残っている。これは西洋の先哲が当時すでに、人間の世界における位置と価値に関心を寄せていたことを表し、人間を尺度に周囲の世界を認識する態度を示している。古代ギリシャの多くの先哲が、世界中の難題のなかで、自己を認識することほど難しいものはないと考えていた。総じてみれば、中国古代の民本思想の

"民"は平民、人民、庶民のことであり、"君"つまり統治者に相対する言葉として用いられていたとすると、西洋の人本主義理論のなかの"人"はすなわち社会の実践から遊離している純粋、抽象的な"自然人"の謂いである。また、中国古代の民本思想が統治階級による民を用いるの道、民を御する術をであるとしたら、西洋の人本主義理論はすなわち人間の個性の開放、人権の追求を体現している。

人類の自由と全面的な発展のあらわれは、マルクス主義の人本思想である。マルクス主義の人本思想が世に問うたのは、人間学の研究と理論的発展における根本的な変革であった。それは、弁証法的唯物主義世界観を根本的な方法論、唯物主義史観を理論的基礎として、人間の本質、価値、解放を全面的に解釈し、実質的に人類の自由と全面的発展を推進した。マルクスとエンゲルスの人本理論は、ブルジョア階級の人本主義思想と空想的社会主義の人本思想の合理的な部分を批判的に継承し、当時の西洋国家の発展の現実に透徹した解析を加え、唯物史観を礎として形成され、発展させたものである。唯物史観では、社会発展の歴史は、第一に物質資料による生産発展の歴史であり、人民大衆が物質生産の主体であり、それゆえ人民大衆が社会歴史の真正な創造者であり、人民大衆の歴史創造における決定的な作用が人類社会発展の各段階で体現せられていると考える。

科学的発展観の核心は、中国の特色あるマルクス主義人本思想である。人間本位（以人為本）が科学的発展観の核心である。"以人為本"の"人"は、抽象的な"ある人"でもなく、また一部の人あるいは少数の社会的エリートでもない。それは広範な人民大衆のことである。現代の中国では、工場労働者、農民、知識分子等の労働者を主体とする社会各階層に存在する広範な人民大衆のことである。"以人為本"の"本"は、基礎、心棒を表し、すべての活動を考慮するときの出発点であり帰着点である。

文化思想の領域で、文化が奉仕する対象、発展する方向、発展の資源もまた同様に人間本位に基づき、人民が拠り所となる。文化は民族の魂であり、国家統一と民族の団結を保持する精神的紐帯である。人民は国家の主人であり、社会財産の生産者である。したがって、社会主義の先進的な文化思想を建設し発展させるには、広範な人民大衆の文化需要を十分に満たさなければならない。民心、民意、民情は文化思想の中心となる軸である。当面は、とりわけ社会主義の核心的価値体系を人心に深く刻み込む必要がある。人民の基本的文化権益を保障し、民意を暢ばし全民族の想像力の発奮を促すべきである。いかなる時、いかなる状況においても人民を思い、民情を観察し、拝金主義、享楽主義、極端な個人主義等の消極的腐敗思想の侵蝕を主体的に排斥し、"常に為政の徳を修め、常に貪欲の弊害に思いを致し、常に己を律する心を懐き"、優良なる品行をもって人民の幸福を創造するように、各レベルの指導幹部を教育するべきである。

第三節、形質観と文化の止揚

　形質は、それを一個の単語として普通は理解している。字典では、肉体、外形、外観、才能、気質、形と構造、形式などの記述がある。中国の書画芸術では、“形質”と“意像”が対応している。形質は、書画芸術においては材質、色彩、表現方法など一定の組み合わせ形式を通して、人が対象に向き合い表現する形態の特徴である。意像は実像と対応している言葉であって、芸術家が現実を客観描写した姿・形の再現ではなく、それは意の中の像である。芸術家の感覚、想像と表現意図から出現したイメージである。当然、建築、文学等の芸術の創作過程でも、形質と意の問題がある。中国の太極にも形質と神意という言い方がある。すなわち、“形に即して意を取り、意をもって形を象る”。太極拳は、“形は意に随い転じ、意は形より生ずる”ことを重視する。“形神合一、内外合一”は太極拳の精髄である。形態を完全に整え、意気神が充足している者こそ、心身健康、完璧の人と言えると考えている。

　西洋には形質学派がある。この学派の起源は1890年～1900年、フランツ・ブレンターノの弟子であったChristian von Ehrenfelsとアレクシウス・マイノングによって提唱された。彼等はフランツ・ブレンターノの思想を受け継ぎ、ブレンターノの意識の志向性を具体的に運用し“形（form）”、“形質（form-quality）”の概念に至った。形、形質の形成は感覚が複合されたものではなく、エルンスト・マッハの説く形式とも違い、一種独立した存在であって、意識の志向によって形、形質があらわれる。形質学派の最初の意図は、要素主義に対する反駁にあった。彼等は新しい要素を発見したと自ら言い、形質に注目し複合態を研究した。後に複合態の分析から意識の志向性における傾向を探究していった。形質学派はマッハの感覚理論を発展させた一方で、ゲシュタルト心理学派に完全なる形質の概念と理論的根拠を提供した。知覚理論上、形質学派は要素に向けられた注目からゲシュタルト心理学へとつながる橋渡しとなった。

　以上の形質に関する解釈と分析を通して、ある理論を単純に、コンテンツ製品の分析に用いようするのではない。コンテンツ貿易の実践と結合させるために、それらのエッセンスを全体として吸収して、国際コンテンツ製品を取り入れる際に、その形質の評価のあり方を適切に応用するのである。書画芸術、太極拳あるいは西洋の形質学派であろうと、それらは事物の形式と内包の完全な結合に注目している。中国の芸術理論分野では、形質によって喚起される事柄が外形、形態に偏り、形質が指すものは人がそこから看取可能な外在的なイメージである。西洋の形質学派は、外形の形成は意識の志向性に依存していると考える。つまり、事物の内包が人の知覚を刺激し、内包される意識の志向の動きのもとで事物の形質が呈現される。英語の単語form-qualityとは、形式と資質の複合態の謂いであり、形式と資質の交錯した結合の必要性とそれ

244

による消費者の知覚の刺激の必要性を説明している。コンテンツ製品に引き寄せて言えば、美しい形態と優れた資質がそなわった完全な結合体であれば、我々が取り入れる価値があり、自国の消費者が消費する価値があり、自国文化の斬新な発展のために有効かつ積極的な作用を発揮しうる。

実際、形質という単語には外形の意味があり、そして資質もそなわっていることを指している。我々は、ある短い成語を当てはめても良い。それは、文質彬彬という成語であって、文のあやとその質がともに素晴らしいことである。コンテンツ貿易の実際にあてはめると、"形質彬彬" たる国際コンテンツ製品を輸入するべきである。研究上の方便のため、"製品の類型" と "製品の資質" の二つの側面から我々は国際コンテンツ製品の特徴の分類と分析を進め、中国のコンテンツ貿易関係者に系統的かつトータルな国際コンテンツ製品の構造を提示する。

一、製品類型

両分法に照らせば、コンテンツ製品は有形と無形の二種類にわけられる。前者はコンテンツ製品の実体、後者は版権を指す。コンテンツ製品の実体には、製品輸出国で生産された新聞、定期刊行物、図書、オーディオヴィジュアル、ラジオ、映画、テレビ、広告、アニメ、ゲーム、演芸、歌舞、ヴィジュアル芸術（工芸品、書画等）、ネット、スマホ等のメディアなどがある。版権とは著作権であり、文学、芸術、科学作品の作者とその製品が共有する権利（財産権、人身権を含む）などがある。版権は知的財産権の一類型で、それは自然科学、社会科学ならびに文学、音楽、戯曲、絵画、彫塑、映画撮影等を含む撮影作品などの版権で構成される。コンテンツ貿易の対象となるのは、実際は版権であり、売り方、買い方双方の交易の対象もまた版権である。まさに版権保護のおかげで、創作者の権利が保障され、斬新な文化が途切れずに生産ができるのである。

国際コンテンツ貿易では、すでに図書、映画、オーディオヴィジュアル製品、絵画、工芸品等の実物貿易がすでに行なわれており、また図書博覧会、映画祭、コンテンツ旅行などが開かれ、往来が盛んである。これに類する版権貿易も為されている。版権貿易の結果、購入者は自国でのコピー生産者としての権利と自国での生産の権利を手にする。たとえば、《フラット化する世界》一冊の版権を買うだけで、中国で印刷、生産し、発行が可能となる。同様に、映画の版権を購入できれば、これもまた国内で再プリントできる。今はデジタルとネットの時代である。あらゆるメディアで生産されたものは、さまざまなメディア形態の内容に変換され、同時にさまざまなメディアを行きかい消費される。メディアの媒体としての境界が消失している。これが版権貿易にとってさらに有利な条件となっている。目下の国際コンテンツ貿易では、版権

貿易がしだいに主流となり、将来コンテンツ貿易の絶大な主体形式になるであろう。

具体的な形態からみてみると、国際コンテンツ製品の類型は、類型の中心を為すコンテンツ製品、その外郭を為すコンテンツ製品そして関連コンテンツ製品の三つに区分できる。我が国のコンテンツ産業分類によれば、中心的なコンテンツ製品は新聞業務、出版発行と版権業務、ラジオ、テレビ、映画などの業務、コンテンツ芸術業務などである。具体的には、新聞、図書定期刊行、オーディオヴィジュアル製品、電子出版物、ラジオ、テレビ、文芸公演、文化公演場、文物と文化保護、博物館、図書館、資料館、大衆向け文化サービス、文化研究、文化社会団体、その他の文化などである。外郭コンテンツ製品は主に、ネットコンテンツ業、コンテンツレジャー娯楽業、その他のサービスなどであり、具体的には、ネット、旅行社サービス、景勝地遊覧文化サービス、室内娯楽、遊園地、レジャーフィットネス、ネットバー、文化仲介サービス、コンテンツ製品レンタル・オークション、広告、展覧会などである。関連コンテンツ製品は、コンテンツ用品、設備などの生産とその販売であり、具体的には文具、照明器材、楽器、玩具、ゲーム機器、紙類、フィルム、ビデオテープ、CD、印刷設備、ラジオ・テレビ器材、映画設備、家庭用オーディオ器材、工芸品などの生産と販売である。

中国のコンテンツ貿易では現在、世界各国の優秀な代表的コンテンツ製品と外郭製品の輸入に重点を置いている。これらの製品は、文化価値観と思想意識形態に対して重要な働きをしており、国としての団結力の形成に影響し、国のソフトパワーの強弱を決定し、そして国の文化的創造力と影響力にとって巨大な促進作用もしくは破壊作用がある。

中国商務部の統計によれば、2012年1月の我が国の中心的なコンテンツ製品の輸出入総額は、11億7000万米ドル、対前年同月比19.3％減である。そのうち中心的なコンテンツ製品輸出額が11億500万米ドル、対前年同月比19.5％減。輸入額が6500万米ドル、同比17.7％減である。貿易黒字は、10億4000万米ドルとなっている。2011年12月の中心的なコンテンツ製品輸出入総額は16億9000万米ドルであったが、対前年同月比でやや減少している。そのうち中心的なコンテンツ製品輸出額が15億6000万米ドル、対前年2.9％減。輸入額が1億3000万米ドル、対前年比27.4％増であり、貿易黒字額は14億4000万米ドルとなっている。税関の統計によると、2011年1月から10月、中心的なコンテンツ製品輸出額は148億5000万米ドル、対前年同期比24.1％増。輸入額は11億2000万米ドル、対前年同期比26.2％増。達成した貿易黒字額は137億3000万米ドルである。別の統計資料によれば、2010年中心的なコンテンツ製品輸出入総額は143億9000万米ドル、年間増加率15.1％。そのうち輸出が116億7000万米ドル、同比12％増。輸入が27億2000万米ドル、同比30.6％増である。コンテンツサービス輸出入総額は54億2000万米ドル、同比16.7％増。そのうち輸出額が30億

1000万米ドル、24.8％増で、中心的なコンテンツ製品増加率に比して2倍である。輸入は24億1000万米ドル、8％増[11]。中心的なコンテンツ製品とコンテンツサービスはともに黒字を実現している。

2010年、全国の図書、新聞、定期刊行物輸入種別は、延べ87万9714種類、2881万8700冊（部）、2億6008万5800米ドルである。そのうち図書の輸入が9402万100米ドル、定期刊行物の輸入が1億3828万9600米ドル、新聞輸入2777万6100米ドル。2010年、オーディオヴィジュアル電子出版物の輸入種別は、延べ2万5267種類、62億9542万部、1億1382万7000米ドル。そのうちオーディオヴィジュアル製品輸入額が230万4600米ドル、電子出版物輸入が1億1152万2400米ドル。2010年輸入版権の総数は1万6602件、そのうち図書1万3724件、オーディオヴィジュアル製品795件、電子出版物49件、ソフト304件、映画284件、テレビ番組1446件である[12]。

2009年、中国大陸図書輸入延べ種類は75万5849、533万5300冊（部）、総額は8316万6500米ドル。2009年中国大陸各類図書輸入状況からみると、自然科学技術類図書の延べ種類、輸入額が最も多く、また単種としてもその輸入額が最高であり、単種当たり単位価格が30.49米ドルとなっている。総数量および単種図書輸入冊数が最も多いのは文化・教育類図書である[13]。

表1　2009年中国大陸各類図書輸入状況

類別	延べ種類	延べ種類の比率 （％）	数量 （万冊、部）	数量比率 （％）	単種図書輸入冊数	金額 （万米ドル）	金額比率 （％）	単種図書貿易価格 （米ドル）
哲学・社会科学	193,885	25.65	87.32	16.37	4.50	1856.34	22.32	21.26
文化・教育	99,250	13.13	144.08	27.01	14.52	1060.60	12.75	7.36
文学・芸術	95,886	12.69	89.09	16.70	9.29	1033.85	12.43	11.60
自然科学・技術	246,680	32.64	106.03	19.87	4.30	3232.88	38.87	30.49
少年少女・児童読物	41,617	5.51	38.45	7.21	9.24	428.92	5.16	11.16
総合類図書	78,531	10.39	68.56	12.85	8.73	704.05	8.47	10.27
合計	755,849	100	533.53	100	—	8326.65	100	—

図4 2009年中国大陸各類輸入図書延べ種類比例図

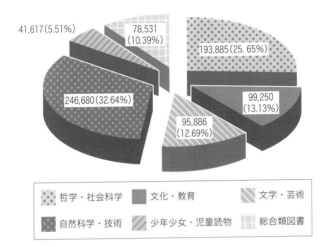

2009年中国大陸輸入図書版権1万2914件。そのうち、文学類図書の版権輸入が首位を占め、1018件になっている。それに次いで、工業技術類、文化・科学・教育・体育類、経済類、芸術類、社会科学総論類、言語・文字類となる。

表2 2008〜2009年中国大陸図書版権輸入類別 1位〜7位

順位	2008年 類別	種類数
1	工業技術	1160
2	文化・科学・教育・体育	1120
3	文学	1100
4	経済	1035
5	芸術	792
6	言語・文字	500
7	社会科学総論	425

順位	2009年 類別	種類数
1	文学	1018
2	工業技術	927
3	文化・科学・教育・体育	855
4	経済	646
5	芸術	444
6	社会科学総論	295
7	言語・文字	279

表3 2009年輸入図書売り上げ上位30図書名

順位	輸入図書名	図書類別	輸入図書出版単位	輸入相手国と地域	売上額（万元）
1	しましましまのとらじろうシリーズ（36種）	G	中国福利会出版社	日本	3186.72
2	剣橋（ケンブリッジ）国際児童英語系列（Playway to English）（14種）	G	外語教学与研究出版	イギリス	1476.91
3	第一次発見系列（42種）	Z	接力出版社	フランス	1209.09
4	幼児園早期閲読課程系列（24種）	G	南京師範大学出版社	台湾地区	595.03
5	剣橋少児英語軽松奪満盾系列（6種）	G	外語教学与研究出版	イギリス	495.65
6	神之雫（水）	T	陝西師範大学出版社	日本	441.2
7	全脳開発500題	G	北京科学技術出版社	イギリス	403.59
8	点撃職業英語系列（22種）	H	大連理工大学出版社	シンガポール	359.24
9	従小愛科学 有趣的物理(13冊)	J	湖南少年児童出版社	韓国	312
10	朗読者	I	譯林出版社	ドイツ	308.07
11	中国大趨勢	D	中華工商聯合出版社	アメリカ	244.19
12	男人必学魔術——30個魔術，譲妳宅男変形男	J	人民郵電出版社	台湾地区	235.04
13	玫琳凱（MARY KAY）談人的管理（第二版）	F	中信出版社	アメリカ	222.08
14	左右脳開発（最新バージョン版）	G	北京科学技術出版社	韓国	205.2
15	論勢——曹仁超創富啓示録	C	中国人民大学出版社	香港地区	180.12
16	我満第一套必読科学故事書（10冊）	G	湖南少年児童出版社	韓国	158
17	財政分権与硬予算約束的挑戦	F	中国財政経済出版社	イギリス	154.87
18	麦兜響当当（McDull, Kung Fu Kindergarten）	I	接力出版社	香港地区	146.18
19	証券分析.6e上下冊	C	中国人民大学出版社	シンガポール	143.06
20	論戦——曹仁超創富戦国策	C	中国人民大学出版社	香港地区	131.1
21	躱進世界的角落	I	人民文学出版社	台湾地区	129.96
22	混沌時代的管理和営銷	F	華夏出版社	アメリカ	123.93
23	常識之敗：雷曼（リーマンショック）背後的金権角逐	F	譯林出版社	アメリカ	115.38
24	超級大脳100分	Z	汕頭大学出版社	韓国	114.43
25	従小愛科学 神奇化学(7冊)	J	湖南少年児童出版社	韓国	112
26	会流涙的髑髏	I	浙江少年児童出版社	ドイツ	107.12
27	天使と悪魔	I	人民文学出版社	アメリカ	101.05
28	1cm	I	吉林文史出版社	韓国	87.65
29	来自亡者的信件	I	浙江少年児童出版社	ドイツ	84.97
30	ダ・ヴィンチ・コード	I	人民文学出版社	アメリカ	84.65

第五章　文化の止揚と製品輸入　　249

　2007年、我が国の主要コンテンツ製品輸入状況：実物製品の分野では、図書、新聞、定期刊行物の輸入金額は2億1105万4400米ドル、オーディオヴィジュアル製品のうちの電子出版物輸入金額4340万2600米ドル。版権貿易では、総輸入種類数が1万1101種類、そのうち図書が1万2055種類、録音製品270種類、録画製品106種類、電子出版物130種類、ソフトウェア337種類、映画1種類、その他2種類である。

　2007年から2012年までの主要なコンテンツ製品の輸入状況は全体的みると、新聞出版、図書、定期刊行物、電子出版物、ラジオ・テレビ・映画等類型が多様化しており、数量、金額、版権数もまた一貫して増加している。しかし、あきらかな問題もある。一つは輸入総量が少ない。二つめは、図書、定期刊行物、映画に限ると、主となっているのは図書であり、そこには実物図書と版権の輸入が含まれる。実物図書の輸出入をみると、総量の指標によれば、中国大陸図書の延べ種類と数量は依然として輸出が輸入を大幅に上回っている。2009年、輸出が輸入を延べ10万85種類、91万3100冊上回っているが、総額では依然として逆ザヤが生じており、2009年図書貿易の逆ザヤは5354万6200米ドルに及んでいる。主な原因は、輸出入図書価格に大きな差があることによる。中国大陸からの輸出図書の平均単価が4.74米ドル、輸入図書の平均単価が15.59米ドルである。図書の版権に関しては、輸入数量が輸出数量よりはるかに大きい。2009年、中国大陸からの輸出された図書版権が3103件、輸入が1万2914件で、輸入数量が9811件多くなっている。

　ここからわかることは、2011年、2012年1月の中心的なコンテンツ製品貿易は黒字であるが、“大きさ”では先んじているものの、“強さ”ではやはり大きく後れを取っている。しかもこうした貿易黒字によって先行きが必ずしも明るくなるというわけではなく、別の観点からみれば国際コンテンツ貿易において我が国が輸入力と気迫の点でかけていると言える。もちろん近年、コンテンツ製品輸入面で見るものがある。たとえば映画だが、報道によれば、基本的に毎年20本のアメリカ映画を輸入したうえに、2012年、IMAXもしくは3D映画を14本上乗せしている。このことによって、中国の観客がアメリカ映画に、更にたくさん触れることになる。中国のコンテンツ製品輸入に関して言ううなら、図書製品、ヴィジュアル芸術製品、ヴィジュアル系メディア製品が持続的に増加していることを基礎として、ネットメディア製品、モバイルメディア製品、歌舞演芸製品などの類にも力を入れ、大胆に輸入を増大させている。

二、製品の資質

　製品の資質とは、主に輸入コンテンツ製品の品質を指す。品質の解釈としては、1.物体の一種の性質。通常は物体に含まれる物質の量、すなわち物体の慣性の大小を図る物理量である。2.製品もしくは仕事の優劣の程度を指す。ISO8420は品質を、あ

る物が明示的に、または暗黙的に要求事項を満たす能力という特性の総和を反映する
ものと定義している。ISO9000は品質を、固有のひとまとまりの特性が要求事項を満
たしている程度と定義している。アメリカの著名な品質管理専門家ジョセフ・ジュラ
ン博士は顧客の立場から、製品の品質とはすなわち製品の適用性であると唱えた。製
品が使用された時に顧客の要求を成功裏に満足させる度合いであると考えた。顧客の
製品に対する基本的な要求は適用であり、適用性とは品質の内容が過不足なく表出さ
れるということである。この定義によると、使用の要求と使用の満足という二つの重
点が際立っている。人がある製品を使用する際に、すべからく製品の品質に対して一
定の要求をする。こうした要求は、使用時間、使用地点、使用対象、社会環境、市場
競争等の要素の影響を往々にして受け、しかもこの要素は変化し、その変化が同じ製
品に対して要求する品質の違いを生む。であるから品質は、固定不変の概念ではなく、
社会の発展、技術の進歩にともない更新され、豊かになっていく。ユーザー製品の使
用要求の満足度合には、製品の性能、経済的特性、サービス特性、環境特性、心理特
性などが反映される。したがって、品質は総合的な観念である。品質はより良い技術
特性を要求するのではなく、追い求めているのは、諸々の要素——性能、コスト、数
量、納期、サービス等のもっとも良い組み合わせである。すなわち、いわゆる最適と
いうことである。

　コンテンツ製品の場合、その品質の内容はかなり複雑である。一般的にコンテンツ
製品には社会的客体と精神的客体の二つの側面がある。社会的客体として体現される
のは、物質の形態、デザイン、包装などである。消費者は、その使用に際して、美観、
快適、簡便などを求める。それは、人、時、場所、民族によって異なり、複雑多岐に
わたるが、基本的に一般商工業製品とそれほどの大差はない。製品の性能、経済的特
性、サービス特性、環境特性、心理的特性など、いくつかの点で満足できさえすれば
すなわち可であり、追い求めているのは、性能、コスト、数量、納期、サービス等の
要素のもっとも良い組み合わせである。

　コンテンツ製品の精神的客体に関して、その品質に求める要求と満足を把握するこ
とは非常に難しい。コンテンツ製品には精神的属性と符合特性があり、生産者は常に
一定のルール、方式に基づいて意義のコード化をおこなっているから、消費者が生産
者と同じ文化空間を共有していることが必須であり、そうすれば消費者が正しく脱コー
ド化のプロセスを進むことができる。それができない状況であれば、ホールが言う
偏った解読もしくは逆行する解読が発生する可能性が高く、たとえ優秀なコンテンツ
製品であって輸入国の消費者の目にふれたところで一文の値打ちもなく唾棄されるこ
とになる。コンテンツ製品のコード化・脱コード化の原理と中国の書画芸術における
意像とはいくぶん似ている。真に優秀な芸術作品は、すなわち形神兼備と言えるもの
であって、形をもって意を会し、形と意とあい滲透す。すなわち形は意を取り、意を

もって形を象る。これこそが優秀な作品であり、作品の真の内容が消費者に理解されるのである。

中国について言うなら、輸入コンテンツ製品に対して精神的客体が、使用に際しての要求、満足の程度という二つの側面の品質判断をおこなう。使用要求としては、情報獲得、娯楽レジャー、思想情操の陶冶、良好な価値観の育成、思想意識形態の強化などがあげられる。満足面に関して、まず消費者個人について言うなら、主にタイムリーな情報獲得、心身のリラックス、精神世界の浄化、良好な道徳観の醸成、購入後のサービスの良好化などがあげられる。また民族国家については、文化価値観と統治階級の意識形態の維持と強化に重きが主としておかれる。仮に輸入コンテンツ製品によって、一国の価値観、思想意識構造が脅威にさらされ、あるいは破壊されることになるなら、たとえ輸出国側からみて非常に優秀なコンテンツ製品であっても、輸入国にとってそれは文化の糟粕、ゴミとみなされるだろう。

要するに、コンテンツ製品の品質要求の問題は、人、民族、国家、環境によって異なり、同様の製品であっても、絶対的な良し悪しは存在すものではなく、言い換えれば、普遍的に統一されたコンテンツ製品は存在しない。優秀な製品であるかどうかは、動的な視点で評価する必要があり、そうすることによってのみ最も良い総合的な組み合わせを手にすることができる。当然、コンテンツ製品の品質判断には基本となる基準がある。第一に、ふさわしい形態、ついで製品の特性、機能、価格、コスト、サービスなどの最適な組み合わせ、最後に民族国家と消費者にもたらす精神的福利、それらの総合得点に基づいて国際コンテンツ製品を取り入れるかどうかが決定される。

三、形質と文化の止揚

コンテンツ製品輸入に対して、我々は"形質彬彬"の止揚の方法を堅持する。コンテンツ製品の類型および民族国家と消費者個人に満足をもたらし得るかを総合的に判断し、廃棄、留保、発揚、向上などいずれかの働きかけを為すべきである。これをなしとげるために、コンテンツ製品の輸入を担うものはコンテンツ製品の類型全般を把握するべきである。有形なコンテンツ製品の構成を知るべきであり、かつ無形な版権製品の本質、法則、特性にも通暁すべきである。さらに重要なことは、自国の実情と結びつけた適切な輸入配分割合を定め、コンテンツ製品を取り入れるべきである。消費者の好みに迎合して、単一類型に偏ったコンテンツ製品輸入を進めることはできない。たとえば、深読み・熟読が敬遠され、消費細分化の時代だからと言って、ヴィジュアルメディア製品だけを輸入することはよろしくない。コンテンツ製品のさまざまな類型に注意を向け、合理的に構成し、輸入に当たるべきである。また、同時に統治階級の好みに迎合して、統治階級の価値観と思想意識形態の維持強化に有利となるコ

ンテンツ製品だけを輸入することはできない。全人類の先進文化と時流に適合した文化など各種の類型を持つコンテンツ製品を総合的に考慮し、輸入するべきである。たとえばアメリカのパンクロック文化、ヒッピー文化なども適宜輸入してもよく、たとえアメリカの覇権思想が込められたハリウッド映画やマクドナルド文化であってもむやみに恐れることなく、ある程度の割合で輸入するべきである。同様に、具体的な市場主体として輸入にたずさわる者は、経済的利益のみに拘泥することはできない。経済利益と社会公益はどちらも重要であることは当然である。この二つの機能がともに優れているコンテンツ製品を輸入するべきであるが、時には経済利益を犠牲にして、社会的公益にすぐれたコンテンツ製品——たとえば学術著作なども引き入れるべきである。

　次に輸入にたずさわる者は、類型を異にする場合、同一の類型の場合、もしくは同種の類型の場合など、コンテンツ製品に対する自国の消費者個人と民族国家のさまざまな使用要求について熟知し、合理的に分類区分けをしながら輸入に当たるべきである。このために、輸入担当者は、大量の且つ緻密な調査研究が求められ、市場の消費動向変化を厭うことなく監察することが求められ、適時輸入計画の調整に当たることが求められている。輸入担当者にとってとりわけ重要なことは、コンテンツ製品の類型と品質に関して高遠かつ鋭い洞察力が求められていることである。このようにして、不当なコンテンツ製品による市場主体、国家と消費者にたいする破壊と損失を最もよく避けることができるのである。

　最後に、輸出にたずさわる者は、整合的に要求を満足させる理念を持つ必要がある。一つの要素だけに固執し、極端な追及をするべきではなく、コンテンツ製品の種々の要素を整合し、消費者、民族国家に最良の効果もたらすべきであり、それを以って輸出の可否を決定すべきである。

【参考】2012年1月中国の主要なコンテンツ製品輸出入状況に関する簡略な分析

一、輸出入概況

　2012年1月、我が国の主要なコンテンツ製品輸出入総額は11億7000万米ドル、対前年同期比19.3％減。そのうち、主要なコンテンツ製品輸出額は11億500万米ドル、対前年同期比19.5％減。輸入額6500万米ドル、対前年同期比17.7％減。貿易黒字額10億4000万米ドル。

　2011年12月、我が国の主要なコンテンツ製品輸出入総額は16億9000万米ドル、対前年同期比でやや減少している。そのうち、主要なコンテンツ製品輸出額は15億

6000万米ドル、対前年同期比2.9％減。輸入額は1億3000万米ドル、対前年同期比27.4％増。貿易黒字額14億4000万米ドル。

二、構成分析

(一) 製品構成

1．輸出製品中、視聴覚芸術品が6割近くを占める。

1月、我が国から輸出された主要なコンテンツ製品のうち、視聴覚芸術品が占める割合が最大であり、輸出総額の59.8％、その輸出金額は6億6100万米ドル、前年同期に比して4.7％の減である。印刷物輸出額は1億8000万米ドル、対前年同期比横ばいであり、全体の16.3％を占める。新型のメディア製品の輸出の減少幅が比較的大きく、輸出額は1億5500万米ドル、対前年同期比59.7％減である。

2．印刷品と録音録画製品に集中する輸入

1月、我が国が輸入する主なコンテンツ製品は印刷品と録音録画製品に集中している。そのうち、印刷品の輸入量が最大であり、我が国の中心となるコンテンツ製品輸入総額の35.9％を占めている。輸出金額の方はというと、2300万米ドル、前年同期比27.9％の減少である。録音録画製品の輸入額が1900万米ドル、同比43.4％の増加、輸入全体の29％を占めている。

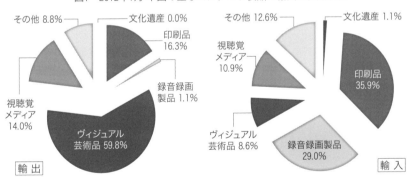

図1　2012年1月 中国の主なコンテンツ製品の輸出入製品構成

(二) 貿易方式

1．輸出入の主導的地位は一般貿易方式。

1月、一般貿易方式が我が国の主要なコンテンツ製品輸出入において主導的な地位を占めており、輸入と輸出のそれぞれが60％以上を占めている。そのうち輸出額が6億7400万米ドル、前年同期比5.2％減、我が国の主要なコンテンツ製品輸出総額の

61％である。輸入額が3900万米ドル、前年同期横ばい、輸入総額の60.1％。一般貿易方式で輸出するコンテンツ製品のうち、録音録画製品の下落幅が比較的大きく、画仙紙、毛筆などは小幅に増加。輸入は印刷品と録音録画製品に集中している。

2．加工貿易方式による輸出入の下落幅が比較的大きい。

1月、加工貿易方式で輸出された主要なコンテンツ製品の金額が3億300万米ドル、前年同期比44.4％減、主要なコンテンツ製品輸出総額の27.4％に当たる。輸入額が1400万米ドル、同比41.7％減、主要なコンテンツ製品輸入総額の6％に当たる。加工貿易方式で輸出された主要なコンテンツ製品のうち、新型メディア製品の下落幅が大きい。輸入製品の内で下落幅が顕著だったものは主に、印刷品と録音録画製品であった。

3．その他の貿易方式による輸出入はやや下落傾向である。

1月、その他貿易方式によって輸出入された主要なコンテンツ製品は小幅に下落。そのうち、輸出額が1億2800万米ドル、前年同期比8.6％減、主要なコンテンツ製品輸出総額の11.6％に当たる。輸入額が1200万米ドル、同比7.7％減、総額の18.5％に当たる。

（三）企業タイプ

1．国有企業による輸出入が下落傾向。

1月、国有企業による主要なコンテンツ製品輸出入は下落傾向にある。そのうち、輸出額が9200万米ドル、対前年同期比15.1％減、主要なコンテンツ製品輸出総額の8.3％に当たる。輸入額が2200万米ドル、同比18.6％減、輸入総額の33.9％に当たる。国有企業の輸出製品の主なものは、彫刻・塑像などヴィジュアル芸術品、新型メディア製品および花火、爆竹など。主な輸入製品は印刷品と録音録画製品。

2．外資企業による輸出入の下落幅は比較的大きい。

1月、外資企業による主要なコンテンツ製品輸出入の下落幅は比較的大きい。そのうち、輸出額が4億5200万米ドル、我が国の主要なコンテンツ製品輸出総額の40.9％を占め、輸出額の前年同期比で31.2％減。輸入額が3400万米ドル、輸入総額の52.4％、同比16.5％減。外資企業による輸出製品の主なものは、新型メディア製品、印刷品、楽器等。主な輸入製品は、印刷品と録音録画製品である。

3．集団企業、私営企業およびその他企業に輸出が5割を超える。

1月、集団、私営およびその他企業による主要なコンテンツ製品輸出は小幅下落。しかし総額に占める割合は50％以上で、我が国のコンテンツ製品輸出の主力である。当月の輸出額が5億6100万米ドル、前年同期比9.7％減、我が国のコンテンツ製品輸出総額の50.8％を占める。輸入額が900万米ドル、同比9.8％減、輸入総額の13.9％に当たる。

第五章　文化の止揚と製品輸入　255

表1　2012年1月中国の主要なコンテンツ製品輸出入企業タイプ別状況

企業タイプ	輸出			輸入		
	金額 （億米ドル）	対前年比 （％）	対総額比率 （％）	金額 （億米ドル）	対前年比 （％）	対総額比率 （％）
総額	11.05	－ 19.5	100	0.65	－ 17.7	100
国有企業	0.92	－ 15.1	8.3	0.22	－ 18.6	33.9
外資企業	4.52	－ 31.2	40.9	0.34	－ 16.5	52.4
集団、私営及び、 その他企業	5.61	－ 9.7	50.8	0.09	－ 9.8	13.9

（四）貿易相手

1．我が国の主要なコンテンツ製品の貿易相手上位五つの国と地域は、アメリカ、中
　　国香港地区、ドイツ、日本、イギリスである。

　1月、これら上位の貿易相手国と地域の輸出入額は、それぞれ、3億6700万米ド
ル、8300万米ドル、6500万米ドル、6000万米ドル、4900万米ドルとなり、総額に
対するそれぞれの比率は、31.4％、7.1％、5.6％、5.1％、4.2％。上位5位の貿易相
手国と地域の輸出入額が、我が国のコンテンツ製品輸出入総額の53.3％を占める。

2．ブラジル、アラブ首長国連邦、ナイジェリア等の国に対する我が国の主要なコン
　　テンツ製品の輸出が迅速に伸長している。

　1月、ブラジル、アラブ首長国連邦、ナイジェリア等の国に対する我が国の主要な
コンテンツ製品の輸出が迅速に伸長している。そのうち、対ブラジル輸出額が2600
万米ドル、前年比21.9％の増加、我が国の主要なコンテンツ製品輸出総額の2.4％に
当たり、主要な輸出品目は視聴覚芸術品と新型メディアである。視聴覚芸術品の輸出
額が1500万米ドル、同比25.8％増。新型メディアの輸出額が700万米ドル、同比
28.3％の増加。対UAE輸出額が、2800万米ドル、同比36.4％増であり、主要な輸
出品目は録音録画製品とヴィジュアル芸術品である。対ナイジェリア輸出額が1500
万米ドル、同比32.6％、主要な輸出品目はヴィジュアル芸術品。

3．アメリカ、日本からの輸入が明らかな下落傾向にある。

　1月、我が国の主要なコンテンツ製品の主な輸入先は、アメリカ、日本、中国台湾
地区である。そのうちアメリカと日本からの輸入額が、それぞれ900万米ドル、700
万米ドルであり、それぞれ同比42.2％、29％の減少。台湾省からの輸入は600万米
ドル、同比0.9％増。アメリカ、日本、台湾省からの輸入額は、我が国の総輸入額の
33.8％に当たる。

図2：2012年1月、中国の主要なコンテンツ製品貿易相手国の情況

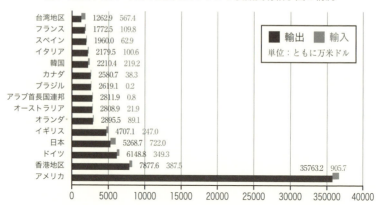

(五) 国内地区
1．広東省、浙江省、深セン市、福建省、上海市が我が国の主要なコンテンツ製品輸出入上位の五大省・市である。

　2012年1月、我が国の主要なコンテンツ製品輸出入ランキングトップ5の省・市は、広東省、浙江省、深セン市、福建省、上海市であり、それぞれの輸出入額が4億3700万米ドル、2億9600万米ドル、1億5200万米ドル、1億3400万米ドル、4600万米ドル、我が国のコンテンツ輸出入総額における比率がそれぞれ、37.45、25.3％、13％、11.5％、3.9％。

　広東省が我が国の主要なコンテンツ製品輸出入額が大きい省であり、輸出額、輸入額共に全国首位である。輸出額が4億2200万米ドル、対前年比54.6％の下落、我が国のコンテンツ製品輸出総額の38.2％。主な輸出先がアメリカ、香港、イギリス。減少した輸出品目の主なものは、新型メディア製品である。輸入額が1600万米ドル、同比55％減。

2．江西省、重慶市、新疆ウイグル自治区の主要なコンテンツ製品輸出が迅速に伸びている。

　1月、全国13の省・市の主要なコンテンツ製品の増加幅を10％上回っている。そのうち、江西省、新疆ウイグル自治区の輸出の伸びが迅速であり、それぞれの輸出額が1000万米ドル、200万米ドル、対前年の増加幅がそれぞれ1.1倍、7.4倍である。

3．ヴィジュアル芸術品の輸出が集中しているのは、浙江省、広東省、福建省である。

　ヴィジュアル芸術品が我が国の主要なコンテンツ製品のうち輸出額が最大である。主に浙江省、広東省、福建省から輸出され、当月の輸出額がそれぞれ、1億7800万米ドル、1億2700万米ドル、同じく1億2700万米ドルであり、この三省の輸出額合

計が全国コンテンツ製品輸出額の65.4%を占める。輸出される主なヴィジュアル芸術品はプラスチック製と磁器製の彫塑像および装飾品等である。

主要なコンテンツサービスの輸出入

一、輸出入概況

　2012年1月、我が国の主要なコンテンツサービス輸出入総額は6億3500万米ドル、前年同期比1.5%減少している。そのうち輸出額が4億4000万米ドル、同比69.4%増加。輸入額が1億9600万米ドル、同比49.2%の減少。

二、構成分析

（一）広告、宣伝サービス輸出の伸びが著しい。

　1月、我が国の広告・宣伝サービス輸出入総額が5億8200万米ドル、前年同期比3.7%減。そのうち、輸出額が4億2900万米ドル、同比74.7%増。輸入額が1億5300万米ドル、同比57.4%減。貿易黒字額が2億7600万米ドルである。

（二）映画、オーディオヴィジュアルサービスの輸入の伸びが顕著である。

　1月、我が国の映画、オーディオヴィジュアルサービスの輸出入総額が2900万米ドル、前年同期比49.2%増。そのうち、輸出額が700万米ドル、同比27.8%減。輸入額が2200万米ドル、同比118.3%増。

（三）版権、著作権、稿料サービスの逆ザヤが顕著である。

　1月、我が国の版権、著作権、稿料サービスの輸出入総額が2500万米ドル、対前年同期比15.3%増。そのうち、輸出額が400万米ドル、同比22.6%減。輸入額が2100万米ドル、同比5.9%増。貿易赤字額が1700万米ドル。

表2 2012年1月中国の主要なコンテンツ製品輸出入、主な省・市の情況

省（市）	輸出入		輸　出		輸　入	
	輸出入総額 （万米ドル）	対前年同期比 （％）	輸出額 （万米ドル）	対前年同期比 （％）	輸入額 （万米ドル）	対前年同期比 （％）
北京市	2646	-19.7	1108	0.0	1538	-29.4
天津市	2290	15.6	2114	17.2	176	-1.3
河北省	794	14.2	793	15.3	1	-88.3
山西省	6	-55.9	5	-57.1	1	123.7
内モンゴル自治区	—	—	1	-39.3	—	—
遼寧省	2524	5.4	2145	-0.9	380	90.7
大連市	650	0.7	505	-6.7	145	38.5
吉林省	129	86.7	126	88.2	3	-35.8
黒龍江省	196	-83.1	195	-83.2	1	238.9
上海市	4602	-2.9	3122	-4.1	1481	0.8
江蘇省	3694	-10.6	3507	-0.5	186	-70.7
浙江省	29606	16.1	29530	16.2	76	-13.9
寧波市	4127	14	4117	14	9	-78.7
安徽省	248	61.6	238	59.0	9	1459.5
福建省	13446	-4.6	13394	-4.3	52	-47.5
厦門市	2832	-2.5	2805	-2.1	27	-40.2
江西省	958	106.1	952	106.0	6	174.0
山東省	3238	-81.5	3121	-82.0	117	-58.0
青島市	2083	-76.1	2031	-77.4	52	1.5
河南省	53	-43.9	50	-45.5	3	107.5
湖北省	2966	47.2	2961	55.1	5	-68.8
湖南省	3396	18.4	3392	18.5	4	-38.4
広東省	43742	-54.6	42153	-54.6	1589	-55.0
深圳市	15171	-55	14605	-55	566	-49.4
広西チワン族自治区	441	21.5	440	22.6	2	-74.4
海南省	20	-31.5	0	-17.3	19	-48.4
重慶市	19	153.5	13	152.9	7	1652.4
四川省	46	-30.5	38	-30.4	8	-53.4
貴州省	—	—	1	-73	—	—
雲南省	1	-99.7	0	-99.8	1	-86.8
チベット自治区	91	-47.0	50	-59.9	41	65.4
陝西省	265	-2.4	224	-2.9	41	2.2
甘粛省	—	—	17	18.5	—	—
青海省	—	—	—	—	—	—
寧夏回族自治区	—	—	—	—	—	—
新疆ウイグル自治区	165	685.6	162	742.9	3	15.7

（商務部資料　http://www.mofcom.gov.cn/aarticle/difang/yunnan/201204/20120408067456.html）

第五章　文化の止揚と製品輸入　　259

1　常楽「論毛沢東的‘文化揚棄論’（毛沢東の文化揚棄論の考察）」、『哲学研究』、1994年第二期掲載、4頁。

2　常楽「論毛沢東的‘文化揚棄論’（毛沢東の文化揚棄論の考察）」、『哲学研究』、1994年第二期掲載、6頁。

3　常楽「論毛沢東的‘文化揚棄論’（毛沢東の文化揚棄論の考察）」、『哲学研究』、1994年第二期掲載、3頁。

4　常楽「論毛沢東的‘文化揚棄論’（毛沢東の文化揚棄論の考察）」、『哲学研究』、1994年第二期掲載、5頁。

5　黄小雲ほか「論馬克思時空観的実践維度（マルクスの時空観の実践次元の考察）」、『文史博覧』、2006年第十二期掲載、33頁。

6　商務部サービス貿易局「2012年1月我国核心文化産品進出口情況簡析（2012年1月、中国の主要なコンテンツ製品輸出入状況概要）」、中国商務部　http://www.mofcom.gov.cn/aarticle/difang/yunnan/201204/20120408067456.html, 2012-4-19.

7　商務部サービス貿易局「2012年1月我国核心文化産品進出口情況簡析（2012年1月、中国の主要なコンテンツ製品輸出入状況概要）」、中国商務部　http://www.mofcom.gov.cn/aarticle/difang/yunnan/201204/20120408067456.html, 2012-4-19.

8　中国サービス貿易指南網　http://tradeinservices.mofcom.gov.cn/e/2007-11-23/11728.shtml, 2012-4-19.

9　『中国図書出版産業報告（2008-2009）』（未刊稿）

10　中国商務部　http://www.mofcom.gov.cn/aarticle/difang/yunnan/201204/20120408067456.html, 2012-4-20.

11　中国広播網　http://www.cnr.cn/newscenter/gnxw/201105/t20110514_507995252.shtml, 2012-4-20.

12　『2011年中国新聞出版統計資料滙編』、北京、中国統計出版社、2011年、258頁。

13　『中国図書出版産業報告（2008-2009）』（未刊稿）

参 考 文 献

中国語文献

［米］John R.Hallほか著、周暁虹ほか訳『文化：社会学的視野（Cultural Sociology)』、北京、商務印書館、2002年。

［英］Mike Crang著、楊淑華ほか訳『文化地理学（Cultural Geography)』、南京、南京大学出版社、2003年。

［独］Hans Robert Jauss著、周寧ほか訳『接受美学与接受理論』、瀋陽、遼寧出版社、1987年。

［米］Thomas L. Friedman著、何帆ほか訳『世界是平的（The World Is Flat)』、長沙、湖南科学技術出版社、2008年。

［米］William B. Gudykunstほか『与陌生人交際─跨文化交流方法』、上海、上海外語教育出版社、2007年。

［米］Teri Kwal Gambleほか著『有効伝播（Contacts: Communicating Interpersonally)』（第七版)、北京、精華大学出版社、2005年。

［英］Liebes Tamar、Katz Elihu『意義的輸出（The Export of Meaning)』、北京、華夏出版社、2003年。

［米］George Joseph Stigler著、晏智傑訳『生産和分配理論』、北京、華夏出版社、2008年。

［英］Adam Smith著、郭大力ほか訳『国民財富的性質和原因的研究（An Inquiry into the Nature and Causes of the Wealth of Nations)』、北京、商務印書館、1972年。

［英］David Heldほか主編、王生才訳『全球化理論：研究路径与理論論争』、北京、社会科学文献出版社、2009年。

［米］Douglas Kellner著、丁寧訳『媒体文化（Media Culture)』、北京、商務印書館、2004年。

［仏］Bernard Gournay著、李穎訳『反思文化例外論』、北京、社会科学文献出版社、2010年。

［米］N. Gregory Mankiw、梁小民訳『経済学原理（Principle of Economics)』（第三版)、北京、機械工業出版社、2005年。

［米］Robert S.Pindyckほか著、王世磊ほか訳『微観経済学（Microeconomics)』（第六版)、北京、中国人民大学出版社、2006年。

［英］C. W. Watson著、葉興藝訳『多元文化主義（Multiculturalism)』、長春、吉林人民出版社、2005年。

［米］Larry A.Samovarほか著、閔惠泉ほか訳『跨文化伝播（Communication Between Cultures)』（第四版)、北京、中国人民大学出版社、2008年。

［米］Robert L. Heilbroner、蔡受百ほか訳『幾位著名経済思想家的生平、時代和思想（世俗の思想家たち─入門経済思想史)』、北京、商務印書館、1994年。

［米］Philip D. Curtin著、鮑晨訳『Cross-Cultural Trade in World History』、山東画報出版社、2009年。

［米］Samuel P. Huntington著、周琪ほか訳『文明的衝突与世界秩序的重建（The Clash of Civilizations and the Remaking of World Order)』、北京、新華出版社、2010年。

［加］Colin Hoskinsほか著、劉豊海ほか訳『全球電視和電影：産業経済学導論（Global Television and Film: An Introduction to the Economics of the Business)』、北京、新華出版社、2004年。

［加］Nigel J.Holden著、康青ほか訳『跨文化管理（Cross-Cultural Management)』、北京、中国人民大学出版社、2011年。

［独］ユルゲン・ハーバーマス（Jürgen Habermas）著、曹衛東訳『交往行為理論（コミュニケイション的行為の理論)』、上海、上海人民出版社、2004年。

［米］Edward Wadie Said著、李琨訳『文化与帝国主義（Culture and Imperialism)』、北京、生活・読書・新知三聯書店、2007年。

［英］David Hesmondhalgh著、張菲娜訳『文化産業（The Cultural Industries)』、北京、中国人民大学出版社、2007年。

周蔚華『出版産業研究』、北京、中国人民大学出版社、2005年。

嗌国明『伝播影響力』、広州、南方日報出版社、2003年。

郝振省『国際出版業発展報告』、北京、中国書籍出版社、2008年。

郝振省、魏玉山、張立『跨媒体出版調査与測試報告』、北京、中国書籍出版社、2009年。

劉建華『民族文化伝播化』、昆明、雲南大学出版社、2011年。

劉建華『節点与変局：文化伝播視角雲南』、昆明、科技出版社、2008年。

邱明正『審美心理学』、上海、復旦大学出版社、1993年。

孫玉琴『中国対外貿易史』、北京、精華大学出版社、2009年。

黄利平『足跡従絲路延伸：中国古代対外文化交流』、北京、人民日報出版社、1995年。

陳日濃『中国対外伝播史略』、北京、外文出版社、2010年。

張養志ほか『首都文化創意産業中的版権貿易研究』、上海、華東師範大学出版社、2009年。

『2011中国新聞出版統計資滙編』、北京、中国統計出版社、2011年。

葉険明『"知識経済"批判』、北京、人民出版社、2007年。

張彩鳳ほか『全球化与当代中国文化産業発展』、済南、山東大学出版社、2009年。

于徳山『当代媒介文化』、北京、新華出版社、2005年。

王佩瓊『技術異化研究』、武漢、湖北教育出版社、2007年。

馬克思『資本論』(第一巻)、北京、人民出版社、1953年。

藝衡『文化主権与国家文化軟実力』、北京、社会科学文献出版社、2009年。

李坤望『国際経済学』、北京、高等教育出版社、2009年。

馮子標ほか『分工、比較優勢与文化産業発展』北京、商務印書館、2007年。

李懐亮ほか『国際文化貿易教程』、北京、中国人民大学出版社、2007年。

王忠良、肖四如『中国経済資源配置的理論与実践』、北京、中国財政経済出版社、1998年。

呂慶華『文化資源的産業開発』北京、経済日報出版社、2006年。

陸楊『大衆文化理論』、上海、復旦大学出版社、2009年。

張養志、呉亮『首都文化創意産業発展中的版権貿易研究』、上海、華東師範大学出版社、2009年。

顧江『文化産業経済学』、南京、南京大学出版社、2007年。

楊公朴、夏大慰『産業経済学教程』(修訂版)、上海、上海財経大学出版社、2002年。

何群『文化生産及産品分析』、北京、高等教育出版社、2006年。

穆鴻繹『価格機制論』、重慶、重慶出版社、1991年。

王建輝『競争機制与企業人事管理』、北京、中国経済出版社、1989年。

韓方明『公共外交概論』、北京、北京大学出版社、2011年。

胡百精『公共関係学』、北京、中国人民大学出版社、2008年。

甘碧群『国際市場営銷学』、北京、高等教育出版社、2007年。

庄恩平『東西方文化差異与対外交流』、上海、華東理工大学出版社、1998年。

郭慶光郭慶光『伝播学教程』、北京、中国人民大学出版社、1999年。

羅能生『全球化、国際貿易与文化互動』、北京、中国経済出版社。

易小明『文化差異与価値体系』、湘潭、湘潭大学出版社、2008年。

湯志耘『中国広告中的西方広告因素：従文化角度研究』、杭州、浙江大学出版社、2009年。

劉世雄『中国消費区域差異特徴分析：基于中国当代文化価値的実証研究』、上海、上海三聯書店、2007年。

張夢霞『中国消費者購買行為的文化価値観動因研究』、北京、科学出版社、2010年。

英語文献

A.G.Smith, Ed. Communication and Culture: Readings in the Codes of Hunan Interaction New York: Holt, Rinehart, & Winston 1996.

B.D. Rubin & L.P. Stewart, Communication and Human Behavior, 4th ed. Boston: allyn and Bacon 1998.

W.B.Gudykunst & Y.Y.Kim, Communicating with Strangers: Anapproach to Intercultural

Communication, 3d ed. New York: McGraw-Hill 1997.

E.T. Hall & m.R.Hall, Understanding Cultural Differences: Germans, French and Americas, Yarmouth, ME: Intercultural Press 1990.

M.Singer, Intercultural Communication: A perceptual Approach, Englewood Cliffs, NJ: Prentice-Hall 1987.

E.M. Rogers & T.M. Steinfatt, Intercultural Communication, Prospect Heights, LL: Waveland Press 1999.

G.Gao & S.Ting-Toomey, Communicating Effectively with the Chinese, Thousand Oaks, CA: Sage Publications 1998.

W.T. Barry, W.T. Chen, & B. Watson, Sources of Chinese Tradition, New York: Columbia University Press 1960.

E.S. Kras, Manngement in Two Cultures, Yarmouth, ME: Intercultural Press 1995.

Y. Richmond & P. Gestrin, Into Africa: Intercultural Insights, Yarmouth, MA: Intercultural press, Inc. 1998.

D.C.Barnlund, Communication Styles of Japanese and America, Belmont, CA: Wadsworth 1989.

P.R. Harris & R.T. Moran, Managing Cultural Differences, Houston, TX: Gulf 1979.

Geert Hofstede, Dimensions of National Culture in Fifty Countries and Three Regons, Expiscations in Cross Cultural Psychology 1983.

Geert Hofstede, Culture's Consequences: International Diffierences in Work related Values, Sage Publications, Beverly Hills 1980.

Morris C. Varieties of Human Value, Chicago: University of Chicago Press 1956.

あとがき

　仮に、2009年の文化産業振興計画と2010年の文化産業を国民経済の支柱産業に推進する等の政策が、国内に限定して文化産業を縦軸で比較する観点だとしたら、2011年の中国共産党第17期中央委員会第6回全体会議で提起された社会主義文化強国建設の目標は、高遠且つ雄大な大略であり、中国の文化産業の実践を横軸から比較しつぶさに観察したものである。こうした横軸の発展比較が代表しているのは中華文化の強大な実力、顕示しているのは中華文化の高まる自信、表現しているのは中華文化の開かれた度量、着手しようとしているのは中華文化と世界文化のインタラクティブな交流と実践である。次のように言うことができる。中華文化強国の真の実力は、グローバルなプラットフォームに立脚し、他国の文化の実力と比較しあうことで初めて体現できる。これにより、文化交流と文化コンテンツ貿易が際立って重要であることは明らかである。

　世界は今、大発展、大変革、大再編の時期にある。総合的な国力競争における文化の地位と作用が明確になり、国家の文化の安全を保持する任務は困難を極め、国家のソフトパワー増強と中華文化の影響力に対する要求は一層緊迫の度を増している。現代は経済のグローバル化と文化のグローバル化の時代である。文化は民族の団結力と創造力のますます大事な源泉となっている。この任務を完成させ、この目標に到達するために、中国がより積極的、より具体的、より自信ある態度で世界の国々と文化の交流と貿易を押し進め、更にダイナミックに循環するコンテンツ製品の輸出入の実践をおこない、絶えず人類文明の精粋を吸収さえすれば、中華文化はさらに豊かな生命力を有し、さらなる創造力と結集力を擁し、中華文化のソフトパワーと国際影響力の増強を持続的に押し進めることができ、多くの民族が林立する世界の中で中華民族存在の正統な地位（文化）が安定かつ強固になりうる。

　このようなことを考え、コンテンツ貿易の課題について、その理論の探求と研究に私は、取り掛かった。この課題と私を結びつけてくれた方は、雲南省社会科学界聯合会主席范建華先生である。范主席は一つのプランをお持ちになられ、中国文化産業学界の多くの著名人に中国文化産業体系シリーズの出版計画——わけあってこの計画は後に中断した——に加わるよう呼びかけておられた。幸いに、先生は私を評価くださり、《対外コンテンツ貿易の研究》を執筆するように勧めてくださった。2010年の末、私はこの任務を授かり、コンテンツ貿易の理論とその実践に関する研究を開始した。

学会の層層たるコンテンツ貿易研究の成果を前にして、私は際限ない思索に陥り、当てもなく逍遥をするばかりで、本書の立論の根拠も明晰なロジックも探り出すことができなかった。私は引き返すこともできずに途方に暮れていた。ちょうどその頃、私の指導教官の周蔚華博士と地下鉄に乗り合わせた際、何ということなくこの事に話が及んだ。周先生は私の研究にいささか驚かれたご様子で、これは私には少しやっかいな挑戦だと思われたようである。先生は、コンテンツ貿易に関して分業学説を研究している本を紹介し、一読するように提案してくださった。無知がゆえに怖いもの知らず、まさに周先生がお仰る通り、対外コンテンツ貿易の研究はきわめて複雑かつ困難であったが、私は歯を食いしばり正面から向かって行った。

対外コンテンツ貿易の分業理論に関する著作を学習研究しながら、私は真面目にしかも大胆に一つの反駁を考えていた。詳細な分析と研究を経るうちに、コンテンツ貿易のモチベーションは産業の分業だけに限らず、もっと重要な動機は、各民族同士が互いの文化価値観を認め理解することにあると考えるに至った。これがまさに、本研究の立論の根拠でありロジックのスタート地点である。私は研究の重点を、中国と外国とのコンテンツ貿易の歴程、動機、制約、輸出と輸入の五つの次元に振り分け、この二年の間、詳細かつ確実に、また効果的に分析論証を重ねてきた。

私の研究に関して、ともに私を指導してくださった喩国明博士と李炎博士のおふた方が、非常に重要な意見を述べられ、それに私は大いに啓発された。それは、本書の学術的な独創性と応用価値を引き出すために大きな貢献をしてくださった。コンテンツ貿易の政策的制約、輸出と輸入による双方向の作用等に関する李炎博士の観点は、本書の重要な構成項目である。喩国明博士による文化差異と文化のディスカウント理論が、中国のコンテンツ製品輸出の理論的枠組みとその実践的なオペレーションに関する新しい知識を与えてくださり、本書に特色を持たせてくれた大事なポイントとなった。もちろん、研究を執筆する過程で、ほんとうに多くの博学多彩な師友に恵まれ、そのつど機知にとんだ意見をいただいた。そうしたご意見は、本書の輝きを大いに増してくれた。感謝してもしきれない。ここにいちいちお名前をあげることができないが、どうか御許しを請いたい。

二年近い研究を経て、本書はようやく読者諸氏の目を汚すことができる。この間私は、共にこの難題の研究に挑もうと願い、二人の友人を誘ったが、いくつかの突発的な原因のため二人の友人の参画は中断せざるを得なかった。思わぬ出来事が連続し、私も一度は筆を擱かざるを得ず、研究は遅々として進まなかった。しかし、教育部の資金援助による《高等教育機関社会科学文庫》出版計画を偶然に知ることができ、私は大いに勇気づけられた。ただちに申請書を提出したことは言うまでもない。提出期限がせまるプレッシャーのおかげかもしれないが、本書執筆を継続することができ、博士論文口頭試問の直前にようやく脱稿することができた。

あとがき　265

　本書と私のもう一つの博士論文《メディア産品国際交流における文化差異の研究（传媒产品国际交流的文化差异研究）》は姉妹篇を為している。《対外コンテンツ貿易の研究》はメゾおよびマクロな観点からの研究に重きを置き、《メディア産品国際交流における文化差異の研究》はミクロおよびメゾな観点に重きを置いている。この二つの論文は緊密な関係にあり、互いに裏付け合う関係にあり、共に、コンテンツ貿易と中国のコンテンツ製品の国際消費者による受容の最大化に向けた見識をそなえた学術研究のつもりである。この二書は、一定の指導理論の意義を有し、また実践の参考となる価値も比較的あると自負する。

　本書の出版に際して、私を手助けしてくれた家族、友人達に深く謝意を表したい。私の人生の途上、私の成長の傍には常に、家族の情、友情、愛情が付き添ってくれ、絶えることのなく滋養を私に注いでくれた。心からお礼を申し上げる。

2018年春
中国人民大学品園にて
劉建華

■著者紹介
劉 建華（りゅう けんか）

　江西省出身。中国新聞出版研究院メディア所執行所長、研究員。
　中国人民大学メディア経済学博士号取得。雲南省中華文化促進会副秘書長、瑤渓（井崗山）発展基金会執行理事長、北京ナシ学会副秘書長を歴任。
　著作に《中国企業公益文化傳播力研究報告》、《対外文化貿易研究》《傳媒国際貿易与文化差異規避》、《民族文化傳媒化》など多数。
　中華優秀出版物科学研究論文賞、雲南省哲学社会科学優秀成果賞など受賞多数。

■訳者紹介
大島 義和（おおしま よしかず）

　1951年生まれ。慶應義塾大学文学部文学科中国文学専攻、慶応義塾大学大学院文学研究科中国文学専攻修士。
　2011年〜2014年、黒龍江省黒龍江大学東語学院日本語科へ日本語教師として赴任。黒龍江大学在任中、学生の日本語作文コンクール応募作品の指導・選考を担当。帰国後、日中翻訳学院・武吉塾に入塾。

おかげさまで22周年
since1996

中国コンテンツ産業対外貿易の研究

2018年6月26日　初版第1刷発行
著　者　中国新聞出版研究院　劉 建華（りゅう けんか）
訳　者　日中翻訳学院　大島 義和（おおしま よしかず）
発行者　段　景子
発売所　株式会社日本僑報社
　　　　〒171-0021 東京都豊島区西池袋 3-17-15
　　　　TEL03-5956-2808　FAX03-5956-2809
　　　　info@duan.jp
　　　　http://jp.duan.jp
　　　　中国研究書店 http://duan.jp

Printed in Japan.　　　　　　　　　　　　　　ISBN 978-4-86185-258-9
Research on chinese external culture trade ©China Book Press 2013
Japanese copyright ©The Duan Press 2018
All rights reseved original Chinese edition published by China Book Press.
Japanese translation rights arranged with China Book Press.
Cover graphic : designed by Starline - Freepik.com

「大平学校」と戦後日中教育文化交流

徐一平氏 推薦!
中国日本語教育研究会名誉会長
元北京日本学研究センター長

新保敦子氏 推薦!
早稲田大学教育学部教授

日中平和友好条約締結を背景に、日本の対中ODAで北京に開かれた「大平学校」。日本語教育の拠点となったその全貌が今、明らかに!

```
著者   孫 暁英
定価   3600円＋税
ISBN   978-4-86185-206-0
刊行   2018年
```

大岡信 愛の詩集

日中対訳・朗読CD付

戦後の日本において最も代表的な詩人の一人、大岡信が愛を称える『愛の詩集』。大岡信の愛弟子・陳淑梅が中国語訳した日中対訳版。

```
著者   大岡信
監修   大岡かね子
訳者   陳淑梅
朗読   （中国語）陳淑梅
       （日本語）奈良禎子
定価   2300円＋税
ISBN   978-4-86185-253-4
刊行   2018年
```

日本僑報社好評既刊書籍

日中中日翻訳必携

武吉次朗 著

古川 裕（中国語教育学会会長・大阪大学教授）推薦のロングセラー。著者の四十年にわたる通訳・翻訳歴と講座主宰及び大学での教授の経験をまとめた労作。

四六判177頁 並製 定価1800円＋税
2007年刊 ISBN 978-4-86185-055-4

日中中日翻訳必携 実戦編
よりよい訳文のテクニック

武吉次朗 著

好評の日中翻訳学院「武吉塾」の授業内容が一冊に！
実戦的な翻訳のエッセンスを課題と訳例・講評で学ぶ。
『日中中日翻訳必携』姉妹編。

四六判177頁 並製 定価1800円＋税
2007年刊 ISBN 978-4-86185-160-5

日中中日翻訳必携 実戦編Ⅱ
脱・翻訳調を目指す訳文のコツ

武吉次朗 著

日中翻訳学院「武吉塾」の授業内容を凝縮した『実戦編』第二弾！
脱・翻訳調を目指す訳文のコツ、ワンランク上の訳文に仕上げるコツを全36回の課題と訳例・講評で学ぶ。

四六判192頁 並製 定価1800円＋税
2016年刊 ISBN 978-4-86185-211-4

日中中日翻訳必携 実戦編Ⅲ
美しい中国語の手紙の書き方・訳し方

千葉明 著

日中翻訳学院の武吉次朗先生が推薦する『実戦編』第三弾！
「尺牘」と呼ばれる中国語手紙の構造を分析して日本人向けに再構成し、テーマ別に役に立つフレーズを厳選。

A5判202頁 並製 定価1900円＋税
2017年刊 ISBN 978-4-86185-249-7

対中外交の蹉跌
―上海と日本人外交官―

片山和之 著

彼らはなぜ軍部の横暴を防げなかったのか？ 現代の日中関係に投げかける教訓と視座。大きく変容する上海、そして中国と日本はいかなる関係を構築すべきか？ 対中外交の限界と挫折も語る。

四六判336頁 上製 定価3600円＋税
2017年刊 ISBN 978-4-86185-241-1

李徳全
―日中国交正常化の「黄金のクサビ」を打ち込んだ中国人女性―

石川好 監修
程麻／林振江 著
林光江／古市雅子 訳

戦後初の中国代表を率いて訪日し、戦犯とされた1000人前後の日本人を無事帰国させた日中国交正常化18年も前の知られざる秘話。

四六判260頁 上製 定価1800円＋税
2017年刊 ISBN 978-4-86185-242-8

中国人ブロガー22人の「ありのまま」体験記
来た！見た！感じた!!ナゾの国 おどろきの国
でも気になる国日本

中国人気ブロガー招へいプロジェクトチーム 編著
周藤由紀子 訳

誤解も偏見も一見にしかず！SNS大国・中国から来日したブロガーがネットユーザーに発信した「100%体験済み」の日本論。

A5判208頁 並製 定価2400円＋税
2017年刊 ISBN 978-4-86185-189-6

新中国に貢献した日本人たち

中日関係史学会 編
武吉次朗 訳

元副総理・故藤田正晴氏推薦!!
埋もれていた史実が初めて発掘された。登場人物たちの高い志と壮絶な生き様は、今の時代に生きる私たちへの叱咤激励でもある。
－後藤田正晴氏推薦文より

A5判454頁 並製 定価2800円＋税
2003年刊 ISBN 978-4-93149-057-5

日本僑報社好評既刊書籍

日中語学対照研究シリーズ
中日対照言語学概論
―その発想と表現―

高橋弥守彦 著

中日両言語は、語順や文型、単語など、いったいなぜこうも表現形式に違いがあるのか。
現代中国語文法学と中日対照文法学を専門とする高橋弥守彦教授が、最新の研究成果をまとめ、中日両言語の違いをわかりやすく解き明かす。

A5判256頁 並製 定価3600円＋税
2017年刊 ISBN 978-4-86185-240-4

永遠の隣人
人民日報に見る日本人

孫東民／于青 編
段躍中 監訳 横堀幸絵ほか 訳

日中国交正常化30周年を記念して、両国の交流を中国側から見つめてきた人民日報の駐日記者たちが書いた記事がこのほど、一冊の本「永遠的隣居（永遠の隣人）」にまとめられた。

A5判606頁 並製 定価4600円＋税
2002年刊 ISBN 4-931490-46-8

同じ漢字で意味が違う
日本語と中国語の落し穴
用例で身につく「日中同字異義語100」

久佐賀義光 著
王達 中国語監修

絶対に間違えてはいけない単語から話のネタまで、"同字異義語"を楽しく解説した人気コラムが書籍化！中国語学習者だけでなく一般の方にも。漢字への理解が深まり話題も豊富に。

四六判252頁 並製 定価1900円＋税
2015年刊 ISBN 978-4-86185-177-3

病院で困らないための日中英対訳
医学実用辞典

松本洋子 編著

海外留学・出張時に安心、医療従事者必携！指さし会話集＆医学用語辞典。本書は初版『病院で困らない中国語』（1997年）から根強い人気を誇るロングセラー。すべて日本語・英語・中国語（ピンインつき）対応。豊富な文例・用語を収録。

A5判312頁 並製 定価2500円＋税
2014年刊 ISBN 978-4-86185-153-7

日本の「仕事の鬼」と中国の〈酒鬼〉
漢字を介してみる日本と中国の文化

冨田昌宏 編著

鄧小平訪日で通訳を務めたベテラン外交官の新著。ビジネスで、旅行で、宴会で、中国人もあっと言わせる漢字文化の知識を集中講義！
日本図書館協会選定図書

四六判192頁 並製 定価1800円＋税
2014年刊 ISBN 978-4-86185-165-0

日本語と中国語の妖しい関係
中国語を変えた日本の英知

松浦喬二 著

「中国語の単語のほとんどが日本製であることを知っていますか？」一般的な文化論でなく、漢字という観点に絞りつつ、日中関係の歴史から文化、そして現在の日中関係までを検証したユニークな一冊。中国という異文化を理解するための必読書。

四六判220頁 並製 定価1800円＋税
2013年刊 ISBN 978-4-86185-149-0

中国漢字を読み解く
～簡体字・ピンインもらくらく～

前田晃 著

簡体字の誕生について歴史的かつ理論的に解説。三千数百字という日中で使われる漢字を整理し、体系的な分かりやすいリストを付す。初学者だけでなく、簡体字成立の歴史的背景を知りたい方にも最適。

A5判186頁 並製 定価1800円＋税
2013年刊 ISBN 978-4-86185-146-9

日中常用同形語用法
作文辞典

曹櫻 編著
佐藤晴彦 監修

同じ漢字で意味が異なる日本語と中国語。誤解されやすい語を集め、どう異なるのかを多くの例文を挙げながら説明。いかに的確に自然な日本語、中国語で表現するか。初級から上級まで幅広い学習者に有用な一冊。

A5判392頁 並製 定価3800円＋税
2009年刊 ISBN 978-4-86185-086-8

日本僑報社　書籍のご案内

中国の人口変動　人口経済学の視点から　李仲生

日本華僑華人社会の変遷（第二版）　朱慧玲

近代中国における物理学者集団の形成　楊艦

日本流通企業の戦略的革新　陳海権

近代の闇を拓いた日中文学　康鴻音

大川周明と近代中国　呉懐中

早期毛沢東の教育思想と実践　鄭萍

現代中国の人口移動とジェンダー　陸小媛

中国の財政調整制度の新展開　徐一睿

現代中国農村の高齢者と福祉　劉燦

中国における医療保障制度の改革と再構築　羅小娟

中国農村における包括的医療保障体系の構築　王崢

日本における新聞連載　子ども漫画の戦前史　徐園

中国都市部における中年期男女の夫婦関係に関する質的研究　于建明

中国東南地域の民俗誌的研究　何彬

現代中国における農民出稼ぎと社会構造変動に関する研究　江秋鳳

東アジアの繊維・アパレル産業研究　康上賢淑

中国工業化の歴史 —化学の視点から—　峰毅

二階俊博 —全身政治家—　石川好

中国はなぜ「海洋大国」を目指すのか　胡波

中国人の価値観　宇文利

尖閣諸島をめぐる「誤解」を解く　笘米地真理

二千年の歴史を鑑として（日中対訳版）　笹川陽平

若者が考える「日中の未来」シリーズ

日中間の多面的な相互理解を求めて

日中経済交流の次世代構想

日中外交関係の改善における環境協力の役割

日中経済とシェアリングエコノミー

監修　宮本雄二

中国人の日本語作文コンクール受賞作品集

① 日中友好への提言2005　段躍中編
② 壁を取り除きたい　段躍中編
③ 国という枠を越えて　段躍中編
④ 私の知っている日本人　段躍中編
⑤ 中国への日本人の貢献　段躍中編
⑥ メイドインジャパンと中国人の生活　段躍中編
⑦ 甦る日本！今こそ示す日本の底力　段躍中編
⑧ 中国人がいつも大声で喋るのはなんでなのか？　段躍中編
⑨ 中国人の心を動かした「日本力」　段躍中編
⑩ 「御宅」と呼ばれても　段躍中編
⑪ なんでそうなるの？　段躍中編
⑫ 訪日中国人「爆買い」以外にできること　段躍中編
⑬ 日本人に伝えたい中国の新しい魅力　段躍中編

習近平主席が提唱する新しい経済圏構想「一帯一路」詳説　王義桅
SUPER CHINA ～超大国中国の未来予測～　胡鞍鋼
中国の百年目標を実現する第13次五カ年計画　胡鞍鋼
中国のグリーン・ニューディール　胡鞍鋼
中国の発展の道と中国共産党　胡鞍鋼
日本人論説委員が見つめ続けた激動中国　胡鞍鋼他
日中友好会館の歩み　村上立躬

日本人の中国語作文コンクール受賞作品集

① 我們永遠是朋友（日中対訳）段躍中編
② 女児陪我去留学（日中対訳）段躍中編
③ 寄語奥運 寄語中国（日中対訳）段躍中編
④ 我所知道的中国人（日中対訳）段躍中編
⑤ 中国人旅行者のみなさまへ（日中対訳）段躍中編
⑥ Made in Chinaと日本人の生活（日中対訳）段躍中編

中国政治経済史論　毛沢東時代（1949〜1976）

共産党指導者層に反響を巻き起こした「話題の書」の邦訳版、ついに出版！

膨大な資料とデータを駆使して新中国建国から文化大革命へ連なる政治経済史を立体的に描き、毛沢東時代の功罪と「中国近代化への道」を鋭く分析した渾身の大作。

著者　胡鞍鋼
訳者　日中翻訳学院 本書翻訳チーム
定価　16000円＋税
ISBN　978-4-86185-221-3
刊行　2017年

日中文化DNA解読
心理文化の深層構造の視点から

昨今の皮相な日本論、中国論とは一線を画す名著。

中国人と日本人、双方の違いとは何なのか？　文化の根本から理解する日中の違い。

著者　尚会鵬
訳者　谷中信一
定価　2600円＋税
ISBN　978-4-86185-225-1
刊行　2016年